Alan Cohen · Es gibt hier keinen Drachen mehr

Alan Cohen

Es gibt hier keinen Drachen mehr

In Fülle leben, in Freiheit lieben

Verlag Alf Lüchow

Titel der amerikanischen Ausgabe:
The Dragon doesn't live here anymore
by Alan Cohen.
Amerikanische Ausgabe 1993 durch Ballantine Books

Aus dem Amerikanischen von
Frances Maffey, Santa Fe/USA

Die Deutsche Bibliothek – CIP-Einheitsaufnahme

Cohen, Alan:
Es gibt hier keinen Drachen mehr : in Fülle leben, in Freiheit lieben / Alan Cohen. [Aus dem Amerikan. von Frances Maffey]. – 1. Aufl. – Freiburg i. Br. : Lüchow, 1995
ISBN 3-925898-40-9

1. Auflage 1995

Umschlagtypographie: Atelier Wolfgang Traub, Sulzburg
Lektorat: Martina Klose
Satz: Fotosetzerei G. Scheydecker, Freiburg i. Br.
Druck und Bindung: Freiburger Graphische Betriebe
Gedruckt in Deutschland
ISBN 3-925898-40-9

SEGNEN UND HEILEN,
das ist die göttliche Aufgabe aller,
die sich der Liebe und
dem Dienst an der Menschheit
gewidmet haben.

Legt eure Last ab
Legt alles ab
Reicht euch ein Glas
Trinkt es aus
Stellt das Licht vor euch
Kommt durch die Tür
Es gibt hier keinen Drachen mehr.

Singt mit den Chören, die euch umgeben
Tanzt zu der Musik in eurer Seele
Schaut in die Augen, die euch wirklich sehen
Legt alles, was ihr besitzt, in diese Schale.

Ach, legt eure Last ab
Legt alles ab
Reicht euch das Glas
Trinkt es aus
Stellt das Licht vor euch
Kommt durch die Tür
Es gibt hier keinen Drachen mehr.

COLLEEN CRANGLE, *Lay Down Your Burden**

* Deutsch: Legt eure Last ab. (Anm. d. Ü.)

Vorwort

Meine gute Freundin Barbara Cole ging vor etwa zwei Jahren zu einer Beratung zu dem bekannten Hellsichtigen Vincent Ragone. Während er mit ihr über ihr Leben sprach, hielt er einen Augenblick inne und sagte: »Sag Alan, daß er schreiben soll.« Sie war etwas überrascht, weil sie weder meinen Namen noch etwas über mich erwähnt hatte. Sein Rat ergab auch für mich keinen Sinn, da ich am Schreiben nicht interessiert war und Maschinenschreiben nicht gerade eine meiner Lieblingsbeschäftigungen war. Und so steckte ich diesen Vorschlag in die hinterste Ecke meines Geistes, in der Hoffnung, daß ich seine Worte eines Tages verstehen würde.

Dann, ein Jahr später, eines Dezembermorgens, wachte ich auf und hörte eine sanfte Stimme, die mir zuflüsterte: »Setz dich hin, und schreibe.« Dies war keine Stimme, die mit Worten sprach, sondern eine intuitive Aufforderung. Als ich mich hinsetzte und alle Gedanken, die mir kamen, niederschrieb, stellte ich fasziniert fest: Gedanken, mit denen ich mich seit Jahren beschäftigt hatte, trafen mit uralten Erinnerungen zusammen und bildeten so Themenabschnitte. Ich setzte diesen Prozeß fort, bis ich irgendwie, vollkommen ungeplant, einige hundert Seiten später, ein Buch in meinen Händen hielt.

Die Geschichte geht noch weiter. Während der ersten paar Wochen des Schreibens hatte ich ein angenehmes Bild in meinem Kopf: ich arbeitete in einem bescheidenen abgelegenen Häuschen, das von duftenden Bäumen und dem reinen Gesang der Vögel umgeben war. Ich machte mich daran, so einen Ort zu finden. Doch trotz der vielen Menschen, die ich kontaktierte, trotz der Anzeigen, die ich aufgab, und der Affirmationen, die ich machte, materialisierte sich dieser Platz nicht. Und so tat ich diese Idee schließlich als Hirngespinst eines Schriftstellers ab.

Wochen des Schreibens wurden zu Monaten, und mir wurde klar, daß ich mich ausschließlich dem Buch widmen mußte, wenn ich es fertigstellen wollte. Dann blitzte der Name »The Cenacle« in meinem Kopf auf – der Name eines spirituellen Meditationszentrums, das von katholischen Schwestern geleitet wurde. Ich war buchstäblich schon Tausende von Malen daran vorbeigefahren, doch ich wußte rein gar nichts darüber.

Ich telefonierte mit dem »Cenacle« und fragte nach, ob sie ein ruhiges Zimmer in ihrem Haus hätten, in dem ich für ein paar Wochen schreiben könnte. Die Leiterin, Schwester Barbara, antwortete: »Leider haben wir so ein Zimmer nicht in unserem Haus. Aber wir haben ein abgelegenes Häuschen, umgeben von Bäumen ... Wäre das etwas für Sie?«

Es dauerte nicht lange bis jene Schwester Barbara mit mir einen sich schlängelnden Pfad hinunterlief, der von wunderbar duftenden Nadelbäumen gesäumt war und zu einem gemütlichen, efeubedeckten Häuschen auf einem Hügel, mit Blick auf einen Park und einem Fluß, führte. Als sie die Türe öffnete, traute ich meinen Augen kaum. Vor mir stand ein Holzschreibtisch, Schreibpapier und Bleistifte lagen darauf, ein großer, bequemer Sessel stand davor, und das Zimmer war fast genauso wie ich es mir vor einigen Monaten vorgestellt hatte – mit einem Farbfernseher und einem kleinen Eisschrank als Zugabe. (Gott hatte meinen Wunsch plus Zinsen erfüllt!) Als Schwester Barbara mir den Schlüssel zum Häuschen aushändigte, lösten sich alle Zweifel, die ich je bezüglich der Fähigkeit Gottes, das Unmögliche möglich zu machen, gehabt hatte, auf. Ich sagte mir, wenn Er es fertigbrachte, einen Juden namens Cohen in ein Kloster zu bringen, dann war er zu allem fähig.

Nachdem ich einige Tage dort gearbeitet hatte, entschloß ich mich, eine Pause einzulegen, und besuchte das örtliche Theater in einem Heustadel, um mir die Produktion *Joseph and the Amazing Technicolor Dreamcoat* anzusehen. Als ich in der Pause in der Halle saß, stellte ich fest, daß ich mich an diesem Ort außerordentlich wohl fühlte und fragte mich warum. Während ich zu der niedrigen, schrägen Decke mit den jahrhundertealten, grobgehauenen Balken hinaufschaute, begriff ich, daß dieser Raum mich an das »Obere Zimmer« in dem Film *Jesus von Nazareth* erinnerte. In diesem Raum segnete Jesus seine Jünger zum Abschied, und dorthin kehrte er nach seiner Auferstehung zurück und sprach zu ihnen: »Siehe, ich bin bei euch alle Tage bis an der Welt Ende.«* Diese Szene ist eine der kraftvollsten und ergreifendsten, die ich je erlebt habe, und ich habe oft daran gedacht, wie gerne ich an diesem Platz gewesen wäre, um den Segen des Meisters sowie Seine Weisung, daß wir für Liebe, Heilung und Dienst an allen leben sollen, zu empfangen. Das »Obere Zimmer« hat einen besonderen Platz in meinem Herzen.

Am nächsten Tag saß ich mit einer Schwester im Garten vom »Cenacle« und wir tauschten Gedanken und tiefe Sehnsüchte aus, als ich den Wunsch verspürte, sie zu fragen, was denn *»Cenacle«* bedeute.

»Ja«, erklärte sie gütig, »*›Cenacle‹* ist das französische Wort für ›Das Obere Zimmer‹.«

Erfahrungen wie diese geben mir das Gefühl, daß es einen großen Plan der Führung und Ausrichtung in unserem Leben gibt, daß alles einen Sinn hat, der tiefer und kraftvoller ist, als wir gewöhnlich erkennen. Ich fühle mich priviligiert, an dem Prozeß dieses Buches teilgenommen zu haben. Die Geburt dieses Buches ist Zeugnis der Wahrheit, daß Gott überall ist, daß Er ständig versucht, mit uns und durch uns zu arbeiten, und daß Er immer willens ist, das Wunder der Liebe mit uns zu teilen, so wie wir willens sind, es anzunehmen und auszudrücken.

Ein P.S.: Als das Buch fertig war, entpuppte es sich als eine Reihe von kurzen lyrischen Aufsätzen. Ich nahm sie mit zu meiner Freundin Barbara, und als ich sie ihr zeigte, spielte sie mir die Kassette mit dem Interview mit Vincent Ragone vor, die ich nie zuvor gehört hatte. An der Stelle, wo Vincent sagt: »Sag Alan, daß er schreiben soll«, folgt eine Bemerkung, von der Barbara mir nie etwas erzählt hatte. Er sagte: »Ich glaube, es wäre sehr gut, wenn er eine Reihe von kurzen lyrischen Aufsätzen schreiben würde.«

Ich hoffe, daß ihr Freude an diesem Buch habt und daß es für euch von Wert ist.

Alan Cohen

---

* Den Bibelzitaten liegt die Luther-Bibel zugrunde – gemäß ihrer neuesten Revision, die für die Ausgaben seit 1984 maßgebend ist.

Eine Information für den Leser:

Um die männlichen, weiblichen und unpersönlichen Aspekte der spirituellen Wirklichkeit zu honorieren, wird auf Gott abwechselnd als »Er«, »Sie« oder »Geist« hingewiesen. Ferner erkennt der Autor an, daß der Eine jenseits von Geschlecht, Wort oder Form jeglicher Art ist.

Die *kursiv* gesetzten Texte am Ende jedes Kapitels wurden vom Autor während tiefer erfüllter Meditationen niedergeschrieben.

Freunde und Löffel

Es war einmal ein Mann, der die Erde verlassen hat und er wurde auf eine Reise in die inneren Bereiche mitgenommen. Man zeigte ihm einen Raum, in dem er eine große Gruppe von hungrigen Menschen sah, die zu Abend aßen. Doch da die Löffel, mit denen sie zu essen versuchten, länger waren als ihre Arme, wurden sie nicht satt. »Dies«, sagte sein Führer, »ist die Hölle.« »Das ist ja schrecklich!« rief der Mann. »Bitte zeig mir den Himmel!« »Also gut«, stimmte der Führer zu, und sie machten sich auf den Weg. Als sie die Himmelspforte öffneten, war der Mann vollkommen perplex fast dieselbe Szene vorzufinden: eine Gruppe von Menschen mit Löffeln, die länger waren als ihre Arme. Als er jedoch näher hinschaute, sah er glückliche Gesichter und volle Bäuche, denn es gab einen wichtigen Unterschied: Die Menschen im Himmel hatten gelernt, sich gegenseitig zu füttern.

Bei der Entstehung dieses Buches ist jeder Schritt ein Wunder gewesen. Menschen, Material und Verbindungen schienen alle zur richtigen Zeit am richtigen Platz gewesen zu sein. Am inspirierendsten für mich war die göttliche Unterstützung und Hilfe, die ich von meinen Freunden erhalten habe, die sich wahrlich als selbstlose Schwestern und Brüder erwiesen haben. Alle Worte in diesem Buch reichen nicht aus, um meine Hochachtung für ihre Unterstützung zum Ausdruck zu bringen. Ich hoffe, daß ich hiermit zumindest ansatzweise meine Dankbarkeit ausdrücken kann.

Ich möchte meine Mutter und meinen Vater anerkennen, die mir die Bedeutung von bedingungsloser Liebe vermittelt haben, Hilda, die mir das Wunder der Gnade gezeigt hat, und Barbara Cole, die mir das wertvolle Geschenk der Freundschaft gemacht hat. Ich bin meiner Familie auf dem Festland, den Schwestern des »Cenacle«, Valerie Ginther und Doreen Yonelunas, Jack McKiernan, Gene Dillmann, The Roses, Karolyn Kempner, David Crismond, Jeff Woolley und den zahlreichen anderen Menschen, die auf viele Arten einen Beitrag zu diesem Buch geleistet haben, gleichermaßen zu Dank verpflichtet. Außerdem möchte ich meine tiefe Hochachtung für die hingebungsvolle Musik von Paul Winter und die engelhafte Stimme von Susan Osborn aussprechen, deren aufrichtiges Geschenk, »Lay Down Your Burden«, all die Liebe und das Licht, das dieses Buch ausdrücken möchte, einfängt.

Weiterhin hoffe ich, daß alle Meister, Heilige, Yogis und liebevollen Lehrer, die mein Wachsen unterstützt haben, durch den Segen aller, die diese Worte lesen, geehrt werden. Es ist wahr: Gott liebt uns durch jeden anderen von uns.

TEIL I: DIE REISE

TEIL II: DIE HEIMKEHR

TEIL I

Die Reise

»Ich möchte so fliegen lernen«, sagte Jonathan, und seine Augen strahlten vor Eifer. »Sag mir, was ich tun soll.«

Chiang setzte seine Worte bedächtig und sah die junge Möwe dabei unentwegt prüfend an. »Um in Gedankenschnelle zu fliegen, ganz gleich an welchen Ort, mußt du schon vor Beginn wissen, daß du bereits dort angekommen bist ...«

Nach Chiangs Worten mußte man also als erstes aufhören, sich selbst als Gefangenen eines irdisch-begrenzten Körpers zu empfinden, dessen Flügelspannweite etwa einen Meter betrug und dessen Leistungsfähigkeit sich mit Hilfe graphischer Darstellung berechnen ließ. Die Voraussetzung für das Gelingen lag in dem Bewußtsein, daß das wahre Sein so vollkommen ist wie eine nicht aufgeschriebene, wie eine abstrakte Zahl und überall zugleich existiert, unabhängig von Zeit und Raum.

RICHARD BACH, *Die Möwe Jonathan*

Die Ausgangspunkte

Eine Geschichte

Liebe ist der Weg, den ich in Dankbarkeit beschreite.

Ein Kurs in Wundern

Ich erinnere mich, wie ich in ganz jungen Jahren zu einem meiner Freunde in der Baseball-Jugendmannschaft gesagt habe: »Mensch, Johnny, wäre es nicht lustig, wenn wir all tot wären und nur träumten, daß wir am Leben sind?« Dann, als meine Kindheitsvision, Mittelfeldspieler für die Yankees zu werden, durch die verrückte Idee, daß Träume sich nicht verwirklichen, verlorenging, gab ich mich zufrieden mit einem Platz in einer Welt, in der das Streben nach Liebe und Freiheit als unerfüllbarer Wunsch abgeschrieben wird. Jetzt bin ich jedoch zum Ausgangspunkt zurückgekehrt, und das, was ich zu Johnny damals sagte, ist ironischerweise ziemlich genau das, was ich jetzt glaube: Das Leben, das wir leben, ist wie ein Traum. Mit dem einzigen Unterschied, daß ich jetzt glaube, daß wir alle leben und nur träumen, wir könnten sterben.

Als ich in der zweiten Klasse war, erkrankte ich an Lungenentzündung, und Dr. Bernie Friedenthal kam zu mir nach Hause, um meiner Mutter zu sagen, daß sie mich mit kaltem Wasser abreiben solle. Während sie dies die ganze Nacht lang tat, kam mir der Gedanke, daß ich sterben könnte. Ich erinnere mich genau, daß ich zu jener Zeit keine Angst vor dem Tod hatte. Der Gedanke an den Tod war für mich so selbstverständlich wie das Ende des Schul-

jahrs. Ich fragte meine Mutter: »Was passiert, wenn ich nicht ge
sund werde?« »Mach dir keine Sorgen, Liebling«, beruhigte si
mich, »du wirst schon wieder gesund.« Ich habe jedoch nicht au
Angst gefragt, sondern mehr aus Neugierde.

Irgendwann danach lernte ich irgendwie, Angst zu haben. Ic
fing an, an eine furchterregende und bedrohliche Welt zu glauben
In mir wuchs der Glaube, daß es dort draußen Ungeheuer gab
gnadenlose Drachen, die mich hilfloses Wesen auffressen konnten
Ich vergaß, wie man sich schön fühlt, und lernte, wie man sic
häßlich fühlt. Irgendwann auf meinem Lebensweg tauschte ic
mein Gefühl, daß ich in Ordnung bin, gegen ein Selbstbild ein, i
dem ich immer irgendwie geringer erschien als die anderen. Ic
hatte Übergewicht, war tollpatschig und das einzige jüdische Kind
in der Nachbarschaft. Ich dachte, daß etwas mit mir nicht stimme
und daß ich etwas dafür tun müsse (wie dünn, sportlich und evangelisch werden), um wie die anderen beliebten Kinder zu sein.

Seit jener Zeit jedoch lernte ich mehr und mehr sogenannte »beliebte Kinder« kennen und machte dabei eine erstaunliche Entdeckung: *Sie fühlten sich genauso.* Auch sie hatten das Gefühl, anders zu sein und daß sie beliebt und anerkannt sein mußten, um Liebe zu verdienen. Sie dachten genauso wie ich, daß es eine Clique gab, die »in« war und daß sie Außenseiter waren.

Dies veranlaßte mich zu folgendem interessanten Gedanken: Wenn jeder sich als Außenseiter fühlte, wer war dann »in«? Es zeigte sich schließlich, daß es in Wirklichkeit nie eine Clique gab, die »in« war, außer in den Augen jener, die sich als Außenseiter fühlten – und das waren fast *alle* von uns.

Und so sind wir schließlich und endlich gar nicht so verschieden. Wenn wir anfangen, unsere Geschichten auszutauschen, wird es klar, daß nur die Einzelheiten unterschiedlich sind und daß unsere einzelnen Geschichten in ihrer Essenz in Wirklichkeit gleich sind. Was wir für unterschiedliche Geschichten hielten, ist tatsächlich Eine Geschichte – unsere Geschichte.

Als ich in Fräulein Greenbergers Kindergartengruppe in der Washington Schule kam, war ich ziemlich befangen und genierte mich wegen meines Gewichtes. Mehr als alles in der Welt graute mir davor, in das Büro der Krankenschwester gehen zu müssen, um mich im Beisein meiner Klasse wiegen zu lassen, denn die Krankenschwester rief das Gewicht jedes Kindes aus. Wenn ich mich auf die Waage stellte, war die Klasse ganz gebannt, und es war mucksmäuschen still – wie bei der Abschlußverlosung des »Großen Preises«. In dem Augenblick, in dem mein Gewicht ausgerufen wurde, gerieten alle »normalen« Kinder außer Rand und Band, rissen die Augen weit auf, packten einander und sagten: »Mensch! Hast du das gehört?« Sie hatten einen Mordsspaß. Was mich anbelangt, so wünschte ich mich in den letzten Winkel des Universums.

Nun, eines Tages kam die gefürchtete Ankündigung, daß wir an der Reihe waren, uns im Keller wiegen zu lassen. Ich wäre am liebsten davongelaufen, um mich zu verstecken, doch da dies nicht möglich war, marschierte ich mit den dünnen Kindern die Treppen hinunter und betete dabei, daß die Krankenschwester mein Gewicht nicht vor allen ausrufen würde. Das mag heute lustig klingen, doch damals war es ein Alptraum. Als wir im Keller ankamen, geschah ein wahres Wunder: Meine Mutter und mein Vater erwarteten mich dort mit einer großen Geburtstagstorte mit fünf Kerzen, einer Menge Eis und Partymützen für alle. Die Geschichte mit dem Wiegen war nur ein Trick, um mich zur Überraschungsfeier nach unten zu locken! (Die Rettung kam in letzter Minute!) Ich war natürlich froh, daß sie mich überraschen wollten, doch sie hätten sich wenigstens eine einfühlsamere List einfallen lassen können! Sie wußten allerdings nichts von der Hölle, die ich durchmachte, und taten es in Wirklichkeit aus Liebe.

Ich erzähle diese Geschichte, weil sie für mich symbolisch ist für die Geschichte unserer Ängste im Leben. Wir haben schreckliche Phantasien von Katastrophen, die eintreten können – Ängste, deren Ursache in dem anerzogenen Gefühl, unwürdig zu sein, liegt und im Mißverstehen der Dinge. Wenn wir jedoch dazu gezwungen werden oder uns entschließen, uns diesen Ängsten zu stellen, lernen wir, daß es eigentlich nie etwas zu fürchten gab.

Die Angst ist dieselbe wie die vor dem »Schwarzen Mann«, der angeblich im Keller wohnte, jedoch nie aufzufinden war, wenn wir das Licht anmachten.

Es gibt eine Fortsetzung dieser Geschichte. Jahre später, als ich in eine Studentenverbindung auf dem College aufgenommen werden wollte, warnte man uns Anwärter ständig vor der ominösen »Höllennacht«. Sobald ich irgendeine Einweihungsprüfung für die Anwartschaft erfolgreich bestanden hatte, sagten die Brüder gewöhnlich: »Das war nicht schlecht, Anwärter, doch warte erst die Höllennacht ab ... Dann werden wir schon sehen, wer es wirklich schafft!« Ich konnte mir nicht vorstellen, daß es schlimmer sein konnte als einige der »Kunststücke«, die wir während der Anwartschaft machen mußten, wie z.B. die eine Nacht, als wir uns vor der Kellertür aufstellen mußten und einzeln nach unten gerufen wurden, um der gesamten unheimlichen Verbindung gegenüberzutreten. Während ich darauf wartete, an die Reihe zu kommen, hörte ich nichts anderes als verrückte, gespenstische Schreie, aus der Tiefe kommend. Während jener Minuten oberhalb der Treppe schossen alle Horrorfilme mit Vincent Price, die ich je gesehen hatte, durch meinen Kopf, und ich war mir sicher, daß sie ihn angeheuert hatten, um das Abendprogramm zu gestalten. Als ich schließlich unten ankam, mußte ich jedoch feststellen, daß es nur die Brüder waren, die solche Geräusche machten, um uns zu erschrecken.

Als die Höllennacht, die letzte »Feuerprobe« der Anwartschaft, gekommen war, sagte man uns, wir sollten am Samstag um 18 Uhr im Verbindungshaus eintreffen, und zwar ohne Geld und Ausweis und ohne irgend jemandem ein Sterbenswörtchen zu sagen, wohin wir gingen. (Glücklicherweise war ich in einer jüdischen Verbindung, und weil ich mich an den jüdischen *Sabbath* hielt, waren sie gütig genug, die Hölle auf 19 Uhr, nach Einbruch der Dunkelheit, zu verlegen.) Doch ich muß gestehen, daß ich geschwindelt habe. Ich versteckte eine Fünfdollarnote unter der Innensohle einer meiner Mokkasins. (Ich hatte wohl großes Vertrauen: Ich glaubte, daß fünf Dollar mich vor der Hölle retten können!) Bitte sagt es aber niemanden, sonst könnte es ihnen in den Sinn kommen, mir die Verbindungsanstecknadel abzunehmen.

Als ich eintraf, stellte man uns auf und teilte uns mit, daß wir eine Reihe von gefährlichen Abenteuern zu bestehen hätten, um uns der letzten Prüfung würdig zu erweisen. Wie man uns sagte, bestand die letzte Prüfung aus einer geschickt geplanten Schatzsuche. Wir wurden in zwei Gruppen aufgeteilt, und man sagte uns, wir sollten einander viel Glück wünschen, da es keine Garantie dafür gäbe, daß wir uns je wiedersehen würden.

Unsere erste Spur führte uns zu einem Schließfach in einem Busbahnhof, in dem wir einfache Fahrkarten nach New York City fanden. In Manhattan fanden wir dann hinter einer Plakatwand mit einer *Time-Magazine*-Reklame einen Umschlag mit U-Bahn-Münzen, der uns zur nächsten Spur auf der George-Washington-Brücke führte. Es ging dann weiter zu einem Restaurant in Chinatown, wo eine Nachricht in der Entensoße versteckt war. Danach mußten wir durch den Central Park laufen und eine bestimmte Melodie pfeifen, welche uns zu unserer nächsten Anweisung führte, die uns wiederum von einer bekannten Prostituierten übergeben wurde. (Sie war in Wirklichkeit eine unschuldige Schauspielstudentin, die von den intriganten Brüdern dazu angestiftet worden war.) Ihre Nachricht führte uns zu einem bestimmten U-Bahn-Gleis in Greenwich Village, wo die andere Gruppe der Anwärter eintraf. Sie war aus einem anderen Zug ausgestiegen. (Alle Wege führen zum selben Ort.) Dort erwartete uns ein Bruder, der uns bizarre Kostüme und Partymützen gab und uns durch die Straßen bis vor das »Fillmore-East-Theater« marschieren ließ. Hier fielen wir in unseren albernen Kostümen weniger auf, weil die meisten Leute, die für das *Canned-Heat*-Konzert Schlange standen, noch merkwürdiger angezogen waren als wir.

Dann erschien der Zeremonienmeister. Er war derjenige, der für seine kompromißlose Grausamkeit berüchtigt war und der seine helle Freude daran hatte, die Anwärter kriechen zu sehen. Er stellte uns auf und sagte: »Ihr habt eure Prüfung bis hierher erfolgreich bestanden. Eure letzte Prüfung steht euch nun bevor. In einigen Minuten wird man euch in einen Raum bringen, wo euch eine Gruppe von Leuten erwartet. Dort wird man euch auffordern, eine Handlung zu vollbringen, die ihr bisher noch nie vollbracht habt. Wenn ihr in diese Verbindung eingeweiht werden wollt, müßt ihr alles tun, was man von euch verlangt. Ihr habt jederzeit das Recht, eure Bitte, Brüder dieser Verbindung zu werden, zurückzuziehen. Ist das klar?«

So klar wie nur noch was! Wir Anwärter schauten einander i die Augen wie die *»Little Rascals«** während eines Campingausfluges in einer windigen Nacht, wußten jedoch, daß wir, da wir s weit gekommen waren, jetzt nicht aufgeben würden. Und so marschierten wir mit unseren Partymützen und albernen Kostüme die Straße hinunter und überlegten, welch teuflischer Plan, au dem unterdrückten Unterbewußtsein eines verrückten Zeremonienmeisters geboren, auf uns wartete. Dann hielt man uns an un führte uns zu einer Schwulenbar – wie mir einer meiner Anwärterbrüder beim Hineingehen zuflüsterte. Ich hatte keine Ahnung, was mich erwartete. Die Gedanken kreisten wie wild in meinem Kopf, und das Wort »Vertrauen« erhielt eine neue Bedeutung.

Man geleitete uns in ein Hinterzimmer, wo uns tatsächlich eine Gruppe von Leuten erwartete. Es waren unsere Verbindungsbrüder, die breit grinsten und das Verbindungslied mit folgendem Zusatzvers sangen: »... und wir sind glücklich, euch in unserer Verbindung willkommen zu heißen.« Und das war's! Die Aufgabe, die wir zu erledigen hatten, war, unsere Aufnahme in die Verbindung anzunehmen! In jenem Augenblick kam mein »großer Bruder« aus der Verbindung zu mir rüber, schüttelte mir kräftig die Hand und führte mich an einen Tisch mit Erfrischungen, wonach ich eine tolle Fete miterlebte. Und ich mußte nicht einmal meine fünf Dollar dafür ausgeben.

Manchmal müssen wir jedoch mit einem Papiertiger kämpfen, bis wir erkennen, daß er nicht echt ist. Als ich dann langsam zum Teenager wurde, waren meine Selbstwertgefühle auf Null gesunken. Ich war einsachtzig groß, hatte Schuhgröße 44 und mußte eine Geburtsurkunde mit ins Kino nehmen, um zum Kindereintrittspreis reinzukommen, da keine Kartenverkäuferin, die bei Trost war, mich noch für ein Kind gehalten hätte. Was alles noch schlimmer machte, war die Tatsache, daß Pickel auf meinen Backen zu sprießen begannen, und daß ich eines Morgens mit einer Zahnspange im Mund aufwachte. Und obendrein fing ich auch noch

---

* Amerikanische Lausbuben-Fernsehserie. (Anm. d. Ü.)

an, mich für Mädchen zu interessieren, was jeden Pickel, jedes Mundzucken und jedes Pfund Übergewicht noch wichtiger werden ließ.

Es geschah vielleicht aus Notwendigkeit, daß ich im Alter von zwölf Jahren meine erste entschlossene Handlung in diesem Leben vollzog: Ich unterzog mich einer Schlankheitskur. Ich hielt eine strenge Rosinenbrot-mit-Gelee-Diät ein. Es war nicht gerade die übliche »Brigitte-Diät«, doch sie funktionierte. Innerhalb von wenigen Monaten war mein Gewicht normal, und mit den Pfunden verschwand das alte Bild, das ich von mir hatte.

Einige Jahre (und viele Rosinenbrote) später, erhielt ich per Post eine Einladung zu einem Sonntagsfrühstück für Teenager in der Synagoge. Obwohl ich den Brief beiseite legte, faszinierte mich dieses Ereignis auf merkwürdige Art. Diese Faszination lernte ich später als die liebevolle Stimme Gottes kennen, die mich sanft auffordert, in Seine offenen Arme nach Hause zu kommen. Ich nenne sie die Stimme Gottes, weil sie mich zu einem Lehrer führte, der mich eine Zeitlang auf meinem Weg begleiten sollte. Später war es dieselbe Stimme, die mich von den verschiedenen Formen organisierter Religionen wegführen sollte.

Ich ging aus reiner Neugierde zu diesem Frühstück – wie ich damals glaubte. Es gab keinen rationalen Grund für mein Hingehen; tatsächlich glaubte ich, daß ich mich nach meiner *Bar-Mitzwa** für immer von der Synagoge fernhalten würde. Meine Eltern waren keine Mitglieder dieses Tempels, und es gab keinen Grund auf der Welt, warum ich hätte hingehen sollen – doch es gab einen Grund im Himmel.

Als ich ankam, traf ich einen Mann namens Stuie, der während der nächsten sieben Jahre mein spiritueller Lehrer werden sollte. Er war ein dynamischer, aufrichtiger und offenherziger Mann, der sein Leben der Liebe Gottes widmete. Als er an jenem Morgen sprach, ließ er eine Saite in meinem Herzen erklingen, die schon lange schmerzhaft stumm geblieben war. Es war die Saite der er-

---

* Zeremonie, bei der der Junge in die jüdische Gemeinschaft eingeführt wird. (Anm. d. Ü.)

wachenden Seele. Mein Intellekt fing an, von Fragen fasziniert zu sein, die ich vor langer Zeit weggesteckt hatte, weil ich niemanden hatte, mit dem ich darüber sprechen konnte. Fragen wie: »Warum bin ich hier?« und »Wo ist Gott?« Was noch bedeutender war, war die Tatsache, daß mein Herz aufging im Angesicht der Möglichkeit, daß Liebe, Glück und Lebenssinn im Leben wahr werden könnten. Ich war auf dem Weg nach Hause.

Stuie nahm mich unter seine Fittiche wie ein großer Bruder und gab mir Liebe und Führung auf eine Art, wie ich sie seit Jahren nicht erfahren hatte. Er sah etwas Wertvolles in mir, daß mir sonst niemand zuerkannte. Ich fühlte mich angenommen und ganz, genährt und gut – Gefühle, die ich fast aufgegeben hatte. Meine Beziehung zu Gott wurde neu entfacht. Ich fing an, Positives im Leben und Wunder in den Mysterien des Universums zu sehen. Ich war aus der Einsamkeit der Isolation in die warme Sonne eines lebenswerten Lebens getreten.

Die Jahre mit Stuie und der Jugendgruppe des Tempels waren Jahre der Transformation und des Lernens, und ich werde dafür immer dankbar sein. Ich engagierte mich sehr für das orthodoxe Judentum, hielt den *Sabbath* strengstens ein, aß koscheres Essen und befolgte die genauen Regeln und Gebräuche. Obwohl ich in meinem äußeren Leben einige »Opfer« bringen mußte, wie z. B., daß ich die Läufergruppe aufgeben mußte oder am Abschlußfest der Vorabiturientenklasse nicht teilnehmen konnte, machte es mir nichts aus. Ich hatte etwas in mir gefunden, daß nicht zu vergleichen war mit der erschreckenden äußeren Welt, mit der ich gerungen hatte. Ich erinnere mich, wie ich eines Nachts in meinem Gebetsschal einschlief. Ich hielt mich an den Fransen des Schals fest und hatte eine solche Liebe im Herzen – ich hatte das Gefühl, in den Armen Gottes hin- und hergeschaukelt zu werden.

Ich entschloß mich, die Yeshiva Universität, ein College für jüdische Studien, zu besuchen, wo ich meine Suche nach Gott fortsetzen konnte. Dort hatte ich das große Glück, mit einem aufregenden, inspirierten Rabbi zu studieren, der die Bibel lebendiger machte als alles andere, was ich tat. Er kam jeden Morgen in die Klasse, stellte sich auf das Pult und schrie buchstäblich darüber, wie wundervoll Gott sei! Seine Liebe für die Wahrheit war so groß, daß ich das Gefühl hatte, Abraham persönlich gegenüberzustehen. Es lag etwas Magisches in der zum Leben erweckten Wahrheit. Und es war etwas sehr Warmes und Tiefes in der jüdischen Gemeinschaft.

Es wurde mir jedoch nicht erlaubt, zu stagnieren. Nach zwei Jahren auf dem College fühlte ich mich nicht mehr erfüllt. Die Regeln und Gebräuche verloren für mich ihren Zauber, und ich entdeckte, daß ich Rituale mechanisch ausführte. Ich wollte andere Dinge tun, wieder in der Welt leben. Ich hatte alles aus dem Judentum entnommen, was mir in diesem Entwicklungsstadium möglich war, und Gott hatte andere Pläne für mich.

Es gab einen Wendepunkt. Es war ein Feiertag, ein Fastentag, und ich stellte fest, daß ich mit Unlust fastete. Ich machte jedoch weiter, ohne es vom Herzen her zu tun – ich hielt lediglich an einer Form fest, aus der ich herausgewachsen war. Ich erkannte, daß ich nur fastete, weil ich Angst hatte, es nicht zu tun. Ich hatte Angst, den Pfad des Judentums zu verlassen (was eine Tragödie sei, wie man mich gelehrt hatte). Ich hatte Angst, die Liebe Gottes und sein besonderes Wohlwollen zu verlieren. Und ich hatte Angst, mich mit Gefühlen von Schuld und Schlechtigkeit zu konfrontieren. In jenem Augenblick beschloß ich, daß Angst kein ausreichend guter Grund für eine religiöse Handlung ist und daß ich lieber etwas in der Welt riskieren würde, als in Angst zu leben. Also aß ich ein Stück Kuchen, und damit begann das nächste Stadium meiner »Entfaltung«.

Ich wechselte auf ein staatliches College, wurde Mitglied meiner Verbindung und lebte das Leben zwei Jahre lang in vollen Zügen. Ich lebte alle Begierden aus, die ich in meinen jüdischen Jahren unterdrückt und verpaßt hatte. Wenn ich jetzt auf jene Zeit zurückblicke, sehe ich, daß ich diese Begierden durchleben und die Wege der Welt kennenlernen mußte. Meine Entwicklung wäre in einem abgeschiedenen Leben vielleicht nicht weiter fortgeschritten. Damals argumentierte ich nicht so. Ich war viel zu sehr damit beschäftigt, Spaß zu haben, und genau das tat ich. Ich glaube, daß diese Erfahrung auf lange Sicht meinem Wachstum dient.

In dem Sommer, nachdem ich das College verlassen hatte, ging ich nach Europa, wo ich in die wirkliche Welt eingeweiht wurde. Ein Freund und ich machten uns auf, um zwei Monate lang einen Riesenspaß zu haben, doch wir entdeckten bald, daß das Leben auf der Erde nicht immer eine Verbindungsfete ist. In der ersten Woche meiner Reise wurden alle meine Habseligkeiten gestohlen, und zwar aus eigener Unverantwortlichkeit (ich ging zu einem Rockfestival und ließ meine Sachen dort unbeaufsichtigt). Dies setzte eine der Hauptlektionen für mein Erwachsenwerden in Gang.

Ich war nicht bereit, die Verantwortung dafür zu übernehmen, daß die Welt mich bestohlen hatte. Ich hatte das Gefühl, daß die Welt es mir schuldete, den Verlust wiedergutzumachen. Und so beschloß ich, meine Reiseschecks einzulösen und sie als gestohlen zu melden. So würde *American Express* – und nicht ich – den Verlust haben. Ich löste Schecks im Wert von mehreren hundert Dollar mit einer schlampigen Unterschrift ein, um meine spätere Verlustmeldung zu unterstützen. Der nächste Schritt war der, zum *American-Express*-Büro zu gehen und meine falsche Verlustmeldung zu machen. Doch etwas hielt mich davon ab. Eine leise, doch sehr reale, stille kleine Stimme in mir flüsterte: »*Tu es nicht – daraus kann nichts Gutes entstehen.*« Diese Stimme erschien mir neu und gleichzeitig erstaunlich vertraut. Ich stand vor der Tür des *American-Express*-Büros, dachte für einige Augenblicke ruhig nach, machte dann kehrt und ging zurück in mein Hotel. Ich glaube, daß ich damals, als ich voll in meinen wütenden Begierden und Gefühlen steckte, von einem Schutzengel Gnade erfuhr, und er mich sanft führte, um mir zu helfen, weitere Schwierigkeiten in der Welt zu vermeiden, da in Wahrheit nichts Gutes aus der Handlung hätte entstehen können.

Ich kehrte zurück nach Amerika, um zu promovieren. Wie ich an die richtige Universität geriet, das ist ein großes Wunder. Ich war ein ziemlicher Traumtänzer. Obwohl ich glaubte, selbst zu wählen, sehe ich jetzt, daß Gott mich bei jedem Schritt des Weges führte. Was ich für meine Gründe hielt, waren in Wirklichkeit Seine Gründe. Seht ihr, Sein Plan für mich war viel größer als mein kleiner Plan für mein kleines Selbst.

Mein Hauptfach an der Universität war Psychologie. Obwohl ich es selbst nicht erkannte, strebte ich nach einem tieferen Verständnis des inneren Lebens. Eines Abends wurde ich im YMHA von einem Amateurhypnotiseur hypnotisiert. Ich war ganz fasziniert von diesem Prozeß, der zu einer anderen Erfahrungsdimension führte und auf die Möglichkeit von Bewußtseinszuständen jenseits des einen, den ich normalerweise erlebte, hinwies. Ich fing sofort damit an, Hypnose zu studieren. Ich las alle Bücher, die ich darüber finden konnte; ich ließ mir Prospekte zuschicken und begann, meine Freunde zu hypnotisieren. Ich unterhielt damit die Leute auf Festen der Verbindung und ließ meine Brüder, zur Freude aller, ihre *Bar-Mitzwa*-Gebete rezitieren.

Ich erzähle das jetzt, um zu zeigen, wie der Prozeß des Strebens nach Gott ein Prozeß des Sichausrichtens auf das Ziel ist. Am Anfang ist man plump und ungeschickt. Als ich aus Spaß hypnotisierte, griff ich nach einem höheren Element der Wirklichkeit, nach der ich mich sehnte. Zu jener Zeit war dies der beste – und der einzige – Weg, den ich kannte, um mit Gott in Kontakt zu kommen. Jetzt würde ich mentale Macht nicht zur Unterhaltung benützen, doch damals war es das Beste, was ich mit dem, was ich wußte oder zur Verfügung hatte, tun konnte.

Kurze Zeit später stieß ich auf das Buch *The Search for Bridey Murphy*, die wahre Geschichte eines Amateurhypnotiseurs, der durch hypnotische Regression eine Frau in das zurückführte, was sie als »frühere Inkarnationen« bezeichnete, wofür später dokumentarische Tatsachen entdeckt wurden. Der Gedanke der Reinkarnation faszinierte mich mehr und mehr, und ich wurde ganz aufgeregt, wenn ich an die Aussicht dachte, dies durch Hypnose zu erforschen. Es dauerte nicht lange bis ich hypnotische Regression in frühere Leben an all meinen Freunden und Schülern ausprobierte, die bereit waren, sich auf das Risiko einzulassen. Ich war davon ganz besessen. Ich tat es sogar in riskanten Situationen, z.B. mit Studenten an einer High-School, bei denen ich Aushilfslehrer war. Es war verrückt von mir, so vorzugehen, doch jetzt sehe ich, daß diese Experimente in Wirklichkeit lediglich Versuche waren, Gott kennenzulernen. Ich hatte das Glück, damit nicht in Schwierigkeiten zu geraten. Ich glaube, daß meine Absichten rein waren, so daß es mir möglich war, das zu tun, was ich tat, ohne Schaden zu nehmen.

Da ich auch ein Schlitzohr war, beschloß ich, daß ich für meine Schatzsuche ins Unterbewußtsein genausogut auch Hochschulscheine bekommen könnte. Also belegte ich einen Forschungskurs für Fortgeschrittene in Psychologie und durfte das Labor des College für ein Hypnoseexperiment benützen, das die Stichhaltigkeit der hypnotischen Regression bestätigen sollte. Wie sich herausstellte, ergab die Studie nichts, außer daß es mir gelang, eine hübsche, blonde Studentin dazu zu bewegen, einer posthypnotischen Suggestion zu folgen und mich eines Nachts zur Mitternachtsstunde anzurufen.

Der Professor dieses Forschungskurses war ein sehr ausgeflippter, transzendentaler Typ. Mein erster Kontakt mit ihm war schon eine Belehrung für sich. Ich hatte gerade von der Yeshiva Universität übergewechselt, die sehr konservativ war. Als ich zur Rutgers-Uni kam, mußte ich meinen Stundenplan von einem gewissen Dr. Green bewilligen lassen, der – wie man mir sagte – in seinem Büro oberhalb der Treppe eines alten Hauses, in dem der Fachbereich untergebracht war, zu finden sei. Ich ging eine lange Treppe hoch, klopfte an die Tür und hörte eine tiefe, sonore Stimme rufen: »Komm rein!« Dort, unter einem riesigen »Peace«-Poster, saß dieser unglaublich lange Hippie mit den längsten Armen und Beinen, die ich je gesehen habe. Ein riesiger, schwarzer Bart und Haare, die länger schienen als seine Arme, umrahmten sein Gesicht. Er saß lässig da, mit seinen ellenlangen Beinen auf dem Schreibtisch und las eine Zeitschrift. Er sah aus wie eine Figur aus dem *Freak-Brothers*-Comic.

»Entschuldigen Sie«, unterbrach ich ihn, »können Sie mir sagen, wo ich Dr. Green finden kann?«

»Das bin ich, Mann ... komm rein!«

Ich hatte die Yeshiva Universität tatsächlich verlassen.

Dr. Green und ich wurden gute Freunde. Ich belegte sein Psychologie-Seminar, in dem er von seinen LSD-Erfahrungen erzählte, mit Worten wie *»Karma«* herumschmiß und uns die Aufgabe gab, *Die Lehren des Don Juan* von Carlos Castaneda zu lesen. Am erten Tag dieses Kurses schrieb Dr. Green folgendes Zitat an die Tafel, das von Don Juan stammt:

> *»Jeder Mensch ist anders,*
> *Jeder Mensch muß seinen eigenen Weg finden.*
> *Jeder Mensch ist gleich,*
> *Jeder Mensch muß seinen eigenen Weg finden.«*

Ich stand kurz vor dem Abschluß auf dem College, und es schien das Natürlichste auf der Welt, zu promovieren. Ich muß gestehen, daß ich mir nie Gedanken darüber gemacht hatte, warum ich einen Doktor machen sollte und ob es die beste Wahl war. Und es kam mir auch nie in den Sinn, daß es etwas anderes zu tun gäbe, z. B. in den Entwicklungsdienst oder arbeiten zu gehen. Ich war mein ganzes Leben lang zur Schule gegangen, und solange es noch mehr Schule zu absolvieren gab, glaubte ich, daß das meine Pflicht sei. Das war eine sehr unbewußte Entscheidung; mein Wesen schien wie ein Blatt auf einem Fluß dahinzutreiben. Aber wie sich später herausstellte, war ein größerer Plan für mich vorgesehen – ein geradezu göttliches Komplott –, einer, den ich nie erraten hätte.

Als ich mich zur Promotion bewarb, ging ich ohne Methode vor. Ich verschickte einfach Anträge an alle »Graduate-Schools«, die romantisch klangen oder bekannt waren. Wo in den Anträgen nach Berufsinteressen gefragt wurde, schrieb ich Hypnose, der Plazeboeffekt und Traumtherapie. Ich interessierte mich eigentlich für gar nichts ernsthaft. Doch wenn ich mir jetzt anschaue, was ich geschrieben habe, so stelle ich fest, daß es alles Forschungsbereiche waren, die mit der Entdeckung von innerem Wissen zu tun hatten – mit der Weisheit des Höheren Selbst. Mein inneres Wesen sehnte sich nach einem tieferen Verständnis vom Leben, und ich versuchte, es mir über den akademischen Bereich der Psychologie anzueignen.

Es wundert mich nicht, daß mich acht von neun »Graduate-Schools«, bei denen ich mich beworben hatte, ablehnten. Und die einzige, die mich angenommen hatte, wollte ich nicht besuchen. Ich hatte einfach nicht das Gefühl, am richtigen Platz zu sein.

Dann machte ein Freund den Vorschlag, mich beim Montclair State College zu bewerben. Ich wußte rein gar nichts von dieser Schule, außer daß es eine staatliche Pädagogische Hochschule war, und ich interessierte mich ganz gewiß nicht fürs Unterrichten. Aus irgendeinem unerklärlichen Grund fühlte ich mich jedoch von ihr angezogen, und so beschloß ich, sie mir anzusehen. Sobald ich das Gelände der Hochschule betreten hatte, fühlte ich mich wohl und zu Hause. Irgend etwas bewirkte, daß es sich richtig anfühlte. Zu jener Zeit glaubte ich, daß es damit zusammenhing, daß so viele hübsche Studentinnen dort waren. Doch, wie sich später herausstellte, war das Mädchen, das mich anzog, die Göttliche Mutter.

Ich ging zum Anmeldebüro und fragte: »Glauben Sie, daß ich angenommen werde?«

Die für die Anmeldung zuständige Angestellte stellte mir ein paar Fragen und sagte: »Sicher! – Möchten Sie ein Stipendium?«

»Natürlich!« erwiderte ich, und etwa einen Monat später erhielt ich in der Post einen Brief, der mir mitteilte, daß mein Schulgeld gestrichen sei und daß ich nun der Assistent des Studentendekans sei und somit Empfänger eines sehr großzügigen Gehaltes. Ich glaube, daß Gott mich an der Schule haben wollte.

Ich belegte das Fach »Guidance Counseling«*, was nicht gerade das war, was ich wollte, doch es war das Beste auf der Speisekarte, und deswegen wählte ich es. In der ersten Unterrichtsstunde betrat ein kleiner, grauhaariger Professor mit lächelnden Augen den Raum, schaltete einen Kassettenrekorder an und sagte: »Das ist der Inhalt meines Kurses in Kurzfassung.«

Als die Abspieltaste gedrückt war, hörte ich Sammy Davis Jr. »I Gotta be Me«** singen. Ich saß nur da und dachte: »Dieser Lehrer ist merkwürdig«, und dann fing ich an, mir die Worte des Liedes anzuhören. Was meinte er mit »Ich muß ich selbst sein«?

Das Lehrbuch für den Kurs war Carl Rogers Buch *Von Mensch zu Mensch*. Ich wußte nichts über Encountergruppen außer, was ich

---

* Beratung. (Anm. d. Ü.)

** Deutsch: »Ich muß ich selbst sein«. (Anm. d. Ü.)

ı der Zeitschrift Newsweek gelesen hatte. Ich hielt sie für interes- ınt und ganz nett für Leute, die gerne nackt beisammensaßen, um ffen miteinander zu sprechen und gerne weinten. »Das ist gut für ,eute mit Problemen«, dachte ich, »aber ich bin schon ehrlich und ffen.« Nichts war weiter von der Wahrheit entfernt. Ich lebte in Virklichkeit ein unechtes, verschlossenes und angespanntes Le- ,en. Während ich das Buch las, passierte schon beim ersten Ab- ıtz etwas wunderbar Aufregendes in mir. Ich hatte das Gefühl, ls würde eine warme, wunderbare Sonne in meiner Brust aufge- ıen. Die Worte trafen mich genau ins Herz. Der Geist des Buches prach eine tiefere, befriedigendere Ebene meines Seins an, die ich uletzt als kleines Kind erfahren hatte. Dr. Rogers sprach lediglich lavon, daß sein Leben so viel befriedigender war, wenn er offen, hrlich, annehmend, vertrauensvoll und liebevoll war. Und das var alles, was ich hören mußte, um mich an den Hunger meiner Seele nach Wahrheit und Einfachheit zu erinnern – zwei der wich- igsten Elemente für Glück, die ich viele Jahre lang nicht gekannt ıatte. Sogar in der Zeit, als ich die jüdische Religion praktizierte, var ich so sehr damit beschäftigt, jüdisch zu sein, daß ich vergaß, ch selbst zu sein. Und nun wurde mir die Gelegenheit geboten, nich selbst nochmals kennenzulernen.

Ich reagierte mit mehr Enthusiasmus als ich je in diesem Leben ür irgend etwas verspürt hatte. Dr. Rogers sprach in diesem Buch über »Laboratorien für menschliche Beziehungen«, geplante Seminare, in denen Vertrauen, Ehrlichkeit und Kommunikation geübt werden sollten. »O Gott, wie gerne würde ich bei einem dieser Seminare mitmachen«, dachte ich. Ich würde alles tun, um an einem solchen Seminar teilnehmen zu können.

Alles, was ich tun mußte, war am nächsten Tag durch den Studentenaufenthaltsraum zu laufen, denn dort hing zu meiner Überraschung ein Plakat mit der Überschrift: »Laboratorium für menschliche Beziehungen«, 4. bis 7. Oktober. Ich flog förmlich zum Anmeldetisch und schrieb mich so schnell ein, wie meine unbewußte Hand schreiben konnte. Es gab nichts, aber auch *gar nichts*, was mich von dem Seminar hätte abhalten können. Frag mich nicht warum. Ich hätte es dir zu dem Zeitpunkt gar nicht wirklich sagen können. Ich wußte nur, daß es etwas für mich war.

Der Workshop erwies sich als genau das, was ich gewollt un erwartet und gebraucht hatte – und noch mehr. Es war, wenn ma das überhaupt sagen kann: der Wendepunkt meines Lebens. A Anfang des Wochenendes war ich angespannt und unecht. Mei Ego war ja bedroht. Es wußte, daß es am Sterben war, denn ic mußte meine frühere Art zu sein aufgeben, und das ist etwas, wa das Ego nicht ohne weiteres aufgibt – selbst wenn die alte Art de Seins leer ist. Im Innersten meines Herzens wußte ich jedoch, da dieser Tod nichts anderes war als die Geburt in eine neue un wunderbarere Art des Lebens.

Spät in der Nacht konfrontierte mich jemand aus unserer Seminargruppe mit folgender Frage: »Alan«, sagte sie, »du scheinst nicht wirklich mit uns zu sein. Wie fühlst du dich?«

»Entspannt«, log ich, »und vertrauensvoll.« (Ich log nicht nur sondern beschwor es auch noch.)

»Das ist merkwürdig«, bemerkte jemand anders, »du erscheinst mir nicht entspannt und vertrauensvoll.«

»Mir auch nicht«, stimmte jemand anders zu. »Ich empfinde dich genauso«, sagte ein Dritter und ein Vierter und ein Fünfter – alle auf eine liebevolle und unterstützende Art.

In dem Augenblick geschah etwas in mir, was vielleicht das tiefste Erlebnis meines Lebens war. Es war, als ob ein kleines Licht in meinem Bauch anging oder etwas wie eine Türe zu einem dunklen Zimmer aufgemacht wurde, um das Licht der Morgensonne hereinzulassen. Wenn ich diesem Erlebnis eine Stimme geben könnte, würde ich sagen: *»Es ist alles in Ordnung, Alan. Du kannst jetzt loslassen. Es ist okay.«* Dieser Augenblick war derart subtil und still, daß niemand anders sehen konnte, daß es geschah, und doch so spektakulär, daß ein neues Leben daraus entsprang. Es war nichts Geringeres als die Transformation eines menschlichen Wesens.

»Vielleicht habt ihr recht«, sagte ich – ich konnte kaum glauben, daß diese Worte aus meinem Mund kamen. »Ich habe mich nicht sehr vertrauensvoll gefühlt. Vielleicht habe ich mich wirklich etwas unecht benommen.«

Als ich diese Worte ausgesprochen hatte, hatte ich das Gefühl als hätte man ein zehn Tonnen schweres Gewicht von meinen

Schultern genommen. Es war, als könnte ich endlich wieder atmen, als ob das »Ich«, das so lange unter einem Berg von Erwartungen und Druck verborgen gewesen war, befreit worden wäre, um wieder im Tageslicht zu leben. Ich hatte den Schlüssel gefunden, um mich aus dem trostlosen Turm der Isolation zu befreien, und ich fing an, die Treppen in eine neue Welt hinunterzutanzen – in eine gute Welt –, in der ich andere Menschen in mein Herz lassen konnte und wo ich mich ihnen mitteilen konnte. Ich mußte mich nicht mehr vor Menschen, vor meinen Gefühlen, vor Meinungen fürchten. Ich wußte, daß ich in Ordnung war und daß etwas Wunderbares auf mich wartete, wenn ich zu anderen nur eine Verbindung auf der Herzebene herstellen konnte. Es war das Ende meines Exils und der Anfang eines Lebens, das ich schätzen konnte.

Ich fing an, wunderbare Veränderungen in meinem Leben zu erfahren. Ich warf buchstäblich meine Kontaktlinsen weg, denn ich wußte, daß ich sogar *mit* Brille liebenswert war, und wenn mich jemand mit meiner Brille nicht haben wollte, so war das ihr/sein Pech. Ich begann, Gedichte zu schreiben und von Menschen inspiriert zu sein. Ich konnte andere Menschen anfassen – sowohl physisch als auch gefühlsmäßig. Ich sagte die Wahrheit in meinen Beziehungen. Mein Leben entwickelte sich mit rasender Geschwindigkeit.

Meine alten Freunde verschwanden aus meinem Leben, da sie keine Ahnung hatten, wovon ich redete. Manche staunten mich nur an und sagten: »Das ist gut«, doch ich wußte, daß sie nur höflich waren und daß unsere Beziehung vorbei war. Doch fast über Nacht erblühten neue, aufregendere und befriedigendere Beziehungen in meinem Leben. Ich hatte nur das eine Bedürfnis: zu leben, zu wachsen und das wunderbare Gefühl des Seins, was mir völlig neu und doch merkwürdig vertraut erschien, zu erfahren. Ich war in das Leben verliebt, und das Leben war in mich verliebt. Es war die allerbeste Art von Liebesaffäre.

Etwa zur gleichen Zeit fing ich an, mich für psychedelische Drogen zu interessieren. Als Dr. Green mich mit Carlos Castaneda und *Don Juan* bekannt machte, war ich ganz fasziniert von der

Möglichkeit anderer, noch tieferer Wirklichkeiten. Es lag etwa Verführerisches, Mystisches in den Lehren des Don Juan. Sie ent fachten tief in meiner Seele erneut eine Erinnerung an eine Dimen sion des Seins, in der *alles* im Leben Sinn machte. Man gab uns di Aufgabe *Die Pforten der Wahrnehmung – Himmel und Hölle* vo Aldous Huxley zu lesen, in dem er seine Erfahrung mit der Drog Meskalin schildert, die ihm die Augen öffnete. Huxley sagt, daß e sich eines großartigen Übergeistes bewußt wurde, einer universel len Intelligenz, die führt und weiß und alle Dinge mit Erstaune und Freude betrachtet. Er hatte sich auf den unendlichen Geis Gottes eingestimmt. Das klang für mich sehr aufregend. Wenn di Droge eine derartige Herrlichkeit offenbaren konnte, so wollte ic sie unbedingt ausprobieren.

Und das tat ich auch. Ein Freund besorgte mir ein kleines Stück Meskalin, und eine erstaunliche Erfahrung bahnte sich an. Ich spürte eine ungeheure Kraft in mir aufwallen und durch meinen Körper pulsieren; keine physische Kraft, sondern das Freiwerden einer ungeheuren mentalen Energie. Es war wunderbar und erschreckend zugleich. An einem Punkt fühlte ich eine riesige Flut von Liebe und Frieden, und alles, was ich tun konnte, war, zuerst zu lächeln und dann in unkontrollierbares Lachen auszubrechen. Meine Freunde und ich befanden uns glücklicherweise zu der Zeit in einem chinesischen Restaurant. Ich war – Gott sei Dank! – fähig, eine gewisse Form zu wahren und konnte mich gerade lange genug zusammenreißen, um es bis zur Toilette zu schaffen, wo ich in dem Moment, als die Türe sich hinter mir schloß, in hysterisches Lachen ausbrach. Ich blieb dort, bis dieses Ereignis vorüber war.

Als ich später davon »runterkam«, hatte die Erfahrung insgesamt eine erschütternde Wirkung auf meine Art, die Welt zu betrachten, gehabt. Ich hatte Gefühle berührt und Energien angezapft, die bewirkten, daß die Dinge, die ich zu schätzen gelernt hatte, nun leer erschienen. Ich hatte einen sehr kurzen Vorgeschmack von erweitertem Bewußtsein erfahren, und nach diesem Kosten (Claudio Naranjo beschreibt es folgendermaßen: »Der Tiger leckt das erste Mal Blut ...) erschienen viele Dinge, die ich normalerweise genoß, flach und unbefriedigend. Ich fing an, mich etwas deprimiert und verwirrt zu fühlen, denn ich wußte nicht, wie ich meine Erfahrung und meine neuen Wahrnehmungen in meine frühere Lebensweise integrieren sollte.

Ich verspürte das Bedürfnis nach einer Art Führung, doch ich kannte niemanden, der sie mir geben konnte. Dann wiederholte eine sanfte kleine Stimme in mir immer wieder: »Geh zu Jim ...« Ich hatte keine Ahnung, warum diese Stimme sich ausgerechnet Jim ausgesucht hatte. Jim war ein seltsamer, kraftvoller Mann, der in meiner wunderbaren, transformierenden Gruppe im »Laboratorium für menschliche Beziehungen« gewesen war. Ich mochte ihn nicht; sein Lebensstil, seine Art und seine Worte waren mir fremd, und ich fühlte mich von ihm bedroht. Ich verstand ihn auf jeden Fall nicht. Er hatte etwas sehr Ungewöhnliches. Als diese kleine Stimme in mir, eine Stimme, die ich vorher noch nie gehört hatte, der ich jedoch vertraute, mir sagte, ich solle ihn aufsuchen, war ich perplex. Ich verschob es immer wieder, doch meine Verwirrung nahm immer mehr zu durch Gedanken wie, daß ich meinen Verstand verloren hätte oder verrückt geworden wäre.

Ich mußte mit ihm reden. Ich sah ihn eines Abends in einem Workshop und nahm in beiseite. »Jim«, fragte ich einsilbig, »weißt du etwas über LSD (psychedelische Drogen)?« In dem Moment, als er die Frage vernahm, traten seine Augen aus seinem Kopf hervor, und ich glaubte hypnotisierende, spiralenförmige Muster in seinen Augen zu sehen, wie man sie in Filmen sieht, um darzustellen, daß jemand durch die Zeit in eine andere Dimension reist. »LSD?! ... Sagtest du LSD?!« (In diesem Augenblick dachte ich, seine Augen würden ganz bestimmt herausspringen.) ... »Ich *bin* LSD!!!« Mensch, das war die »Preisfrage«. Ich fühlte mich wie Dorothy*, als sie vor dem Zauberer von Oz stand.

Wir setzten uns zusammen, und Jim erklärte mir sein ganzes Verständnis von LSD. Wie ihr vielleicht begriffen habt, war er etwas dramatisch veranlagt. Ich wollte mich vergewissern, daß mit mir alles in Ordnung war und daß durch diese starke Droge nichts Schreckliches mit mir passiert war. »Meinst du, ich kann je wieder dieselben Dinge tun wie früher und dabei glücklich sein?« fragte

---

* Hauptfigur des Märchens *Der Zauberer von Oz*. (Anm. d. Ü.)

ich, halb in der Hoffnung, daß er mit einem einfachen »Klar!« antworten würde und daß damit alles erledigt wäre.

»Oh, nein! Du kannst jetzt nicht mehr umkehren!«

Ich wurde etwas unruhig, aber ich war auch ganz davon hingerissen, ihn zu Ende anzuhören.

»Weißt du warum?« fuhr er fort.

»Warum, Jim?«

»Weil du jetzt eine *Mutation* bist!« Schauer des Entsetzens liefen durch meinen ganzen Körper. »Oh, nein!« dachte ich, »ich will keine *Mutation* sein ... alles andere als das!«

»Und willst du noch was wissen?« Er verzog keine Miene. (Ich konnte kaum erwarten, was er zu sagen hatte.) » ... Das ist das Beste, was dir je hätte passieren können, denn jetzt bist du ein Teil des nächsten Schrittes in der Evolution des menschlichen Geschlechts auf diesem Planeten.« Ich hatte keine Ahnung, wovon er sprach, doch es fing an, sich gut anzuhören. Er fuhr fort, lange und ausführlich über dasselbe Thema zu sprechen. Als er fertig war, war ich noch immer verwirrt, vielleicht noch mehr, aber ich fühlte mich auch ermutigt und optimistisch. Ich hatte das Gefühl, daß eine wundersame Ebene des Verstehens und ein neues Bewußtsein vom Leben mich riefen. Ich hatte keine Ahnung, was der nächste Schritt sein würde; ich wußte lediglich, daß es aufregend sein würde.

Einige Wochen vergingen. Dann, eines Abends, lud Jim mich ein, eine Tonbandaufnahme von einem Mann namens Baba Ram Dass anzuhören, die er erstaunlich fand. Die Aufnahme und der Name sprachen mich wenig an, bis Jim mir sagte: »Dieser Typ weiß viel über LSD.« Dann spitzte ich die Ohren. »Du solltest dir diese Aufnahme wirklich anhören ... Er gab einem Typen in Indien vier Trips und nichts passierte mit ihm! ... Dieser Typ war ›higher‹ als LSD!«

»›Higher‹ als LSD? Mensch!« dachte ich, »dieser Typ muß *wirklich* ›high‹ sein!« Ich mußte mir diese Aufnahme anhören.

Jim und ich trafen uns, nahmen etwas LSD und hörten uns die Aufnahme an. Die Tonbandaufnahme dauerte vier Stunden, und das wurden die längsten vier Stunden meines Lebens.

Baba Ram Dass erzählte auf diesem Band die Geschichte seines spirituellen Erwachens. In seinen Anfängen war er eine Art neurotischer, äußerst erfolgreicher, jüdischer Psychologe. Ich konnte mich damit identifizieren. Er lernte LSD kennen und fing an, das Universum mit anderen Augen zu sehen. Auch damit konnte ich mich identifizieren. Er ging nach Indien, um herauszufinden, was LSD ist. Ich konnte mich auch damit identifizieren.

An diesem Punkt des Trips* erlebte ich alles, was Baba Ram Dass sagte, buchstäblich als mein eigenes Leben. Es war, als wäre ich in sein Bewußtsein geschlüpft; ich hatte das Gefühl, *meine* eigene Geschichte zu hören, die von *meiner* eigenen Stimme auf dem Tonband erzählt wurde. Es war, als wüßte ich alles, was er sagen würde, noch bevor er es sagte, als wäre eine uralte Gedächtnisbank für mich zugänglich gemacht worden.

Die Geschichte kam an den Punkt, wo Ram Dass seinen Guru Neem Karoli Baba trifft. Nach einer langen und deprimierenden Reise befand sich Ram Dass zu Füßen von Neem Karoli Baba, der Ram Dass offenbarte, daß er alles über das Leben von Ram Dass wußte. Er schilderte Tatsachen, die nur Ram Dass und Gott wußten. »In jenem Augenblick«, sagte Ram Dass, »ließ ich vollkommen los ... Ich fiel ihm zu Füßen und weinte und weinte und weinte. Die einzige Art, dieses Gefühl zu beschreiben, ist: ›Ich war zu Hause‹.«

In jenem Augenblick machte ich genau dieselbe Erfahrung – und erlebte noch einiges mehr, da ich mich gänzlich mit Ram Dass identifiziert hatte. Ich hatte das Gefühl, gestorben zu sein – buchstäblich gestorben. Ich verließ meinen Körper, als wäre mein Leben vorbei. Das, was mich am meisten dabei erstaunte, war, daß ich noch da war! Obwohl ich gestorben war, war ich noch am Leben! Das Gefühl von Erheiterung und Frieden, das ich spürte, ist nicht mit Worten zu beschreiben. Was ich sah, war, daß der Tod unwirklich ist; ich war gestorben, und doch lebte ich! Neben der Ekstase, die ich erfuhr, erkannte ich, wie lächerlich meine Angst vor dem Tod gewesen war. Ich schaute zurück auf mein Leben, und sah all die Dinge, um die ich mir dummerweise Sorgen gemacht hatte, und wie töricht ich gewesen war, je vor irgend etwas

* LSD-Reise. (Anm. d. Ü.)

Angst gehabt zu haben. Ich sah die Welt als reine Illusion. Ich sah den Tod als Illusion und das ewige Leben als wirklich, Schmerz und Leid und sterbende Kinder als Illusion. Alles erschien wie ein Film, der keine Substanz hat. Ich konnte nichts anderes tun als gleichzeitig lachen und weinen. Ich hatte das Gefühl, zu Hause zu sein und daß die Schleier der Unwissenheit von meinen Augen weggezogen worden waren. Ich erkannte, daß ich mir nie mehr um irgend etwas Sorgen machen mußte, und ich sagte immer wieder, wie geblendet und erstaunt: »Es bleibt einem nichts anderes übrig, als sich ein schönes Leben zu machen.« Ich hatte das Gefühl, im Himmel zu sein. Vielleicht war ich es.

Dieser Himmel hielt nur ein paar Stunden an, und dann ging ich durch den schmerzhaften Prozeß des »Abstürzens«. Kannst du dir vorstellen, das Heilige Königreich betreten zu haben und dann gebeten zu werden, es wieder zu verlassen? Und stell dir vor, du willst es nicht verlassen und wirst dazu gezwungen. Christus erzählte hiervon in der Parabel von dem Mann, der ohne Einladung zu einer Hochzeitsfeier ging. »Bindet ihn an Händen und Füßen, und werft ihn in die äußere Finsternis.« Ich war ohne Einladung zu dem Himmelsfest gegangen, ich hatte mir das Recht zu bleiben nicht verdient, und so mußte ich wieder nach unten gehen.

Der Höhepunkt des Trips war vorüber. Das Band war zu Ende. Der Morgen graute. Jim zog seine Jacke an und ging zu seinem Zahnarzttermin. (Wie er in dem Zustand zum Zahnarzt gehen konnte, wird mir immer ein Rätsel bleiben.) Aber ich war nicht mehr dieselbe Person, die das Tonbandgerät zehn Stunden früher angemacht hatte. Ich rief um sieben Uhr morgens eine Freundin an und erzählte ihr, daß ich gerade im Himmel gewesen sei, daß ich Gott gesehen hätte und daß es keinen Tod gäbe und daß alles Illusion sei. Das war eine ziemlich starke »Aufwachgeschichte« für sie. Sie hörte höflich zu, doch ich fing an zu verstehen, daß ich an einem Platz gewesen war, der sehr schwierig zu beschreiben sein würde.

Irgendeine Art von Wissen war mir zuteil geworden. Es war, als ob irgendeine Schaltstation in meinem Gehirn an eine tiefe, tiefe Gedächtnisbank – ähnlich dem »Universellen Geist« von Aldous

Huxley – angeschlossen worden wäre. An jenem Morgen ging ich in die Kantine und trank Kaffee mit einem Freund, der für eine Prüfung lernte. Er fragte mich ganz nebenbei: »Weißt du etwas über Jungs *Anima* und *Animus*? Mein Mund öffnete sich irgendwie von selbst, und heraus kam ein Vortrag über *Anima* und *Animus*, obwohl ich diese beiden Worten nur eben mal gehört hatte und so gut wie gar nichts darüber wußte. Und trotzdem lieferte ich ihm eine erstaunliche Erklärung. Mein Freund war erstaunt, und vielleicht hat er sich sogar Notizen gemacht. Ich kann mich nicht erinnern. Ich war noch mehr erstaunt als er. Woher ich die Erklärung bekommen hatte, weiß ich nicht. Ich weiß nicht, was diese Worte bedeuten.

Einige Wochen später unterrichtete ich eine siebte Klasse als Aushilfslehrer. Ich las zufällig in einem Buch von Albert Einstein über seine Relativitätstheorie und verstand, genau wovon er sprach. Ich wußte, was seine Symbole bedeuteten. Die Gleichung machte Sinn. »Natürlich hat er recht«, sagte ich mir. $E = mc^2$ erschien mir wie ein Kinderspiel. Es schien so logisch. »Der alte Albert war auf dem richtigen Weg«, dachte ich. Jetzt darfst du mich nicht fragen, was es bedeutet. Ich könnte es dir nicht sagen.

Ich war süchtig. Nicht nach LSD – nach Gott. Für eine Weile verehrte ich LSD, doch ich lernte recht bald, daß die Erfahrung, die ich gemacht hatte, auch ohne Drogen, die gefährlich sein können, möglich war. Im Grunde müssen wir und Gott es sein – ohne Hilfsmittel. Mehr als alles andere wollte ich jene Erfahrung wieder haben. Ich wollte Gott sehen. Ich wollte den Himmel erfahren. Ich wollte immer wissen, daß es keinen Tod gibt. Ich wollte wissen, daß alles Illusion ist. Ich war bereit, alles dafür zu tun. Der Tiger hatte Blut geleckt.

Jim wurde mein Lehrer, mein selbstgemachter Guru. Ich lauschte allem, was er sagte, mit gespitzten Ohren. Alles, was er machte, machte ich auch. Ich ging wie er. Ich sprach wie er. Ich lachte wie er. Ich mußte es natürlich nicht tun, doch ich vergötterte diesen Typen: er war meine Verbindung zu Gott. Er und ich entwickelten unsere eigene Sprache, die niemand anders verstand. Aber wir verstanden einander, und das genügte.

Wir beschlossen, eine Reise quer durchs Land zu machen. (Eigentlich entschied er, und ich ging mit, da ich alles tat, was er tat.) Wir hatten viel Spaß; es war eine verrückte und manchmal auch anstrengende Reise. Es war eine Pilgerreise. Wir gingen zum Planetarium von St. Louis und schauten uns mit einer Gruppe von Pfadfindern die Venus an. Wir besuchten die Höhlen der Indianer und meditierten über den Mond. Wir fuhren nach Arizona, wo Jim seine Lebensphantasie, einen Tennisball in den Grand Canyon zu werfen, auslebte. Es war ein bedeutendes Ereignis für ihn.

Während wir unterwegs waren, lehrte Jim mich einiges über die großen Philosophen wie Sokrates, Hegel und Marcus Aurelius. Ich hatte ein unglaubliches Vertrauen in diesen Typen. Als wir z. B. einmal durch die Berge von Pennsylvania fuhren und ich am Steuer saß, kam eine Hand von hinten über meine Schulter aus dem Heck von Jims VW-Bus hervor, und in dieser Hand waren etwa ein Dutzend Pillen in allen Farben, Formen, Größen und mit allen möglichen Aufschriften. Die Hand wurde von Jims Stimme begleitet: »Hier, nimm die.«

»Was ist das?« mußte ich fragen.

»Vitamine! ... Sie sind wirklich gut für dich.«

Also nahm ich sie. Nach fünf Minuten spürte ich, wie mein Gesicht so zu brennen anfing, als ob jede Zelle eine Handvoll Chilischoten geschluckt hätte. Als ich in den Spiegel schaute, war mein Gesicht so rot wie ein Sonnenuntergang am Pazifik. Gleichzeitig spürte ich wie Tausende von Schauern mein Rückgrat rauf- und runterliefen, und ich mußte nochmals in den Spiegel schauen, um zu sehen, ob Dampf aus meinen Ohren schoß oder nicht. Ich fühlte mich wie einer von diesen Hot dogs, der von innen nach außen gebraten wird.

»Sag mal, Jim«, sagte ich gelassen (um »cool« zu erscheinen), »was war das eigentlich, was du mir verabreicht hast?«

»Ach, das war Niacin ... Ich nehme es jeden Tag ... Es bringt dich wirklich zum Kochen, was?«

Kochen war nicht der richtige Ausdruck. Mikrowelle stimmte schon eher. Ich war mir ganz sicher, daß wir es allein mit der Energie, die ich hinter meinen Ohren spürte, bis nach Kalifornien schaffen würden. Und so behielt ich die Augen auf der Straße, meine Hände am Steuer und fuhr weiter. Und ich überlebte. Trotz all seiner Verrücktheit war Jim eine sehr reine Seele mit einem riesigen Herzen, und er wußte innerlich genau, was er tat, ganz egal wie merkwürdig er aussah oder sich nach außen benahm.

Eines Morgens in Kalifornien fragte mich Jim, ob ich zu einem Zen-Kloster fahren möchte, und obwohl ich nichts über Zen wußte, sagte ich: »Na klar«, und auf ging's. Wir fuhren etwa vier Stunden lang auf gefährlichen, bergigen Haarnadelkurven, bis wir schließlich zu einer äußerst friedlichen, kleinen Gemeinschaft gelangten. Jim wies mich an, zu sagen, daß wir erfahrene Zen-Schüler seien, damit wir zum Schülerpreis reingelassen wurden. Was er mir jedoch nicht sagte, war, daß wir als Schüler das machen mußten, was die anderen Schüler machten, nämlich drei Stunden täglich in Lotusposition meditieren. Ich hatte noch nie in meinem Leben meditiert und wußte nicht viel über Meditation außer, was ich in den *Kung Fu*-Filmen gesehen oder auf der Beatlesplatte *Sergeant Pepper's Lonely Hearts Club Band* gehört hatte. Nichtsdestotrotz sah ich mich am nächsten Morgen um halb sechs in der Kälte, einer grauen Mauer gegenübersitzend und meinen Atem beobachtend. Man könnte dies einen Schnellkurs in Meditation nennen. Wir blieben etwa vier Tage, und als wir abfuhren, hatte ich eine Menge darüber gelernt, wie viele Gedanken mein Intellekt innerhalb von eineinhalb Stunden denken kann, und ein wenig über Meditation. Alles in allem war es sehr gut gewesen.

Nun gingen wir zum »Esalen Institut«, wo alle nackt herumlaufen und sich »echt« benehmen. Die Empfangsdame fragte uns, für welches Programm wir uns einschreiben wollten. Jim erklärte: »Wir sind für DESHALB gekommen!«

»DESHALB?« fragte sie.

»Na, du weißt schon, DESHALB!« (Wie ich schon sagte – er war ein bißchen dramatisch.)

»Nun, wofür möchtest du dich einschreiben? Wir bieten Encounter, Rolfing, Gestalt und ...«

»Du scheinst nicht zu verstehen«, erklärte Jim höflich. »Mein Freund hier und ich sind für DESHALB gekommen.«

Das ging noch ein paar Runden lang so, und bald waren wir für ein neues Programm – das Arica Training – eingeschrieben. Es war ein System von Körperübungen, Meditation und Philosophie, das von einem Lehrer aus Chile mitgebracht worden war. Es war esoterisch, mystisch und New-Age und somit genau das Richtige für Jim und mich. Es war tatsächlich genau »DAS«*!

Dort fing ich an, mit Menschen verschiedenster Herkunft in Kontakt zu kommen, Menschen, die ich sonst nirgendwo getroffen hätte. Meine Zimmergenossen waren ein Pianist aus Guatemala, der Schach spielte und nebenbei Gestalttherapie machte, und ein pensionierter Luftwaffenoberst. (Ich werde die Unterhaltung nie vergessen, bei der ich versuchte, den Leutnant davon zu überzeugen, daß es in der Natur keine wirkliche Konkurrenz gibt.) Dort lernte ich auch einen schwulen Bauarbeiter und einen ägyptischen Psychiater kennen – zwei Persönlichkeiten, denen ich an der Yeshiva Universität nie begegnet wäre. Und es war in Esalen, daß ich zum erstenmal die Worte von Jesu Christi las. Jemand reichte mir eine Bibel mit den Worten von Christus in roten Buchstaben, und obwohl ich Jude (und dazu noch ein orthodoxer) war, schienen die Worte von Jesus aus der Seite heraus direkt in mein Herz zu springen, um dort wie die ewige Flamme zu brennen. Etwas Wunderbares geschah in meinem Leben: Täglich öffneten sich mir neue Türen. Dimensionen spirituellen Lichts wurden mir mit unglaublicher Geschwindigkeit offenbart. Ich erhielt viel Gnade. Ich kann mich an gar nichts erinnern, was ich getan haben sollte, um das alles zu verdienen. Ich hatte das Gefühl, daß Gott mir die Hand reichte und mich gütig durch seinen Garten führte. Gott, ich danke dir dafür!

Nach Esalen ging es wieder nach Osten, wo es mir ganz merkwürdig vorkam, daß alle Leute Kleider trugen. Jedoch nach einer gewissen Zeit der Umstellung nahm ich mein Leben wieder auf.

Ich war noch immer sehr verliebt in Ram Dass und ihm sehr ergeben. Ich wußte nichts von ihm, außer das, was ich auf seinen Bändern gehört und in seinem Buch *Sei jetzt hier* gelesen hatte.

---

* Die »heiße Nummer«. (Anm. d. Ü.)

Dieses Buch wurde zu meiner Bibel. Ich dachte an Ram Dass, sprach von ihm, träumte von ihm und mehr als alles auf der Welt sehnte ich mich danach, mit ihm Kontakt aufzunehmen. Ich hatte keine Ahnung, wo er war und wie ich zu ihm Kontakt aufnehmen konnte. Alles, was ich wußte, war, daß ich mit ihm Kontakt aufnehmen wollte, denn er war für mich Gott.

Wochen nachdem ich aus Kalifornien zurückgekehrt war, ging ich eines Abends zu einem sehr schlechten Punk-Rock-Konzert in einem Stadion. Es lohnt sich nicht, ein einziges Wort darüber zu verlieren, wie das Konzert war. Nach dem Konzert kam es auf dem Parkplatz zu einem massiven Verkehrsstau. Die Autos bewegten sich einfach nicht. Ich schaltete an meinem Radio hin und her, um etwas Hörenswertes zu finden. Da hörte ich eine schöne Frauenstimme, ein bißchen wie Judy Collins Stimme, und mir gefielen die süßen Worte, die sie sang. Dann war eine Männerstimme zu hören, die anfing über spirituelle Dinge zu sprechen und einige der Worte und Ausdrücke benützte, die Ram Dass gebrauchte. »Hallo«, dachte ich, »der Typ steht bestimmt auf Ram Dass.« Zu meiner ekstatischen Freude stand dieser Typ nicht nur auf Ram Dass, er *war* Ram Dass. Einige Augenblicke später nahm der Sprecher das Mikrofon und sagte: »Wir sind vier Nächte lang hier mit Ram Dass – von Mitternacht bis Sonnenaufgang.«

Ich hatte die richtige Taste etwa fünf Minuten nach Mitternacht, am ersten Abend der vier Abende, gedrückt. Auf dem Parkplatz nach einem miesen Konzert. Dies bleibt mir in Erinnerung als ein glänzendes Beispiel für Gottes Gnade. Es wird gesagt, daß »der Lehrer uns finden wird«. Das hat er tatsächlich. Mein Traum hatte sich erfüllt. Ich hatte nach Gott gerufen, und Gott hatte geantwortet.

Die nächsten vier Nächte waren für mich etwas so Wunderbares und Verzauberndes; die Art von Geschenk, die man nur von den Engeln erhält. Ich hatte das Gefühl, viele Leben lang auf diese Augenblicke gewartet zu haben. Ich hörte eifrig zu und nahm soviel wie möglich auf. Jene vier Nächte veränderten mein Leben. Ich erhielt viele Antworten, nicht nur in Worten, sondern auch in der Stille und der Liebe, die Ram Dass jedem einzelnen seiner Zuhörer schenkte.

Ich erhielt ein wunderschönes *darshan* – die Erfahrung, in der Gegenwart eines Lehrers der Wahrheit zu sitzen. Neun Jahre später bin ich noch immer dabei, das, was mir in jenen vier ganz besonderen Nächten geschenkt worden war, zu assimilieren.

Tagsüber arbeitete ich in einer Art »Penny-Markt«. Seltsam, nicht wahr, daß jemand, der gerade seinen Doktor gemacht hatte, dort als Verkäufer arbeitet; doch das war der einzige Job, der mir zu der Zeit richtig erschien. Als Ergebnis dessen, was Ram Dass gesagt hatte, hatte ich ein brennendes Verlangen, mehr über Meditation zu erfahren, doch wußte ich mal wieder nicht, wo und wie. Zu jener Zeit gab es eine Kundin, eine sehr angenehme, junge Frau, die regelmäßig ihren Honig bei uns einkaufte. Eines Tages fragte sie mich: »Kennst du jemanden, der Meditation lernen möchte? Ich bin Meditationslehrerin.« Sie hatte genau ins Schwarze getroffen. Ich wußte nicht, wie man die Verbindung herstellt, doch Gott wußte es.

»Die letzte Gnade«, so würde ich diese Episode dieser Geschichte nennen. Sie ist tatsächlich das Ende einer Ära und der Anfang der nächsten.

Während der Radiosendung mit Ram Dass fragte ihn jemand, wo eine Frau namens »Hilda« sei. »Hier im Studio«, antwortete er. In den nächsten paar Monaten tauchte ihr Name immer wieder in meinem Leben auf. Ich stand z. B. in einer Schallplattenabteilung und hörte von der anderen Seite des Regals eine mir bekannte Stimme, die über einen Besuch in Hildas Gruppe sprach. Und dann, auf einem Fest, sprach eine andere Person über jene »Hilda«. Wie die Gnade und das Schicksal es so wollte, lud mich schließlich jemand zu einer ihrer Gruppen ein. Ich ging voller Neugierde hin.

Als ich in ein gemütliches Hinterzimmer einer Kirche in Greenwich Village ging, das von Wand zu Wand mit Menschen vollgepackt war, fielen meine Augen auf eine angenehme, strahlende Frau in einem *Sari*, die besagte Hilda war. Neben ihr war ein lieblich aussehendes Mädchen, das einige wunderschöne Lieder sang. Ich kannte die Stimme von irgendwoher, konnte jedoch nicht sagen woher. Dann blitzte die Erinnerung plötzlich in mir auf: Da war die Stimme, die ich in der Radiosendung mit Ram Dass gehört hatte. Ihr Name war Mirabai. Ich war in Ekstase.

Es schien, als ob alle Fäden meines neugefundenen, spirituellen Lebens zu einem sehr schönen Wandteppich zusammengewebt wurden.

Das ist die Geschichte darüber, was mir mein Leben gegeben hat, bevor ich in Hildas Gruppe ging. Was bekam ich von Hilda? – Hiervon erzählt der Rest dieses Buches.

Der richtige Ort

Eines Morgens beschlossen ein Freund und ich, zu einem Konzert für Flöte und Harfe zu gehen. Wir entschieden uns erst eine Stunde vor Beginn des Konzertes dazu und machten uns spät auf dem Weg. Wir blieben im Verkehr stecken und konnten dann keinen Parkplatz finden. Wir erreichten das Theater schließlich eine ganze Weile nach Beginn des Konzerts, und die einzigen freien Plätze waren im hintersten Rang. Als ich mich setzte, bemerkte ich, daß ich neben einem älteren, schwarzen Mann mit Nickelbrille saß. Er schien sich köstlich zu amüsieren und aß dabei händeweise Weingummis, die er aus einer Papiertüte herausfischte. Als ich es mir bequem machte, kam es mir in den Sinn, daß er wahrscheinlich auch gerade erst angekommen war. Ich wandte mich ihm zu und beschwerte mich: »Menschenskinder, es ist wirklich schade, daß wir ganz hinten sitzen.« Er zwinkerte nur zurück und erwiderte: »Ach, es ist alles vollkommen. Wir erhalten immer das, was wir aufgrund unseres Bewußtseinszustands verdienen! … Möchten Sie ein Weingummi?«

Ja, wir waren am richtigen Ort, genau an dem, den wir uns verdient hatten. Obwohl mein Freund und ich seit Monaten von dem Konzert wußten, waren wir in unserer Entscheidung, ob wir hingehen sollten, unentschieden gewesen. Unser Interesse an dem Konzert war ungewiß, und so erhielten wir Plätze, wo unsere Sicht »ungewiß« war. Die Leute, die vorne saßen, waren sich sicher gewesen, daß sie dort sein wollten. Sie hatten sich wahrscheinlich ihre Karten lange im voraus besorgt.

Unser Bewußtseinszustand! – Es lohnt sich darüber nachzudenken. – Eine meiner liebsten Geschichten ist die Geschichte von Josef und seinen Brüdern. Die elf Brüder von Josef waren eifersüchtig auf ihn, weil er prophetische Träume hatte und ihr Vater, Jakob, ihn ganz besonders liebte. Also warfen sie Josef in eine Grube und verkauften ihn auf dem Sklavenmarkt, wo er in Ägypten von Potifar, dem Kämmerer des Pharaos, gekauft wurde. Josef war ein so guter Diener, daß Potifar ihn zu seinem obersten Diener machte, bis auch Potifars Frau an Josef Gefallen fand und den Versuch machte, ihn zu verführen. Obwohl Josef unschuldig war, warf Potifar ihn in den Kerker, wo er die prophetischen Träume zweier seiner Mitgefangenen richtig deutete. Als der Pharao selbst einige beunruhigende Träume hatte, rief er Josef zu sich, weil dieser sich zu jenem Zeitpunkt einen gewissen Ruf erworben hatte. Der Rat, den Josef dem Pharao gegeben hatte, erwies sich als richtig, und Josef wurde zum »Obersten Minister« von Ägypten ernannt.

Oberflächlich betrachtet ist Josefs Geschichte ein aufregendes Drama mit einem glücklichen Ende. Wenn wir jedoch näher hinschauen, ist es ein Beispiel dafür, wie und wo wir aufgrund unseres Bewußtseins sind. Josef war offensichtlich eine sehr tiefe und weise Seele. Es war kein Zufall, daß Jakob ihn besonders mochte, noch war es ein Zufall, daß seine Träume eine Bedrohung für seine Brüder darstellten: Seine Spiritualität war eine Herausforderung für ihr Glaubenssystem. Und weil Josef etwas »draufhatte«, war er für Potifar (und seine Frau) als oberster Diener interessant. Seine prophetischen Fähigkeiten brachten ihn dann aus dem Kerker und gewannen die Gunst des Pharaos, der den »Obersten Minister« der ägyptischen Dynastie unter Millionen von Menschen hätte aussuchen können. Die Lehre hieraus ist besonders kraftvoll, weil Josef sich immer wieder aus schrecklichen Verlegenheiten rettete, ähnlich wie Flash Gordon oder die anderen Darsteller aus *Krieg der Sterne.* Er war in einer Grube gelandet, versklavt und zu Tode verurteilt worden – doch es war immer sein Bewußtsein, das ihn rettete und an den Platz stellte, der ihm zustand.

Wir sind alle in diesem Augenblick genau an dem Platz, wo wir hingehören – denn es ist der Platz, den wir uns durch unser Bewußtsein verdient haben. Es mag wie ein guter Platz erscheinen, oder es mag wie ein schlechter Platz erscheinen, doch es ist immer der richtige Platz. Tatsache ist, daß es immer ein guter Platz ist, weil wir am richtigen Platz sind, um die Lektionen zu lernen, die wir brauchen, um uns zu einem neuen und erfüllteren Stadium des persönlichen Wachstums zu bringen.

Wir können natürlich versuchen, uns vorzumachen, daß wir da wären, wo wir gerne sein *möchten*, doch da wir unser Bewußtsein nicht täuschen können, werden wir immer dahin zurückkehren, wo wir tatsächlich sind. Als ich auf dem College war, war es bei den Studenten sehr beliebt, das Verwaltungsgebäude zu stürmen. Die »Yippies« und Freunde zogen dann alte Armeehemden an, brachen in das Büro des Collegedirektors ein, warfen einige Aktenschränke um und hatten dann ihr Bild in der Zeitung, auf dem sie Gras rauchten und ihre Füße auf dem Holzschreibtisch des Direktors lagen. Dann verteilten sie Erklärungen, wie sie das College verwalten würden, und daß sie initiieren würden, daß man Scheine für Kurse mit *Grateful Dead* usw. erhalten würde. Der ganze Spaß dauerte dann etwa einen Tag oder zwei oder sogar drei, doch früher oder später wurden sie irgendwie rausgeschmissen, der Direktor wiedereingesetzt und die Dinge nahmen ihren normalen Lauf (– na ja, fast). Obwohl die »Yippies« versucht hatten, die Leitung des College zu übernehmen, hatten sie das nicht verdient und deswegen verloren sie es wieder.

Ich erinnere mich auch an einen Mann, der Geld verdienen wollte und gehört hatte, daß eine Stelle als Abteilungsleiter in einer bekannten Ladenkette frei sei. Obwohl er mit dieser Art von Arbeit keine Erfahrung hatte, erzählte er dem Mann, der das Einstellungsgespräch führte, daß er Erfahrung hätte und fälschte seine Referenzen. Er bekam die Stelle, doch es dauerte nicht lange, bis er überfordert war, weil er nicht wußte, was er tat. Seine Abteilung verlor Geld, und er verlor seinen Schlaf. Also nahm er eine Herabstufung zum Assistenten des Abteilungsleiters an: eine Position, in der er angelernt wurde. Er blieb ein Jahr lang Assistent und wurde dann zum Leiter eines verwandten Ressorts befördert, eine Position, in der er sich jetzt gut machte – denn nun hatte er sich diese Position verdient.

Andererseits können wir unser Bewußtsein auch nicht herunterspielen. Wir können nicht so tun, als ob wir geringer wären, als wir sind. Es gibt viele große Yogis und Gurus, die keine Schüler haben wollen, doch weil der Lehrer etwas Wertvolles besitzt, finden die Schüler ihn oder sie doch irgendwie. Der große Nityananda ging in den Dschungel zum Meditieren, und die Menschen entdeckten ihn doch und bauten eine Stadt um ihn herum. Ich kenne auch einen einfachen Mann, der auf einem abgelegenen Berg wohnt und einen bescheidenen Job als Rohrschweißer hat. Obwohl er keine Schüler sucht, sind viele Leute bereit, über verschneite Bergstraßen zu ihm fahren, um seine Belehrungen zu erhalten. Und Hilda, die kein Verlangen nach Ruhm oder Anerkennung hat, erhält Angebote von Leuten, die Fernsehsendungen und Bücher und Filme über sie machen wollen. Sie kehrte aus Indien in dieses Land zurück mit der Absicht, nur für ein paar Wochen zu bleiben. Doch Freunde baten sie um Hilfe, und sie beschloß, so lange zu bleiben, wie Menschen ihre Unterstützung brauchten. Das war vor 14 Jahren. Es fing damit an, daß ein oder zwei Leute sie in ihrem Wohnzimmer besuchten und diese Leute dann ihre Freunde mitbrachten und diese wiederum ihre – bis heute 300 bis 400 Menschen jede Woche in die Kathedrale St. John Divine kommen, um sie zu sehen. Sie hat nie um Schüler gebeten, dafür Werbung gemacht oder Geld für ihre Arbeit angenommen. Sie wollte in Wirklichkeit nie eine Lehrerin sein. Doch sie hatte keine Wahl. Sie ist da, wo sie ist, wegen ihres Bewußseins oder in diesem Fall wegen der Verantwortlichkeit ihres Bewußtseins.

Trotz all der Fragen, die unser umherschweifender Geist stellt, *sind* wir am richtigen Platz und tun zur richtigen Zeit genau das, was wir tun sollen. Da das Leben eine Schule ist, sind wir immer in der Klasse, die wir uns ausgesucht haben, um die Dinge zu lernen, die wir meistern müssen. Manchmal macht es Spaß, und manchmal müssen wir daran arbeiten, doch es ist immer angemessen. Ich habe einmal mit einer Frau gesprochen, die nicht wußte in welche Richtung sie in ihrem Leben nun weitergehen sollte. Als ich ihr von meiner Begeisterung über die Vollkommenheit des Bewußtseins erzählte, schaute sie mich mit einer Mischung aus Erstaunen und Erleichterung an und fragte: »Du willst damit sagen, daß ich am richtigen Platz bin?« Ich kicherte und erwiderte: »Wo anders solltest du wohl sein?«

»Weil Gott vollkommen und gerecht ist, ist deine Stellung im Leben vollkommen und gerecht. Dies ist die Quelle des inneren Friedens, denn unsere Ängste vor Schlechtem und Fehlern können in einer Welt, die mit Augen der Vollkommenheit gesehen wird, kein Zuhause finden.

Dein Platz ist dir sicher. Du kannst nirgendwo anders sein als da, wo die Liebe dich hingestellt hat, um ihre heiligen Lektionen zu lernen. Nur der ruhelose Geist versucht, Unordnung zu schaffen, wo Ordnung ist, und Chaos, wo Ruhe ist. Weil die Gedanken ihren Ursprung nicht verlassen, entstehen chaotische Gedanken nur aus chaotischem Denken, und die Vision der Ruhe wird aus dem stillen Selbst geboren.

Vertrauen gibt dir die Freiheit, die Weisheit des Augenblicks zu sehen. Das Gute im Leben ist unbesiegbar, und in der Gerechtigkeit liegt dein sicherer Erfolg. Die Gesetze des Bewußtseins arbeiten ständig zu deinem allerhöchsten Wohl. Sie bieten dir Trost und Führung. Du verkörperst nun die Wahl, dein Ziel zu verdienen, das greifbar ist.

Die Rechte, nach denen du einst rigoros strebtest, werden nun durch das Recht, daß immer deines war, ersetzt. Nimmst du dein Eingestimmtsein an, so nimmst du die Wahrheit an. Unrecht ist endlich durch Bewußtsein ersetzt worden, und das Ende allen Fragens ist erreicht.«

Nimm, was du hast, und mach, was du willst

Ein junger Künstler aus Kansas City kämpfte darum seinen Traum zu verwirklichen: Er wollte seinen Lebensunterhalt als Cartoonist verdienen. Doch er wurde bei jeder Zeitung, bei der er sich bewarb, abgelehnt. »Vergiß es«, sagten die Redakteure, »du hast kein Talent ... Such dir einen anderen Beruf.« Er erhielt eine Absage nach der anderen, bis er eines Tages ohne einen Pfennig und anscheinend ohne Aussicht auf Erfolg in einer alten, verfallenen Garage voller Mäuse landete.

Da es ihm an Zeit nicht mangelte, fing er an, die Garage und die Mäuse darin zu zeichnen. Die kleinen Tiere faszinierten ihn mehr und mehr, und er entwickelte seltsamerweise eine freundliche Beziehung zu ihnen, besonders zu einem kleinen Mäuserich.

Dieser Mann hatte damals keine Ahnung, wie wichtig diese Beziehung für ihn werden sollte. Der Name dieses Mannes war Walt Disney. Der Name der Maus wurde »Mickey«, und Walt und Mickey wurden später zwei der erfolgreichsten Unterhalter der Welt, die unzähligen Kindern Glück und Freude brachten.

Hätte Walt aufgegeben, als ihm die Redakteure eine Absage erteilten, dann hätte er vielleicht einen anderen Job genommen, und sein Traum wäre vielleicht zu einer Erinnerung verblaßt. Doch Walt hatte genug Selbstvertrauen. Er machte weiter, und dabei machte er eine noch größere Entdeckung: Die unendlichen Möglichkeiten Gottes sind *überall*, und der Erfolg ist immer greifbar – selbst wenn wir am Ende der Straße zu sein scheinen.

In einem *Raumschiff-Enterprise*-Abenteuer befindet sich Captain Kirk auf einem Inselplaneten, wo er mit einer besonders gruseligen Figur, dem *Gorn*, kämpfen muß. Ihm wird die nicht beneidenswerte Aufgabe zuteil, diesen Feind zu besiegen, um sein Leben zu retten – und sein Schiff. Man sagt ihm, daß die Herausforderung eine Prüfung seines kreativen Genies ist. Man gibt ihm kein Material, sondern nur den Hinweis, daß alles, was er zu seiner Rettung benötigt, auf dem Planeten zu finden ist. Er muß nur klug genug sein, herauszufinden, was er benötigt und wie es zu benützen ist. Der Captain erleidet einen Rückschlag nach dem andern, bis er, zusammengeschlagen und fast besiegt, hilflos auf dem feindlichen Boden niedergestreckt daliegt. Die Aussichten für unseren Helden stehen ziemlich schlecht.

In diesem kritischen Augenblick riecht Kirk einen bekannten Geruch – Schwefel! Obwohl er es während seiner Prüfungen gesehen hatte, hatte er nicht erkannt, wie er es sich zunutze machen kann. Er stellt schnellstens eine Art grobes Schießpulver her und (wie ihr euch denken könnt) überwältigt den Gorn. Der Captain hatte einfach das ihm zur Verfügung Stehende benützt und das daraus gemacht, was er wollte.

Ein weiser Mann hat einmal gesagt: *»Es gibt keine Erfindung – nur Entdeckungen.«* Die Menschen, die Erfolg haben, sind die, die das, was ihnen zur Verfügung gestellt wird, anpassen, verbinden, daraus etwas Neues kreieren und das Beste machen. George Washington Carver z.B. war ein von Gott inspiriertes Genie größten Kalibers. Wenn die meisten von uns eine Erdnuß anschauen, sehen wir eine Erdnuß. Als Dr. Carver tief in die Erdnuß blickte, sah er mit den omnipotenten Augen Gottes mehr als 300 Möglichkeiten diese winzige Hülsenfrucht zu verwerten, einschließlich in Waschpulver, Rasiercreme, Bleichmittel, Salbe, Papier, Tinte, synthetisches Gummi, Achsenschmiere, Linoleum, Haarwaschmittel, Holzfüllmittel und Kaffee. Er entdeckte auch 118 Arten, die süße Kartoffel zu verwerten. Kurzum, er nahm das, was ihm gegeben wurde, erkannte seinen Wert und diente der Welt dadurch. Dr. Carver setzte folgenden Grundsatz in die Tat um: *»Was du bist, ist Gottes Geschenk an dich. Was du daraus machst, ist dein Geschenk an Gott.«*

Ein weiterer Mensch, der sich selbst zu einem Geschenk machte, war Franz von Assisi. Franz von Assisi war in seiner göttlichen Einfachheit in einem rigiden, religiösen System fehl am Platz. Sein Herz sehnte sich nach der luftigeren Freiheit der Vögel und dem warmen Segen der Sonne. Seine innere Stimme flüsterte ihm zu: »Franz, bau meine Kirchen neu auf!« Symbolischerweise nahm er eine kleine, verlassene, ungeliebte Kirche und legte zuerst ganz alein Ziegel für Ziegel aufeinander und verband sie hauptsächlich mit Liebe. Es dauerte nicht lange, bis seine Wahrhaftigkeit und Reinheit Freunde und Nachfolger eines neuen spirituellen Ordens anzog, der sich über fast 1000 Jahre hinweg vervielfacht und Kraft gesammelt hat. Die Liebe dieses sanften Heiligen hat ihm die Herzen von Millionen von Menschen gewonnen, und über ihn sind mehr Bücher geschrieben worden als über irgendeinen anderen Heiligen. Erst kürzlich wurde er zum Schutzheiligen der Umwelt ernannt. Der Heilige Franz von Assisi fing da an, wo er war, und Gott akzeptierte ihn genauso, wie er war.

So wie wir jetzt sind, hat jeder von uns alles, was er braucht, um erfolgreich zu sein. Du und ich, wir sind Gedanken im Geist Gottes, und alles, was wir tun, tut Gott. Gott kann nicht besiegt werden. Ganz gleich, was für eine Vergangenheit wir haben, welche Sorgen oder Begrenzungen wir haben, es gibt immer einen Weg, um anscheinend vergebliche Umstände in einen großartigen Erfolg umzuwandeln. Es gibt z.B. eine berühmte Frau in Maine, die ihre Arme und Beine nicht mehr bewegen konnte – doch sie weigerte sich, sich geschlagen zu geben. Sie nahm einen Malpinsel zwischen die Zähne und fing an, die lieblichen Landschaftsszenen zu malen, die sie von ihrer Terrasse aus sah. Jetzt verkauft sie ihre schönen Gemälde als Weihnachtskarten. Ihr Geschäft ist äußerst erfolgreich – in verschiedenen Beziehungen.

Was uns Menschen von allen anderen Lebewesen unterscheidet, ist unsere Vorstellungskraft. Tiere sehen die Dinge, wie sie sind, doch wir sehen sie, wie sie *sein könnten*. Man gab uns die göttliche Fähigkeit der Verwandlung. Nichts kann einem Menschen so viel Energie geben wie eine Vision, die er oder sie in die Wirklichkeit umzusetzen versucht. Ich habe gesehen, wie Menschen Schlaf, Essen und Komfort aufgaben für ein Projekt, das sie liebten. Ein Mensch, der sich einer Sache widmet, hat etwas sehr Heiliges, etwas, daß so wertvoll ist, daß ich es gar nicht in Worte fassen kann. Es ist das Wunder der Schöpfung.

Es ist genau dieses Wunder, daß es uns ermöglicht, Umstände zu transzendieren. Jeder Umstand ist für Gott ein guter Ausgangspunkt. Dr. Carver war das Kind von Sklaven, und Franz von

Assisi war der Sohn eines reichen Geschäftsmannes. Beide fanden ihren Weg zu Gott. Dieselbe Energie, die die Carvers, die Einsteins und die Edisons dazu bewegte, die Welt zu verändern, ist auch in uns. Die alchimistische Kraft, um die Göttlichkeit zu aktivieren, spricht immer zu uns, wenn wir nur bereit sind, *hinzuhören* und zu *handeln*. Es ist nichts anderes als die Stimme Gottes, die uns ruft, damit wir den göttlichen Funken anerkennen und ihm Ausdruck geben, damit wir alle daran teilhaben können.

»Genialität ist Gottes Geschenk an alle, obwohl sie von wenigen angenommen wird. In euch liegen weitaus größere Reichtümer und Talente, als ihr bisher erkannt und ausgedrückt habt.

Die Anerkennung eurer Fähigkeiten beinhaltet einen doppelten Segen. Während ihr in eure eigene Entwicklung hineinwachst, dient ihr der Welt. Der Lebenssinn des einzelnen ist eins mit dem der Menschheit, und die Entfaltung des einzelnen hat Auswirkung auf das Wachstum aller.

Kinder, es gibt keine Begrenzung bezüglich dessen, was ihr tun könnt. Gott kann euch nicht zurückhalten oder einschränken. Außerdem seid auch ihr frei, da ihr in eurem Wesen göttlich seid.

Schaut euer Leben mit offenen Augen an. Solltet ihr verschlossene Wege sehen, dann ist das so, weil ihr mit geschlossenen Augen schaut. Laßt euch nicht durch die geistige Beschränktheit der Menschheit einschränken. Das Kind der Menschen sieht Berge, wo das Kind Gottes Himmel sieht. Wählt eure Ziele, und erlaubt Gott, durch euch erfolgreich zu sein.«

Genug ist genug

»Es gibt drei Arten von Menschen«, sagte der Philosoph. »Jene, die klagen: ›Zuviel, zuviel!‹, jene, die sagen: ›Nicht genug! Nicht genug!‹ und jene, die lächeln: ›Ach, das ist genau richtig!‹«

Diese drei symbolischen Gruppen kann man in Wirklichkeit auf zwei reduzieren: *jene, die Zufriedenheit üben*, und *jene, die es nicht tun*. »Zuviel!« und »Nicht genug!« sind wirklich zwei Seiten derselben Münze, denn »zuviel« von dem, was wir nicht wollen, bedeutet »nicht genug« von dem, was wir wollen. Wir leben immer entweder in Gottes Gegenwart oder in Seiner Abwesenheit. Es gibt nichts dazwischen.

Zufriedenheit ist eine Erfahrung, die wir dadurch kultivieren können, indem wir uns darin üben. Abraham Lincoln sagte: »Die meisten Menschen sind ungefähr so glücklich, wie sie es sich in den Kopf gesetzt haben.« Dankbarkeit, Positivität und Zufriedenheit werden uns normalerweise nicht geschenkt, obwohl wir letzteres immer erhalten, wenn wir darum bitten. Wir müssen lediglich unsere Gedanken dankbar darauf ausrichten, denn Zufriedenheit ist nicht so sehr ein *Umstand*, eher ein *Geisteszustand*.

Könnte Geld uns glücklich machen, würden Millionäre sich nach ihrer ersten Million ausruhen. Würde Sex uns die Erfüllung geben, würden jene, die Beziehungen oder Ehen eingehen, die auf Sex basieren, nicht länger herumstreifen. Wenn Macht die Quelle des Friedens wäre, wären Landesoberhäupter die glücklichsten Menschen der Welt. Doch wir wissen alle, daß Menschen mit viel Geld, Sex oder Macht nicht die Glücklichsten sind. Sie sind tatsächlich oft die Unglücklichsten. Warum? Weil jeder Mensch, der sich im Zustand des *Suchens* befindet, nie glücklich sein kann. Nur jene, die ständig *finden*, sind erfüllt. Und Finden ist nicht etwas, das uns passiert – es ist etwas, das wir *tun*.

Ich praktiziere seit einigen Jahren ein sehr kraftvolles Mantra, nämlich: »Perfekt!« Es ist nicht die Art von Mantra, die man sitzend mit geschlossenen Augen spricht, obwohl wir das natürlich tun können. Es ist ein Mantra für den Alltag. Es ist ein Mantra, das Sorgen in Segen verwandelt. Es ist ein Mantra, das Mut und Unterstützung gibt. Es ist ein Wort, das heilt. Es ist eine Feststellung, die auf der Wahrheit beruht.

Unlängst ging ich zu einem Konzert eines Grundschulorchesters. Als der Dirigent seinen Stab hob, lehnte ich mich in meinen Stuhl zurück und erwartete aus irgendeinem Grund eine schöne Symphonie zu hören. Zu meiner Überraschung hörte ich eine schreckliche Kakophonie von quietschenden, tutenden Lauten und einen Marsch, der wie eine 45er Schallplatte klang, die mit einer Geschwindigkeit von 33 Umdrehungen pro Minute abgespielt wird. »Das ist ja grauenhaft!« dachte ich, während sich in mit alles zusammenzog. Und dann hörte ich eine sanfte Stimme in mir sagen: *»Das sind Kinder. Sie lernen noch. Sie machen es sehr gut.«* Die Stimme sagte natürlich die Wahrheit. Ich beurteilte sie nach meinen Erwartungen, ohne zu akzeptieren, daß sie sich alle ihren Fähigkeiten entsprechend ausdrückten. In dem Moment wurde die Musik für mich sehr lieblich. Ich lehnte mich zurück, und ich glaube, daß ich am Ende am lautesten applaudierte.

Wenn wir das Leben klar und richtig betrachten, sehen wir, daß es uns immer genug gibt. Wir müssen unseren Geist auf Zufriedenheit einstimmen, uns sogar ein bißchen darum bemühen, wenn wir das Spiel des Lebens gewinnen wollen. Eines Abends z. B. lud ich Gäste zu einem Abendessen ein. Jeder sollte etwas zu essen mitbringen, und alle brachten ein Hauptgericht mit. Nachspeisen fehlten verdächtigerweise. »Perfekt«, beschlossen wir. »Hier haben wir die Gelegenheit, Kalorien einzusparen und abzunehmen.« Einige Wochen später brachten alle nur Nachspeisen. »Perfekt!« erklärten wir. »Das ist die Gelegenheit zum Feiern!« Was zu feiern? Ich kann mich nicht mehr erinnern. Wir feierten einfach nur.

Was zählt ist nicht so sehr das, was wir tun, sondern *wie wir über das, was wir tun, denken*. Wir können jeden scheinbaren Mißerfolg in einen Erfolg verwandeln. Es war einmal ein Mann in Südafrika, der seine Farm für eine lächerliche Summe verkaufte, da die Erde zu steinig und hart war, um sie zu pflügen. Diejenigen, die das Grundstück kauften, untersuchten das Land genauer, und heute befindet sich dort das berühmte Kimberley Diamantenbergwerk.

Wenn wir tief genug in unser eigenes Schicksal schauen, stellen wir fest, daß wir gut versorgt sind. Wir müssen zwischen *Bedürfnissen* und *Wünschen* unterscheiden lernen. Ich höre oft »Ich will«, das als »Ich brauche« verkleidet ist. Unsere Bedürfnisse sind so einfach. Der heilige Franz von Assisi sagte: »Ich beobachte, wie der Spatz einen Schluck Wasser genüßlich trinkt. Wie frei sind doch die Vögel, die so wenig brauchen und trotzdem so hoch fliegen!« Erst wenn wir glauben, daß wir mehr brauchen als das tatsächlich der Fall ist, verlieren wir unsere Ziele aus den Augen.

Ein Schüler ging zu seinem Guru und bat um Erleuchtung. »Sehr wohl«, sagte der Lehrer, »such dir eine gute Höhle und meditiere dort nackt. Dann wirst du dein Ziel sicher erreichen.« »Das klingt gut«, dachte der Schüler und machte sich auf den Weg. Er beschloß jedoch nur eine Sache mitzunehmen – ein kleines Lendentuch.

Das Unternehmen begann für den Yogi recht mühelos. Er fand eine gute Höhle und fing an, tiefe Meditationszustände zu erfahren. Sein Lendentuch erforderte jedoch gelegentliches Waschen, danach hing er es zum Trocknen auf einen Baum. Eines Tages bemerkte er, daß Mäuse es angeknabbert hatten, und so ging er in die Stadt, um sich zu erkundigen, was er dagegen tun könnte. Eine gütige Frau riet ihm: »Was du brauchst, ist eine Katze, um die Mäuse fernzuhalten«, und (sie hatte gerade zufällig junge Kätzchen) sie gab ihm eins.

Alles ging gut, bis der Yogi feststellte, daß die Katze Milch brauchte. Also kehrte er in die Stadt zurück und bettelte um Milch, bis die Stadtmenschen davon genug hatten und zu ihm sagten: »Warum kaufst du dir nicht eine Kuh. Die würde alle deine Bedürfnisse erfüllen.« Also nahm er sich für einige Wochen frei von seiner Meditation, um Geld zu verdienen, damit er eine Kuh kaufen konnte.

Wie sich herausstellte, brauchte die Kuh saftiges Gras zum Fressen. Also verließ er seine Höhle längere Zeit. Dieses Mal, um eine kleine Weide zu erstehen. Jetzt mußte er natürlich die Kuh füttern und nach ihren Bedürfnissen schauen, also nahm er sich eine Frau, die sich um die Tiere kümmern konnte, während er sich darin übte, Erleuchtung zu erlangen. (Dies war in den Tagen vor der Emanzipation der Frau.) Mit der Ehe kamen Kinder, und innerhalb einiger Jahre hatte er eine richtige Familie zu unterhalten. Wie ihr euch vorstellen könnt, wurde er zum vielbeschäftigten »Manager« eines kleinen Bauernhofes, und er konnte nicht einmal mehr einen Augenblick Zeit zum Meditieren finden.

Jahre später ging der Guru eines Tages zufällig durch die Stadt. Als er die Höhle des Yogis verlassen vorfand, ging er zum Haus des Mannes, um sich zu erkundigen, ob irgend jemand wußte, was aus dem Yogi geworden war.

»Der Yogi war *ich*!« sagte der Bauer zu seinem Lehrer.

»Was ist passiert?« fragte der Guru.

»Ich nahm ein Lendentuch mit«, war die Erklärung.

Wir haben Ideen, Konzepte und Meinungen darüber, daß die Dinge besser wären, wenn wir dies oder jenes hätten oder wenn wir woanders wären als hier. Oftmals liegt jedoch unsere Fahrkarte zum Erfolg darin, die vorliegende Aufgabe zu meistern. Wenn es uns mit dem, was wir haben, gutgeht, müssen wir uns nicht überlegen, wie es weitergehen soll. Gott, der allerbeste Manager, wird sich unserer annehmen. In einer Rede mit dem Titel »Wach bleiben während einer großen Revolution« sagte Martin Luther King Jr. zu den Menschen:

> *»Es ist nicht wichtig, was ihr tut. Was wichtig ist, ist daß ihr es so gut macht, wie ihr könnt. Bist du ein Straßenkehrer, dann sei der beste Straßenkehrer, den es je gab. Verrichte deine Arbeit mit Stolz, und tu sie mit Würde, und wenn du sie mit dieser Einstellung machst, machst du sie mit Größe!«*

Den Beweis für diese Lektion erhielt ich, als ich in einem Naturkostrestaurant als Koch arbeitete. Während ich die Arbeit als sehr wertvoll empfand, fanden manche Leute, daß es keine sehr wichtige Arbeit sei. (Ein Mann nahm mich eines Tages beiseite und fragte: »Alan, was machst du denn wirklich im Leben?«) Weil ich jedoch Gott an diesem Arbeitsplatz sah, benützte ich ihn, um Liebe, positives Denken und Meisterschaft zu üben, und indem ich dies tat, empfand ich große Begeisterung und Pflichtgefühl für meine Arbeit. An diesem Arbeitsplatz lernte ich, wie man durch die richtige Einstellung vorankommt. Obwohl der Laden finanzielle Schwierigkeiten hatte, und der Besitzer das Ersuchen der anderen Angestellten um Gehaltserhöhung ablehnte, kam er eines Tages auf mich zu und teilte mir mit, daß er mir eine Gehaltserhöhung geben würde – eine, um die ich ihn nicht einmal gebeten hatte!

»Es gibt genug von allem für alle«, erklärte Patricia Sun. Erst wenn wir anfangen, einen Mangel zu *befürchten*, *erschaffen* wir ihn. Kriege, Hungersnöte und Zeiten der Not tauchen nur dann auf, wenn jemand Angst hat, daß er oder sie nicht genug haben wird, und eine Person oder eine Gruppe oder Nation anfängt, aus dieser Angst heraus zu handeln. Gott und Mutter Erde (Gottes Symbol für Fülle) haben noch nie Nahrung zurückgehalten. Hungersnöte passieren nicht zufällig oder wegen eines göttlichen Beschlusses. Sie sind immer das Ergebnis eines Krieges, wirtschaftlicher Unruhe und politischen Aufruhrs – alles Dinge, die von uns *Menschen* geschaffen werden. Ich habe erfahren, daß während der Hungersnot in Bangladesh Schiffsladungen von Nahrung in den Häfen verfaulten, weil durch die politischen Streitigkeiten in dem vom Krieg zerrütteten Land die Auslieferung an die verhungernden Menschen, für die die Nahrung bestimmt war, aufgehalten wurde. Wir können Gott nicht dafür anklagen, daß er uns Seine Fürsorge vorenthalten hat, sondern *wir* müssen bereit sein, sie *anzunehmen*. Wenn wir nur so lange ausharren könnten, bis wir nicht aus der Angst vor Mangel handeln, würde sich Überfluß auf der Erde manifestieren, und zwar in der Fülle, die ursprünglich beabsichtigt war.

Gedanken, die mit »zuviel« zu tun haben, liegen auch außerhalb des Überflusses im Leben. In unserem Ringen, die wahre Bedeutung des spirituellen Lebens zu verwirklichen, verwechseln wir manchmal das Nicht-Anhaften mit unnötigem Selbstverzicht. Zu Anfang, wenn sie den Pfad beschreiten, glauben manche Suchenden, daß es spirituell ist, Geld zu meiden oder dem Besitz zu entsagen, sich nicht zu baden oder zu hungern – alles im Namen der Entsagung. Wahre Entsagung liegt jedoch darin, die Fähigkeit zu besitzen, eine Sache anzunehmen oder sie loszulassen, je nachdem, was anliegt. (Der große Paramahansa Yogananda sagte: »Das, was von selbst kommt, laß es kommen.«) Ich vermied früher Geld, Geschenke, Erfahrungen und Menschen, aus Angst, eigensüchtig oder verhaftet zu sein. Mein Fehler lag darin, daß ich daran anhaftete, nicht verhaftet zu sein.

Ich glaube nicht, daß Gott uns hier ins Exil geschickt hat. Ich glaube, daß Er uns hierher geschickt hat, damit wir etwas lernen. Wenn ein reicher Vater seinen Sohn auf ein Internat schickt, würde er ihm nicht Kleidung, Geld für Nahrung und Transportmittel und sogar etwas Taschengeld für eine gelegentliche Kinovorstellung oder ein Eis mitgeben? Selbstverständlich würde er das. Unser Himmlischer Vater ist da nicht anders. Tatsache ist, daß Er sogar noch mitfühlender ist als die meisten irdischen Väter. Verstehst du, *wir* haben es uns ausgesucht, von Zuhause wegzulaufen, um eine Schule in einem weitentfernten Land zu besuchen. Und sogar angesichts unseres Rebellierens, versorgt Gott uns liebevoll, so, als hätte Er Selbst uns hinausgeschickt.

Eines Abends sagte Hilda: »Kümmere dich um Gottes Angelegenheiten, und Er wird sich um deine kümmern.« Am gleichen Abend bat mich eine Freundin, sie nach Hause zu fahren, obwohl es nicht gerade auf meinem Weg lag. Es war während einer Zeit der Benzinknappheit, und ich wußte: Wenn ich sie nach Hause bringen würde, müßte ich mich nach einer offenen Tankstelle umsehen, um selbst nach Hause zu kommen. Da sie jedoch eine Mitfahrgelegenheit brauchte, entschloß ich mich, mich um Gottes Angelegenheiten zu kümmern. Als ich sie nach Hause gebracht hatte, befand sich die Nadel des Benzinanzeigers am Ende des roten Feldes mit dem großen »R«. Ich wußte, daß ich eine offene Tankstelle finden mußte, und zwar noch bevor ich in die Schnellstraße einbog. Es war nach Mitternacht, als ich die Bloomfield Avenue hinunterfuhr, und jede einzelne Tankstelle, an der ich vorbeifuhr, war geschlossen. Ich war schon einige Häuserblocks von der Schnellstraße entfernt. Dann, direkt an der Ecke, wo ich einbiegen mußte, befand sich eine offene Tankstelle. Sehr spät in der Nacht, das war sehr ungewöhnlich in Zeiten der Benzinknappheit. – Doch es gab keine »Knappheit« an Gott. Seine Benzintanks waren voll.

»Kinder der Fülle, ihr seid Erben der Reichtümer des Universums. Es ist die große Freude Gottes, euch von Seinen guten Geschenken zu geben.

Gedanken des Mangels sind leeres Nachsinnen, das nicht die Wahrheit ausdrückt, sondern ein begrenztes Bewußtsein, aus dem ihr herausgewachsen seid. Haltet euch ohne Furcht an die Gedanken der Fülle, und eure Erfahrung wird voll und ganz sein.

Erinnert euch daran, daß ihr des Überflusses würdig seid. Erkennt eure spirituellen Reichtümer, und auch materielle Güter werden euch zu eigen sein. Es gibt eine für euch richtige Menge. Habt Vertrauen, daß der Schöpfer euch in eurem materiellen Leben behütet und unterstützt. Er wird euch nicht verlassen. Dies ist das Versprechen, das durch eure Vertrauensbereitschaft bewiesen wird.

Stellt euch mit offenen Armen hin, um Seine Reichtümer zu erhalten. Streckt eure Hände aus, um dem Segen zu erlauben, im Dienste der wartenden Welt hinauszuströmen. Seid Tröster für eure Brüder und Schwestern. Unterhaltet keine Gedanken der Leere, sondern bleibt in der Meditation auf die Quelle von allem gerichtet. Wenn ihr alles als vollständig sehen könnt, seht ihr alles so, wie Gott es erschaffen hat.«

Wenn nicht jetzt, wann dann?

Dr. Leo Buscaglia erzählte die traurige Geschichte von zwei Studenten an einem College, die ganz unerwartet getötet wurden, als sie durch das Unigelände liefen. Sie waren jung, vital, steckten mitten im Leben mit vielen unverwirklichten Träumen. Sie hatten keine Ahnung, daß sie so früh vom Leben abgeschnitten werden würden. »Dies«, erzählt Dr. Buscaglia, »ließ mich erkennen, daß jeder Augenblick des Lebens wertvoll ist.« Dann kehrte er zu seinem sehr einzigartigen »Liebe«-Kurs zurück und bat die Studenten, einen Aufsatz darüber zu schreiben, was sie wirklich gerne tun würden, wenn sie die Zeit dazu hätten. Einige schrieben: »Ich würde gerne einen langen Spaziergang bei Sonnenuntergang am Strand machen.« Andere schrieben über glänzende Ziele: »Ich würde die Uni verlassen und meine ganze Zeit dem Musizieren widmen«, und andere schrieben: »Ich würde meinen Vater anrufen und unsere schwierige Beziehung klären.« Dr. Buscaglia schrieb unter die letzte Seite in großen roten Buchstaben: »NUN, AUF WAS WARTEST DU NOCH? WAS MACHST DU HIER? WARUM MACHST DU ES NICHT JETZT?« Er sagte: »Wenn ihr das, was ihr macht, nicht gerne tut, dann verschwindet – aber schnell – und verwirklicht euren Traum jetzt.«

Wir wissen eigentlich nie, wieviel Zeit uns bleibt, um das zu tun, was wir tun wollen. Wir tun so, als ob wir 100 Jahre Zeit haben, wenn uns vielleicht nur eine Minute bleibt. Wenn wir über diese ernüchternden Gedanken nachsinnen, führen sie uns unweigerlich zu einer Schlußfolgerung: *Das Jetzt ist der einzige Augenblick, in dem wir leben.*

Vor einigen Jahren besuchte ich eine Konferenz, bei der es um die Vorhersagen über die Veränderungen auf der Erde, die in den kommenden Jahren geschehen sollen, ging. Eine in sich sehr verschiedene Gruppe von Hellsichtigen, Wissenschaftlern und spirituellen Lehrern sprach über Erdbeben, Nahrungsknappheit, wirtschaftlichen und politischen Zusammenbruch und alle Arten von Katastrophen, die laut der Aussage aller Sprecher ihren Höhepunkt in einer neuen Ära des Friedens und der Einheit auf Erden finden würde. Frieden und Einheit klangen großartig, doch die Katastrophenvorhersagen hatten eine recht bestürzende Auswirkung auf mich, besonders als alle Sprecher sich darüber einig waren, daß ein Großteil der Erdbevölkerung vernichtet werden würde. Mir kam der Gedanke, daß ich womöglich einer derjenigen sein könnte, die gehen mußten, und ich verlor die Fassung. Ich kämpfte mehrere Tage mit dieser Angst und versuchte herauszukriegen, wie ich entkommen und mich retten könnte. Dann, eines Morgens, wachte ich auf, und meine Angst war verschwunden. Ich hatte mich meinem Tod ergeben. Ich fühlte, daß es gar nicht so schrecklich wäre, wenn ich gehen müßte, da Gott sich sowieso meiner annehmen würde. Also nahm ich die Haltung ein, daß ich nur noch einige Monate oder Jahre zu leben habe und begann, das Leben von diesem Blickwinkel aus zu betrachten.

Ich glaube, daß die paar Monate, in denen ich diese Haltung eingenommen hatte, die freiesten und freudvollsten meines ganzen Lebens waren. Ich machte mir um nichts Sorgen. Alle lächerlichen, kleinen Belange, denen ich vorher meine Aufmerksamkeit geschenkt hatte, wurden bedeutungslos, und ich erkannte, daß sie in Wirklichkeit unwichtig waren. Meine Meditationen waren die tiefsten und kraftvollsten, die ich je gehabt hatte, und ich lernte meine Freunde neu schätzen. Die Lehre daraus war: Indem man sterben lernt, lernt man zu leben.

Es gibt viele ähnliche Geschichten von Menschen, die tödliche Krankheiten diagnostiziert bekamen, und die ihre Diagnosen dadurch widerlegt haben, daß sie lernten, in der Gegenwart zu leben. Ich habe von einer ganzen Reihe von Menschen gehört, die, als man ihnen sagte, daß sie nur noch einige Monate oder ein Jahr zu leben hatten, ihre Geschäfte, »Schubladen« und Lasten losließen und sich daran machten, alle Dinge, die sie sich für die Zeit nach ihrer Pensionierung aufgespart hatten, zu genießen. Sie machten die Campingreise in die Berge, von der sie schon immer geträumt hatten. Sie sprangen spät nachts ins Auto und fuhren zur Eisdiele, um dieses heiße Schokoladeneisgetränk zu trinken, daß sie sich immer verwehrt hatten. Und sie gaben das Geld aus, daß sie für ein unbekanntes, unvorhergesehenes Ereignis ängstlich zusammengespart hatten. Das Ergebnis war, daß sie so viel Spaß beim Genießen ihres Lebens in Freiheit und Wohl-sein haben, daß das Unwohl-sein* verschwindet und sie lange und reiche Leben leben. Sie lernen *im Augenblick zu leben*, und dabei lernen sie zu *leben*.

Ich habe gelernt, drei Redensarten nicht zu trauen: »Ich werde *versuchen*, dort zu sein«, »Ich werde es *vielleicht* tun« und »Ich werde es *später* tun.« Hier wird auf höfliche und unverantwortliche Art »Nein« oder »Ich will nicht« gesagt. »Ich werde es später tun« ist besonders verführerisch, weil wir die Zeit als Ausrede benützen, um zu vermeiden, in der Gegenwart Stellung zu beziehen. Das ist traurig, weil – wie jeder, der je eine Diät gemacht oder das Rauchen aufgegeben hat, weiß – *es kein Später gibt.*

Die althergebrachte jüdische Schrift, *Sprüche der Väter,* drückt dies kurz und bündig aus:

> *»Wenn ich nicht für mich bin, wer ist dann für mich? Und wenn ich für mich bin, was bin ich dann? Und wenn nicht jetzt, wann dann?«*

Harvey Freeman erzählt die Geschichte von Joe, einem Mann, der uns allen bekannt ist. Joe ist ein ziemlich normaler Kerl, der nie wirklich zufrieden ist. In der Oberstufe weiß er, daß er glücklich sein wird, sobald er seinen Führerschein hat. Er bekommt ihn, doch jetzt muß er zu einer bestimmten Uni zugelassen werden, um sich wirklich zufrieden zu fühlen. Er wird angenommen, doch jetzt will er unbedingt eine bestimmte Klassenkameradin heiraten. Und so weiter. Dann ist es ein Kind, daß ihn wirklich glücklich machen wird, und dann muß er nur noch zum Vizepräsidenten der Firma befördert werden. Und dann fängt Joe an, durch seine Kinder zu leben. Danach wartet er nur noch auf die Enkelkinder, im Anschluß daran fängt er an, die Jahre bis zu seiner Pensionie-

* Der Autor verwendet hier die Wörter »ease« und »disease«. (Anm. d. Ü.)

rung zu zählen, dann kann er endlich *wirklich* entspannen. Schließlich wird Joe pensioniert und macht sich auf, seine lang geplante und lang ersehnte Angelreise in die Smokey Mountains zu machen. Joe rudert hinaus in die Mitte des Sees, wirft seine Angel aus und kippt tot um. Joes Augenblick des Glücks ist nie gekommen: Er lag immer um die Ecke.

Jesus sprach von der Gegenwart. »Darum sorget nicht für morgen, denn der morgige Tag wird für das Seine sorgen«, lehrte er. »Schaut die Lilien auf dem Felde an, wie sie wachsen: sie arbeiten nicht, auch spinnen sie nicht. Ich sage euch, daß auch Salomo in aller seiner Herrlichkeit nicht gekleidet gewesen ist wie eine von ihnen. Wenn Gott das Gras auf dem Felde so kleidet, das doch heute steht und morgen in den Ofen geworfen wird: sollte er das nicht viel mehr für euch tun, ihr Kleingläubigen?« Der Meister erklärte auch: »Es ist genug, daß jeder Tag seine eigene Plage habe.« Mit anderen Worten: Tu nur das, was du heute tun mußt, und der morgige Tag wird sich um sich selbst kümmern.

In dem Buch *Sei jetzt hier* beschreibt Ram Dass seine Unterweisung bei einem Yogi, der ihn die Bedeutung des freien Lebens im Augenblick lehrte. Ram Dass sagte z. B.: »Sag mal, hab' ich dir je davon erzählt, wie ich das weiße Licht sah?«, und der Yogi erwiderte: »Sprich nicht von der Vergangenheit – sei nur jetzt hier.« Und dann fragte Ram Dass: »Wann denkst du, gehen wir nach Madras?«, und der Lehrer unterbrach ihn: »Mach dir keine Sorgen um die Zukunft – sei nur jetzt hier.« Ram Dass erläutert die Botschaft so: »Wenn du voll und ganz im Jetzt leben kannst, wenn das ›Dann‹ zum ›Jetzt‹ wird, wirst du vollkommen versorgt sein und genau wissen, was zu tun ist.« Stephen Gaskin* drückte es auf eine andere Art aus, er sagte: »Das Hier und Jetzt fühlt sich immer ›schwer‹ an (erfüllt und vollkommen). Wenn es sich nicht schwer anfühlt, bist du nicht im Fluß der Dinge.«

Dieser Prozeß des Schreibens ist für mich eine Schulung gewesen, im Augenblick zu leben. Zuerst hatte ich nur vor, eine kurze Schrift über Streßminderung und Entspannung für die Workshops, die ich halte, zu schreiben. Dies, dachte ich, müßte eine sehr

---

* Begründer einer Landkommune im Staat Tennessee. (Anm. d. Ü.)

kurze, wissenschaftliche Schrift sein, die Menschen meines Berufes ansprechen würde. Als ich anfing, sie zu schreiben, bemerkte ich, daß ich mich von »spirituellen« Themen fernhielt und besonders das Wort »Gott« mied. Ich wußte jedoch in meinem Herzen, daß ich wirklich etwas schreiben wollte, daß meine tiefsten Überzeugungen ausdrücken würde, welche ganz bestimmt Gott und das spirituelle Leben sind. Also beschloß ich, zwei verschiedene Schriften zu schreiben – zuerst das Pamphlet über Streßminderung und dann etwas über Gott. Ich hatte etwa zwei Seiten des Streß-Pamphlets geschrieben, als ich dachte: »Warte mal! Was mach' ich da eigentlich? Was ich wirklich fühle und tun will, ist etwas zu schreiben, daß *alles* von mir ausdrückt und nicht eine verwässerte Version von mir. Warum stelle ich das, was meinem Herzen am nächsten liegt, an zweite Stelle? Wie kann ich über das Leben im Hier und Jetzt schreiben, wenn ich meinen Traum verschiebe? Ich werde das schreiben, was ich fühle. Wenn einige Leute es nicht lesen, weil es ihnen zu sehr spirituellorientiert ist, kann ich mir darüber keine Gedanken machen. Wenigstens werde ich nachts schlafen können, denn ich weiß, daß ich mir und Gott treu geblieben bin. Ich schreibe nicht, um Menschen zu gefallen. Ich schreibe, um Gott auszudrücken.« – Damit setzte ich mich hin, um einige Kapitel zu schreiben, und aus jenen Samen entstand ein Buch. Ich weiß nicht, ob es ein Bestseller wird, aber mein Herz ist zufrieden, und das ist für mich der größte Bestseller.

Zu viele Träume werden aus Achtung vor Meinungen und Tradition beiseite geschoben. Zu viele Bestrebungen sind aus falschen Gründen aufgeschoben worden. Zu viele Leben sind für ein Morgen gelebt worden, das nie gekommen ist. Frag dich jetzt: »Wenn ich nur noch ein paar Monate zu leben hätte, was würde ich tun?« Halte nicht an der Angst fest, sondern betrachte die Gelegenheiten! Dann tu es. Kann irgend jemand von uns es sich leisten, auch nur einen einzigen Augenblick im Leben wegzuwerfen?

Eine meiner liebsten Zeiten in diesem Leben waren die späten 60er Jahre, die frühen Jahre dessen, was wir das »Wassermannzeitalter« nennen. Es war eine Zeit, in der Menschen aus verschiedensten Lebensstilen zu neuen und aufregenden Möglichkeiten bezüglich der Bedeutung des Lebens auf der Erde erwachten. Es war die Zeit, in der die Beatles die Welt bei der Hand nahmen und sie weg vom »Geld« und zu »A Little Help from my Friends«* führte und in der Frieden zu mehr wurde als nur einem Schlagwort. Es war eine Zeit, die den jungen Menschen erlaubte, Blumen an den Straßenecken von San Francisco zu verteilen, und in der junge und alte Menschen sich in einer Bewegung vereinten, um einen Krieg zu stoppen, an den einfach nicht genügend Menschen glaubten. Es war eine Zeit, in der eine neue Welle des spirituellen Verständnisses begann, sich in Form von New-Age-Gemeinschaften gleich Lichtsamen und einer neugefundenen Würdigung der Heiligkeit unserer Heimat, der Erde, über dem Planeten zu verbreiten.

Jetzt höre ich manchmal, wie Leute sich über diese Ära lustig machen. (Jemand beschuldigte mich neulich, ein Blumenkind gewesen zu sein – aber ich faßte es als Kompliment auf.) Das Licht jener Tage ist vielleicht davon überschattet worden, daß wir in eine Zeit hineingewachsen sind, die konkreteres soziales Engagement verlangt. Wir befinden uns in einer ernsten Phase auf der Erde, und ich bin bereit, ihr mit Ernsthaftigkeit zu begegnen. Doch jene Tage in den späten 60er Jahren haben einen besonderen Platz in meinem Herzen, und ich weigere mich, meine Dankbarkeit für das Wunder, das sie waren, herunterzuspielen. Ich glaube tatsächlich, daß jene Zeit ein Vorgeschmack war auf die Dinge, die kommen werden. Vielleicht müssen wir sie uns jetzt verdienen.

Ich teile dies nun mit euch, weil ich mich während jener Ära eines frühen Sommermorgens in einem kleinen Kunstgewerbeladen in Denver befand. Ich erinnere mich an den Ort wegen des leuchtenden Regenbogens, der auf eine verblaßte Ziegelwand gemalt war, die gegenüber von einem leeren Grundstück lag. In dem Laden hing ein Plakat mit einer Aufschrift, die ich nie vergessen werden, einer Aufschrift, die zu meinem Lebensmantra geworden ist:

BERÜHRE JEDEN AUGENBLICK DER LIEBE

---

* Ein Lied der Beatles, deutsch: »Ein wenig Hilfe von meinen Freunden«. (Anm. d. Ü.)

»Meine Lieben, lebt für alles, wofür ihr leben möchtet. Sucht in euren Herzen nach euren reinsten Idealen und richtet euer Leben nach eurer edelsten Vision aus. In den kommenden Jahren, wenn die Institutionen, die ihr kennt, um euch herum zusammenbrechen, werden es nur eure tiefsten Bestrebungen sein, die euch durch den äußeren Wandel tragen werden. Lebt jetzt für das Ziel eures Herzens.

Denkt nach, Geliebte, denkt klar darüber nach. Was wollt ihr wirklich vom Leben? Für was lebt ihr jetzt? Seid ihr der irreführenden Eitelkeiten der Welt verpflichtet oder achtet ihr eure Neigungen, die aus einer Quelle kommen, die tief in eurem Selbst schwingt? Beantwortet diese Fragen für euch selbst, Geliebte, und lebt die Antworten, die ihr findet.

Die Zeit ist euch zu einem bestimmten Zweck gegeben worden. Lernt, sie zu eurem Wohl zu verwenden, doch werdet nicht zu ihrem Sklaven. Laßt sie für euch arbeiten. Wenn ihr euch des Sinns der Zeit bewußt seid, werdet ihr sie meistern.

Setzt eure Prioritäten. Verschiebt nicht das, was am wichtigsten ist. Ihr könnt Gott jetzt erkennen, doch ihr könnt Ihn nie morgen erkennen. Eure Erleuchtung ist das einzige, was ihr nicht verschieben könnt. Gott ist jetzt.«

Begrenzungen überwinden

Konditionierungen sprengen

»Es macht mich einfach rasend, wenn mein Mann die Zahnpasta von der Mitte der Tube herausdrückt!« berichtete eine Frau in einer meiner Gruppen. »Jeder weiß, daß man sie von unten herausdrückt!« Rein aus Spaß machten wir eine Umfrage in der Gruppe, ob tatsächlich alle *wirklich* wußten, daß man die Zahnpasta vom unteren Tubenende herausdrückt. Wie sich herausstellte, wußte etwa die Hälfte der Gruppe, daß man sie von unten herausdrücken soll, und die andere Hälfte wußte, daß man sie von der Mitte herausdrückt.

Die Wahrheit ist natürlich, daß man sie von keinem besonderen Teil herausdrücken muß. Was man tun muß, ist, die Zahnpasta auf die Zahnbürste kriegen, und es macht wirklich keinen Unterschied, wie man sie draufkriegt. Wenn es etwas ausmacht, dann ist das etwas, daß wir in unserem eigenen Geist erschaffen haben.

Um zu leben – wirklich lebendig zu sein – müssen wir uns erlauben, mit den Menschen und den Ereignissen um uns zu fließen. Wir können es uns nicht leisten, uns auf irgendein starres Bild von dem, was wir sind oder wie die Dinge getan werden müssen, zu beschränken. Ein weiser Mann aus dem Orient sagte, daß das Geheimnis des Glücks darin liegt, »damit aufzuhören, Meinungen zu pflegen«.

Hilda nennt diese festgefahrenen Verhaltensweisen »Muster«. »Wir stopfen uns in diese kleinlichen Gewohnheiten, die Dinge auf eine bestimmte Weise zu tun«, erklärt sie, »und dann, wenn wir es nicht auf unsere Art tun können oder wenn jemand auftaucht, der es etwas anders machen will, sind wir gereizt und wir werden uns selbst und anderen lästig.«

Als ich diese Idee von den »Mustern« mit meiner Yogagruppe teilte, haben die Schüler einige amüsante, verrückte Verhaltensmuster zugegeben. Eine Frau regte sich immer auf, wenn sie das Toilettenpapier in der »falschen« Richtung auf der Halterung vorfand. Sie wollte, daß das Papier von der Wandseite der Rolle her abrollte. Jemand anders mußte unbedingt »seinen« Parkplatz bekommen, wenn er jeden Morgen sein Auto am Bahnhof parkte. Wenn ein anderer auf dem Platz parkte, dachte er: »Der Tag fängt ja gut an!« Ein anderer Mann wurde ganz gereizt, wenn seine Joggingsocken nicht auf eine bestimmte Art zusammengefaltet waren.

»Um wirklich frei zu werden, Kinder«, erklärte Hilda, »müssen wir herausfinden, welches unsere Muster sind, und sie dann durchbrechen: Fahre eines Tages einen anderen Weg zur Arbeit, trage eine neue Frisur, stelle die Möbel in deinem Zimmer um – tu alles, was du nur kannst, um zu vermeiden, daß du stagnierst.«

Ich machte dem Mann, der immer an einem bestimmten Platz parken mußte, den Vorschlag, er solle eine Woche lang versuchen, absichtlich an einem anderen Platz zu parken und sehen, was passiert. In der folgenden Woche kam er lächelnd und strahlend in die Gruppe. »Ich habe das ausprobiert, was du vorgeschlagen hast«, berichtete er, »und ich hatte sogar einige wundervolle Tage! Ich sehe jetzt ein, daß ich mich selbst mit meinen eigenen Gedanken eingeschränkt habe. Nun bin ich frei, überall zu parken, wo ich will.«

Ich erinnere mich, wie ich zum erstenmal entdeckte, welche Macht das Sprengen von Mustern hat: Jeden Morgen nahm ich meine blaue Müslischüssel und machte mir dasselbe Frühstück, bestehend aus Granola, Milch und einer Banane. Das war meine Routine und mein Verhaltensmuster. Eines Tages wollte ich »meine« blaue Schüssel aus dem Schrank holen, und sie war nicht dort. Was für ein Dilemma! Als ich entdeckte, daß jemand anders sein Frühstück daraus aß, wurde ich ärgerlich. »Wie konnte er ›meine‹ Müslischüssel für ›sein‹ Frühstück benützen?« dachte ich.

Ich war ein Sklave der blauen Schüssel geworden. (Wenn das nicht darauf hinausläuft, daß ich meine eigene Freiheit verkaufe, dann weiß ich nicht.) Glücklicherweise erinnerte ich mich an Hildas Lektion, und ich dachte: »Okay, das ist meine Gelegenheit, mich von einer Bindung an mein Verhaltensmuster zu befreien ... Ich kann genausogut eine andere Schüssel benützen.« Das tat ich auch, und zu meinem Erstaunen genoß ich mein Frühstück genauso, als wenn ich die alte blaue Schüssel benützt hätte. Danach war ich frei vom Anhaften an eine Schüssel.

Wir alle sind freie Geister, und wir sind an nichts gebunden, außer wenn wir das glauben. Wir alle haben die Freiheit, dort zu parken, wo Platz ist, und unser Granola aus irgendeiner Schüssel zu genießen. Es gab eine »alte Nummer« der »Three Stooges«, in der Larry Moe zurief: »Ich kann nichts sehen! Ich kann nichts sehen!« Moe eilte Larry dann zu Hilfe und fragte: »Warum nicht?« Worauf Larry lächelnd ausrief: »Weil meine Augen zu sind!« (Dann gab Moe ihm natürlich eine auf den Deckel.) Es ist manchmal eine gute Idee, darüber nachzudenken, was wir nicht sehen, weil wir unsere Augen geschlossen haben (bevor man uns eine auf den Deckel gibt). Wir müssen uns darüber klar werden, ob es das Leben ist, was uns einschränkt, oder ob *wir* uns durch unser kleinliches Denken einschränken. Eine beglückende Erkenntnis ist die, daß wir an nichts gebunden sein können und daß wir nur durch unsere eigenen Gedanken gebunden werden können.

Es gibt eine Beziehung zwischen dem Freisein von Verhaltensmustern und dem Jungsein. Ich spreche nicht von Lebensjahren, sondern von Vitalität, Überschwenglichkeit und Lebendigkeit einer Person in ihren Verhaltensweisen und ihrem Wachstum. Die Kindheit dauert so lange, wie wir uns erlauben, expansiv zu denken, frei zu handeln und neu zu sein. Das Geheimnis der Jugend ist offenes und anpassungsfähiges Denken. Wir sind Adler.

Scott und Helen Nearing gaben ihr Leben in der Stadt in den 30er Jahren auf und zogen in die Green Mountains von Vermont, wo sie ein Gehöft aus Steinhäusern bauten, einen üppigen Garten anlegten, wo anfangs nur Radieschen wuchsen, und beliebte und geliebte Volkshelden wurden. Nach etwa 30 Jahren in Vermont beschlossen sie, dem wachsenden Kommerz zu entrinnen, und fingen in Maine von neuem an, wo sie noch mehr Steinhäuser bauten, ein mit Solarenergie beheiztes Gewächshaus konstruierten und ein vollkommen neues, autarkes Gehöft aufbauten. Scott ist jetzt etwa 98 Jahre alt und Helen eine Endsiebzigerin. Ich hatte das große Glück, sie vor einigen Jahren kennenzulernen, und sie sind zwei der jüngsten Menschen, denen ich je begegnet bin. Helen sagte: »Die Flexibilität wächst mit der Erfahrung.«

Als ich Hilda zum erstenmal sah, wirkte sie wie eine ältere Frau. Nachdem ich jedoch fünf Minuten in ihrer Gegenwart verbracht hatte, hatte ich bei ihr überhaupt kein Gefühl von Alter. Sie ist so frisch und jung wie ein kleines Kind. Jemand praktizierte einmal eine Affirmation, die genau auf Hilda paßt: »Ich bin so alt wie Gott und so jung wie der Morgen.« Wenn Sathya Sai Baba (ein hochgeehrter Heiliger in Indien) sie fragte: »Hilda, wie alt bist du?« antwortete sie immer strahlend: »Ich wurde nie geboren, und ich werde nie sterben.« Dies gefiel Baba unendlich gut. Sie ist eine schöne und faszinierende Person. Obwohl sie eine ganze Reihe von Jahren auf der Erde verbracht hat, hat sie keine der Linien oder Falten im Gesicht, die Sorgen oder Widerstand verraten. In einem ihrer Vorträge sprach Hilda über frühere Strömungen. Sie begann: »… doch das war zu meiner Zeit«, als sie sich dabei ertappte, innehielt, einen Augenblick lang nachdachte und dann erklärte: »Ich kann wirklich nicht sagen ›Das war meine Zeit‹, Kinder, meine Zeit ist *jetzt.*«

Die Zeit für uns alle ist natürlich jetzt. Niemand muß in einem unbefriedigenden und mechanischen Lebensmuster dahinwelken. Gewohnheiten können uns nur binden, wenn wir an sie glauben. Man hat uns Muster gegeben, damit sie uns dienen – nicht damit wir für sie leben. Der Jungbrunnen ist kein mysteriöser, verborgener Brunnen in Florida, sondern ein ewigbelebender, ewigerfrischender Lebensquell, der ständig durch uns fließt und hochsprudelt, um uns zu erneuern, wenn wir nur dazu bereit sind, ihm Platz zu machen und aus ihm zu trinken.

Sieh die Schildkröte, die nur vorwärtskommt, wenn sie ihren Hals herausstreckt.

»Du bist ein Kind des lebenden Gottes, und nur das Gewahrsein von deiner Wahren Identität erhält, nährt und heilt dich.

Beschränkung und Alter sind menschliche Erfindungen. Sie werden aus begrenzter Wahrnehmung geboren und tragen somit Früchte ähnlicher Natur. Du, der du danach strebst, dein unsterbliches Erbe auszudrücken, mußt dich hüten vor Engstirnigkeit. Jene, die großartig sein möchten, müssen großartig sein. Jene, die leben wollen, müssen das Leben annehmen. Jene, die unsterblich sein wollen, müssen das, was ewig ist, lieben.

Um euch zu stärken, hat man euch Gewohnheiten gegeben, doch sie hören auf, sinnvoll zu sein, wenn ihr euch ihnen unterwerft. Seid meisterhaft in der Weise, wie ihr Aktivitäten angeht. Entscheidet euch bewußt, frei zu sein. Niemand ist ein Meister, wenn er Sklave seiner eigenen Erfindungen ist.

Wir führen euch zum nächsten Stadium eurer Entwicklung. Der Übergang erfordert, daß ihr die Werkzeuge aufgebt, die euch bei eurer vorherigen Arbeit gedient haben. Ihr könnt euch, was eure Kraft angeht, nicht mehr auf Formen verlassen. Die Zeit ist gekommen, daß ihr euch auf Gott, ganz allein auf Gott verlaßt.«

Vom Fischglas in die Badewanne

Eve entschied eines Morgens, daß es an der Zeit war, ihr Fischglas zu säubern. Da sie für die Zeit des Säuberns für ihre Goldfische Yin und Yang keinen Behälter finden konnte, ließ Eve etwa fünf Zentimeter Wasser in die Badewanne einlaufen und setzte die kleinen Wesen liebevoll hinein. Als sie mit dem Schrubben des Fischglases fertig war und den Tiefseetaucher aus Keramik an eine andere Stelle gesetzt hatte, kehrte Eve zu Yin und Yang zurück, deren Verhalten sie sehr nachdenklich stimmte: Die beiden Goldfische schwammen in einer kleinen Ecke der Badewanne herum, in einem Umkreis, der nicht größer war als ihr Fischglas.

Menschen sind in vielen Dingen wie diese Goldfische. Wir entwickeln unsere Muster, unsere Gewohnheiten und unsere erlernten Lebensstile (die wir von unserer Familie, unseren Freunden und der Fernsehwerbung übernommen haben), und dann, wenn wir die Möglichkeit haben, sie hinter uns zu lassen, um eine neue und freiere Dimension zu erfahren, ziehen wir es vor, in unserer winzigen Ecke der Welt zu bleiben, obwohl sie uns wenig Freude, viel Angst und keine Weite bietet.

Die meisten Menschen schlafwandeln. Viele wandern durch das Leben in einer Art halbbewußtem Zustand, bei dem sie ungefähr wissen, was sie tun, doch nicht wirklich sicher sind, warum sie es tun. Wir tun meistens das, was andere Leute tun, denn wir haben beliebte Meinungen, Überzeugungen und Handlungen zu Göttern gemacht. Wir verehren die Massen, statt die Messe. Lange Zeit war ich von der Welt abhängig, die mir sagen sollte, wer ich war und was ich tun sollte.

Nachdem ich so jahrelang durchs Leben gelaufen bin, erkannte ich, daß diese Art von nichtselbstbestimmtem Leben nicht funktioniert.

Wenn wir leben, um die Träume und Wünsche anderer zu verwirklichen, mögen wir uns (eine Zeitlang) erfolgreich davon überzeugen, daß wir glücklich sind, doch früher oder später müssen wir zugeben, daß wir unsere eigene Berufung im Leben haben. Ich kenne einen jungen Mann, der sich leidend durchs Medizinstudium schleppte, weil seine Eltern wollten, daß er Arzt wird, und sie hatten ihn fast davon überzeugt, daß auch er das wollte. Er studierte eine Weile Medizin, meist aus Schuldgefühlen und Angst heraus, weil sein Vater eine zweite Hypothek auf sein Haus genommen hatte, um seinen Sohn in eine angesehene Universität einzukaufen. Doch, o weh, wie lange können wir eine Lüge leben? Der junge Mann wurde schließlich krank, hörte mit dem Studium auf und nahm eine Stelle als Lehrer in den Naturwissenschaften auf den Jungferninseln an und fühlt sich dabei wohl und erfüllt.

Die Geschichte meines Freundes erinnert mich an die von Zumbach, dem Schneider, die symbolisch für die Verlegenheiten ist, in der viele sich schon einmal befunden haben: Ein Mann ging zu Zumbach, dem Schneider, um sich einen neuen Anzug maßschneidern zu lassen. Als der Anzug fertig war, stand er mit dem Schneider vor dem Spiegel, um die letzten Änderungen daran vornehmen zu lassen. Der Mann bemerkte, daß der rechte Ärmel ein bißchen zu kurz war.

»Ich glaube, daß der Ärmel für meinen Arm ein bißchen zu kurz ist«, sagte er zu Zumbach, »du mußt ihn vielleicht verlängern.«

»Der Ärmel ist nicht zu kurz«, erwiderte der Schneider. »Dein Arm ist zu lang. Du mußt deinen Arm nur etwas hochziehen, und dann sieht es schon gut aus.«

Der Mann tat das widerstrebend, doch nun saß der Kragen des Jacketts nicht mehr. »Jetzt sieht der Ärmel gut aus, doch sieh dir den großen Abstand zwischen meinem Hals und dem Jackett an!«

»Dem Jackett fehlt nichts«, verteidigte sich Zumbach. »Was du tun mußt, ist, deine linke Schulter einige Zentimeter hochziehen.«

Der Mann tat, wie ihm gesagt wurde, doch nun zog der Rücken des Jacketts weit über seinem Po nach oben. Als er den Schneider auf diese mißglückte Linie aufmerksam machte, wurde er wie folgt angewiesen: »Beuge deinen Kopf, und lehne dich nach vorne, und es gibt kein Problem!«

Der Mann ging schließlich aus dem Laden in der Überzeugung, daß der Anzug paßte. (Unglücklicherweise mußte er in einer äußerst verdrehten und unbequemen Haltung laufen.)

Er stieg in einen Bus, und der Mann neben ihm lachte: »Ich wette, du hast den Anzug von Zumbach, dem Schneider, bekommen!«

»Woher wußtest du das?« fragte unser Freund mit dem Anzug.

»Weil nur Zumbach, der Schneider, für einen Mann, der so verkrüppelt ist wie du, einen Anzug maßschneidern kann!«

Gott hat nicht beabsichtigt, daß irgendeiner von uns verkrüppelt ist. Wir sind es, die uns selbst mit unserem kleinlichen Denken, unseren Ideen der Beschränkung und unserer Angst verkrüppeln. Betrachten wir doch einen Moment lang das, von dem der durchschnittliche Mensch glaubt, daß es ihn/sie unterdrückt oder ihn/sie daran hindert, all das zu sein, was er/sie sein will: mangelndes Geschick ... mangelndes Geld ... zu geringes oder zu hohes Alter ... zu viele oder zu wenige Menschen ... nicht genug physische Kraft ... zu wenig Glück. Das sind keine Gründe für Versagen; das sind Ausreden, an denen viele Leute festhalten, um ihre »Opfer«-Haltung zu rechtfertigen, derer sie sich nicht einmal bewußt sind.

Kein einziger dieser Umstände hat die Kraft, das höchste Gute von irgend jemandem fernzuhalten. Ich habe lange gebraucht, um dies zu akzeptieren, doch ich habe jetzt zu viele Menschen gesehen, die diese Scheinbarriere durchbrochen haben – ich kann nicht mehr daran glauben.

Nehmen wir als Beispiel mangelndes Geschick. Ich kenne ein Mädchen, das in der 9. Klasse »sitzenblieb«. Ihr Psychologe sagte ihr, sie wäre für die Schule nicht geeignet, und so verließ sie frühzeitig die Schule. Sie arbeitete eine Weile, ging auf Reisen und bestand zwei Jahre später ein Abschlußexamen, das dem Abitur gleichkommt, ging auf die Uni und hatte ihr erstes Jahr an der Uni schon hinter sich, bevor ihre frühreren Klassenkameraden das Abitur machten.

Auch der physische Körper kann uns nicht binden, außer wenn wir das zulassen. Ein Mangel an körperlicher Energie ist ein Mangel an mentaler Begeisterung. Ich habe früher immer geglaubt, daß ich jede Nacht acht Stunden Schlaf brauche, um ausgeruht und arbeitsfähig zu sein. Als ich jedoch anfing, dieses Buch zu schreiben, war ich so begeistert von dem, was ich tat, daß ich vier Stunden oder weniger schlief und frisch und energiegeladen aufwachte.

Auch das Geld hat noch niemanden davon abgehalten, etwas zu tun. Wenn unsere Absicht klar und unser Vertrauen stark ist, kommt das Geld. Howard Johnson fing mit einem winzigen Eisstand in Brooklyn an. John Kraft und seine Frau verkauften Käse aus einem Schubkarren. Louise Berlez träumte davon, nach Frankreich zu gehen, hatte jedoch keinen Pfennig Geld. Sie beschloß in sechs Monaten in Paris zu sein. Fünfeinhalb Monate gingen vorüber, und es gab noch keinen Hinweis auf eine Reise. Dann rief ihr Vorgesetzter sie ganz unerwartet in sein Büro und fragte sie, ob sie geschäftlich – alle Unkosten bezahlt – nach Paris fahren wolle. Und so fuhr sie.

Vertrauen ist eine magnetische Kraft, die so viel Gutes anzieht, wie wir bereit sind zu akzeptieren. Vor einigen Jahren machten eine Freundin und ich in den Ferien eine Reise nach Puerto Rico. Gerade als wir abfahren wollten, wurden unsere Rückflugtickets gestohlen. Obwohl ich der Meinung war, daß man uns am Flughafen neue ausstellen könnte, sagte uns der Ticketverkäufer bei unserer Ankunft, daß das nicht möglich sei: »Es tut mir leid, Sie müssen Ersatztickets beantragen. Hier sind die Anträge; es dauert nur ungefähr 30 Tage.« 30 Tage! Das paßte gar nicht in unsere Pläne, da unser Flug für den nächsten Morgen um sieben Uhr vorgesehen war. Meine Freundin wurde sehr verärgert und besorgt, doch ich war es nicht. Ich sagte: »Ich weiß ganz genau, daß wir morgen um sieben Uhr in dem Flugzeug sitzen werden. ... Ich kann jetzt schon die Wolken unter uns sehen!« Ich wußte nicht wie, ich wußte es nur. Mehrere Stunden später gaben uns Freunde – Menschen, die wir erst einige Tage zuvor kennengelernt hatten – ihre Flugtickets (die Hunderte von Dollars wert waren und für ihre Heimreise vorgesehen waren) und vertrauten darauf, daß wir ihnen telegraphisch neue Tickets anweisen würden. Ihre Güte war ein Blinzeln für Gott und unsere sichere Ankunft Sein Zwinkern.

Das Vertrauen in Gottes Fähigkeit, unsere Bedürfnisse zu erfüllen, wird durch die Vorsehung belohnt, die nichts dem Zufall überläßt. Eric Butterworth, der einsichtsvolle und bewanderte Geistliche der Unity Church erzählte, daß einmal, als er von einem Ende der Vereinigten Staaten zum anderen flog, das Flugzeug wegen Reparatur zum Landen gezwungen war. Die Passagiere wurden in die Landehalle geschickt, und man sagte ihnen, daß sie mindestens zwölf Stunden warten müßten, bis ein anderes Flugzeug zur Verfügung stünde. Fast alle Passagiere wurden wütend, murrten und beklagten sich beim Flugpersonal. Dr. Butterworth jedoch, dem klar war, daß die Enttäuschung Sein Geheiß* war, blieb entspannt. Er fühlte sich von dem einzigen anderen Passagier angezogen, der gelassen und unbewegt dasaß, ein Mann der ruhig eine Zeitschrift durchblätterte. Die beiden Männer setzten sich zusammen und genoßen ihre angenehme Unterhaltung, als eine Nachricht durch den Lautsprecher kam: »Achtung, Passagiere des Fluges 721 nach New York, ein Ersatzflug steht jetzt zur Verfügung. Das Ersatzflugzeug ist jedoch kleiner als das ursprüngliche, und nur eine begrenzte Anzahl von Passagieren kann sofort abfliegen. Welche Passagiere fliegen dürfen, entscheidet das Los. Ein Schweigen machte sich breit, als die Namen ausgewählt wurden. Die ersten beiden Namen, die angekündigt wurden, waren die von Dr. Butterworth und seinem Freund.

Ich denke oft an diese beiden Flugzeuggeschichten, wenn mein Vertrauen zu flattern anfängt. Sie erinnern mich daran, daß es einen viel größeren Lebensplan gibt, als die meisten Menschen vom Erdgeschoß des Flughafens aus sehen. Wir müssen unsere Abflüge und Ankünfte vom Kontrollturm aus beobachten und nicht vom Warteraum aus. Wir müssen mit unserem Herzen hinhören und nicht mit unseren Ohren. Wir müssen Vertrauen in unser Selbst haben.

Vor einiger Zeit gab ich einen gutbezahlten Regierungsposten mit einer gewissen Menge an Macht und Ansehen auf und nahm einen Job im »Magic-Garden«-Naturkostrestaurant an. Eines Tages, als ich in »Foodtown« einkaufte, begegnete ich Mrs. Rothman (einer langjährigen Freundin meiner Mutter) irgendwo zwischen

---

* Im amerikanischen Original spielt der Autor mit den Worten: ... *dis*appointment ist *His*appointment. (Anm. d. Ü.)

dem Blumenkohl und den Auberginen. Als ich ihr davon erzählte, daß ich einen neuen Job hatte, fragte sie mich: »Bist du denn jetzt glücklich?« »Das bin ich, Mrs. Rothman«, war meine aufrichtige Antwort. »Ich liebe meine Arbeit. Ich fühle mich kreativ und lebendig. Ich mag die Leute, mit denen ich arbeite. Ich bin den Druck, für die Regierung zu arbeiten, los. Ich bin glücklicher denn je!«

»Mach dir keine Sorgen, Liebling «, sagte sie mit einem tröstenden Blick, »du wirst dich schon noch finden!«

Die Ironie lag natürlich darin, daß ich schon gefunden war. Und wir sind alle schon gefunden, doch jeder von uns muß sein eigenes Selbst finden, und nur in unserem eigenen Herzen können wir es wissen. Sobald wir uns auf die Führung von innen ausgerichtet haben, kann uns niemand auf der ganzen Welt von etwas anderem überzeugen, denn unsere Quelle des Wissens ist weitaus mächtiger als irgendeine Herausforderung, die die Welt uns stellen könnte.

Es gab einen Trickfilm über ein Märchenland, das von einem finsteren Tyrannen mit dem Namen »Schatten« unterdrückt wurde. Alle Feen, Elfen und Tiere des Reiches flohen aus Angst vor dem Schatten, kurz bevor er das gesamte Reich in einen riesigen Schatten verwandelte, wo das Licht nie mehr zu sehen sein sollte. Nur ein einziger Tag des Lichts war übrig, bevor die Finsternis über alles herrschen würde. Ein mutiger, kleiner Junge, der mit nichts anderem als einer einzelnen Kerze bewaffnet war, beschloß, den Schatten herauszufordern, indem er direkt ins Lager des Bösen ging. Er betrat unerschrocken den Raum des Schattens und zündete die Kerze an. Das war das Ende des Schattens, denn, wie ihr seht, in dem Augenblick, in dem das Licht leuchtete, offenbarte es, daß der Schatten keine Substanz hat.

Unsere anerzogenen Begrenzungen sind unsere Schatten, und wir können uns ihrer, wie der kleine Junge in der Geschichte, nur entledigen, indem wir uns ihnen mit etwas Licht stellen. Jeder von uns muß letztlich seine eigenen Schatten besiegen. Bis zu diesem Zeitpunkt bleibt unser göttliches Selbst in einer kleinen Ecke einer furchterregenden Welt eingeschlossen, während wir so tun, als seien wir glücklich. Doch in Wirklichkeit wissen wir, daß es mehr gibt, denn wir sind mehr. Wenn wir erst einmal anfangen zu sehen, daß wir alles sein können, was wir sein wollen, enthüllen sich unsere Begrenzungen als Illusion, so illusorisch wie das Glas eines Fischglases, das nicht vorhanden ist.

»Ihr steht nun am Rande eines weiten Reiches von unbegrenztem, ewigem und unendlichem Raum. Ihr habt die Freiheit, ihn zu betreten und den Sinn eurer Erschaffung zu erkennen. Diese Erkenntnis ist zu lange von unbegründeten Gedankenformen mit leeren Kräften verdeckt worden.

Ihr wandert schon zu lange durch die Labyrinthe der Engstirnigkeit und der hoffungslosen Hoffnungen. Ihr habt eure eigenen Grenzen gezogen und habt ihnen gehuldigt, als seien sie von Gott angeordnet. Ihr habt eure eigene Hölle erschaffen und habt euch ihr gefügt.

Vor euch liegt nun die Antwort auf eure Träume, die ihr als Phantasie abgetan habt, die jedoch durch eure Erinnerung vom Göttlichen gefächelt und lebendig gehalten worden sind wie ein unauslöschlicher Glutfunken. Euer Augenblick ist gekommen, Kinder des Lichts. Hier findet ihr die langverlorene Pforte zu eurer uralten Heimat. Hier ist euer Selbst.

Tretet nach vorne, frei von Angst und ohne zu zögern. Euer spirituelles Erbe muß euch mehr bieten können, als ihr euch selbst je bieten könntet. Es würde gerne eure Leiden und Enttäuschungen von euch nehmen und sie liebevoll durch lebende Träume ersetzen, die nicht von den bösartigen Winden des vergänglichen Chaos zerstört werden. Geliebte, hier ist euer Traum. Er wird euch offen angeboten und ihr erkennt ihn daran, daß es keine Bedingungen und keine Schuld gibt. Er wird euch ohne Tauschhandel geschenkt, da er euch schon immer auf Bitten gehört hat. Er wird von eurem alles vergebenden Vater treuhänderisch verwaltet, der nicht zu dieser Art von Urteil fähig ist, das ihr erschaffen habt, um eure erlernte Schuld zu rechtfertigen.

Hier ist die Antwort auf die Fragen, die ihr zu fragen gelernt habt, doch denen ihr nie ganz geglaubt habt. Hier ist die Lösung der Probleme, die ihr zu verehren gelernt habt, doch die ihr nie wirklich erlitten habt. Hier ist das Ziel, das zu suchen ihr gekommen seid, doch das ihr nie wirklich gebraucht habt. Hier ist Gott.

Würdet ihr wegen etwas Allem den Rücken drehen? Würdet ihr euer Erbe für die Hölle eintauschen? Würdet ihr im Gefängnis bleiben, wenn die Türe offensteht?

Dadurch, daß ihr das Göttliche gekostet habt, wurde sichergestellt, daß ihr Seinen Segen annehmt, und somit ist die Angst hinfällig geworden. Ihr könnt nicht scheitern. In dieser glücklichen Wahrheit liegt die Sicherheit eures Erfolges und der Erlösung jeder Seele, die ins Licht getragen wird, weil ihr seid.«

Die Krücken wegwerfen

Ich saß ruhig im Schein eines knisternden Lagerfeuers mit Blick auf ein friedliches Tal und erzählte dem Lehrer, was mir Sorgen machte. Die Wege zweier meiner Freunde hatten sich getrennt. Sie hatten aus Gründen des spirituellen Dienstes zusammengearbeitet, doch aus Gründen, die ich nicht verstand, lösten sie ihre Partnerschaft auf und gingen getrennte Wege. Ich erzählte dem Lehrer: »Diese Trennung schmerzt mich sehr.«

»Komm, setz dich zu mir«, forderte er mich mit einer Kraft in der Stimme auf, die nur aus tiefem Verständnis kommen konnte. Er legte seine Hand sanft auf meine Schulter und erklärte: »Was ist das für ein Glück? Du hast dein Glück von ihren Handlungen abhängig gemacht. Sie waren zusammen, und du warst glücklich. Jetzt sind sie getrennt, und du bist unglücklich. Was wirst du tun, wenn sie wieder zusammenkommen? ... Glücklich sein? Investierst du dein Glück in die äußere Welt, die sich ständig verändert und die nie wirklichen Frieden schenken kann? Warum setzt du dein Glück nicht auf Gott, den Unwandelbaren, Der dich nie im Stich lassen wird?«

Obwohl ich diese Gedanken schon früher gehört hatte (und sie selbst viele Male ausgesprochen hatte), klangen sie in meinem Herzen wie eine riesige Glocke. Ich wußte um die Wahrheit seines Rates, und mein Schmerz war aufgelöst und sollte mich nie wieder stören.

Ein anderer Schüler, ein Gelähmter, kam zu einem Lehrer, um sich heilen zu lassen. »Steh auf, nimm dein Bett und gehe heim!« befahl der Meister, und der Mann war geheilt. In dieser Lektion liegt große Gnade. Jesus sprach nicht nur zu dem Gelähmten, sondern auch zu jedem einzelnen von uns. Obwohl wir vielleicht nicht physisch gelähmt sind, lähmen wir uns selbst durch verrückte Ideen von Erfahrungen, Menschen und Dingen, die wir zu benötigen glauben, um glücklich zu bleiben, und dann stützen wir uns auf sie in einer Art falscher Abhängigkeit, die uns lediglich beruhigt, indem sie uns glauben läßt, daß wir weniger sind als *Wir Sind.*

Wie man uns sagt, kehren wir immer wieder zur Erde zurück, um Wünsche zu erfüllen – Vorstellungen, daß es »dort draußen« etwas gibt, das unsere Seele befriedigen wird. Wir glauben, daß ein Mann, eine Frau, eine Zigarette oder ein Job unserer Suche ein Ende setzen wird. Die Ironie oder der Witz ist, daß unsere Seele schon befriedigt ist, mit Ausnahme von der *Vorstellung*, daß wir etwas anderes brauchen, um uns zu erfüllen. Wir müssen unsere Wünsche in einem schmerzhaften Prozeß der Enttäuschung ausleben, bis wir erkennen, daß wir vollständig sind und es schon immer waren.

Dieser Prozeß der Desillusionierung mag sich hart anhören und schwer zu akzeptieren sein, doch das Leben auf der Erde ist hart. Niemand auf der ganzen Welt kann den Stößen und Schlägen des Lebens entrinnen. (Sogar Hilda mußte eine Geldbuße von 50 Dollar bezahlen, weil sie ihren Hund für kurze Zeit von der Leine gelassen hatte.) Buddha sagte: »Das ganze Leben trägt in sich das Potential, Leid zu bringen; erst wenn wir das Verlangen oder die Verhaftung aufgeben, hört der Schmerz auf.« Eine Frau kam zu Buddha mit der Bitte, ihren toten Vater zum Leben wiederzuerwecken. Der Buddha gab ihr eine leere Tasse und sagte zu ihr: »Fülle diese Tasse mit Zucker aus einem Haus auf, in dem es keinen Tod gegeben hat, und ich werde deinen Vater wieder zum Leben erwecken.« Die Frau ging eifrig von Haus zu Haus, doch, o weh, keine einzige Person war frei von dem Leid, das sie zu meiden versuchte. Buddha war weder negativ noch zynisch; er wird »Der Mitfühlende Buddha« (Der Erleuchtete) genannt. Er wußte, daß im momentanen Vergnügen von vergänglichen Sinnesobjekten die Möglichkeit des Schmerzes liegt, wenn das Objekt verloren ist.

Wir müssen sehr ehrlich mit uns selbst sein bei der Beurteilung dessen, was unserem Leben Glück oder Traurigkeit bringt. Wir müssen ganz klar zwischen *flüchtigem* Glück und *wirklichem* Glück unterscheiden. Menschen, Objekte und Erfahrungen können uns »high« machen, doch das Hoch ist kein völliges, denn wir lauben, daß es das Objekt ist, das uns »high« gemacht hat. Wir vürden einem Objekt die Macht Gottes geben. Sathya Sai Baba agte, daß Drogenerfahrungen »falsche Trauben« sind. Sie sehen enauso aus wie die wahre Sache, doch sobald wir hineinbeißen, rkennen wir, daß sie Schwindler sind. Das Problem liegt nicht in ler Erfahrung des Hochs, der Irrtum liegt darin, daß die Sache mit lem Hoch assoziiert wird. Wenn wir glauben, daß uns etwas in len Himmel führen kann, bedeutet das, daß wir den Himmel verassen haben, und die einzige Art, wie wir den Himmel verlassen haben, ist in unserem Bewußtsein, und nicht in Wahrheit. Weil wir die Kinder Gottes sind, tragen wir Gott in uns. Glauben wir, daß irgend jemand oder irgend etwas uns Gott von außen geben kann, so verleugnen wir, daß Sie schon in uns ist. Niemand kann dir die Brücke von Brooklyn verkaufen. Wenn du in New York City lebst, gehört sie dir schon. Indem du etwas von jemandem kaufst, bedeutet das, daß du zustimmst, daß es nicht schon deines ist und daß jemand anders das Recht hat, es dir zu verkaufen.

Ich habe neulich gelesen, daß Wissenschaftler glauben, daß sie ein Heilmittel für die gewöhnliche Erkältung gefunden haben. Unglücklicherweise ist es ein seltenes Enzym aus dem Magen eines Wales, der nur in bestimmten arktischen Gewässern zu einer bestimmten Zeit des Jahres zu finden ist. Das würde bedeuten, daß der Schöpfer so grausam ist und seine Schöpfungen so haßt, daß Er sie mit einer Krankheit plagen würde und dann das Heilmittel dafür an einem abgelegenen und unzugänglichen Ort verstecken würde!

Ich ziehe es statt dessen vor, die Geschichte der Menschheit wie die Geschichte des Moschushirschs zu sehen, der auf der ganzen Welt nach der Quelle eines wundervollen Duftes sucht, und schließlich entdeckt, daß er seinem eigenen Körper entströmt. Wir neigen dazu, an der Peripherie unseres Seins zu leben und außerhalb von uns nach Lösungen für die Probleme im *Innern* zu suchen. Wir glauben, daß ein akademischer Grad, eine Gehaltserhöhung oder ein Haus unsere Sicherheit festigen kann, und finden früher oder später heraus, daß es außen nicht mehr – oder weniger – Sicherheit gibt als innen. Und wir entdecken auch, daß Desillusionierung das Beste ist, was uns passieren konnte, denn Desillusionierung bedeutet, daß die Illusion vorüber ist und die Wirklichkeit offensichtlich ist.

Die meisten Dramen, die wir über Dinge in unseren Leben erschaffen, sind verkleidete Versuche, spirituellen Frieden zu spüren. Wir haben Dinge mit dem Göttlichen verwechselt und irrtümlicherweise Liebe mit Handlungen gleichgesetzt. Doch da wir spirituelle Wesen sind, wird uns nichts anderes als das Göttliche zufriedenstellen. Ich wohnte einmal einem langen, hinausgezogenen Gerichtsverfahren bei, bei dem eine Frau ihre Nachbarin verklagte, weil sie einen Ast abgeschnitten hatte, der von einem Baum auf ihr Grundstück hing, den die Klagende als ihr Eigentum bezeichnete. Der Richter und die Rechtsanwälte erörterten die Prinzipien des Falles derart mikroskopisch detailliert, daß der Richter schließlich beschloß, den Fall zu vertagen und alle beteiligten Parteien (einschließlich sich selbst) zu dem Baum gehen zu lassen, um zu sehen, wer der rechtmäßige Besitzer des Astes sei! Die Streitfrage hatte natürlich nichts mit Bäumen und Ästen zu tun, sondern mit *Menschen*. Die beiden Nachbarinnen hatten sich schon eine ganze Weile über irgend etwas Beleidigendes, das eine von ihnen angeblich gesagt hatte, gezankt, was eine ganze Reihe von Sticheleien, Trennung und Zwietracht in Gang brachte und zu der Rechtsklage über einen abgebrochenen Ast führte. So wie ich es sah, ging es mehr um gebrochene Herzen als um abgebrochene Äste. Menschen fühlten sich verletzt und ungeliebt, und die physische Welt der Bäume, Äste und Zäune wurde als Mittel benutzt, um diese verletzten Gefühle zu manifestieren. Für mich sagten – schrien – diese Frauen auf versteckte Weise: »Ich will geliebt werden! Ich will anerkannt sein! Ich möchte mich verbunden fühlen!« Traurigerweise ist alles andere ein Kommentar ungeschickter Versuche, Liebe zu spüren.

Spirituelle Praktiken können auch als Krücken mißbraucht werden. Wir können einem Lehrer, dem Meditieren oder einer Diät derart verhaftet sein, daß wir die Tatsache aus den Augen verlieren, daß es eigentlich *Gott* ist, den wir wollen, und nicht eine Gewohnheit. Ein Lehrer oder eine Disziplin dient nicht mehr seinem/ihrem eigentlichen Zweck, wenn diese Hingabe an eine Form n eine Sackgasse führt. Am Vegetarismus oder einer bestimmten Form von Meditation hängenzubleiben, ist, als würde man beim Monopoly-Spiel auf der »Schloßallee« herumhängen und vergessen, über *»Los« zu gehen.* Am Ende müssen alle Formen verschwinden.

Es kann jedoch, falls nötig, sehr hilfreich sein, die Unterstützung einer Disziplin, einer Person oder einer Gruppe, die unser spirituelles Wachstum fördern kann, anzunehmen. Wenn ein Mann sein Bein verletzt, ist eine Krücke von großem Nutzen und sogar ein großer Segen. Ist das Bein jedoch geheilt, muß die Krücke aufgegeben werden. Für einen bestimmten Abschnitt der Reise mag es sehr wertvoll sein, sich mit einem Lehrer, einer physischen Praxis (wie Yoga, Tai Chi oder eine gute Diät) oder einer spirituellen Gemeinschaft zu verbinden. Diese positiven Krücken geben uns die Triebkraft, uns von alten, zerstörerischen Gewohnheiten, wie Rauchen, Faulheit oder schlechter Gesellschaft, zu befreien. Diese spirituellen Krücken sind Gewohnheiten, die zu *keinen* Gewohnheiten führen, was unser wirkliches Ziel ist.

Die Belohnung des Abenteuers »Leben« ist Freiheit. Die Ironie des Abenteuers ist, daß wir frei waren, bevor wir uns auf den Weg machten, doch wir mußten lernen, daß Freiheit nicht da zu finden ist, wo wir sie uns vorgestellt haben. Wie unsere alte Freundin Dorothy aus Kansas mußten wir lernen, daß es keinen besseren Platz gibt als Zuhause, denn es gibt keinen anderen Platz, *nur* Zuhause. Wenn wir lernen, daß Gott überall ist, daß Liebe den gesamten Raum erfüllt und daß Wahrheit die wirkliche Basis unseres Seins ist, mögen wir bestimmt das Wenige freigeben, um das Gesamte zu umfassen.

»Um frei zu sein, um fähig zu sein, aufzustehen
*und **alles** hinter uns zu lassen – ohne zurückzublicken.*
Um ja zu sagen …«

DAG HAMMARSKJÖLD

»Ihr könnt – und müßt – gefestigt und heil, so wie ihr seid, dastehen. Nichts, was Form hat, kann euch mehr bieten als das, was euch schon geschenkt worden ist. Das, was schon heil ist, kann nie vervollkommnet werden, indem ihr etwas hinzufügt. Ihr belastet euch nur durch Gedanken der Leerheit. Verweilt in der Fülle, und die Vorsehung wird sich erfüllen.

Wie lange könnt ihr noch in der äußeren Welt nach dem falschen Gold suchen? Habt ihr nun endlich erkannt, daß die Welt ein Haus voller Spiegel, doch ohne Fundament ist? Seid ihr es nicht leid, in einem Land der Erfüllung nachzujagen, in dem keine zu finden ist?

Wir erinnern euch an eure Wahl. Es gibt keine Wahl bezüglich des Ergebnisses, doch ihr könnt durch eure Bereitschaft, vollkommen zu sein, euer Ziel schnell erreichen. Wir bitten euch nur, das loszulassen, was euch Schmerz bereitet, denn eure Freiheit kostet euch nichts. Wir stellen keine Bedingungen für Frieden, denn wir wissen, daß wir selbst Frieden sind. Gebt eure Krücken auf, und seht, daß ihr sie in Wahrheit nie gebraucht habt.

Ihr seid bald am Ende eurer Reise angelangt. Wenn das nicht der Fall wäre, würdet ihr euch nicht von diesen Worten angezogen fühlen. Gebt Gott die Erlaubnis, euch Sein letztes – und einziges – Geschenk zu geben. Ihr kennt das Ergebnis eurer Reise. Wer würde so nahe am Gipfel noch zögern? Nehmt die Führung an, und der Weg wird euch leichtgemacht werden. Es ist einfach, alles loszulassen, wenn ihr schon viel losgelassen habt.

Nehmt auf euer Bett aus selbstgeschaffenem Leid und geht heim. Dies ist kein Befehl, sondern ein Versprechen der göttlichen Möglichkeit, die euch offensteht und die ihr erst jetzt sehen könnt. Die volle Wirklichkeit dieser Vision ist euer Recht und unser Versprechen an euch.«

Artischocken und Felsen

Die beste Form, in der Gott zu verehren ist, ist: jede Form.
NEEM KAROLI BABA

Ein afrikanischer Stammesangehöriger saß einmal auf einem Felsen neben einem Bach und aß eine Artischocke. Dabei genoß er den Tanz des Sonnenlichts durch die grünen Blätter des Waldes hindurch. Plötzlich, als wäre ein Blitz durch sein Gehirn gefahren, erkannte er die Wahrheit, das Wunder und die Herrlichkeit der Schöpfung. Er erkannte, daß er von Gott geboren wurde. Er sah die wunderbare Vollkommenheit des großen Planes des Universums; und er war von einer Art Frieden erfüllt, der ihn bis in seine Zehenspitzen vollkommen machte.

Er kehrte in sein Dorf zurück, um von seiner wundersamen Einsicht zu erzählen, und es dauerte nicht lange, bis sich eine große Menge seiner Stammesbrüder und -schwestern um ihn zu versammelt hatte. Sie erkannten, daß er etwas Großartiges wußte, nach dem auch sie sich sehnten. Als er ihnen von ihrer Ganzheit und ihrer Vollkommenheit erzählte, fragte ihn jemand: »Wie hast du dieses wunderbare Wissen gefunden, das dein Gesicht so leuchten läßt und dein Herz so voll macht?«

»Ich bin mir nicht ganz sicher«, gab er zu. »Alles, was ich weiß, ist, daß ich auf einem Felsen neben dem Bach saß und eine Artischocke aß, als mir plötzlich die Wahrheit offenbart wurde.«

Als der Weise am nächsten Morgen aufwachte, fand er das Dorf leer vor. Er war verdutzt und fing an, nach seinen Brüdern und Schwestern zu suchen, doch er konnte sie nirgends finden. Nachdem er stundenlang in den Hütten gesucht und ihre Namen gerufen hatte, gab er seine Suche auf und beschloß, sich eine Weile unten am Bach auszuruhen. Zu seinem Erstaunen fand er dort den ganzen Stamm vor: Sie kauerten alle auf einem Felsen und aßen Artischocken!

Allzuoft verwechseln wir die Form einer Erfahrung mit ihrer Essenz. Wir verehren die physische Manifestation des Heiligen Geistes und nicht den Heiligen Geist selbst. Die Stammesbrüder und -schwestern hatten die Umstände der Erleuchtung eines Mannes mit der Erleuchtung selbst verwechselt. Hätten sie seine Botschaft verstanden, so hätten sie ihre Arbeit weiter gemacht und den Felsen und die Artischocke ihrem Bruder überlassen, denn es war *sein* Schicksal an dem Platz zu erwachen und nicht ihres.

Erleuchtung ist nicht etwas, was wir durch eine bestimmte Handlung erlangen können. Es ist ein tiefes, inneres Wissen, aus dem erfolgreiches Handeln entspringt. Rituale, die sehr kraftvoll und notwendig sind, können auch mißverstanden werden und ablenken. Lange Zeit hatte ich eine lange Liste von Ritualen. Ich glaubte, das alles machen zu müssen, bevor ich mit Gott in Kontakt kommen konnte. Ich dachte, ich müßte morgens zu einer bestimmten Zeit aufstehen, eine kalte Dusche nehmen, eine bestimmte Anzahl von Yoga- und Atemübungen machen, eine bestimmte Meditationsvorbereitung ausführen, und dann (so glaubte ich) könnte ich nach innen gehen und meinen inneren Frieden erfahren. Und es funktionierte. Ich entwickelte mich ungemein durch diese Praxis – doch es lag ein Fehler in der Art, wie ich es tat. Mein Fehler war, daß ich mich frustriert und unerfüllt fühlte, wenn es mir gelegentlich nicht möglich war, meine Rituale zu machen. Ich hatte das Gefühl, nicht für den Tag vorbereitet zu sein, als ob ich etwas verpaßt hätte. Ich hatte die Idee, daß mein Glück von diesen Übungen abhing. Ich glaubte, daß Gott etwas ist, was man erlangen kann, statt zu sehen, daß Er eine Präsenz ist, die nur erkannt werden muß.

An bestimmten Tagen jedoch passierte etwas sehr Interessantes. Ich hatte nur zehn Minuten Zeit zum Meditieren und sprach dann ein kleines Gebet oder eine Affirmation für mich, wie z.B.: »Also gut, Gott, ich habe jetzt nur zehn Minuten Zeit, um mit Dir zu sein, deswegen werde ich mich wirklich konzentrieren und einfach direkt zu meiner Quelle hinuntertauchen.« Dann stellte ich mir vor, daß ich alle meine Rituale und Vorbereitungen gemacht hatte, und ich glitt in einen wunderbaren Meditationszustand. Es funktionierte! Dies führte mich zu der wichtigen Erkenntnis, daß es nicht notwendig war, alle Zeremonien immer zu machen – was zählte, das waren meine Motivation und meine Konzentration.

Diese Lektion wurde mir auf dem Tennisplatz klar. Mein Partner und ich fuhren mit dem Fahrrad zu einem Tennisplatz an einem schönen Ort, von dem aus man ein Tal mit Ackerland, das wie Patchwork angelegt war, überblicken konnte und spielten ein paar Stunden. Unsere Volleys dauerten meist drei oder vier Returns. Gegen Ende des Spiels sagte mein Partner oder ich meistens: »Laß uns diese letzten drei Bälle noch spielen und dann nach Hause gehen.« An dem Punkt geschah etwas Erstaunliches: Unsere Flugbälle flogen 10-, 15mal oder noch häufiger hin und her! Unsere Geschicklichkeit erhöhte sich um 200 Prozent! Ich dachte: »Na ja, ich hab' nur noch einige Minuten zum Spielen. Ich werde jetzt wirklich gut aufpassen und sehen, wie gut ich bin.« Eines Tages kam mir die Idee, daß ich wahrscheinlich *immer* so gut spielen könnte, wenn ich mich nur konzentrieren würde, und daß ich ganz bestimmt nicht auf die letzten fünf Minuten warten muß, um meinem Potential entsprechend zu spielen!

Wir alle haben das Potential bei diesem Spiel, in dem wir unseren inneren Frieden finden können, erfolgreich zu sein. Wir müssen lediglich von der Vorstellung loslassen, daß wir zuerst etwas tun müssen, um friedlich zu sein. Die Methode, wie wir friedlich sein können, ist: friedlich sein. Wir können Frieden nie durch Krieg oder Streit finden – es funktioniert einfach nicht so. Es funktioniert nur, wenn wir da anfangen, wo wir hin wollen, wenn wir damit anfangen, daß wir wissen, daß wir schon angekommen sind, und wenn wir alles als vollkommen göttlich erkennen.

Wenn wir erkennen, daß Gott überall ist, wird es leicht, Sie in allem, was wir tun, zu sehen. Jedes Wort wird zu einem Gebet, jede Handlung zu einer spirituellen Zeremonie und jeder Morgen zu einem Feiertag*. Wir können Ihre Worte in den Witzblättern lesen und erleben die Kommunion, wenn wir Feigenbrötchen essen. Hilda erzählte, wie einige ihrer Hausgäste eine Schachtel Kekse, die sie ihnen anbot, genau untersuchten, um zu sehen, ob Eier in den Zutaten waren. »Ich esse keine Eier«, erzählte sie einst

---

* Engl.: *holi*day / *holy*day, deutsch: heiliger Tag. (Anm. d. Ü.)

vor einem großen Publikum, »aber ich habe auch keine Angst vor ihnen!«

Hilda sprach auch von einer Zeit, als sie den Gipfel eines Berges im Himalaya bestieg, um einen abgelegenen Ashram (Meditationszentrum) für Yogis, die der Welt entsagt hatten, zu finden. Als sie sich dem Kloster näherte, hörte sie (zu ihrem Erstaunen): »Gib mir mein Kissen!« und eine andere Stimme erwiderte: »Nein! – das ist *mein* Kissen!« Die erste Stimme konterte: »Das ist das Kissen, das ich zum Meditieren benütze!« Zweite Stimme: »Ich benütze es aber jetzt!« Und so weiter, bis in die Nacht. Diese Yogis hatten angeblich allem Weltlichen entsagt. Sie besaßen vielleicht nur ein Lendentuch, wenn überhaupt. Doch die Samen der Anhaftung an eine Form lagen in ihnen, und sie sproßen bei der erstbesten Gelegenheit. Sie gaben ihre Macht, das Himmlische Reich zu betreten, an ein Kissen ab.

Vielleicht magst du dir einige Minuten Zeit nehmen, um darüber nachzudenken, ob du dich an irgendwelche Formen gebunden hast. Gibt es irgendwelche spirituellen Rituale, Praktiken, Zeremonien oder Disziplinen, die dich dazu bringen, verärgert, verstimmt oder frustriert zu sein, wenn z. B. ein Freund in Not dich bei deinen Übungen unterbricht? Sollte das der Fall sein, dann hast du möglicherweise die Prioritäten verwechselt. Betrachte die Wichtigkeit deiner Übungen von neuem, und prüfe, ob du dein Glück davon abhängig machst.

Es gibt auf der Welt sehr wenige Menschen, die originell denken. Die meisten Menschen benehmen sich wie Marionetten, die die neueste Mode nachäffen, beliebte Meinungen nachplappern und sich dieselben Krankheiten holen, indem sie beim geringsten Schniefen glauben, daß sie sich wahrscheinlich » die Grippe, die rumgeht« geholt haben. Die wenigen Menschen, die originelle Gedanken haben und den Mut haben, ihrer Inspiration entsprechend zu handeln, werden als Genies, Trendsetter und Heilige verehrt. Wir sind alle Genies – durch Gottes Weisheit. Jeder von uns kann in seinem eigenen Leben eine neue Bewegung zu Gott hin kreieren, selbst wenn kein anderer ihm je folgt (und wahrscheinlich werden sie ihr folgen, wenn wir in unserem eigenen Streben aufrichtig genug sind). Und ein Heiliger unterscheidet sich wie Hilda gesagt hat, nicht von einem normalen Menschen, der das Leben, das Gott für ihn vorgesehen hat, lebt.« Ich glaube nicht, daß Heilige eine Sonderportion erhalten haben. Ihr Anteil an Gott ist nicht größer als deiner oder meiner. Sie erkennen lediglich den Gott im Innern und leben dies nach außen.

Es gibt eine schöne Geschichte in der jüdisch-chassidischen Tradition, die ich mit euch teilen möchte. Der Rabbiner Zusya, ein frommer und verehrter Heiliger, lag auf seinem Sterbebett und weinte. Seine Schüler standen perplex neben ihm.

»Rabbi, warum weinst du?« wagte einer zu fragen. »Wenn irgend jemand einen sicheren Platz im Himmel hat, dann bist du das. «

Der Weise wandte seinen Kopf seinen Schülern zu und sprach sanft: »Wenn ich, meine Kinder, vor dem Himmlischen Gericht stehe und gefragt werde: ›Zusya, warum warst du kein Moses?‹, werde ich ohne zu Zögern bestätigen: ›Ich wurde nicht als Moses geboren.‹ Wenn sie mich fragen: ›Warum warst du dann nicht ein Elias?‹ werde ich voller Vertrauen sagen: ›Ich bin auch kein Elias.‹ Ich weine, Freunde, weil ich nur vor einer einzigen Frage Angst habe: ›Warum warst du nicht ein Zusya?‹«

»Wisset, Kinder des Lichts, daß Gott jeden von euch auf eine einzigartige und individuelle Weise liebhat. Dem Weg eines anderen zu folgen, kommt einer fruchtlosen Suche im Dickicht der Schatten gleich. Gott weilt in eurem eigenen Herz, und ihr müßt nie außerhalb von euch selbst schauen, um das Licht zu finden.

Ehrt die Worte jener, die sich ihres göttlichen Erbes erinnert haben, denn, wie euer Herz versteht, sprechen sie die Wahrheit. Es ist wichtiger, daß ihr dem Beispiel ihrer Liebe folgt, als dem Charakter ihrer Verhaltensmuster.

Ihr seid nach dem Bild Gottes geschaffen. Ihr seid Schöpfer, entsprechend eurer Abstammung. Das Kennzeichen der Kreativität ist Frische und Lebendigkeit, nicht Stagnation oder Nachahmung. Diejenigen, die dem Pfad der Formen folgen, werden durch ihren eigenen Weg belohnt, denn sie drücken sich ihrer eigenen Entwicklung entsprechend aus. Diejenigen, die den Pfad der Formen mit Leichtigkeit gehen können, haben die Freiheit, alle Formen auf gleiche Weise zu schätzen. Wir laden euch ein, euer eigenes Gott-Selbst auf die Weise zu entdecken, die eurem Herzen am meisten liegt, denn eure Freude ist Gottes Erfüllung. Gott setzt euch keine Grenze.

Euer Weg, Kinder, ist ein Weg von sich ewig ausdehnender Freiheit. Laßt euch nicht durch Erscheinungsformen und Praktiken aufhalten. Man hat euch die Zeremonie als Trittbrett zum Abendmahl gegeben. Belaßt es dabei. Das Licht heißt jene willkommen, die jenseits der Strenge des Rituals stehen. Habt keine Angst in die Freiheit zu gelangen, denn in dieser Freiheit werdet ihr vollständig angenommen sein. Erkennt euch in ebendemselben Bewußtsein, und ihr werdet die Rolle der Form auf eurer Reise zu Gott klar verstehen.«

Die Ausnahme

Wir leben in einer Welt, die auf *Übereinstimmung* basiert. Wenn genügend Menschen mit etwas übereinstimmen, scheint es wahr zu sein. Wir handeln dann, als ob es wahr wäre, und unsere Erfahrung neigt dazu, sich als wahr wiederzuerschaffen. Dies wird sogar geschehen, wenn das, über das wir uns einig sind, nicht wahr ist, und es wird so weitergehen bis jemand die Fiktion der ursprünglichen Idee beweist. Dann wird jeder mit der neuen Idee übereinstimmen, ganz egal, ob sie wahr ist oder nicht. *»So wie ihr denkt, so wird es sein.«*

Betrachtet z. B. die Idee, daß die Welt flach ist. Alle waren sich einig, daß es so ist. Und da alle glaubten, daß man vom Rande der Erde in den Weltraum fallen würde, wenn man sich zum Horizont aufmachen würde, versuchte es niemand. Alle lebten eine Lüge, denn das war die Erfahrung, die sie mit ihren Gedanken erschaffen hatten. Sie stimmten alle überein, und das machte es *praktisch* wahr.

Dann erschien Kolumbus (oder vielleicht, wie einige glauben, vor ihm jemand anders), der *nicht* mit ihnen übereinstimmte. Es war etwas sehr Freches und Gewagtes – nicht mit dem, was alle anderen glaubten, übereinzustimmen. Sehr bedrohlich! Einige bezeichneten es als regelrechte Ketzerei. Nun, ihr kennt die Geschichte von hier an: Er stellte die Abmachung in Frage, bewies, daß sie eine Fiktion war, und nun sind sich alle einig, daß die Welt rund ist. Vielleicht ist es so. Vielleicht ist es auch nicht so. Doch wir stimmen alle überein, daß es so ist, und das scheint für die meisten von uns ausreichend zu sein.

Es braucht nur einen einzigen freiheitlichen Gedanken, um die Abmachung aufzuheben. Es ist sehr wichtig, das zu wissen, weil alle unsere Begrenzungsgedanken nur durch das *Fehlen einer Herausforderung* weiterbestehen. Um Wahrheit und Begrenzung zu unterscheiden, müssen wir die Abmachungen, an die wir glauben, in Frage stellen. Diese Abmachungen erhalten dadurch Macht, daß viele Menschen das gleiche denken.

Viele Jahre lang glaubte man, daß es unmöglich – jenseits der Leistungsfähigkeit eines Sterblichen – sei, eine Meile in weniger als vier Minuten zu laufen. Es war einfach unerhört – einfach deshalb, weil es *undenkbar* war. Dann, eines schönen Maitages im Jahre 1954 schaffte es ein Mann namens Roger Bannister. Er lief eine Meile einfach in 3 Minuten 59,4 Sekunden. Im Grunde, weil er nicht damit übereinstimmte, daß es unmöglich war. Er war einer der Menschen, die sich dem »Massendenken« nicht verschrieben haben. Jetzt ist es ziemlich alltäglich, daß gute Läufer eine Meile in weniger als vier Minuten laufen. Roger Bannister hat das Unkraut der Begrenzung niedergetrampelt, und alle folgten ihm nun auf diesem Pfad.

Jesus hat der Menschheit die Fülle, die ihr offensteht, gezeigt. Er zeigte uns, wer wir sein könnten – und sind –, wenn wir aufhörten, uns als gering und begrenzt zu sehen. »Wer an mich glaubt, ... der ... wird noch größere (Werke) als diese tun«, sagte Er. Während die meisten Menschen der westlichen Kultur sich dessen nicht bewußt sind, gibt es viele Yogis und Mystiker im Osten, die »Wunder«, wie über das Wasser laufen oder Tote zum Leben erwecken, vollbracht haben – genau wie Jesus. Sie würden das jedoch nicht als Wunder bezeichnen. Sie beschreiben es einfach als den intelligenten Gebrauch der natürlichen geistigen Kräfte, die Gott allen Männern und Frauen gegeben hat. Wichtiger als die Wunder ist jedoch die Kraft der Liebe und Vergebung, die Christus auf der Erde freigesetzt hat. Er hat die verabredete Gepflogenheit – »Auge um Auge, Zahn um Zahn« – zerschlagen. Er zeigte, daß es möglich ist, sich kreuzigen zu lassen und gleichzeitig zu vergeben. Damit zerstörte Er eine sehr wichtige Abmachung, die die Menschen gewöhnlich als wahr betrachten, nämlich daß wir nicht vergeben können. Aber Er tat es. Er hat es wirklich getan. Und wir sind alle dazu fähig.

Abmachungen sind sicher. Sie sind bequem. Es ist einfach weiterzumachen, denn wenn wir den Begrenzungen zustimmen, passen wir mit unseren Verhaltensmustern in das Denken und Handeln der Massen. Es braucht nur einen originellen Denker – von denen es nur wenige gibt –, um einen kulturellen Trend zu verändern oder zu durchbrechen. Als die Beatles in den frühen 60er Jahren auftauchten, hat man sie wegen ihrer langen Haare verspottet. Einige betrachteten sie als Mißgeburten, andere als Ketzer. Vor ihrer Zeit wurde ich sogar getadelt, wenn meine Haare nur ein kleines bißchen länger waren, als sie »sein sollten«. In nur wenigen Jahren wurden jedoch lange Haare – sehr lange Haare sogar – Mode, und jeder, der kurze Haare hatte, wurde als Spießer betrachtet. Jetzt ist das Pendel in die andere Richtung geschwungen, und kürzere Haare sind modern. Alles Willkür. Alles Abmachung.

Wir müssen die Abmachungen, die wir als wahr ansehen, in Frage stellen. Wir müssen kühn fragen: »Glaube ich das, weil ich wirklich daran glaube oder weil alle anderen daran glauben?« Ich bin erstaunt zu sehen, in welchem Ausmaß unsere Glaubenssysteme unbegründet sind, einfach von den Normen anderer übernommen. Wie oft sehe ich, wie Kinder die Meinungen, Werte und Erwartungen ihrer Eltern oder irgendeiner Figur, die sie verherrlichen, übernehmen. Sie leben die Gedanken von jemand anders aus. Dies bringt gewöhnlich Unterstützung der restlichen Welt mit sich, denn andere Menschen lieben es geradezu, wenn wir das tun, was sie tun. Fordere sie auch nur im geringsten heraus, und du wirst sehen, wie ihre Freundschaft dahinschwindet. Ein wahrer Freund ist ein Freund, der dich darin unterstützt, daß du für das, was *dein* Herz für wahr hält, geradestehst.

Wenn du zu einem Projekt inspirierst bist, daß die vereinbarte Realität herauszufordern scheint, prüfe sie! Diejenigen, die dich auslachen oder kritisieren, tun das nur aus dem Mißverständnis heraus oder weil sie sich bedroht fühlen. Du zeigst ihnen wahrscheinlich die zerbrechliche Natur der Werte, die sie liebgewonnen haben. Geh davon aus, daß Gott Selbst dir eine neue Möglichkeit zeigt, und wenn Er das tut, dann hat dein Unternehmen eine Führung. – Wer hat denn je von einem brennenden Busch gehört, der spricht?

»Um die Wahrheit zu kennen, müßt ihr euer Bewußtsein von den geistigen Tendenzen befreien. Allzuoft verwechselt ihr die Macht der allgemeinen Meinung mit der Macht der Wahrheit.

Wenn der Schüler der Wahrheit sich auf den Weg macht, um herauszufinden, was wirklich ist, mag er anfangs auf Opposition, Verhöhnung und Einsamkeit stoßen. Diese Herausforderung ist jedoch vorübergehend. Der Geist der Wahrheit wird euch weitaus mehr nähren als irgendeine Bequemlichkeit, die euch durch die Übereinstimmung in der Welt geboten wird. Am Ende siegt nur die Wahrheit.

Es gibt Wegbereiter – jene, die den Pfad für diejenigen, die folgen wollen, markieren. Ihr, meine Kinder, müßt die Verantwortung übernehmen, anderen den Weg zu zeigen. Wisset um eure Quelle, und wisset um euer Schicksal.

Setzt euren Fuß fest auf den Pfad all dessen, was ihr sein möchtet, denn eure Bestrebungen sind in Wirklichkeit nichts anderes als eine Erinnerung daran, was ihr bereits seid. Er wird euch den Weg leuchten. Zittert nicht, Geliebte, denn dies ist der Pfad zu eurem eigentlichen Zuhause. Ihr müßt dem den Rücken kehren, was ihr bisher euer Zuhause genannt habt, denn es löst sich jetzt schon in einer Welt der Verwirrung auf.

Am Rande des Waldes ist Licht. Dies ist das Licht unserer Liebe für euch, die allesumfassende Freude des Vaters, der Seine Kinder gerne in dem Heim, das er für sie erschaffen hat, glücklich leben sehen möchte. Wendet euch von den Abmachungen der Menschen ab, und lernt die Liebe des Vaters kennen, der keine Abmachungen braucht. Wagt es, als wahres Kind des Einen zu leben, und all eure Eingebungen werden von allen Wesen der liebenden Güte, die euch ewig heimwärts führen, aufrechterhalten werden.«

Der Spielraum unserer wirklichen Größe

Was macht jemanden großartig in den Augen der Welt? Sind unsere Helden Supermänner und Superfrauen, die mit außergewöhnlichen Kräften von einem anderen Planeten gekommen sind? Oder sind sie menschliche Wesen wie wir, die einfach nur ein bißchen mehr von dem Potential der Größe, das allen zur Verfügung steht, benützt haben?

Ich war sehr erstaunt zu hören, daß viele der Heiligen ziemlich normale Kindheiten hatten. Die heilige Theresa von Lisieux z.B. beschreibt sich als schreckliches Kind. Ihre Mutter mußte sie im Bett fesseln, damit sie keinen Koller bekam. Als sie jedoch Gott immer näherkam, lernte sie ihre Gefühle durch kleine Demutshandlungen und positives Denken zu meistern. Als einmal eine andere Nonne der heiligen Theresa einen Krug, den sie ihr geliehen hatte und der ihr einziger geschätzter Besitz war, mit einem Sprung darin zurückbrachte, war die heilige Theresa überglücklich. »Danke, Gott«, dachte sie, »jetzt bin ich an nichts mehr gebunden!«

Swami Satchidananda, einer der würdigsten, auf das Eine ausgerichteten Männer, dem ich je begegnet bin, hatte eine ähnliche Geschichte. Ich dachte früher, daß dieser redegewandte und vollendete Yogi in seiner vollen Größe von einsachtzig, mit einem weißen Bart und in fließende, orangefarbene Roben gekleidet, so dem Mutterleib entsprungen ist. Doch dies war nicht der Fall. Swamiji fing so an wie die meisten von uns. Er hatte eine Familie, er war Automechaniker, und er rauchte Zigaretten. Er benützte sein Leben nach und nach dazu, Meisterschaft, Selbstkontrolle und Frieden zu entwickeln. Er erzählt folgende Geschichte:

»Ich meditierte und betete früher ein bißchen, doch in Gedanken war ich beim Einkaufen oder im Kino. Ich ging früher in den Himalaya, saß am Ganges, schloß die Augen und fing an zu

*meditieren, doch ich meditierte über die Filmtheater in New Dehli. Ich saß in einer Höhle, doch in Gedanken war ich in der Stadt. Ich rezitierte alle Gebete richtig, und die Menschen, die sie hörten, sagten, daß sie wunderbar klangen. Sie bewunderten, wie ich stundenlang ruhig sitzen und meditieren konnte. Aber nichts drang in mein Herz. Ich spürte weder etwas, noch verwirklichte ich etwas ... Dann lernte ich, wie man um des Gebetes willen betet und nicht für irgendeine Sache. Ich war mit nichts zufrieden, außer Gott. Wenn unsere Gebete so aufrichtig sind und wir uns nur für Gott und nichts anderes interessieren, dann kann Gott nicht irgendwo ruhig sitzen bleiben. Dann muß Er uns entgegenlaufen. Wenn wir Hilfe brauchen, wartet Sie immer auf uns. Alles, was wir tun müssen, ist, aufrichtig danach zu fragen.«**

Die Geschichte von Swamiji inspirierte mich dazu, ein bißchen mehr zu arbeiten. Ich hatte einen Yogalehrer, der unserer Klasse folgendes sagte: »*Ihr könnt immer ein bißchen mehr tun, als ihr denkt, tun zu können.*« Ich habe mit diesem Prinzip experimentiert und habe entdeckt, daß es wahr ist. Wir müssen diese Wahrheit tatsächlich immer anwenden, sonst hören wir auf, lebendig zu sein und zu wachsen. Nehmt Begrenzungen an, und sie bestätigen sich. Stellt sie in Frage, und sie verschwinden.

Nehmen wir als Beispiel für den Spielraum unserer wirklichen Größe ein zeitgenössisches, sehr einsichtsreiches Beispiel, das Eric Butterworth erzählt: Beim professionellen Baseball treffen die meisten Spieler im Durchschnitt 0,25 Bälle, d.h. daß sie einen Treffer pro vier Bälle haben. Dies wird als beachtlicher Durchschnitt angesehen, und wenn ein Schläger auch gut im Außenfeld ist, kann er eine gesicherte Laufbahn in einer der Profimannschaften erwarten.

Jeder, der 0,3 Treffer hat – drei Treffer bei zehn Bällen –, wird als Star betrachtet. Am Ende der Spielsaison bleiben vielleicht ein Dutzend Spieler (aus Hunderten von Mannschaften) übrig, die ei-

---

* Swami Satchidananda: *Beyond Words*. Holt, Reinhart und Winston, New York 1977.

nen Durchschnitt von 0,3 aufrechterhalten haben, und diese Spieler werden als »die Großen« geehrt. Sie erhalten die »dicken« Verträge, den Beifall und die Angebote für Rasiercremewerbung.

Was ist der Unterschied zwischen den Großen und den Gewöhnlichen? *Ein Treffer mehr bei 20 Bällen!* Ein 0,25 Spieler hat 5 Treffer bei 20 Bällen, und ein 0,3 Spieler hat 6 Treffer bei 20. In der Welt des Baseballs ist ein Treffer aus 20 großartig. Mir erscheint das wenig.

Dieser geringe Spielraum unserer wirklichen Größe symbolisiert die Dynamik der Größe im Leben. Wenn wir nur ein ganz kleines bißchen mehr – eine winzige Menge – von unserem Potential verwirklichen, werden wir zu hervorragenden menschlichen Wesen. Der Sinn, hervorragend zu sein, liegt nicht darin, Anerkennung oder Ruhm zu erlangen, sondern darin, mehr das zu sein, was wir sein können – und bis wir nicht soweit sind, daß wir alles, was wir sind, leben, werden wir nie zufrieden sein.

Es ist so wenig nötig, um eine Veränderung in unserem Leben und in der Welt zu bewirken. Wir Menschen sind sehr leicht zu beeinflussende Wesen. Eines Tages z. B. fühlte ich mich schlecht gelaunt, und jemand rief für einen meiner Mitbewohner an. Während ich seine Nachricht aufschrieb, sprach er so aufrichtig und höflich mit mir, daß es meine ganze Einstellung veränderte. Er sagte mir nicht, daß ich wundervoll sei oder daß er mich liebte, und er bot mir auch keine Million an. Er redete freundlich mit mir, und das machte für mich viel aus.

Ich erinnere mich auch, wie mich eine Freundin anrief, um mir einen Vorschlag zu machen, wie ich meine Stimme verbessern könnte. Sie mußte es nicht tun. Es war sogar ein Gespräch, das sie bezahlt hat. Doch diese fünf Minuten waren für mich sehr wertvoll. Es war ein echter Freundschaftsdienst ihrerseits, und ich werde es nicht vergessen. Wo auch immer ich hingehe, scheint es, als ob es immer eine Person gäbe, deren Lächeln nur ein bißchen strahlender ist oder die mich ein weniger wärmer willkommen heißt oder deren Umarmung nur ein kleines bißchen echter ist als die der anderen. Das sind die Menschen, die ich wirklich schätze, die mich dazu inspirieren, ein bißchen hartnäckiger zu sein, ein bißchen mehr zu geben und einen Unterschied im Leben der

Menschen um mich herum zu machen. Ihr Mehr an Mühe motiviert mich, so zu sein wie sie und das weiterzugeben, was ich erhalten habe.

Es waren »kleine« Handlungen wie diese, die mir Mut machten, wenn der Pfad steil zu werden schien. Die meisten Menschen würden viele dieser freundlichen Handlungen übersehen, doch mein Herz erinnert sich daran. Ich muß leider gestehen, daß ich diese gütigen Taten nicht immer gewürdigt habe, aber ich hoffe, daß diese Worte eine Quelle der Ermutigung für jene sein werden, die nicht immer die Früchte der Liebe, die sie geschenkt haben, erkennen.

Diese stillen und nicht bejubelten Taten stellen für mich den Spielraum unserer wirklichen Größe dar. Größe ist nicht, wie die meisten Menschen glauben, Beliebtheit, Reichtum oder langes Leben. Wahre Größe liegt in der Einfachheit und in hilfreichen Worten. Sie liegt in fester Ermutigung und sanfter Geduld. Sie liegt darin, daß man Gott inmitten des Trubels auf dem Marktplatz findet und darin, daß man sich an Seine Güte in Zeiten der Not erinnert. Nein, Größe wird nicht immer in jenen gefunden, die die Welt ihre Helden nennt, sondern in den unbekannten Heiligen, die ihren Familien selbstlos dienen, einem Freund in Not Gehör schenken und die in denjenigen, die sich daran gewöhnt haben, sich selbst als mittelmäßig zu sehen, liebevoll das Beste sehen.

»Ihr, in denen Größe wie ein schlafender Heiliger brachliegt, erhebt euch zu eurer versteckten Herrlichkeit! Wir bitten euch nicht, Weltführer oder Helden zu sein, doch das, was euch zu tun gegeben worden ist, mit liebender Fürsorge und so gut zu tun, wie ihr könnt. Es gibt noch vieles, vieles mehr, was ihr wissen könnt, was ihr tun könnt und was ihr sein könnt. Sucht nach eurer höchsten Berufung, und geht mit eurem ganzen Sein darauf ein. Wenn ihr wollt, tut wenig, doch macht es gut.

Sucht nicht nach Größe in den Augen der Welt, denn die Welt liebt ihresgleichen und möchte, daß ihr ein Teil von ihr seid. Wenn ihr Gott dient, dient ihr der Welt, denn die Welt weiß nicht, wie sie sich selbst dienen kann. Sie glaubt, daß sie sich selbst dienen kann, doch sie verstrickt sich immer mehr in dichter Täuschung. Sucht euren Wert in den Augen Gottes, der eure Größe in Bescheidenheit ausgedrückt sehen möchte. Milde ist die Zuflucht der Mächtigen, die die Arroganten nicht betreten können.

Laßt euch nicht von dem kleinlichen Denken der Menschen täuschen und blenden. Ihre Ziele sind so töricht wie die Wege, die sie einschlagen, um sie zu erreichen. Ihr lebt in einer Welt des irrigen Denkens. Ihr müßt aus den Gedankenmustern ausbrechen, die die Menschen aneinander binden. Beginnt eure Befreiung mit ein paar kleinen gedanklichen Veränderungen, und ihr sichert euch das Recht, das gesamte Königreich zu durchschreiten.«

Entschlossenheit

»*Ein Heiliger ist ein Sünder, der nie aufgegeben hat*«, sagte Paramahansa Yogananda. Diese wundervolle Aussage ist für mich ein Versprechen für die Kraft, die in der Entschlossenheit liegt, unsere Träume zu verwirklichen. Wir müssen unerbittlich unserem Ziel entgegenstreben, ganz egal welche Gedanken der Unwürdigkeit oder des Versagens uns davon abzubringen versuchen.

Betrachten wir einmal die Apostel, die Jesus ursprünglich auswählte, um Seine Botschaft von Liebe und Licht zu verbreiten. Unter seinen Nachfolgern waren: ein Steuereintreiber, einige Fischer, eine Prostituierte und ein Zweifler. Man sagt, daß Jesus auch viel Zeit damit verbrachte, in den Wirtshäusern zu predigen. Sicherlich entsprechen diese Menschen, die von Jesus ausgewählt wurden, nicht gerade unserer Vorstellung von heiligen Wesen. Sie waren jedoch Menschen, die in die Heiligkeit *hineinwuchsen.* Sie sind nicht auf einer silbernen Wolke vom Himmel heruntergeschwebt. Sie sind vom Staub der Erde aufgestiegen. Jesus kümmerte sich nicht um ihr äußeres Kleid der Sünde. Er sah in ihnen den göttlichen Funken der Größe, den Er in Herrlichkeit entfachen konnte, so daß diejenigen, die in der Welt leben ihr eigenes göttliches Potential erkennen konnten.

Einer der ersten Begleiter des heiligen Franziskus fragte ihn: »Warum du? Warum hat Gott ausgerechnet dich als Leuchtturm auserwählt, um die Welt zu segnen? Du bist kein Gelehrter, du bist nicht schön, und du bist auch nicht reich. Man könnte denken, daß er sich jemanden aussucht, der gut aussieht und erfolgreich ist, um für Seine Arbeit gelobt zu werden. Doch du bist keines von beiden. Warum du?« Der heilige Franz lächelte und erwiderte: »Warum ich? Ich werde dir sagen warum. Weil es kaum jemanden geben kann, der so viele Fehler gemacht hat wie ich! Ich habe alles erdenklich Ekelhafte und Unheilige, was du dir nur vorstellen kannst, getan und bin auch so gewesen. Ich kann der Welt absolut nichts bieten. Genau aus diesem Grund hat Gott beschlossen, mich zu verherrlichen! – um den Menschen, die glauben, daß sie nichts zu geben haben, Hoffnung zu geben, denn: wenn der Heilige Geist durch mich wirken kann, kann er durch jeden wirken!«

Diese Beispiele haben mir Mut gemacht, auch in Zeiten des Versagens weiterzumachen, mich in Zeiten, in denen ich keine Anerkennung erhielt, zu schützen und meinem Ziel treu zu bleiben, selbst wenn es so aussah, als sei ich gefallen. Erlaube dir nie das Gefühl, daß deine spirituelle Arbeit, dein Streben oder deine Disziplin sich nicht auszahlen. Selbst wenn du nicht sofort Ergebnisse siehst, so sind deine Handlungen doch nie umsonst. Wenn du einen Baum fällst, hackst du Hunderte von Malen auf ihn ein, ohne zu sehen, daß der Baum sich auch nur einen Millimeter bewegt. Erst wenn du den letzten Schlag tust, fällt der Baum. Obwohl der Fortschritt nicht offensichtlich war, war jeder einzelne Schlag notwendig, um dein Ziel zu erreichen.

Niemand ist so weit von Gott entfernt, daß sie oder er nicht Erfolg haben könnte. Star Daily war ein überführter Mörder und ein Krimineller schlimmster Art. Er war so arrogant, daß sein Wärter ihn ins »Loch« (in Einzelhaft) steckte, um ihn zu brechen.

Er zerbrach jedoch nicht, und er war dem Tod nahe, als Jesus ihm als herrliches Licht erschien und ihn mit dem Geist des Friedens erfüllte. Er verließ das »Loch« nicht als gebrochener Mensch, sondern transformiert durch die Gnade Gottes.

Manchmal gelingen Dinge im Leben leicht und manchmal nicht. Manchmal wird uns das Geschenk des Wachstums gegeben, und manchmal müssen wir dafür arbeiten und es uns verdienen. Es gibt ein wunderbares Motto, daß mich dazu ermutigt, weiterzumachen, wenn die Dinge für mich nicht zu fließen scheinen: *»Wenn der Wind nicht weht, dann rudere!«*

Die Menschen, die Erfolg haben, sind diejenigen, die bereit sind, an ihrem Traum festzuhalten, selbst angesichts offensichtlichen oder vorübergehenden Versagens.

Als ich zum erstenmal bei einer Agentur einen Job als Koordinator annahm, traf ich mehrere andere Männer, die ähnliche Positionen innehielten. Einer von ihnen gab mir einen unbezahlbaren Rat: »Es wird erfüllende Tage geben und Tage, an denen du am liebsten aufhören möchtest. Das alles gehört zu dem Job. An den harten Tagen mußt du einfach ›weitermalochen‹.« Ich habe seine Worte nie vergessen. Er hatte recht. Wann immer ich einen harten Tag hatte, erinnerte ich mich an seinen Rat, und ich eignete mir die Sicherheit an, den Job von einer größeren Perspektive aus anzuschauen – und das veränderte etwas.

Es wird gesagt, daß *»Charakterstärke die Fähigkeit ist, ein Projekt zu Ende zu führen, auch wenn die Lust schon vergangen ist«.* Wir müssen oft an einer Aufgabe dranblieben, selbst wenn das Ziel weit weg zu sein scheint. In seinem Bemühen, Licht elektrisch zu erzeugen, hielt Thomas Edison trotz 900 Fehlschlägen durch, bevor er die richtige Formel fand. Er hatte im Alter von acht Jahren aufgehört, auf die Schule zu gehen, nach nur drei Monaten Unterricht. Sein Lehrer bezeichnete ihn als »zurückgeblieben«. Ronald Clark, der Edisons Biografie geschrieben hat, erzählt uns auch, daß »Leonardo da Vinci, Hans Christian Andersen und Niels Bohr alle in ihrer Jugend als in ihrer Entwicklung zurückgeblieben bezeichnet wurden. Newton wurde als Dummkopf betrachtet. Einsteins Schuldirektor soll prophezeit haben, daß der Junge es nie zu etwas bringen würde.«* Doch der göttliche Geist und das Vertrauen in Beharrlichkeit – ein Vertrauen, das sie über alle Hindernisse hinweg zum Erfolg führte –, war tief in ihre Seele eingeprägt.

Wenn wir eine innere Verpflichtung eingehen, ein genau definiertes Ziel zu verwirklichen, steigt in uns, wie bei diesen erfolgreichen Männern, eine mächtige Kraft empor. Es handelt sich um einen Willen, der größer und stärker ist als unser kleiner Wille. Es ist wie ein Wind des großen Willens Gottes, der kommt, um die Segel des Schiffes der Entschlossenheit zu blähen, dessen Mast wir mit unserer Verpflichtung, erfolgreich zu sein, gehißt haben. Wir können nichts alleine tun, doch wenn wir unsere feste Absicht, eine Aufgabe zu meistern, bekunden und wir um die Unterstüt-

---

* Ronald Clark: *Edison – the Man Who Made the Future.* G.P. Putman & Sons, 1978.

zung Gottes bitten, erhalten wir die Kraft, die Weisheit und die Mittel, um Erfolg zu haben.

Ich bin vor vielen Jahren im Sommer mit einem Freund, der äußerst entschlossen und positiv war, quer durchs Land gereist. Ich fuhr spät nachts durch die texanische Wüste, als ich bemerkte, daß wir fast kein Benzin mehr hatten. Ich fing an, mir darüber Sorgen zu machen, daß wir mitten im Niemandsland ohne Benzin gestrandet sein könnten. Wir kamen an eine Tankstelle, die in der Nacht geschlossen war. Ich beschloß, dort zu warten, bis sie am nächsten Morgen aufmachte. Mein Freund, der auf dem Rücksitz schlief, wachte auf und fragte: »Was ist los?« Ich erklärte ihm meinen Plan. Er drängte mich mit einer meisterhaften Kombination aus Willen und Mitgefühl: »Ach komm, wir werden schon eine Tankstelle finden, die offen ist!« Und wir fanden tatsächlich eine, nicht weit entfernt.

Die Kraft, die der Entschlossenheit entgegenwirkt, ist die *Trägheit.* Trägheit ist nicht statisch, sie ist eine *dynamische Kraft.* Wie jede Kraft versucht sie, sich zu vergrößern und an Triebkraft zu gewinnen, bis sie von einer anderen, stärkeren Kraft verdrängt wird. Wenn du jeden Tag joggst und dann einen Tag aussetzt, danach zwei und dann sogar drei Tage, wird es dir deine Trägheit immer schwieriger machen, wieder anzufangen. Auf diese Art können wir von unseren Träumen abgebracht werden. Wir gleiten ab in die Strömung der Trägheit und lassen dann unsere Verpflichtung fallen. Wir brauchen einen starken Willen, um mit der Trägheit fertig zu werden, doch wir müssen sie überwinden. Wenn wir uns von unerwünschten Gewohnheiten nicht einschüchtern lassen und wir unsere Praxis auch nur zum Teil wieder aufnehmen, nimmt die Triebkraft der *Praxis* zu, und es wird immer leichter, anstatt schwieriger werden, weiterzumachen. Es hat alles mit der Ausrichtung der Triebkraft zu tun.

Ich finde, das Geheimnis, wie man eine disziplinierte Praxis aufrechterhält, liegt darin, immer *wenigstens ein kleines bißchen* zu tun, selbst wenn einem nicht danach ist. Wenn man ein Auto anschiebt, liegt der schwierigste Teil darin, das Auto zum Rollen zu bringen, denn ein ruhendes Objekt wird in Ruhestellung bleiben, außer wenn eine Kraft von außen darauf einwirkt. Rollt das

Auto erst einmal, ist es einfacher, es am Rollen zu halten, als es anfangs war, es in Bewegung zu bringen, denn ein Objekt in *Bewegung* neigt dazu, in *Bewegung* zu bleiben, bis eine andere Kraft darauf einwirkt. Wenn ich also an einem Tag keine Lust habe, viele Übungen zu machen, dann mache ich nur eine oder zwei, was die Disziplin lebendig hält und in gewissem Sinne die Türe für weitere Übungen offen hält. Und manchmal fühlen sich diese ein, zwei Übungen so gut an, daß ich weitermachen will.

Um den Willen und die Entschlossenheit zu mobilisieren, bedarf es der Übung. Hilda hat uns eine »1, 2, 3«-Methode beigebracht, mit deren Hilfe man den Willen entwickeln kann: »Wenn du morgens keine Lust hast, aufzustehen, jedoch weißt, daß du es tun mußt, sag folgendes zu dir: ›Ich werde bis 3 zählen, und wenn ich bei 3 angelangt bin, werde ich aufstehen. 1 ... 2 ... 3!‹, und dann stehst du auf!« Du mußt es tun. Es gibt keinen Ausweg. Dein ganzes Leben hängt davon ab. Das tut es wirklich.

Während wir uns Entschlossenheit aneignen, gibt es noch eine subtilere Belehrung, die der Meisterschaft bedarf. Wir müssen entschlossen sein, doch nicht *halsstarrig*. Wir müssen das Vertrauen haben, daß Gott uns helfen wird, unser Ziel zu erreichen, doch wir müssen noch mehr darauf vertrauen, daß, falls wir uns ein Ziel ausgesucht haben, das nicht zu unserem Besten ist, es einen guten Grund dafür geben wird, daß wir es nicht erreichen. Wir müssen die Einstellung von Schülern im Werkunterricht haben: Unser Lehrer wird uns alle Materialien und Methoden bereitstellen, die wir brauchen, um unsere Geschicklichkeit zu verbessern, doch wenn er sieht, daß wir auf einen Unfall zusteuern, wird er den Strom am Hauptschalter abschalten. Wir müssen uns unsere Entschlossenheit bewahren, jedoch in jedem Moment bereit sein, unser Ziel loszulassen, wenn wir entdecken, daß unser Plan nicht Gottes Plan ist. Zwischen innerer Führung und äußeren Gedanken der Begrenzung zu unterscheiden, das ist unsere Herausforderung.

Hilda erläutert dieses Unterscheidungsvermögen durch zwei Geschichten. Sie reiste einmal mit einem Yogi zu einem kranken Menschen. Es gab Probleme mit dem Auto, und Hilda bemerkte: »Vielleicht ist das Gottes Art, uns zu sagen, daß Er nicht will, daß wir dort hingehen.« Der Yogi mahnte sie: »Sei nicht töricht! Wir werden hinfahren!« Sie machten sich auf dem Weg, und die Person, die krank war, wurde geheilt.

An einem anderen Abend fuhr Hilda einen Berg hinauf, als sie eine Reifenpanne hatte. Beim Reparieren hatte sie das Gefühl, daß diese Panne göttliche Führung war, und sie machte kehrt, um nach Hause zu fahren. Genau in dem Moment kam eine Gruppe von finster aussehenden Männern aus der Schlucht. Ihr Pech offenbarte sich als ein verkleideter Segen, und sie traf die richtige Wahl, indem sie umkehrte. Intuition und Trägheit tragen dieselbe Kleidung: Es ist unsere Aufgabe zwischen den beiden zu unterscheiden.

Entschlossenheit ist das Gegenteil von »Zufall«. Wenn wir Entschlossenheit üben, nehmen wir unser Schicksal in die Hand. Der entschlossene Mensch lehnt es ab, sich den Winden des Zufalls und der Umstände zu überlassen. Entschlossenheit ist Meisterschaft, und Zufall ist Sklaverei. Wenn wir unser Schicksal dem Glück überlassen, werden wir manchmal Erfolg haben und manchmal versagen, doch wir werden immer schwach sein. Wenn wir Entschlossenheit üben, leben wir unsere Identität als Meister des Schicksals. Indem wir auf diese Weise unser Schicksal in die Hand nehmen, werden wir meistens erfolgreich sein und manchmal versagen, doch wir werden immer stark sein. Wir werden nichts in unserem Leben bereuen, denn wir wissen, daß wir alles gegeben haben, was wir haben.

George Bernard Shaw sagte:

»Ich möchte vollkommen aufgebraucht sein, wenn ich sterbe, denn je härter ich arbeite, desto mehr lebe ich. Ich freue mich am Leben um des Lebens willen. Das Leben ist für mich nicht wie eine ›kurze Kerze‹. Es gleicht einer herrlichen Fackel, die ich nur für einen Augenblick in der Hand hab', und ich möchte, daß sie so hell wie möglich brennt, bevor ich sie anderen Generationen weiterreiche.«

Sei entschlossen. Sei zäh. In einer Turnhalle sah ich folgendes Schild: *»Wenn alles zäh läuft, setzen sich die ›Zähen‹ in Bewe-*

gung.« Ergreife die Gelegenheiten, Meisterschaft und Entschlossenheit zu üben. Gehe mit Enthusiasmus auf deine Prüfungen zu, in dem Wissen, daß du unweigerlich stärker wirst, wenn du deine Herausforderungen bestehst. Denk daran, daß du nie mit einer Herausforderung konfrontiert sein wirst, die du nicht bewältigen kannst, und daß du und Gott eine Mehrheit seid.

»Diejenigen unter euch, die entschlossen sind, erfolgreich zu sein, haben einen besonderen Platz in unseren Herzen. Die Kraft Gottes eilt voller Enthusiasmus und Ermutigung zu eurer Unterstützung. Es gibt nur wenige Geschenke, die ihr Gott machen könnt, Entschlossenheit ist eines davon. Auf diese Art beweist die Seele ihr aufrichtiges Bestreben.

Bewahrt euch eure Träume, Kinder, denn sie sind die Trittsteine zu dem Erfolg, nach dem ihr euch sehnt. Macht keinen Unterschied, egal ob ihr entschlossen seid, in der Welt oder in bezug auf Gott erfolgreich zu sein, denn es ist mehr die Qualität der Standhaftigkeit, die entwickelt werden muß als das Objekt der Entschlossenheit.

Während ihr strebt, sollt ihr wissen, daß es Ruhepunkte – Oasen – gibt und geben wird, wo ihr Kraft sammeln könnt. Sucht sie nicht, wartet auch nicht auf sie, doch inmitten eurer Übungen sollt ihr wissen, daß sie euch gezeigt werden, wenn ihr sie braucht.

Wir drängen euch dazu, euren Willen zu wachsen aufrechtzuerhalten. Keine Mühe, wie klein sie auch ist, bleibt unbemerkt oder unvergolten. Ruft die höheren Kräfte in euch an, und sie werden euch ganz bestimmt ihren Segen in großem Ausmaß geben. Euer Vertrauen wird euch durch die Mühen tragen. Eure Verpflichtung Gott gegenüber wird erwidert durch Seine Verpflichtung euch gegenüber.«

DER VERSTAND

Gedanken sind Dinge

»Ich meditierte über die Liebe«, erklärte eine Frau, nach einer gemeinsamen Meditation in der Gruppe: »und sah eine üppige, strahlende Rose als Symbol. Ich hielt dieses schöne Bild in meinem Geist fest, und bald war mein gesamtes geistiges Visionsfeld voller roter Rosen.«

»Das ist die Erklärung!« rief eine Frau, die neben ihr saß, mit einem breiten, überraschten Lächeln. »Ich meditierte auf das Licht, als plötzlich ein Strauß roter Rosen in meinem Geist auftauchte. Sie waren wunderschön, doch ich konnte mir nicht erklären, wo sie herkamen. Deine Rosen erschienen in meiner Meditation!«

Gedanken sind gewiß gegenständlich. Sie werden im Geist geboren, und sie reisen durch Zeit und Raum wie Wellen auf einem Teich und wirken auf alles, was sie berühren. Gedanken sind die Bausteine unserer Erfahrung. Die Welt, die wir sehen, ist die Welt, die wir mit unseren Gedanken erschaffen haben. Edgar Cayce sagte: »Der Geist ist der Baumeister.« Wir denken einen Gedanken, verbinden ein Gefühl damit, und ein Umstand in unserem Leben ist davon angezogen. Wenn wir sehen wollen, wie wir dahin gekommen sind, wo wir im Leben gerade stehen, müssen wir nur die Spur von unseren Erfahrungen zu unseren Gedanken zurückverfolgen.

Hilda erzählte diese Geschichte: »Letztes Wochenende fuhr ich aufs Land, und als wir einen Hügel hochfuhren, schaute ich auf all die Autos hinunter, die auf den Autobahnen hin- und herfuhren. Was, meint ihr, hat die Autos gefahren, Kinder?« Niemand wußte die Antwort. »Gedanken! Gedanken fuhren sie! Jemand wachte am Morgen auf und hatte den Gedanken: ›Laßt uns heute Oma besuchen‹, und die Familie fuhr los. Oder: ›Ich muß mein Sommerhaus vor dem Winter herrichten‹, oder: ›Ich mache mir eine schöne Zeit beim Angeln‹, oder einen anderen ähnlichen Gedanken. Jedes Auto wurde von einem Gedanken geleitet. Ihr dachtet, daß Benzin die Autos dazu befähigt zu fahren, doch das Benzin diente nur einem Gedanken!«

Eigentlich alles, was wir sehen, dient – ist das Ergebnis von – Gedanken. *»Der ganze Körper ist von einer Flügelspitze zur anderen nichts als Gedanke«*, sagte Jonathan. »Geist in sichtbarer Gestalt ...« Man kann das leicht am Beispiel eines Hauses verstehen. Jedes Haus entstand dadurch, daß es eine Idee für ein Haus gab. Kannst du dir vorstellen, daß ein Haus gebaut wird, bevor jemand den Gedanken hatte, es zu bauen? Nein, Häuser entstehen immer nach einer Blaupause, nie umgekehrt. Genauso sind unsere Umstände immer das Ergebnis einer geistigen Blaupause, (eines Gedankens) die vorausgeht.

Als Swami Satchidananda nach Amerika kam, wurde er von seinen Schülern gebeten, für einen Photoband mit Yogaübungen Modell zu stehen. Obwohl er diese Art von Yoga seit 15 Jahren nicht mehr gemacht hatte (wie man mir sagte), begab er sich mühelos in die schwierigsten Positionen. Man erklärte mir, daß sein physischer Körper gar nicht verspannt war, weil sein Geist frisch und entspannt geblieben war. Ein ruhiger Geist spiegelte sich in einem entspannten Körper.

Wenn im Geist auch nur der geringste Streß, Widerstand oder eine Begrenzung ist, wird sich das im Körper manifestieren. In den Yogagruppen z. B. sehe ich, daß die meisten Menschen, die keinen Kopfstand machen können, nicht von ihrem Körper davon abgehalten werden, sondern von ihrem *Geist* und ihren Gefühlen. Die meisten sind physisch dazu fähig, doch der kleinste Gedanke an »Ich kann nicht« staut den gesamten Fluß der physischen Kraft. Dieser kleine Kobold von einem Gedanken zieht das Gefühl »Ich habe Angst« nach sich, und die beiden bilden zusammen ein tödliches Duett, das einen muskulösen Mann mit 200 Pfund Gewicht ruhigstellen kann. Ich konnte erst dann einen Kopfstand machen, als ich aufhörte, mich als jemanden zu *betrachten*, »der keinen Kopfstand machen konnte«, und anfing, mich als jemanden zu sehen, »der das machen konnte«.

Um diese Beziehung zwischen Gedanken und Körper zu demonstrieren, machte ich in einer meiner Gruppen einen einfachen Muskeltest: Ich bat einen starken Mann, mir Widerstand zu leisten, und gleichzeitig an eine stressige Situation in seinem Leben zu denken, während ich auf seinen ausgestreckten Arm drückte. Sein Arm wurde so schwach, daß es mir leicht möglich war, ihn hinunterzudrücken, obwohl er mit aller Kraft versuchte, ihn oben zu halten. Ich bat ihn dann, an seine erholsamsten und angenehmsten Ferien zu denken, während ich auf seinen Arm drückte. Der Arm war nun so stark, daß ich ihn kaum bewegen konnte. Sein geistiger Streß hatte seinen physischen Körper geschwächt, und seine geistige Entspannung hatte ihn gestärkt. Sein Körper war das Spiegelbild seiner Gedanken.

Es gibt noch mehr über unsere Gedanken zu sagen. Da sie Gegenstände sind, die ständig auf dynamische Weise von uns ausstrahlen, erschaffen sie eine subtile Umgebung um uns herum wie ein Kraftfeld oder sogar eine Aura. Obwohl Gedanken für das physische Auge nicht sichtbar sind, sind wir uns auf einer subtilen Ebene der Gedankenfelder oder Auren der Personen, die wir um uns herum haben, immer bewußt. Wenn ich z.B. mit jemandem zusammentreffe, der sich gerade aufgeregt hat, fühle ich oder nehme ich eine Art Störung bei demjenigen wahr, selbst wenn es keine offensichtlichen Anzeichen dafür gibt. Wir alle spüren diese Art von Energie. Du hast vielleicht schon die Erfahrung gemacht, wenn du einen Raum betrittst, in dem zwei Menschen sich gerade gestritten haben, (selbst wenn diese Menschen den Raum schon verlassen haben), fühlt sich die Luft oder Atmosphäre aufgewühlt oder unklar an. Wenn du dagegen in einem Raum bist, den eine positive, freudige Person betritt, fängst du womöglich an, dich leicht, klar und angeregt zu fühlen. Ich meine, daß wir alle jemanden kennen, dessen bloße Gegenwart uns guttut. Diese Art von Mensch strahlt Gedanken der Kraft und Positivität aus, und wenn wir in seiner Nähe sind, erfahren wir, wie wohl uns seine dynamische Gedankenenergie tut.

Die Wirklichkeit der Gedanken und die ihnen innewohnende Macht, die Welt um uns herum zu erschaffen und zu verändern, bringt eine höchst wichtige Erkenntnis mit sich: *Wir können segnen, und wir können heilen.* Segen und Heilung sind keine geheimen, mystischen Kräfte, die für einige Auserwählte bestimmt sind. Sie sind das von Gott gegebene Recht – und die Verantwortung – jedes einzelnen Menschen. Sobald wir uns eingestehen, daß wir wirklich Instrumente für Gottes heilende Liebe sein können, können wir, in unserem Leben und in der Welt die Art von Veränderungen vornehmen, die wir zwar immer schon angestrebt haben, wofür wir uns jedoch nicht würdig oder fähig hielten.

Ein Freund von mir kam eines Tages zu früh zur Arbeit, und während er darauf wartete, daß der Besitzer des Ladens eintraf, um aufzuschließen, beschloß er schweigend, Gedanken des Wohlwollens an jeden Menschen, der auf der Straße an ihm vorbeiging, zu senden. Nachdem er dies einige Minuten getan hatte, kam ein schäbig gekleideter Mann auf ihn zu und sagte: »Das, was du mit deinem Geist tust, ist gut.«

Das ist die Wirklichkeit der Gedanken. Wir müssen die Kraft der Gedanken respektieren, denn sie haben unser Schicksal in der Hand. Wir erschaffen unser Leben nicht aus dem Nichts – aber wir bringen mit Sicherheit die Ereignisse, die Umstände erschaffen, in Gang. Wenn wir einen Umstand wahrnehmen, sehen wir die Wirkung einer Reihe von Ereignissen, die vor langer Zeit mit einem Gedanken anfing. Deswegen funktioniert es nicht, wenn man sein Leben durch die Manipulation von Umständen verbessern will. Jede Veränderung der Umstände hängt mit einer Veränderung unserer Denkweise zusammen. Wenn wir unsere Umstände verändern wollen, müssen wir unsere Denkweise verändern. Wir können uns den Luxus eines »unnützen« Gedankens nicht erlauben, denn einen solchen gibt es gar nicht. Jeder Gedanke ist ein Same. Was wir in unserem geistigen Garten pflanzen, wird wachsen. Das ist das Gesetz des Geistes.

»Säe einen Gedanken, ernte ein Wort;
Säe ein Wort, ernte eine Tat;
Säe eine Tat, ernte eine Gewohnheit;
Säe eine Gewohnheit, ernte eine Persönlichkeit;
Säe eine Persönlichkeit, ernte ein Schicksal.«

»Ihr habt ein großartiges, wunderbares Geschenk erhalten. Eure Gedanken sind der Schlüssel zu eurer Freiheit. Ihr, die ihr euer göttliches Erbe zurückfordert, müßt es durch eure Gedanken tun, denn ihr habt den Weg nur in Gedanken verlassen, und nur durch eure Gedanken könnt ihr wieder auf ihn zurück gelangen.

Die Kraft, das Schicksal der Menschen zu verändern, liegt in eurer Hand. Es gibt keine edlere Aufgabe für euch als die Rettung der Welt. Und es gibt keine geringere Aufgabe, die eurer Beteiligung würdig ist.

Stimmt euer Bewußtsein auf das Gute, das Schöne und das Wahre ein. Seid ein Licht für eure Schwestern und Brüder. Eure Liebe ist kraftvoller als jede Verneinung. Euer Vertrauen kann alle Zweifel überwinden. Eure Göttlichkeit wird sich in euren Brüdern selbst erwecken. Ihr werdet sicherlich die Welt verschönern, denn jene, die das Wunder der Gedanken kennen, kennen das Geheimnis des Segens.«

Das Gesetz der Anziehung

Eine junge Frau platzte eines Nachmittags in mein Büro und flehte mich an: »Du mußt mit meinem Bruder reden – er will sich umbringen!« Ich ging zu ihrem Auto und setzte mich zu dem jungen Mann, der nicht gerade Rat suchte. Nachdem ich mich lange mit ihm unterhalten hatte, war mir klar, daß seine Absicht, sich das Leben zu nehmen, sehr stark war. Ich versuchte mit ihm auf die klarste, mir bekannte Weise zu arbeiten, aber es sah so aus, als könnte ich nichts sagen, was ihn davon abbringen würde. Als wir uns trennten, wußte ich, daß das Gebet unsere einzige Chance war.

Ich erzählte Hilda an jenem Abend während ihres Kurses davon, und sie unterbrach die Gruppe, um für ihn zu beten. Alle von uns schickten ihm unsere Liebe und die Absicht, daß er sich für das Leben entscheiden möge. Als ich seine Schwester einige Tage später wieder traf, fragte ich gespannt nach, was geschehen sei. »Er ist im Krankenhaus«, berichtete sie. Ich war entmutigt. »Kann es sein, daß unsere Gebete versagt haben?« dachte ich. »Aber nicht, weil er Selbstmord begehen wollte«, fuhr sie fort. »Das Erstaunlichste ist geschehen: Obwohl sein Plan feststand, überlegte er es sich in jener Nacht anders und beschloß, es nicht zu tun. Einige Tage später rutschte er jedoch in der Dusche aus und verletzte sich ernsthaft.«

Dies ist für mich ein erstaunlicher Beweis für das Gesetz der Anziehung. Wir ziehen das an, was wir denken. Wenn wir an Gutes und an Wohlstand denken und es uns vorstellen, kommen sie zu uns. Wenn wir uns mit Negativität und Leid beschäftigen, werden wir genau das vorfinden. Obwohl dieser Mann seinen törichten Plan aufgab, mußte er die Folgen seiner morbiden Gedanken, sich selbst zu verletzen, in Form einer Erfahrung ernten.

»Denn was der Mensch sät, das wird er ernten«, sagte der Meister. »Laß dein Brot über das Wasser fahren; denn du wirst es finden nach langer Zeit.« Daß der Mann in der Dusche stürzte, war weder ein Unfall, noch hat er es mit Absicht getan. Er wurde einfach mit seinen eigenen Gedanken in einer Form konfrontiert, die er sehen konnte. Je mehr wir uns mit einem Gedanken beschäftigen, desto sicherer ist es, daß wir diesen Gedanken als unsere Erfahrung manifestiert sehen. Wir können dieses Prinzip für uns arbeiten lassen, indem wir unseren Geist auf die Gedanken, die wir als Ereignisse und Erfahrungen verwirklicht sehen möchten, konzentrieren. Hilda drückte das sehr klar und deutlich aus: »Wenn ihr genug hinter Gott her seid, wird Er von eurem Gejammer so genervt sein, daß Er sich sagt: ›Geben wir ihr das, was sie will, damit sie wieder still ist!‹« Sie sagte einmal zu jemandem: »Wenn ich solch ein Ziel hätte, würde ich so lange an der Himmelspforte hämmern, bis ich es erreicht hätte!«

Wir müssen Gott eigentlich zu gar nichts überreden, was Sie nicht tun will, weil es keinen Unterschied zwischen unserem und Ihrem Willen gibt. Die Entschlossenheit kommt, wenn wir erkennen, daß es keinen anderen Willen gibt, außer dem Willen den Gott uns gab, damit wir ihn benützen. Wir sind zusammen mit Gott »Miterschöpfer«. Wir richten den Bogen aus und Sie schießt den Pfeil ab. Ein Junge fragte einst seinen Vater: »Papa, wer liebt mich mehr, du oder Gott?« Der Vater dachte einen Augenblick nach und antwortete: »Gott liebt dich *durch* mich, Schatz.«

Wir werden durch die Werbung für Shampoo, Deodorant und Handcreme dazu ermutigt, anziehend zu sein. Wir sind bereits so anziehend, wie wir nur sein können! Wir ziehen ständig Menschen und Umstände an, die unsere Gedankenmuster genau widerspiegeln. Wir entkommen dem nicht. Alles in unserem Leben ist da, wo es gemäß seiner Gesetzmäßigkeit sein soll. *Wir mögen zwar den Eindruck haben, daß die Ereignisse in unserem Leben ungesetzmäßig sind, doch dies ist nur der Fall, weil wir die Gesetze des Geistes, die sich hinter den Kulissen unserer täglichen Dramen abspielen, noch nicht verstehen.* Wenn uns die Gesetze erst einmal klar sind, können wir erkennen, daß »zufällige« oder »willkürliche« Ereignisse tatsächlich die Folge eines hochintelligenten *Systems* gerechtfertigter Beziehungen sind.

Ich habe dieses Prinzip in einem Film über die Gesetze der Akustik erstaunlich klar dargestellt gesehen: Eine Handvoll Eisenspäne wurde auf eine dünne Metallplatte gestreut, und ein bestimmter Ton wurde an der Metallplatte gespielt. Die Späne ordneten sich auf wunderbare Weise in Form einer Schneeflocke! Sie paßten sich dem Schwingungsmuster des gespielten Tones an. Ein weiterer Ton wurde gespielt, und die Späne ordneten ihre Formation neu, und zwar bildeten sie diesmal ein Muster, das an einen Stern erinnert! Jeder Ton hat ein eigenes Muster, und die sichtbaren Späne demonstrierten das unsichtbare Muster des Tones.

Unsere Gedanken sind wie der Ton, und die Umstände unseres Lebens sind die Eisenspäne. Die Späne haben keinen eigenen Willen. Sie ordneten sich einfach zum Schwingungsmuster des Tons. Autos, Geld, Essen, Jobs und Beziehungen haben auch keinen eigenen Willen. Es entspricht ihrer Natur, der Richtung der Gedankenwellen, die wir aussenden, zu folgen.

Manche sagen: »Schau, was ich erschaffen habe!« Aber eine andere Art, die Dinge zu sehen, wäre: »Schau, was ich *angezogen* habe!« Das Wort »Umstand« beschreibt den Prozeß sehr deutlich: *Um* (herum) *stand* (stehen). Umstände sind Bedingungen, die *um* uns *(ent)stehen*, die von dem zentralen Kern unserer Gedankenformen magnetisiert worden sind. Verändere die Gedanken im Zentrum des magnetischen Feldes, und du veränderst die Bedingungen, die dich umgeben.

Diese Fähigkeit, Bedingungen anzuziehen, hat ungeheure, praktische Auswirkungen. Das bedeutet, daß wir unsere Gedanken dazu benützen können, unser Leben zu erschaffen. Das wiederum bedeutet, daß wir uns wirklich zum Besseren verändern können. Und das bedeutet, daß *Dinge keine Macht mehr über uns haben*, denn wir erkennen, daß sie *lediglich Ausdruck unserer Gedanken sind* und nicht mehr. Unsere Körper sehen z. B. genauso aus, wie wir sie mit unseren Gedanken erschaffen haben. Sie haben keinen eigenen Geist. Sie sind von unserem Geist abhängig, der ihnen eine Richtung gibt. Ein Yogi sagte einmal: »Euer physischer Körper besteht aus Pizza und Speiseeis ... Eine Pizza hat noch nie jemanden dick gemacht – aber *Gedanken* schon. Der Geist sagt: ›Ich brauche Pizza mit einer doppelten Portion Käse ... Hand, nimm die Pizza ... Mund, kaue sie!‹ Der Geist ist der General, und die Hand und der Mund sind die Soldaten im Korps – oder im Körper!«

»An ihren Früchten sollt ihr sie erkennen«, ist eine Belehrung, die wir gewöhnlich benützen, um die Wirkungen eines spirituellen Lehrers oder eines Weges zu beschreiben. Ein reiner Lehrer wird Frieden in den Herzen seiner/ihrer Schüler erzeugen, und ein unreiner Lehrer wird Schwierigkeiten hervorrufen. Es steckt womöglich immer eine tiefere Bedeutung in den Worten Jesu – so glaube ich. Der Meister sprach in Parabeln, weil sie sowohl die innere Dynamik des Lebens als auch die äußeren Ereignisse beschreiben. Die »Früchte« können für die Ereignisse und Umstände unseres Lebens stehen. Eine Umschreibung wäre: »Ihr werdet die Gedanken an den Ereignissen erkennen.« Wenn ihr die Natur der Gedankenmuster eines Menschen kennenlernen wollt, müßt ihr nur die Umstände seines/ihres Lebens anschauen.

Ein harmonisches Leben ist ein Beweis für harmonisches Denken. Ein turbulentes Leben enthüllt eine Art inneren Aufruhr oder mangelnde Entschlossenheit. Wir mögen zwar glauben, daß wir positive, beständige Menschen sind, aber wenn wir Schwierigkeiten oder Konflikte in unseren äußeren Umständen bemerken, müssen wir nach *innen* schauen, um festzustellen, welche Negativität jetzt brodelt oder zu einem früheren Zeitpunkt brodelte. Wenn du wissen willst, was in deinem Unterbewußtsein ist, mußt du nicht zu einem Psychiater oder einem Hellsichtigen gehen. Schau einfach, in welchem Zustand sich dein Schlafzimmer, dein Auto, dein Haus, deine Gesundheit und deine Beziehungen befinden. Sie sind Fotografien deines Unterbewußtseins. *Äußere Ereignisse sind so etwas wie die Haut und die inneren Gedanken sind die Knochen. Um unser Leben wirklich in die Hand zu nehmen, müssen wir sie wie eine Sache behandeln.*

Wir können nicht »Opfer der Umstände« sein, denn niemand anders als *wir* selbst haben die Umstände in unserem Leben geschaffen, auf die wir unser Unglück schieben möchten. Wir haben die Umstände, die unseren eigenen Gedanken entspringen, sowieso angezogen. Als ich 17 Jahre alt war, fuhr ich mein Auto über eine nicht beschilderte Kreuzung und prallte mit einem anderen Auto zusammen. Ich kann weder meinem Auto noch dem anderen Fahrer die Schuld dafür geben, noch kann ich die Stadt dafür verklagen, daß sie die Kreuzung nicht beschildert hat. Ich kann nur mich selbst dafür verantwortlich machen, daß ich leichtsinnig war und nicht vorsichtig genug gefahren bin. Mein Auto sah nämlich wie mein Bewußtsein aus – ein bißchen ramponiert und verformt. Vor dem »Unfall« hatte ich mit einer Freundin einen geistigen und emotionalen Zusammenstoß gehabt. Das Auto wurde repariert, aber mein Bewußtsein nicht. Ich hatte zwei Monate später *genau* denselben »Unfall« auf dem Parkplatz eines Warenhauses, 35 Meilen entfernt. Mein Auto wurde an *genau* derselben Stelle – diesmal mit etwas geringerem Schaden – von einem kleineren Auto beschädigt.(Du kannst dir das Gesicht meines Vaters vorstellen, als er nach Hause kam und das Auto wieder kaputt in der Garage vorfand!) Machen wir uns mal nichts vor: Ich hatte ein Kollisions-Bewußtsein. Das Universum lehrte mich durch zwei recht massive Zusammenstöße, mit Vorsicht vorzugehen. Eine teure, aber wertvolle Lehre.

Die Prinzipien der Anziehung funktionieren sowohl bei gleichgesinnten Menschen als auch innerhalb eines jeden Menschen. Wir werden auf tieferen Ebenen und durch feinere Kanäle, als wir denken, von Menschen angezogen, die mit uns im Einklang schwingen. Eine Freundin lud mich letztes Jahr dazu ein, sie auf eine lange Reise zu begleiten, die sie zu einer abgelegenen Stadt in den Bergen Pennsylvanias machen mußte, um sich für einen Job zu bewerben. Ich hatte keine Ahnung, wie ich mich für die paar Tage, die sie dort verbringen mußte, beschäftigen würde, aber ich spürte, daß es schön sein könnte, mit ihr zu fahren.

Als wir an einem Sonntagnachmittag mitten im Winter ankamen, verspürten wir den Wunsch, zu dem nahe gelegenen College zu fahren, das sie besuchen wollte, falls sie den Job annahm. Es war ein stürmischer Tag mit Temperaturen unter null Grad Fahrenheit, und es war fast niemand auf dem eiskalten Unigelände. Fast niemand, außer einem dunkelhäutigen Mann, der geradewegs vor unserem Auto herlief und der nur durch das orangefarbene Gewand auffiel, die unter seinem Mantel hervorschaute und im Wind wehte.

»Ich muß herausfinden, wer dieser Mann ist!« sagte ich zu meiner Freundin, und wir hielten an der Seite an, um ihn danach zu fragen.

»Ich heiße *Gunaratana*«, erzählte er uns. Er hatte tiefliegende Augen, die Ruhe ausstrahlten. »Ich bin hier, um ein Meditationsretreat zu leiten. Möchten Sie morgen früh dazukommen?«

Und so nahm ich am nächsten Morgen, als meine Freundin zu ihrem Vorstellungsgespräch ging, ihr Auto und fuhr zu Gunaratana, um zu meditieren. Wie ich erfuhr, war er nicht nur ein sehr fortgeschrittener Yogi, sondern auch der Lehrer von zwei meiner besten Freunde in New York. Ich hätte das unmöglich planen können – aber das Gesetz der Anziehung fand einen Weg.

Zu einem anderen Zeitpunkt erhielt ich einen Brief von einer Freundin in New England, die gerade von einer Konferenz in Kanada zurückgekehrt war. Sie schrieb von einem Mann namens Stan, den sie dort kennengelernt hatte und der für sein Programm in New Jersey einen Yogalehrer suchte. Sie war der Meinung, daß wir gut zusammenarbeiten könnten und schlug vor, daß ich mit ihm Verbindung aufnehmen sollte. Er und ich besprachen die Idee in mehreren Briefen, aber der Ort, an dem seine Veranstaltungen stattfanden, war etwas zu weit weg von meinem Zuhause, und damit endete unsere Korrespondenz. Einige Monate später nahm ich an einer Konferenz für Psychologie in Atlantic City teil. Im ersten Workshop des Programms traf ich einen Mann, zu dem ich eine starke Verbindung spürte. Da in diesem Seminar nicht gesprochen werden durfte, sprachen wir zwar nicht miteinander, es gab aber eine unausgesprochene Verbindung zwischen uns. Wir sahen einander an diesem Wochenende im Vorübergehen, tauschten allerdings nur ein herzliches Hallo aus.

Das letzte Seminar der Konferenz war sehr dramatisch und kraftvoll. Diejenigen, die sich dieses Seminar ausgesucht hatten, wurden gebeten, die aufeinanderfolgenden Stadien des menschlichen Lebens im Rollenspiel durchzuspielen: Wir sollten Geburt, Kindheit, Heranwachsen, Eingebundensein in die Familie, Alter und Tod darstellen und erfahren. Gegen Ende des Seminars sollten wir uns eine Familie aussuchen, bei der wir uns so wohlfühlten, daß wir bei ihr hätten sterben können. Ich ging von einer Gruppe zur anderen, tauschte mich mit vielen unterschiedlichen Menschen und »Familien« aus, aber keine fühlte sich wie ein Zuhause an. Ich traf z.B. zwei freundliche Frauen, die mich dazu einluden, Teil ihrer Familie zu sein, aber meine Intuition riet mir, nicht dazubleiben. Obwohl ich den starken Wunsch hatte, einen Platz zu finden, gab es keinen, der sich für mich richtig anfühlte. Ich fühlte mich einsam und es stellte sich ein bißchen Panik ein, denn ich hatte Angst davor, alleine und ohne Unterstützung zu sterben. Alle anderen waren in Familien, und ich hatte niemanden. Als ich am Rande der Verzweiflung war, schaute ich genau in jenem Augenblick nach oben – und dort war genau der Mann, zu dem ich im ersten Seminar so eine starke Verbindung hergestellt hatte. Er kam auf mich zu; auch er war alleine, ohne Familie. Es sah so aus, als ob wir in einem Seminar mit 100 oder mehr Teilnehmern die einzigen beiden Menschen waren, die ohne Familie waren. Er spielte die Rolle eines alten, verkrüppelten Mannes sehr dramatisch, humpelte mit offenen Armen auf mich zu und dabei liefen ihm Tränen über die Wangen. Während ich auf ihn zuging, spürte ich eine große Welle von Liebe in mir aufsteigen. Wir umarmten einander wie zwei uralte verwandte Seelen und lagen einander in den Armen und starben zusammen. Unsere Familie – und unsere Intuition – hatte sich verwirklicht. Es war eine sehr rührende Szene.

Wir stellten uns nach dem Seminar vor. Sein Name war Stan. Er war derselbe Mann, von dem mir meine Freundin geschrieben und mit dem ich zwecks Zusammenarbeit korrespondiert hatte. Meine Freundin war aus Vermont, sie hatte ihn in Kanada getroffen, und ich begegnete ihm in Atlantic City. – Die Kraft der Anziehung.

Und was ist mit den beiden Frauen, die mich dazu eingeladen hatten, Teil ihrer Familie zu sein? Ich traf sie Monate später in Hildas Gruppe wieder. Ein Jahr später kauften sie ein Haus, und einige Monate danach zog ich bei ihnen ein. Am Ende nahm ich doch ihre Einladung an, mich ihrer »Familie« anzuschließen – zwei Jahre, nachdem sie es mir angeboten hatten –, doch das Gesetz der Anziehung kümmert sich nicht immer um den Zeitpunkt, nur um Ergebnisse.

Diese Lektionen über Anziehung zeigen, daß unsere Gedanken *doch* Einfluß darauf haben, wie sich unser Leben entwickelt. Wo wir im Moment stehen, das ist immer die Folge dessen, was wir gedacht haben, und wo wir stehen werden, ist die Folge dessen, was wir jetzt denken. Wenn wir im Erfolg baden wollen, so wird sich das nicht zufällig ereignen. Es wird nur dadurch geschehen, daß wir Erfolg durch »Erfolgs-Gedanken« anziehen. Aufgrund der gleichen Regel können wir uns zum Scheitern verdammen, indem wir uns jetzt auf das konzentrieren, was falsch ist. Der Weg der Umstände wird durch Vorstellungen bereitet.

Deshalb müssen wir darauf achten, daß wir nur das denken und anziehen, was mit unseren höchsten Zielen in Harmonie ist. Wenn wir an einen Wunsch denken, der nur vorübergehend ist, oder um seine Erfüllung beten, könnten wir gezwungen sein, uns mit dem Objekt unseres Verlangens auseinanderzusetzen, lange nachdem der Gedanke ausgeheckt wurde, der wieder in Vergessenheit geraten ist. Hilda sagte: »Kinder, paßt auf, um was ihr bittet, denn ihr könntet es vielleicht erhalten ... Ihr betet und betet und fleht Gott um einen bestimmten Menschen oder Erfolg an, und dann – wenn dies geschieht – wünscht ihr, Gott hätte euch nie erhört!«

In der Fernsehserie *Fantasy Island* geht es um diese Lektion. In einer Episode ging es um einen Mann, der sich immer viel Geld wünschte und mit seiner Frau nach »Fantasy Island« kommt, wo er erfährt, daß er gerade eine Million Dollar geerbt hat. Seine Freunde nutzen ihn sofort wegen seines Geldes aus, und er wird seiner Frau gegenüber sehr unsensibel. Er gerät in den Teufelskreis von schwülstiger Selbstgefälligkeit, und seine Beziehungen verlieren an Tiefe, bis er keine Freunde mehr hat und seine Frau ihn verlassen will. Sein Leben ist schließlich so verhunzt, daß er nichts anderes will als sein Geld wieder loswerden und zu seinem einfachen, friedlichen Lebensstil zurückkehren. Ricardo Montalban richtet es glücklicherweise so ein, daß seine Erbschaft aufgehoben wird, und dieser Mann und seine Frau verlassen »Fantasy Island« um einen Hauch Glück reicher und eine Illusion ärmer.

Ich kann mich an Jobs, Beziehungen und Autos erinnern, nach denen ich mich sehnte und um die ich betete (indem ich mit meinen Gedanken darin schwelgte), die lange nachdem ich aufgehört hatte, sie mir zu wünschen, zu mir kamen. Dann mußte ich mich mit ihnen auseinandersetzen. Wenn ich stark war, konnte ich sie loslassen und nein sagen, wenn sie zu mir kamen. War ich schwach, dann nahm ich sie an (da ich in einer Art Traumwelt von

Erinnerungen lebte, die die Wünsche überlebt hatten, die sie erschaffen hatten), bis ich gezwungen wurde zuzugeben, daß das Objekt meines Verlangens mehr Teil meiner Vergangenheit als meiner Gegenwart war.

Wenn Menschen die Beziehung zwischen Gedanken und Ereignissen entdecken, fürchten sie sich davor, negative Gedanken zu denken und sorgen sich: »Oje! Ich hatte gerade den Gedanken, daß mir etwas Schlimmes zustößt ... Das bedeutet, daß ich es anziehen werde!« Diese Angst kommt daher, daß sie die Art, wie Gedanken Ereignisse anziehen, nicht ganz verstanden haben. Es ist nicht nötig, daß wir uns um verirrte Gedanken von Unglück oder Mißerfolg sorgen. Sie haben keine Macht, außer wenn wir sie durch unsere Angst nähren. In jeder Sekunde denken wir unzählige Gedanken (Buddha sagte Trillionen), und wir nehmen die Gedanken der Menschen um uns herum auch auf. Negative Gedanken oder Gedanken über Mißerfolg mögen sich gelegentlich in unser Bewußtsein einschleichen, doch wenn wir sie »abwerfen«, bevor wir ihnen nachgeben, können sie uns nichts anhaben. Auf die *Gedanken, die wir aus Gewohnheit haben*, kommt es an. Erst wenn wir uns ständig mit denselben Gedanken, Gefühlen und geistigen Bildern beschäftigen, erzeugen wir Umstände. Halte deine *Gedankenmuster* positiv, und kleine Negativitäten werden nicht die Kraft haben, das erzeugte positive Kraftfeld zu durchdringen. Es wird gesagt, daß wir viele Krankheitskeime in unserem Körper haben, doch der Allgemeinzustand unserer Gesundheit und unsere Widerstandkräfte halten sie in Schach.

Wenn du jetzt negative Umstände in deinem Leben hast, solltest du damit aufhören, dich in deinem Geist damit zu beschäftigen, und sie werden dich verlassen. Die beste Art, einen unwillkommenen Gast, der sich bei dir zu Hause aufhält, loszuwerden, ist die, den Eisschrank zu leeren. Er wird gezwungen sein, woanders Zuflucht zu finden. Wenn wir aufhören, unsere schlechten Gewohnheiten und Umstände mit Gedanken- und Gefühlsenergie zu nähren, werden sie wie alter Schorf abfallen. Wenn du den Stecker eines Elektromagnets herausziehst, fallen alle Metallschrotteile sofort ab. Wenn du Unkraut nicht gießt, muß es sterben. Negative

Umstände können nicht überleben, wenn wir uns weigern, sie mit emotionaler Energie am Leben zu halten.

Um es einfach auszudrücken: Wir sind unleugbar für unser Leben verantwortlich. Mit dieser Verantwortung ist die Freiheit verbunden, die Gesetze des Lebens so einzusetzen, wie wir es wünschen. Wir können uns durch unsere Gedanken und Handlungen Himmel oder Hölle erschaffen. Warte nicht darauf, daß die Welt aufhört, dich zu »schlagen«. Fange damit an, so viele positive Gedanken wie möglich zu erzeugen, und du wirst Zeuge wunderbarer Veränderungen in deinem Leben sein. Denke mit Gedanken der Liebe, des Erfolgs und des Glücks, und früher oder später werden dir diese Segnungen sicherlich zuteil werden. Konzentriere dich auf das, was du sein wirst, nicht auf das, wofür du dich im Augenblick hältst, und du wirst in eine neue Form von Bewußtsein eintreten – eine von Dingen, die du gewählt hast.

Das Bewußtsein, in dem die meisten Menschen zu leben geneigt sind, ist die Welt des Verstandes. Wir sehen das Leben mehr so, wie wir *glauben*, daß es ist, statt so, wie es tatsächlich ist. Statt auf die Terrasse zu treten, um die Luft zu spüren, stellen wir den Radio- oder Fernsehapparat an, um zu erfahren, wie kalt oder warm es draußen ist. Ich fand Grüne Minze im Wald, und mein erster Gedanke war: »Toll! Das riecht genau wie Kaugummi!« Wir fragen: »Wieviel Uhr ist es?«, um festzustellen, ob wir jetzt essen sollen oder nicht, anstatt unseren Magen zu fragen, ob er hungrig ist. Wir ersinnen und diskutieren ausgeklügelte Psychotherapiesysteme, und doch unterlassen wir es, unseren Kindern ein Lächeln oder eine Umarmung zu schenken, wenn sie das brauchen. Fritz Perls sagte, daß wahre Psychotherapie darin besteht, »den Intellekt zu verlieren und zu den Sinnen zu kommen«. Wir erleben uns als geistige Wesen, und die Welt der Vorstellungen ist für uns ein allzu bequemer Ort geworden.

Wir sind vielleicht in diese Dimension eingetreten, um zu lernen, wie man sie meistert. Als Bewußtseinsforscher müssen wir lernen, den Geist, der unser Schicksal schafft – *unseren eigenen Geist* –, durch Erkenntnis zu besiegen. Die Grundsätze hierfür sind wie Werkzeuge vor uns ausgebreitet worden, und es ist unsere Aufgabe, sie zu nehmen und weise und redlich einzusetzen. Man sagt, daß frühere Zivilisationen, z.B. Atlantis, die Geheimnisse des Geistes entschlüsselt hatten und dazu übergegangen waren, sie zu mißbrauchen, was zu ihrem Untergang geführt hat. Es wird außerdem gesagt, daß wir wieder einmal den Punkt erreicht haben, an dem wir uns oder unsere Zivilisation befreien oder zerstören können, indem wir die Kräfte unseres Geistes gebrauchen. Es ist eine verantwortungsschwere Entscheidung, eine an der wir alle Anteil haben und der wir nicht auf die leichte Schulter nehmen dürfen.

Wir können die Kraft des Geistes, die wir alle besitzen, genausowenig leugnen, wie die Kraft eines rasenden Autos, an dessen Steuer wir sitzen und bei dem wir die Macht haben, es zu steuern, aber nicht, es anzuhalten. Unsere Gedanken erschaffen oder ziehen ständig »die Welt des nächsten Augenblicks« an. Wir haben zwar nicht die Wahl, *ob* wir erschaffen oder nicht, aber wir können uns immer aussuchen, *was* wir erschaffen wollen.

Wenn wir die Kraft der Anziehung zähmen, öffnet sich die Türe zu dem, was einige als das »Geheimnis« des Lebens bezeichnen, obwohl nichts daran verborgen ist. *Wir können unser Leben einfach dadurch ändern, daß wir unsere Denkweise ändern*! Wir müssen nicht die beschwerliche und unmögliche Mühe auf uns nehmen, darum zu kämpfen, und uns abquälen, die Bedingungen unseres Lebens zu manipulieren. Wir müssen damit anfangen, auf neue und produktive Weise zu denken, und die äußeren Umstände werden – müssen – unsere Denkweise widerspiegeln. Das Prinzip scheint verborgen oder geheim, weil die meisten Menschen nicht daran glauben, daß Gedanken wirklich sind oder daß das, was wir denken, eine Wirkung auf die Art, wie unser Leben funktioniert, hat. Wenn die Menschen wirklich an die Kraft der Gedanken glauben würden, wäre unsere Welt ein Bild der Harmonie und Vollkommenheit. Sie wäre ein Bildnis Gottes.

Die Wahl liegt in unserer Hand, so war es schon immer. Wir mögen zögern, unsere Kraft anzunehmen, denn wir haben gelernt, daran zu glauben, daß es da draußen eine Welt gibt, die größer und mächtiger ist als das, was wir sind. Doch die Ironie dieser Sichtweise ist die, daß die Welt »dort draußen« das *ist*, was wir sind.

Richte deine Gedanken auf die Wahrheit aus, und alles, was wahr ist, wird von dir angezogen werden. Glaube an Illusion, und dein Leben wird von Erfahrungen getrübt sein, die Gesetzlosigkeit bestätigen, und zwar nur deshalb, weil du dich geweigert hast, deinen ursprünglichen Gedanken als wirklich zu erkennen. Das Leben blüht für jene auf, die in ihren Erfahrungen Blumen sehen. Wir haben die Freiheit, das Leben unserer Wahl anzuziehen. Alles, was wir sehen, ist in der Tat die Folge von gewählten Gedanken.

»Macht euer Leben zu einer Opfergabe, Kinder. Es liegt in eurer Fähigkeit, euer eigenes Schicksal festzulegen. Wir wünschen, daß ihr es dem höchsten Guten widmet. Wie tiefgründig und durchdringend sind doch eure stillsten Gedanken. Wenn ihr ihr Ausmaß erkennt, gebt ihr jegliche Vorstellung von Trägheit auf.

Jene, denen ein Augenblick lang die Vision von der inneren Mechanik des Intellekts gezeigt worden ist, tragen eine große Verantwortung, eine größere als ihr im Augenblick verstehen könnt. Die Entwicklung und das Schicksal aller liegt in eurer Hand. Geliebte, wählt weise. Die Konsequenzen eurer Wahl werden euch jetzt immer schneller bekanntgegeben. Die Schöpfungsenergien vermehren sich, während sie von einem Ort in der Nähe des Zentrums hochgeholt werden. Die Erforschung der Verwicklungen des Geistes ist tatsächlich eine der letzten Lehren auf der Erde. Ihr müßt euren liebsten Prinzipien treu bleiben, während ihr die Energien, über die ihr verfügt, handhabt. Dies ist die allergrößte Prüfung. Es war schließlich die einzige Prüfung von Jesus Christus nach Seiner Taufe. Er wurde nicht wegen Seiner Selbst herausgefordert, denn Er war schon erlöst. Er demonstrierte die Machtlosigkeit der Illusion für alle anderen. Ihr müßt euch nur daran erinnern, daß das, was erlöst ist, nie gebunden sein kann.

Wir bitten euch, der Welt Licht zu schenken, während ihr in ihr lebt. Diejenigen, die der Menschheit auf diese Weise dienen, sind tatsächlich stark und gesegnet. Ein transformiertes Leben ist wertvoller als ein Leben, vor dem ihr flüchtet. Was auch immer euer Weg sein mag, macht das Beste daraus.

Die Wahrheit, die euch Leben gibt, ist überall. Macht keine Unterschiede zwischen den verschiedenen Graden der Wahrheit. Alles ist Wahrheit.«

Spiegelbilder

Waffen werden dir in dieser Höhle nicht dienen, Luke ...
Du wirst nur das, was du mitbringst, vorfinden.

YODA

Ich träumte eines Nachts von Sascha, einer Hündin, die ich einmal kannte. Sascha winselte in diesem Traum um Aufmerksamkeit, und sie winselte einfach weiter, ganz gleich was ich tat, bis ich sehr ärgerlich wurde. Ich fing an, die Stimme zu erheben und ihr zu befehlen, still zu sein. Sie machte weiter, und ich wurde immer wütender, bis ich im Traum auf sie einschlug. Ich wachte auf, war völlig aufgebracht und stellte fest, daß das Winseln, das ich bekämpft hatte, von meinem eigenen Schnaufen im Schlaf stammte, denn meine Nase war verstopft.

Obwohl die Geschichte komisch ist, war sie mir eine wertvolle Lehre. Sie symbolisiert das, was von allen großen Weisheitslehrern durch alle Zeitalter hindurch gelehrt worden ist: Das gesamte Leben ist Eins. Alles, was wir sehen, ist unser eigenes Selbst – die Erfahrung der Getrenntheit ist ein Traum.

Jesus lehrte: »Du sollst deinen Nächsten lieben wie dich selbst« und »Alles, was ihr wollt, daß euch die Leute tun sollen, das tut ihnen auch!« Er lehrte dies, weil dein Nachbar dein Selbst *ist*, und wenn wir mit anderen umgehen, *gehen* wir mit uns selbst *um*.

Es gibt niemanden da draußen. Alles, was wir sehen, sind Spiegelbilder unseres eigenen Selbstes. Wenn wir reden, reden wir mit unserem Selbst. Wenn wir kämpfen, kämpfen wir mit unserem Selbst. Wenn wir lieben, schenken wir unserem Selbst Liebe. Es gibt nur ein Wesen im ganzen Universum, und das sind wir.

Ich reiste vor mehreren Jahren mit einer Freundin quer durchs Land. Auf dieser Reise verbrachten wir viel Zeit mit Zanken. Wir wuchsen dadurch ungemein, doch damals spielten wir einen geistigen »Krieg der Sterne«. Wir kamen nach Wyoming, in ein Gebiet, das eine große Wüste ist. Wenn du je da warst, weißt du, daß du stundenlang Hunderte von Kilometern weit reisen kannst, ohne einen Menschen oder sonst etwas Lebendiges, Grünes zu sehen. Es ist trostlos.

Wir kamen schließlich zu einem öffentlichen Campingplatz, der so abgelegen war, daß es nicht einmal einen Ranger gab, um die Übernachtungsgebühren entgegenzunehmen. Es gab nur eine alte, verwitterte Schachtel mit ein paar Anmeldekarten, einen Bleistift und einen Schlitz für das Geld. Alles baute auf Vertrauen auf, weil dieser Platz so weit ab vom Schuß war. Wir wanderten dorthin, wo der See sein sollte, doch er war eingetrocknet. Dieser Ort war wirklich wie ein anderer Planet.

Es gab wenigstens etwas lebendige Vegetation, so daß wir beschlossen, unser Zelt aufzubauen und die Nacht hier zu verbringen. Wir hatten es uns gerade bequem gemacht, als wir von der anderen Seite des Hügels eine laute, kreischende Stimme vernahmen, die uns aufspringen ließ. Sie schrie: »Wie kannst du es wagen, mir das anzutun? Ich wünschte, ich hätte dich nie kennengelernt! ...« Eine andere, genauso aufgebrachte Stimme erwiderte schreiend: »Was heißt hier ›mir‹?! *Du* bist es, die ...!« Ich schlich mich heimlich um die Kurve und entdeckte einen Mann und eine Frau, die tranken und die lauteste, ordinärste Auseinandersetzung hatten, die ich je gehört habe. Mitten im Niemandsland: Kein Wasser. Kein Ranger. Nur wir und sie. Nur wir.

Alles, was wir sehen, ist nichts weiter als ein Spiegelbild unseres eigenen Selbstes. Meine Freundin und ich hatten durch unser Gezanke jenes Paar angezogen. Wir hatten jenes Paar erschaffen. Wir verdienten jenes Paar. Wir *waren* jenes Paar.

Diese Lektion in der Wüste lehrte mich eine kraftvolle Methode, um Kritik und Ärger, die ich anderen gegenüber spüre, kurzzuschließen. Wenn ich mich über das Verhalten eines anderen Menschen ärgere, frage ich mich: »Tu ich dasselbe?« Wenn ich sehr ehrlich bin, ist die Antwort meistens: »Ja.« Meistens ist die Eigenschaft, auf die wir bei jemand anders reagieren, etwas in uns selbst, das wir nicht annehmen. Wenn du eine Aufstellung der negativen und positiven Eigenschaften einer Person, die du nicht magst, machst, wirst du wahrscheinlich eine anfallend große Anzahl von Ähnlichkeiten zwischen euch beiden feststellen. Das erfordert eine große Portion Ehrlichkeit, aber wenn du es mit einer hohen Motivation machen kannst, wirst du dadurch enorm wachsen.

Das wirft folgende Frage auf: »Menschen haben doch Fehler. Soll ich mich denn gegenüber den Mängeln der anderen blind stellen?« Nein, das wäre töricht. Wenn man glauben würde, daß alles, was jemand macht, gut ist, wäre dies ein unverantwortlicher Mißbrauch unseres göttlichen Geschenks der Unterscheidung. Die Erde ist tatsächlich eine Schule, um zu lernen, was man tun und was man *nicht* tun soll.

Der Schlüssel zum Wissen über das, was uns gehört, und das, was den anderen gehört, liegt im Verständnis des Unterschieds zwischen *Beobachtung* und *Reaktion.* Ich mag feststellen, daß ein Zimmer unordentlich ist, daß ein Wort falsch geschrieben ist oder daß jemand die schlechte Angewohnheit hat, andere beim Reden zu unterbrechen. Wenn ich das klar sehen kann, *ohne daß es mich emotional belastet*, setze ich das sehr notwendige Unterscheidungsvermögen ein. Eine derartige Beobachtung ist wahrscheinlich sowohl zu meinem als auch zum Nutzen des Handelnden. Wenn ich mich jedoch *aufrege*, wenn ich sehe, daß die Person etwas tut, was ich nicht mag, und die innere Ruhe verliere, dann *reagiere* ich darauf, und es handelt sich höchstwahrscheinlich um eine Eigenschaft in *mir*, die ich nicht annehmen will. Diese Methode erfordert äußerste Ehrlichkeit und, um daraus Nutzen zu ziehen, muß unser Wunsch nach Wachstum größer sein als unser Wunsch, recht zu haben, oder an Urteilen und Meinungen festzuhalten.

Carl Gustav Jung sprach vom »Schatten«. Wir projizieren auf jemand anders das, was wir an uns selbst nicht sehen wollen. Wir müssen uns mit unserem Nichtannehmen einer Eigenschaft auseinanderzusetzen. Es muß an die Oberfläche gebracht werden, da der Sinn unseres Lebens darin liegt, das Unbewußte bewußt zu machen und uns dahin zu entwickeln, daß wir alles lieben. Wenn wir uns aufgrund unseres Ego davor sperren, die unerwünschte Eigenschaft in uns selbst zu sehen, projizieren wir sie auf jemand anders, und wir identifizieren uns mit der gegenteiligen Eigenschaft, die wir für »gut« halten oder annehmen können. Doch Ziel des Spiels ist es, Gedanken der Trennung dadurch zu vernichten, daß wir sie ans Licht bringen. Sobald wir uns vom anderen abtrennen und sagen: »*Ich* bin dies, und *du* bist das«, »*Ich* bin ordentlich, und *du* bist unordentlich «, haben wir eine Trennungslüge erschaffen, denn wir alle sind *alles*.

Man wird seinen Schatten los, indem man ihn sich zugesteht oder das, was man bei einem anderen nicht mag oder nicht annehmen will, als Teil von sich selbst annimmt. Wenn wir erst einmal erkennen, daß wir nicht auf jemand anders reagieren, sondern in Wirklichkeit nur auf uns selbst, löst sich der Konflikt in der Beziehung sofort auf, denn wir befreien die andere Person von der Last unserer Projektion. Wir müssen dann nicht die Welt der anderen verändern, um unserem Bild von dem, wie sie sein sollten, Genüge zu tun. Dann müssen wir lediglich uns selbst verändern, was viel einfacher ist, als die anderen oder die ganze Welt umzuformen. Wir können die Welt tatsächlich nicht verbessern, solange wir uns selbst nicht verbessert haben.

Wenn wir dieses Prinzip verstehen, wird klar, warum viele soziale Gruppen und Bewegungen scheitern. Aktionen oder Kampagnen, die mit einer selbstgerechten Haltung durchgeführt werden, haben wenig Macht, wirkliche und positive Veränderungen zu bewirken, denn jene, die sie ausführen, reagieren nur auf einen Aspekt von sich selbst in der Form eines äußeren Schattens. Im Gegensatz hierzu haben jene, die ein Problem in der Gesellschaft sehen und gegen das Böse und die Ungerechtigkeit kämpfen, während sie gleichzeitig die Menschen, die Teil des Problems sind, lieben und respektieren können, viel eher die Möglichkeit, eine wirkliche und anhaltende Veränderung herbeizuführen, als diejenigen, die das Problem in »denen dort« sehen. Jedesmal wenn es ein »wir« und ein »die« gibt, wenn es die »Guten« und die »Schlechten«, einen » Kriminellen« und ein »Opfer« gibt, geht es um den Schatten. Ein extremes Beispiel für die Erschaffung eines Schattens ist Hitler, der die Ängste, Schuldgefühle und den Zorn einer ganzen Kultur nahm und sie *en masse* als riesigen Schatten auf eine ganze Rasse projizierte, und zwar in dem Glauben, daß er eine Nation durch die Ausrottung eines Volkes reinigen könnte.

Wir müssen jedoch aufpassen, daß wir nicht unsere Ängste vor dem Bösen in uns verleugnen und sie auf Hitler projizieren. So schwierig es auch erscheinen mag, wenn wir Hitler nicht lieben können, machen wir uns desselben Hasses und der Nichtannahme dessen schuldig, wofür wir ihn schuldig sprechen. Das Prinzip des »Schattens« kann interessanterweise sogar im Bereich des »Guten« Trennung schaffen. Wenn du dazu neigst, einen Guru, Lehrer oder Meister anzubeten, zu vergöttern oder dich vor ihm niederzuwerfen, hast du eine Art »weißen Schatten« erschaffen, der auch ausgesöhnt werden muß. Du hast es in einem solchen Fall abgelehnt, in dir selbst eine gute Eigenschaft – wie Weisheit, Liebe oder Güte – anzuerkennen. Indem du diese durch deine Überzeugung, daß er oder sie sie besitzt und du sie nicht besitzt, auf deinen Guru projizierst, erschaffst du eine weitere Trennung – eben weil du verleugnest, daß Weisheit, Liebe und Güte in dir selbst sind. Alle wirklichen Lehrer der Weisheit erinnern ihre Schüler daran, daß alles, was sie im Lehrer suchen, schon in ihnen selbst ist. Ich schrieb einem Lehrer einst einen hingebungsvollen Brief, in dem ich ihm erzählte, daß ich nichts anderes tun wollte, als in seiner Gegenwart zu sein. Er schrieb mir nur eine kurze Antwort zurück, die so anfing: »Keine Groupies ... keine Schüler ...« Das war das Gütigste, was er mir antun konnte, denn er erlaubte mir dadurch nicht den Luxus, mich von meiner eigenen Göttlichkeit abzutrennen und sie auf ihn zu projizieren.

Die gesamte Lektion über Spiegelbilder könnte vielleicht in einer einzigen Erfahrung zusammengefaßt werden, die ich bei einem Besuch in einem Landhaus machte. In diesem Haus gab es einen süßen kleinen, weißen Enterich als Haustier, der den ganzen Tag vor der Tür saß und immer quakte, wenn jemand vorbeikam. Ich saß eines Morgens auf der Terrasse und beobachtete, wie mehrere Leute auf die Ente reagierten, als sie ins Haus gingen. Eine Frau, eine professionelle Sängerin, begrüßte ihn mit: »Ja, Pete! Wie schön von dir, daß du mir ein Morgenlied singst!« Fünf Minuten später kam ein übergewichtiger Mann vorbei und schalt ihn: »Ach, Pete! Und schon wieder quakst du um Essen!« Und gleich danach tauchte ein ziemlich intellektueller Typ auf, der Petes Quaken folgendermaßen erwiderte: »Immer Fragen, Pete, immer

Fragen ... Wir sollten dir vielleicht eine andere Ente besorgen, damit sie dir Antworten geben kann.« Und so weiter. Pete quakte in der Zwischenzeit einfach weiter.

Ich denke da auch an die Geschichte von Narziß, der das Bewußtsein von sich selbst verlor, als ihn seine eigenen Spiegelbilder in einem Teich ganz gefangennahmen. Während wir diese Geschichte gewöhnlich für eine Lehre in Sachen »Eitelheit« halten, hat sie doch viel tiefere Implikationen. Wenn wir in anderen tatsächlich nur uns selbst sehen, dann sind wir – wie Narziß – von unseren eigenen Spiegelbildern verzaubert worden. Wir können diesen Bann nur brechen, indem wir anfangen, uns selbst zu sehen und nicht unsere Widerspiegelungen. Der Traum ist vorbei, wenn wir erkennen, daß wir selbst alle Schauspieler in diesem Theaterstück sind.

»Ihr Göttlichen, hört auf mit eurer ständigen Falschidentifikation mit den Formen, die ihr in eurem eigenen Geist geschaffen habt. Kehrt zurück zu eurer wahren Heimat in eurem Selbst. Alles, was ihr außerhalb von euch seht, ist ein Traum. Es gibt in Wahrheit keine Trennung, außer der, die ihr durch eure Weigerung, eure eigene Ganzheit anzunehmen, geschaffen habt. Schatten können nur bestehen, wenn ihr dem Licht den Rücken kehrt.

Zerstört mutig alles, was ihr außerhalb von euch geschaffen habt. Hört auf, das zu bekämpfen, was ihr nicht annehmen wollt. Werft euch vor keinem Menschen nieder, nur vor Gott, der jetzt in euch weilt.

Liebt die Göttlichkeit in allem, und ihr befreit euch von der Sklaverei der künstlichen Unterschiede. Seht die Vollkommenheit in dem Unvollkommenen, und ihr nehmt das wahre Wesen eurer Brüder und Schwestern und von euch selbst wahr. Diejenigen, die die Wahrheit lehren, können dies nur tun, weil sie die Wahrheit sehen. Jene, die Trennung lehren, sehen Trennungen, wo keine existieren.

Strebt danach, euer Selbst zu behalten. Seid hartnäckig bei eurer Suche nach dem, was euch gehört, und im Unterscheiden zwischen eurem Wahren Selbst und dem Selbst, das euch anerzogen worden ist. Wir können euch folgendes mit Sicherheit sagen: Das, was euch gehört, kann euch nie genommen werden, und das, was euch nicht gehört, kann euch nie gehört haben. Erkennt diesen Unterschied – der einzig wahre Unterschied – und ihr befreit euch von der Tyrannei der Spiegelungen.«

Sind das meine Gedanken?

Mein Mitbewohner Bill hatte sich gerade verlobt und war überglücklich. In dieser Zeit kam ich eines Tages nach Hause und fühlte mich etwas düster und deprimiert. Meine Energien wirkten getrübt, und ich verstand den Grund dafür nicht. Bill bat mich, ihn mit dem Auto in die Schule mitzunehmen. Während wir so dahinfuhren, spürte ich eine merkwürdige Lethargie in mir. In dem Moment, als er aus dem Auto ausstieg, fühlte ich mich heiter, leicht und frei. Es war, als wäre eine Rauchwolke aus dem Fenster geflogen. Ich vermutete, daß meine Niedergeschlagenheit nichts mit mir zu tun hatte, sondern daß ich einige negative Gedanken und Gefühle von ihm aufgeschnappt und mir angeeignet hatte. Ich spreche nicht von meiner Beziehung zu ihm, denn wir verstanden uns sehr gut. Ich vermutete, daß ich mich auf irgendeine Störung in ihm einstimmte. Ich konnte es jedoch nicht begreifen, weil er so überglücklich gewesen war, sich zu verloben.

Als ich an jenem Abend nach Hause kam, erhielt ich die Antwort: Ein anderer Mitbewohner erzählte mir, daß Bills Verlobung geplatzt war. Das war die Erklärung. Bill hatte nichts zu mir gesagt, aber er war niedergeschlagen. Ich hatte mich nicht darauf eingestellt, von ihm Negativität zu spüren, und da ich offen blieb, nahm ich an, daß die Gedanken, die er ausstrahlte, meine eigenen waren.

Gedanken sind ansteckend. Wir können beizeiten, wie in diesem Fall, Gedanken (und die Gefühle, die damit verbunden sind) von anderen Menschen spüren, und wenn wir nicht aufpassen, glauben, daß das unsere Gedanken sind. Wir alle erzeugen ständig eine ungeheure Menge von Gedanken und Gefühlen. Wenn wir stark, klar und effektiv bleiben wollen, müssen wir die Gedankenenergie verstehen und meistern lernen.

Es wurden in letzter Zeit viele wissenschaftliche Forschungen betrieben, um die Wirklichkeit der Gedanken- und Gefühlsübertragung zu beweisen. In Peter Tompkins und Christopher Birds Buch »Das geheime Leben der Pflanzen«*, wird von Experimenten berichtet, bei denen ein Mann die Reaktionen seiner Pflanzen auf seine Gedanken maß. Er stellte fest, daß die Pflanzen, denen er liebevolle und positive Gedanken sandte, viel besser wuchsen als diejenigen, denen er keine oder negative Gedanken sandte. Es ist auch bewiesen worden, daß Gedanken nicht abhängig sind von physischer Entfernung. In einer dokumentierten Studie schickte eine Frau in Georgia Gedanken zu einer vorher festgelegten Zeit an die Keimlinge, die 600 Meilen entfernt in Baltimore waren. Am nächsten Morgen waren die Pflanzen 84 Prozent schneller gewachsen als eine Kontrollgruppe*. Seitdem ich von dieser Studie gelesen habe, spreche ich mit meinen Pflanzen, die jetzt doppelt so gesund sind wie früher.

Bei einem anderen Experiment (einem grausamen, das ich zwar bedaure, von dem wir jedoch lernen können) wurden Hasenjunge mit einem U-Boot in eine Tiefe gebracht, in die Radiowellen nicht dringen können. Ihre Mutter blieb an Land und wurde von einem elektronischen Sensor überwacht. Die kleinen Häschen wurden einzeln getötet. Jedesmal wenn ein Häschen starb, wurde eine starke Reaktion bei der Mutter registriert. Selbst auf der Ebene der Tiere sind wir alle auf den Universellen Geist eingestimmt, der aus Gedanken besteht, die sehr wirklich sind.

Ich besuchte vor kurzem einen Vortrag, bei dem ein hochrangiger Physiker vom Weltraumprogramm der NASA die neue wissenschaftliche Entdeckung beschrieb: sehr feine Teilchen, die wir alle aussenden. Diese Partikel schwingen in Übereinstimmung mit den Gedanken und Gefühlen, die wir erzeugen. Mit anderen Worten: Wir senden ständig etwas von unserer Erfahrung aus, und wir »bombardieren« die Menschen um uns herum mit diesen winzigen, aber kraftvollen Teilchen. Wir sind, im Grunde genommen, immer in einer großen »Suppe«, die sich aus den Gedanken und Gefühlen der Menschen zusammensetzt, die den Raum, in dem wir uns gerade befinden, teilen. Wir vermischen, verschmelzen und

---

* Peter Tompkins und Christopher Bird: *Das geheime Leben der Pflanzen.* Fischer Tb, Frankfurt/Main 1977.

vereinen uns ständig mit ihnen. Die Menschen um uns herum nehmen einige unserer Teilchen auf, während wir ihre aufnehmen.

Mystiker und Yogis wissen und lehren dies seit Jahrtausenden. Hilda erzählte uns eines Abends: »Keiner von euch wird diesen Raum heute abend genauso verlassen, wie er oder sie ihn betreten hat. Indem wir einfach beisammensitzen, nehmen wir die Energien voneinander auf. Unsere Auren neigen dazu, zu verschmelzen. Ich werde ein bißchen von euch mit nach Hause nehmen, und ihr werdet ein bißchen von mir mit nach Hause nehmen.«

Die Übereinstimmung von Hildas Belehrungen mit dem, was der Wissenschaftler der NASA vortrug, erinnerte mich an ein Zitat, das ich vor nicht allzu langer Zeit gehört habe: »Wenn die Astronomen endlich auf dem Berggipfel angekommen sind, werden sie die Theologen dort antreffen, die herzlich lachend auf sie warten.«

»Sympathische Schwingungen« sind uns auf der physischen Ebene nicht unbekannt. Ich hatte einmal zwei Hündinnen, die zu verschiedenen Zeiten läufig wurden, bevor sie zusammenlebten. Als sie in dasselbe Haus einzogen, fingen sie an, genau zur selben Zeit läufig zu werden. Ich habe gehört, daß Frauen, die zusammenleben, und Mütter und Töchter oft gleichzeitig menstruieren.

Während wir das, was aus der Übertragung von Gedanken und Gefühlen gefolgert werden kann, verstehen lernen, können wir die Prinzipien zu unserem Vorteil nutzen. Bis zu diesem Zeitpunkt mögen wir uns wie ein Blatt im Winde fühlen, das den zügellosen Energien jener um uns ausgeliefert ist.

Es gibt drei Wege, wie wir unser Wissen, wie Gedanken funktionieren, einsetzen können:

1. *Versuche mit positiven Menschen, die deine Ideale teilen, zusammenzusein. Begib dich in ein Umfeld, das dein spirituelles Wachstum unterstützt.*
2. *Bleibe ruhig und klar in deiner Mitte, wenn du von negativen Gedanken und Gefühlen umgeben bist. Gehe keinen Kompromiß ein, was dein Bewußtsein von Gottes Vollkommener Gegenwart betrifft.*

3. *Erzeuge positive und liebevolle Gedanken und Gefühle, so daß du die Erfahrungen derjenigen um dich herum erhöhst, statt sie zu schmälern.*

Alle großen, spirituellen Lehren und Religionen haben dem große Bedeutung beigemessen, daß man sich in »guter« Gesellschaft aufhalten soll. Man sagt uns, daß wir Zeit in guter Gesellschaft verbringen sollen oder den *satsang* (die Gesellschaft der Wahrheit: diejenigen, die sich dem göttlichen Denken und Leben widmen) suchen sollen.

Es gibt viel über das Verweilen in guter Gesellschaft zu sagen. Wir geben und erhalten dadurch Unterstützung, um unsere höchsten Ziele zu erreichen und um angesichts des Unglücks stark zu bleiben. So können wir unsere spirituellen Batterien aufladen. Dies ist der wahre Sinn von Gemeinschaft. Swami Kriyananda sagte: »Wenn du nur ein oder zwei spirituelle Freunde hast, mit denen du deine höchsten Ziele teilst, solltest du dich reich gesegnet fühlen.«

In den letzten Jahren sind viele spirituelle Gemeinschaften entstanden. Sie sind wie Leuchttürme in einer dunklen Welt. Wenn du Kontakt mit spirituellorientierten Menschen hast, ganz gleich, ob du in einer nach außen hin sichtbaren Gemeinschaft lebst oder nicht, kannst du dich sehr glücklich schätzen. Ich bedanke mich täglich bei Gott für die Freunde, die Sie mir geschickt hat, denn ich bekomme wahrlich viel von ihnen. Ich traf eine Frau, die aus Jugoslawien stammt, einem Land, wo sie weder Gott verehren, noch sich mit anderen zu diesem Zweck treffen durfte. Sie besuchte eine von Hildas Gruppen und sog alles mit einer viel größeren Dankbarkeit auf als die »regelmäßigen« Schüler, die die Erfahrung manchmal als selbstverständlich hinnehmen. Vielleicht ist es diese Art von Begeisterung und Dankbarkeit, die wir benötigen, um unsere spirituellen Ziele zu verwirklichen.

Wenn du genug Glück hast, um in der Gegenwart eines wirklich spirituellen Meisters – eines Meisters, der in Wahrheit und Liebe lebt – sitzen zu dürfen, hast du wirklich Glück. Ein solcher Lehrer kann dir die Gnade zuteil werden lassen, die Hindernisse entfernt, Leid verringert und dir eine ganze Menge Zeit – ja sogar ganze Leben – auf deinem Weg erspart. Schätze jede Gelegenheit, die du erhältst, um mit einem wahren Lehrer oder mit einer Gruppe, die sich im Namen Gottes trifft, zusammenzusein.

Wenn du, wie es uns allen einmal geschieht, gefordert bist, mit Menschen zusammenzusein oder in einer Umgebung zu sein, wo negative Energie – Zorn, Angst, unbeherrschte Gefühle oder Worte – erzeugt werden, so mußt du lernen an der Gegenwart Gottes festzuhalten und ihr zu vertrauen, selbst (und ganz besonders) angesichts von bösen Gedanken, Worten oder Information. Du kannst das tun, indem du regelmäßig meditierst, positives Denken kultivierst, eine strahlende Lichtaura oder positive Energie um dich herum visualisierst und spürst und indem du Worte und Handlungen, die *in ihrer Art* eine Reaktion auf Negativität sind, kontrollierst. Es ist von äußerster Wichtigkeit, daß man sich nicht mit den turbulenten Gefühlen, die jemand anders erfährt, identifiziert oder sich darauf einstimmt, weil man sonst selbst in diesen gestörten Bewußtseinszustand gerät, aus dem man sich (genauso wie die anderen) herausziehen muß.

Will man jemandem helfen, der von Sorgen, Angst oder Depressionen geplagt wird, muß man den inneren Frieden bewahren. Das ist der wirksamste Zustand, aus dem heraus man wirklich fähig sein wird, jenen Menschen zu dienen. Ein Freund ist Psychologe in einer psychiatrischen Klinik. Als Berufsanfänger war er ganz durcheinander: Er übernahm die Probleme vieler seiner Patienten. Er steuerte auf einen »Burnout« zu. Erst als er die Fähigkeit entwickelte, sich von dem Leben seiner Patienten emotionell zu lösen, konnte er ihnen wirklich nützlich sein. Viele andere Menschen, die im psychotherapeutischen Bereich tätig sind, haben mir erzählt, daß sie dieselbe Erfahrung gemacht haben.

Ich möchte mit euch mehrere Fälle teilen, die dieses Prinzip veranschaulichen. Ein Bekannter hat sein Leben dem selbstlosen Dienst an Menschen, die in den Ghettos von New York leben, gewidmet. Er besorgt Essen und Kleidung für sie, organisiert Veranstaltungen für Kinder und tut alles, was in seiner Macht steht, um ihnen in allen möglichen schwierigen Situationen beizustehen. Er arbeitet mit vielen Alkoholikern, Drogensüchtigen und anderen

Menschen, deren Leben voller Leid ist. Er erklärte Hilda einmal folgendes: »Neulich kam ich spät nachts nach Hause und fing an, vor dem Schlafengehen zu meditieren. Ich fühlte mich schrecklich – so, als hülle mich irgendeine negative Kraft ganz ein. Ich mußte mich beim Meditieren und Beten ungeheuer anstrengen, um sie loszuwerden. Schließlich fand ich meine Klarheit wieder, aber ich verstehe nicht, was geschehen ist.«

Hilda erklärte: »Weißt du, du arbeitest in ziemlich schwierigen Milieus. Du bist ziemlich bedrückenden Schwingungen ausgesetzt. Wenn du den ganzen Tag gearbeitet hast und dich dann müde fühlst, kann es sein, daß sich deine Aura etwas ›abgenutzt‹ hat, da du einigen ›Müll‹ (negative Gedanken oder gewalttätige Gefühle) von denen, mit denen du arbeitest, aufgenommen hast. Du müßtest dich vielleicht von der aufgenommenen Negativität reinigen. Setz deine Arbeit fort, aber stelle sicher, daß du genügend Schlaf bekommst und dich nicht überarbeitest.«

Eine Freundin war mehrere Tage krank. Sie fühlte sich einsam und zurückgestoßen, obwohl sie den Grund dafür nicht verstand. Ihr Sohn kam auf sie zu und vertraute ihr an, daß er sich von seinen Altersgenossen abgelehnt fühle und das Gefühl habe, keine Freunde zu haben. Ihr ganzheitliches Bewußtsein war durch ihre Krankheit angeknackst worden, und sie hatte die Einsamkeitsgefühle ihres Sohnes angenommen. Sie sprach mit ihm auf liebevolle Weise darüber, und beide fühlten sich danach wohler.

Bedeutet dies, daß wir die Welt meiden oder uns in ein Kloster einschließen sollen? Natürlich nicht. Es ist meist nicht hilfreich, vor der Negativität davonzulaufen. Ich habe früher »negative Schwingungen« unbewußt als Ausrede benützt, um mich von anderen abzuwenden. Meine Vorstellung von Frieden war die, irgendwo allein zu meditieren. Diese Vorstellung erscheint mir noch immer gut, aber ich sehe jetzt auch, daß es für unser Wachstum – und unser Dienen – wertvoller ist, inmitten von Chaos Frieden zu finden als Stille in der Stille. Jesus sagte: »Laß dich nicht vom Bösen überwinden, sondern überwinde das Böse mit Gutem.« Das Licht ist immer kraftvoller als die Finsternis. Begegnet man dem Bösen mit Liebe und Positivität, flieht es wie ein Dieb in der Nacht.

Ich lernte diese wichtige Lektion, als ich mit einer Frau in einem Büro arbeitete, die viel Zeit damit verbrachte, sich am Telefon zu beklagen. Ich war einmal allein im Büro, als ihr Telefon klingelte.

Ich wollte aus Angst, ich könnte die negativen »Schwingungen« ihres Apparates »aufnehmen«, gerade einen Nebenanschluß abnehmen. Doch da kam mir der Gedanke: »Das ist ja lächerlich! Wovor fürchte ich mich eigentlich? Ich ruhe in der Wahrheit. Negative Gedanken sind ohne Bedeutung. Ich weigere mich, mich von irgend etwas einschüchtern zu lassen.« Ich benutzte also ihren Apparat, und es geschah natürlich keine Katastrophe. Was jedoch geschah, war, daß ich mir bewies, daß mein eigenes Bewußtsein von Gott immer kraftvoller ist als alles andere auf der Welt.

Weil unsere Gedanken und unsere Bewußtheit kraftvoll sind, haben wir gegenüber den Menschen, den Dingen und der Welt um uns herum eine Verantwortung. Genauso wie wir nicht möchten, daß jemand einen Mülleimer von Negativität über uns auskippt, müssen wir aufpassen, daß wir andere mit unseren Gedanken nicht stören. Ein Mann kam während eines Yoga-Retreats zu Swami Muktananda und tobte: »Swami! Swami! Ein schreckliches Unrecht ist begangen worden! Du mußt einen neuen Zimmerkameraden für mich finden. Der Mann, der in meinem Zimmer wohnen soll, raucht. Dieser rücksichtslose Dummkopf verseucht mein Zimmer mit seiner ekelhaften Gewohnheit. Du mußt diesen ignoranten Mann entfernen und ihn zurechtweisen!«

Der Swami dachte einen Augenblick nach und erwiderte: »Ja, du hast recht. Ein Unrecht ist begangen worden. Ich werde dich in ein anderes Zimmer verlegen. Aber nicht, weil er die physische Luft mit seinen Zigaretten verseucht, sondern weil *du* Gottes Luft mit deinen verurteilenden und zornigen Gedanken verpestest. Er mag seinem Körper Unrecht tun, aber du tust ihm und deiner Seele noch mehr Unrecht!«

Wir erschaffen einander ständig von neuem durch unsere Gedanken. Dies kann ein lebenswichtiger Schlüssel für die Verbesserung unserer gestörten Beziehungen sein. Beziehungen leiden, wenn wir negative Bilder voneinander haben. *Wenn du eine schwierige Beziehung in das Licht der Liebe stellen willst, solltest du dich entschließen, dein Bild von euch beiden zu verändern.* Erkenne, daß die Beziehung auf der Stelle treten wird und ihr eure negativen Erwartungen so lange ausleben werdet, bis einer von euch euch beide als göttlich sieht. Du mußt nicht darauf warten, daß der andere sich verändert. *Es liegt in deiner Macht, die Beziehung für euch beide zu verändern.* Sobald du die begrenzenden Gedanken, die du dem anderen und dir selbst gegenüber hast, losläßt, befreist du euch beide, und die Beziehung wird sich wahrscheinlich verbessern.

Ich hatte einmal einen Freund, der mich für ungeschickt hielt. Nun, ich bin nicht gerade der große Ballettänzer Nijinsky, aber ich bin auch nicht übermäßig tollpatschig. War ich jedoch in der Nähe dieses Menschen, blamierte ich mich, und er ritt dann darauf herum und kritisierte mich, und ich fühlte mich in seiner Nähe einfach unbeholfen. Ich erkannte eines Tages, daß dadurch, daß ich mich vorbehaltslos für ihn öffnete, ich mich unbewußt auf seine Gedanken über mich einstimmte und sie auslebte. (Und er spiegelte wahrscheinlich auch einige meiner unbewußten Gedanken, daß ich ungeschickt sei.) Als ich dieses ganze Muster erkannte, beschloß ich, meine innere Klarheit in seiner Gegenwart beizubehalten und zentriert und geschickt zu bleiben, ganz gleich, was er dachte oder zu mir sagte. In dem Augenblick veränderte sich die Beziehung ungemein. Ich sah, daß ich uns beiden helfen konnte, indem ich mich weigerte, begrenzende Gedanken über mich anzunehmen, ob sie nun von ihm, von mir oder von irgendwo anders herkamen. Indem ich den mir angeborenen Umstand des Inordnungseins in der Gegenwart von Gedanken von Nichtinordnungsein bejahte, lösten sich jene begrenzenden Gedanken allmählich auf, und seitdem habe ich aufgehört, mich in seiner – oder meiner – Gegenwart begrenzt zu fühlen, begrenzt zu denken oder zu handeln.

Wenn wir uns durch unsere Gedanken erschaffen, kann dies genauso gut erhebend wirken. Warum fühlen wir uns in der Gegenwart eines Menschen, der uns liebt, so wohl? Wir werden von seinen oder ihren Gedanken, daß wir schön, wunderbar und liebenswert sind, gesegnet. Wir fangen diese Gedanken auf, und da unsere Gedanken im Einklang mit den seinigen oder ihrigen schwingen, fangen wir an, uns selbst zu lieben und anzunehmen. So können wir Gedanken wirklich für uns einsetzen. *Wir können wunderbare und liebevolle Menschen um uns herum erschaffen, indem wir uns einfach auf die Eigenschaften, an denen wir uns erfreuen wollen, einstimmen.*

Ich finde, daß es äußerst wichtig ist, sich daran zu erinnern, daß, gerade weil unsere wirkliche Natur eine der Güte und der Göttlichkeit ist, *jeder* Gedanke, der konträr dazu ist, nicht unser eigener ist. Zuerst mag es so aussehen, als gehörten sie anderen Menschen, aber wenn wir erst einmal erkennen, daß wir alle Eins sind, wird es klar, daß sie auch nicht jemand anders gehören können. Wem gehören sie denn dann? Einer negierenden Kraft, die niemandem gehört, aber die durch unseren reinen Glauben an sie in unserem Bewußtsein am Leben erhalten worden ist. Sie ist wie ein altes Theaterkostüm, das immer wieder in verschiedenen Stücken auftaucht, und zwar nur weil die Schauspieler bereit sind, es anzuziehen.

Welche Gedanken *gehören* uns dann wirklich? – Die, die göttlich sind, die durch Liebe entstehen und die strahlendes Licht aussenden. Wir können nur glauben, daß die Verneinung uns gehört, wenn wir glauben, daß wir geringer als göttlich sind. Und doch sagte einer, der Seine – und Unsere – Identität kannte: »Ich bin das Licht der Welt. Wer mir nachfolgt, der wird nicht wandeln in der Finsternis, sondern wird das Licht des Lebens haben.« Und der einzige Gedanke, der zu dem Licht gehören kann, ist Licht.

»Das, was du für deine Gedanken hältst, ist lediglich das Echo der Stimme der Welt, einer Stimme, die nicht mit deiner Wahren Identität mit dem Licht zusammenhängt. Meditiere auf deine Wahre Natur, und du wirst mühelos zwischen dem, was aus Liebe besteht, und dem, was dem Irrtum zugehört, unterscheiden.

Diese Belehrung ist nur eine grundlegende Übung, dich von dem, was du für dein Eigen gehalten hast, zu trennen. Dein Wachstum zeichnet sich durch das Freisein von den Wirkungen der irregeleiteten Träumereien des Geistes aus. Verzage nicht angesichts der negativen Konsequenzen deiner vergangenen Handlungen, denn du mußt gelegentlich die Entfaltung früherer Gedankenmuster durchstehen, bevor die Früchte deiner gegenwärtigen Arbeit sichtbar werden.

Es ist von größter Wichtigkeit, daß du ein inbrünstiger Kämpfer für die positive Kraft bist. Du segnest deine Schwestern und Brüder, wenn du starke und liebevolle Gedanken für sie hegst. Wenn du das tust, dienst du sowohl der Transformation ihres als auch deines Lebens.

Sei bei deiner Arbeit friedlich, und der Frieden wird in dir ein Zuhause finden. Das, was nicht Wahrheit ist, kann dich nicht binden, denn du hast die Herrschaft über die Welt erhalten. Teile nicht die Illusion der Sterblichkeit. Höre auf damit, dich an den Besitz von Illusionen zu klammern, und die Illusionen werden aufhören, das Bild des Angebundenseins beizubehalten. Dein Name ist Freiheit.«

Der Verstand als Mörder des Wirklichen

Tatsachen, mein lieber Sancho, sind die Feinde der Wahrheit.
DON QUIXOTE VON LA MANCHA

Ein junger Wahrheitssuchender wanderte über gefährliche Bergstraßen, um einen bestimmten Lehrer zu finden, der ihm, wie man ihm gesagt hatte, Fragen beantworten konnte, die schon lange an ihm nagten. Nachdem er tagelang gesucht, ortsansässige Dorfbewohner nach Hinweisen gefragt und sich auf nicht viel mehr als seine Intuition und sein Vertrauen verlassen hatte, fand der Pilger den Gesuchten.

»Meister«, fragte der ernsthafte, junge Mann sofort, »wie kann ich wissen, was wirklich ist?«

Der Weise schwieg einige Augenblicke, jedoch nicht um nachzudenken. Dann sprach er: »Wenn du wissen willst, was wirklich ist, mußt du die Natur des Verstandes* erkennen, den du normalerweise benutzt, um dein Leben zu betrachten.«

Der Schüler war nicht zufrieden. »Aber wie kann mir diese Erkenntnis zeigen, was wirklich ist?«

»Weil«, erklärte der Lehrer, »der Verstand der Mörder des Wirklichen ist!«

Was meinte der Weise damit? Wie kann der Verstand das Wirkliche töten? Wenn etwas wirklich ist, ist es dann nicht immer unzugänglich für Gefahr? Und was ist der Verstand überhaupt? Sind Tatsachen nicht notwendig, um die Wahrheit zu entdecken?

Nein, der Verstand könnte nie auch nur ein Tüpfelchen Wahrheit beflecken. Die Wahrheit ist ewig, und sie ist in keinster Weise angreifbar. *Unsere Wahrnehmung* der Wahrheit ist jedoch verletz-

---

* Das amerikanische Wort »mind« wurde im folgenden als »Verstand«, »menschliches Denken«, »Geist« und »Intellekt« übersetzt. (Anm. d. Hrsg.)

bar, und sie wird durch das Netz der Unwissenheit, das von der listigen Spinne des rationalen Verstandes gesponnen wird, so leicht verzerrt. Um die Wahrheit zu kennen, müssen wir uns auf eine andere Quelle als die der Tatsachen berufen.

Jesus und Seine kleine Gruppe von Schülern hatten sich in die Abgeschiedenheit an einen klaren kühlenden Fluß in den Bergen zurückgezogen. Die Schüler diskutierten, wer Er sei.

Thomas sprach als erster: »Du bist Jesus. Nur dessen kann ich mir sicher sein.«

»Du bist ein großer Lehrer«, sagte Judas, »... vielleicht der Beste.«

Simon Petrus stand auf von unter dem Ast eines mächtigen Baumes und schaute dem Meister kühn in die Augen. »Du bist Christus, des lebendigen Gottes Sohn.«

»Selig bist du, Simon, Jonas Sohn«, erwiderte Jesus sofort. Er erhob sich, während Er antwortete, »Fleisch und Blut haben dir das nicht offenbart, sondern mein Vater im Himmel. Und ich sage dir auch: Du bist Petrus, und auf diesen Felsen will ich meine Gemeinde bauen.«*

Wir tragen alle Thomas und Judas und Petrus – und gewiß auch Christus – in uns. Thomas ist der übermäßig Denkende, nicht überzeugte Teil von uns, der sich weigert, an etwas zu glauben, solange nur der geringste Zweifel besteht. Der »denkende Verstand« ist nicht bereit, irgend etwas als bewiesen zu akzeptieren, denn dann würde er sich aus seinem Job herausdenken, und er liebt seine Arbeit heiß und innig. Denk mit deinem rationalen Verstand über folgendes nach: Was weißt du *ganz sicher*? Kannst du die zwei Seiten jeder Streitfrage sehen? Suchen wir die Wirklichkeit mit unserem Verstand, rauscht die gegenteilige Sichtweise in den Gerichtssaal, sobald wir nahe dran sind, etwas zu beweisen. Wir kommen nie wirklich zu einer zufriedenstellenden Lösung.

Judas ist der Verräter der Wahrheit – der Mörder des Wirklichen. Er stellt den furchtsamen Aspekt in uns dar, der Bedrohung dort sieht, wo guter Wille ist, und der einen Weg findet, Segen zu

---

* Das Zitat geht weiter wie folgt: »Und die Pforten der Hölle sollen sie nicht überwältigen.« (Anm. d. Hrsg.)

verneinen. Diese Denkweise übergibt unsere spirituelle Erfahrung dem unrechtmäßigen Gericht des rationalen Verstandes. Er glaubt, daß er Erlösung erlangen kann, indem er den Christus in uns der Beurteilung durch die Sinne ausliefert. Es ist zwar aufrichtig, doch irrt er sich.

Und Petrus? Petrus symbolisiert das unmittelbare Wissen des Herzens, den Segen der spirituellen Intuition und das ewige Wissen um das, was wirklich ist. Er steht für ein Bewußtsein von der Wahrheit, das unabhängig ist von den Urteilen und Meinungen der Menschen. Frage nun dein *Herz*: »Was ist wahr?« Du wirst die Antwort zwar nicht in Worten erhalten, aber du wirst das Ewige der Wahrheit in deiner Seele spüren. Es gibt im Verstand keine Antworten, und es gibt im Herzen keine Fragen.

An einem bestimmten Punkt unserer Evolution scheinen wir in Fragen und Zweifeln zu ertrinken. Es sieht so aus, als sei unser Bewußtsein von dem, was wirklich ist, verraten und der nie endenden Prüfung durch das weltliche Durcheinander ausgeliefert. Sogar der Gedanke mag in unserem Geist auftauchen: Es gibt keinen Gott, und wenn es einen je gegeben hat, so ist er jetzt tot. Doch vergeßt nicht, daß es noch eine Figur in unserer Geschichte gibt: Jesus, der die Wahrheit darstellt (»Ich bin der Weg und die *Wahrheit* und das Leben.«). Obwohl Er gekreuzigt wurde, ist Jesus als Christus wieder auferstanden, als letzter Beweis der Unzerstörbarkeit des Wirklichen.

Ist unsere Vision von der Wahrheit auch nur im geringsten getrübt, müssen wir herausfinden, wie der Verstand den Schleier der Unwissenheit aufrechterhält. Wir müssen lernen zu beobachten, wie Denkfehler dazu neigen, Unglück in unserem Leben zu erschaffen.

Es gibt eine berühmte Geschichte, die uns einen klaren Anhaltspunkt dafür gibt, wie Schmerz und Leid unnötig erschaffen werden: Ein Mann betritt einen dunklen Raum und nimmt die Umrisse einer giftigen Schlange, die zusammengerollt zu seinen Füßen liegt, wahr. Er erschrickt so sehr, daß er zusammenbricht und tot zu Boden sinkt. Einige Minuten später kommt ein anderer Mann in denselben Raum, dreht das Licht an und findet den ersten Mann mit einem zusammengerollten, schweren Tau zu seinen Füßen am Boden liegend vor.

In dieser Parabel gibt es keine wirkliche Bedrohung – aber die *Wahrnehmung* einer Bedrohung war stark genug, um dasselbe Ergebnis hervorzurufen wie eine wirkliche Bedrohung. Dies ist die Geschichte vom Leid in unserem Leben. Wir sehen Schlangen, wo wir ein harmloses Seil vorfinden würden, wenn wir das Licht einfach nur andrehen würden. Denk einen Augenblick darüber nach. Welche Schlangen hat es in deinem Leben gegeben, die sich schließlich als Taue erwiesen haben? Um wie viele Dinge hast du dir Sorgen gemacht, die dann nie passiert sind? Und wenn sie doch passiert sind, waren sie wirklich so schrecklich wie in deiner Vorstellung? Wahrscheinlich nicht. Ein Mann hielt tatsächlich alles fest, um was er sich Sorgen machte. Er entdeckte, daß sich von all seinen Sorgen 92 Prozent nie ereigneten und bei den 8 Prozent, die sich ereigneten, erhielt er irgendwie die Kraft und die Fähigkeit, erfolgreich damit umzugehen. Unsere Sorgen sind Papiertiger.

Ein großer Staatsmann hat einmal gesagt: »Wir haben nichts zu fürchten, nur die Furcht selbst.« Die Erfahrung der Angst ist meist schwächender als das Ereignis, das wir fürchten. (»Ein Feigling stirbt tausend Tode, ein Held nur einen.«) Angst ist immer die Folge fehlenden Bewußtseins von der Wahrheit. Wenn wir die Wahrheit kennen und fühlen, ist es nicht möglich, Angst zu haben.

Ich möchte eine meiner eigenen kleinen Schlange-und-Tau-Geschichten mit euch teilen. Ich saß eines Tages vor einem Lebensmittelladen und aß ein Stück Kuchen. In dem Moment kam ein Auto, und ich sah wie meine erste Freundin, die ich seit Jahren nicht gesehen hatte, ausstieg und in den Laden ging. Ich wurde zu meinem Erstaunen ganz unruhig. »Soll ich sie ansprechen?« fragte ich mich. »... vielleicht ist es besser, wenn ich gar nichts sage!« Ich hatte meine Gefühle ihr gegenüber noch nicht wirklich verarbeitet, und meine Gedanken und Gefühle tobten wie Schulkinder in der Pause. Mein Herz schlug heftig, und ich schlang meinen Kuchen runter. Um einen New-Age-Ausdruck zu benützen: »Ich hatte meine Mitte verloren.«

Sie kam einige Minuten später wieder aus dem Laden, und ich saß nur da und schaute zu, wie sie in ihren Wagen stieg und davonfuhr. Als das Auto um die Ecke bog, sah ich sie ein letztes Mal. Und wißt ihr was? Das war sie gar nicht! Es war nur jemand, die ihr ähnlich sah. Es war ein Tau, das ich zu einer Schlange gemacht hatte. (Und selbst wenn sie es gewesen wäre, wäre es trotzdem nur ein Tau gewesen.) In der Zwischenzeit hatte ich wertvolle Minuten meines Lebens verschwendet, indem ich nervös war, giftige Chemikalien in meinen Körper pumpte und ein Stück Kuchen, das ich hätte genießen können, nicht richtig verdaute. Ich kam mir ziemlich töricht vor, aber ich konnte wenigstens über mich lachen.

Unser Erleben neigt dazu, jeden Gedanken, an den wir glauben, zu bestätigen, selbst wenn der Gedanke nicht wahr ist. So verewigt sich die Unwissenheit selbst. Es gab eine Zeit in meinem Leben, in der ich von Hildas Gruppen Urlaub machte. Zu der Zeit wußte ich nicht, daß ich Urlaub machte. Ich dachte, ich würde aufhören zu ihren Belehrungen zu gehen. Ich begann, Dinge an Hilda und ihrer Art zu lehren zu finden, die mir mißfielen. Der rationale Verstand, der nicht fähig ist, zwei gegensätzliche Gedanken gleichzeitig zu denken, mußte sie »ins Unrecht« setzen, damit ich recht haben konnte. Es war wirklich verrückt.

Ich ging eines Abends wieder zu einer ihrer Gruppen und stellte fest, daß ihr Stuhl auf eine kleine Plattform gestellt worden war, damit sie alle Menschen in ihrer Gruppe sehen konnte. Mein Verstand dachte: »Schau dir diesen Guru-Trip an. Die muß vielleicht ein großes Ego haben, um sich so auf die Bühne setzen zu lassen!« Ich saß den ganzen Abend gelangweilt da und schaute in diesen drei Stunden öfter auf die Uhr als in all den Jahren, seit ich bei ihr war. Jetzt scheint es einfach lächerlich, denn Hildas Absicht mit dem Podest und dem Stuhl entsprangen der reinsten Bescheidenheit, wie ich später erkannte. Doch mein Kopf mußte meinen Standpunkt, nicht zu den Gruppentreffen zu gehen, aufrechterhalten. Ich brauchte einen Grund für das, was ich tat. Also erschuf ich den Guru-Trip, Egos und Langeweile, wo keines davon existierte. In der Zwischenzeit verpaßte ich eine ausgezeichnete Belehrung. Ich lernte aber eine wichtige Lektion bezüglich der Unzulänglichkeit des Verstandes als Richter: Wahrlich, der Intellekt ist der Mörder unseres *Bewußtseins* vom Wirklichen.

Es ist auch wahr, daß ein bißchen Wissen schlimmer sein kann als überhaupt keines. Etwa zur gleichen Zeit besuchten zwei Leute die Heilsitzungen von Hildas Gruppen, um vom grünen Star geheilt zu werden. Wir beteten mit der gleichen Hingabe für beide. Die eine wurde geheilt und der andere nicht. Die eine, die geheilt wurde, war eine einfache (eher ungebildete) Frau. Der Mann, der nicht geheilt wurde, war ironischerweise Optiker von Beruf. »Wißt ihr, warum die Frau geheilt wurde und der Optiker nicht?« fragte uns Hilda eines Abends. »Weil«, erklärte uns Hilda, »sie nicht *wußte*, daß die Krankheit unheilbar ist, aber er *wußte* es.«

An einem anderen Abend machte Hilda ein Spiel mit uns. »Ich werde mich auf eine Zahl konzentrieren. Versucht, sie zu erraten.« Viele Leute hoben die Hand, aber die Antworten waren alle falsch. Schließlich rief jemand nach einer ganzen Weile »13«, und Hilda antwortete: »Das ist richtig!« Sie fuhr fort: »Wie viele von euch dachten 13, sagten es aber nicht, weil ihr dachtet, daß die Zahl für mich eine zu negative sei?« Ziemlich viele Hände wurden gehoben. »Der Verstand ist der Mörder des Wirklichen«, erklärte sie.

Die Essenz der Welt ähnelt dem Märchen *Des Kaisers neue Kleider*. Wie ich die Geschichte in Erinnerung habe, machten die Schneider des Kaisers irgendeinen Fehler, weswegen des Kaisers neuer Anzug für die große Parade nicht fertig war. Also überzeugten sie ihn davon, daß er ein schönes, neues Gewand trug, das er nicht sehen konnte. Er stimmte dem schließlich zu und machte sich daran, den großen Umzug anzuführen, wobei er nichts weiter als seine langen Unterhosen trug. Das Volk des Königreichs war auch davon überzeugt, daß er ein Gewand trug, und der Umzug ging weiter, als wäre nichts, da sich alle auf diese große Lüge eingelassen hatten. D.h. jeder, außer einem kleinen, unschuldigen Kind, das rief: »Schau, Mama, der Kaiser trägt keine Kleider!« Und alle erkannten an diesem Punkt, daß sie sich etwas vorgemacht hatten, und der Kaiser schämte sich schrecklich.

Mit unseren Wünschen ist das so: Wir bekommen ein neues Auto, eine neue Gitarre, eine neue Freundin und für ein paar Tage oder Wochen oder Monate fühlen wir uns zufrieden. Dann fängt unweigerlich eine kleine Stimme an, sich bei uns zu melden:

»Möchtest du nicht ein besseres? Oder vielleicht ein anderes? Ein größeres wäre doch schön, meinst du nicht?« Vom Gesichtspunkt des Verstandes aus, ist das Glück immer *dort*, nie *hier*. Sobald wir nach Oregon ziehen oder unser erstes Kind bekommen oder die ersehnte Gehaltserhöhung erhalten, wird alles in Ordnung sein. – Aber so funktionieren die Dinge einfach nicht, denn sobald wir in Oregon sind, das Baby oder die Gehaltserhöhung haben, gibt es immer etwas anderes, was wir brauchen, damit wir *wirklich* glücklich werden können. Ein Freund von mir nannte es »die mythischen 10 Prozent«. Das sind, wie er erklärte, »die 10 Prozent *mehr*, die uns nach unserem Wissen befriedigen würden, wenn wir sie hätten … Das einzige Problem dabei ist, daß es immer 10 Prozent *mehr* sind, als wir haben – ganz egal, was wir haben!«

Eine Geschichte: Es war einmal ein Mann, der auf einer Landstraße eine Reifenpanne hat. Er entdeckt einen Bauernhof am Ende der Straße und beschließt, den Bauern um einen Wagenheber zu bitten. Während er auf den Hof zugeht, denkt er: »Ich hoffe, er hat einen Wagenheber … Ach, das wird er schon haben … Aber was ist, wenn er ihn mir nicht leihen will? Das wäre vielleicht egoistisch … Nun, wenn er das nicht tun will, vielleicht tut er es für ein paar Dollar … Aber was ist, wenn er fünf Dollar dafür will? Dann muß ich sie ihm halt geben! Mir bleibt keine andere Wahl. Selbst wenn er zehn Dollar wollte, müßte ich sie ihm bezahlen! So eine Frechheit! Was ist, wenn er mehr will? Er weiß, daß ich nicht weiterkomme … daß ich ihm ausgeliefert bin! Was ist, wenn er alles Geld haben will, was ich habe? Laß mal sehen, ich habe etwa 45 Dollar in meiner Brieftasche … Wenn er alles haben will, müßte ich ihm einfach alles geben! Das ist schlichtweg Diebstahl! Was für ein Mann würde mich derartig ausnehmen?!«

Dabei wird er immer wütender. Bis er das Haus erreicht hat, ist er regelrecht außer sich. Er klingelt, und der Bauer öffnet die Tür mit einem freundlichen »Ja?« Ganz rot im Gesicht schreit unser Freund: »Weißt du, was du mit deinem Wagenheber machen kannst?!«, schlägt die Türe zu und stürmt davon.

Zugegeben, die Geschichte ist vielleicht etwas übertrieben, aber kannst du dich nicht auch an Geschichten in deinem eigenen Leben erinnern: wo du dem denkenden Geist erlaubt hast, eine Situation so aufzublasen, daß du deine Fähigkeit, richtig mit ihr umzugehen, verloren hast? Ich kann mich nur zu gut an zu viele solcher Beispiele in meinem eigenen Leben erinnern. Unser Verstand kann unser bester Freund sein, doch, wenn er nicht kontrolliert wird, kann er gegen unsere Interessen arbeiten.

Unser Verstand kann uns so verwirren, daß die Handlungen in keinem Verhältnis mehr zum Auslöser stehen. Wir können Dinge aus den falschen Gründen tun, und wir sind uns nicht einmal bewußt, was wir tun und warum wir es tun. Eine Freundin fragte einmal ihren Bruder, der immer bei gelb über die Ampel fuhr: »Was wirst du mit den zusätzlichen Sekunden tun, die du anscheinend beim Rasen über die Ampel gewinnst?« »Das weiß ich nicht«, erwiderte er mit einem verdutzten Gesicht. »Ich habe nie darüber nachgedacht.«

Das scheint derselben Art von Unüberlegtheit zu entspringen wie die Eskalation des Wettrüstens der USA und der damaligen UdSSR. Die USA und die UdSSR haben Trillionen von Dollar ausgegeben, um die raffiniertesten Waffen zu entwickeln, die, wie man uns sagt, den Planeten 50mal zerstören können. In der Militärsprache nennt man das »Overkill«. Für mich ist das dasselbe wie in dem Märchen *Des Kaisers neue Kleider.*

Die Wahrheit ist zu einfach. Einige der glücklichsten Menschen, die ich kenne, sind die Zurückgebliebenen und die Alten in einem Pflegeheim, das ich besucht habe. Ich verleugne ihre Schwierigkeiten ganz sicher nicht, aber ich sehe einen Frieden in vielen von diesen Menschen, den ich bei der normal denkenden Bevölkerung nicht feststellen kann. Viele dieser Menschen haben eine erfrischende Unschuld an sich, wie kleine Kinder. »Laßt die Kinder zu mir kommen und wehret ihnen nicht. Wahrlich, ich sage euch: Wer das Reich Gottes nicht empfängt wie ein Kind, der wird nicht hineinkommen.«

Es ist gesagt worden, daß »der rationale Verstand ein wunderbarer Diener, aber ein schrecklicher Meister ist.« Wir müssen den Intellekt *benützen*, anstatt ihm freien Lauf zu lassen. Der denkende Teil des Verstandes hilft uns dabei, unsere Welt zu organisieren und eine Technologie zu erschaffen, die unser Leben einfacher und sicherer macht. Wenn wir den Intellekt jedoch nicht kontrollieren, wird er sich mit dem Mund und der Zunge zusammentun, und zusammen werden sie uns in Schwierigkeiten bringen.

Wir können uns von Schwierigkeiten fernhalten und im Licht bleiben, indem wir mit unserem Herzen denken. Ich spreche nicht von Gefühlen, sondern von der Weisheit der Seele. Unser Herz wird uns nie irreführen oder unsere Wahrnehmung vom Wirklichen töten. Unser Herz *ist* das Wirkliche. Es kann nicht irregeführt werden, weil es die Tatsachen nicht mit der Weisheit verwechselt. Es zweifelt nicht, weil es in Gott lebt. Und es kann nicht getötet werden, weil es ewig ist.

»Die Wahrheit der Existenz ist in euer Herz graviert. Gedanken, die euch von jener Wahrheit wegführen, sind nichts anderes als Täuschung.

Wir ermutigen euch, nein, wir drängen euch dazu, euer Unterscheidungsvermögen zu benützen. Habt keine Angst davor, die Illusionen, die euch anerzogen wurden, in Frage zu stellen. Die Wahrheit wird euch immer offenbart werden, denn Unwissenheit kann dem forschenden Blick der Prüfung nicht standhalten.

Leid wird aus falschem Denken geboren. Die Wurzel des Schmerzes liegt in der falschen Wahrnehmung. Es gibt keinen Irrtum in der Wahrheit, nur in der Wahrnehmung der Wahrheit kann es Irrtümer geben. Wenn ihr euch danach sehnt, das menschliche Leid zu beenden, müßt ihr wissen, was wirklich ist, denn dieses Wissen ist die einzige Quelle der unbesiegbaren Wahrheit.

Was wirklich ist, kann nie getötet werden. Es kann nur vor den sterblichen Augen versteckt sein. Um die Welt auf rechte Weise zu sehen, müßt ihr sie vom Standpunkt der Unsterblichkeit aus betrachten. Diese Perspektive allein gibt einem bedeutungslosen Leben eine Bedeutung. Gedanken von Sterblichkeit sind die einzigen Schleier, die die Sicht der Wahrheit verdecken können.

Marschiert weiter wie wahre Soldaten der Liebe. Vernichtet die Illusion mit dem Schwert des Unterscheidungsvermögens, und die Belohnung all eures Suchens ist euch sicher. Wir sagen euch folgendes: Das Wahre ist eure einzige Rettung. Nichts, was wahr ist, kann euch je etwas zuleide tun, und nichts anderes als das Wahre kann euch je den Frieden bringen, den ihr sucht. Erkennt Gott an, und heißt euer Selbst willkommen.«

Die Notwendigkeit von positivem Denken

Positiv zu denken bedeutet Gott beim Denken mit einzubeziehen. Das muß einfach wahr sein, weil Gott positiv ist, und Gott alles tun kann. Wenn wir Gott in unser Denken einbeziehen, können wir alles tun.

Der Schlüssel zum Erfolg im Leben liegt darin, ohne Zweifel zu wissen, daß Gott unsere Mutter/unser Vater ist und nur das Beste für uns will. All unsere Mißerfolge rühren von der irrtümlichen Vorstellung her, daß wir das Beste, was das Leben zu bieten hat, nicht verdienen. Wir sind Kinder Gottes. Wir wurden dazu erschaffen, prächtig zu sein. Wir wurden dazu erschaffen, großartig zu sein.

Ich habe ein solches Vertrauen und einen solchen Glauben in die nieversagende Kraft des positiven Denkens entwickelt, daß ich es für eine absolute Grundvoraussetzung für jeglichen Erfolg im Leben halte. Wir müssen alle an uns selbst glauben. Wir müssen an unsere Familien, Freunde und unsere Geschäfte glauben. Wir müssen wissen, daß unsere Hoffnungen, unsere Ziele und unsere Träume richtig sind. Gott sucht verzweifelt nach Menschen, die Vertrauen in die Träume haben, die er uns gibt. Es gibt so wenige Menschen, die bereit sind, die Inspiration, die Gott ihnen einhaucht, anzunehmen und hartnäckig an ihr festzuhalten, bis die Möglichkeit zu einer Wirklichkeit wird. Die Welt ist taub gegenüber der Vorstellungskraft, der Kreativität und dem Leben. Die Neonlichter der Stadt versperren unseren Blick auf die Sterne. Die Welt hat sich mit dem Zweitbesten zufriedengegeben, und somit hat sie sich mit nichts zufriedengegeben.

Eine Geschichte erzählt von einem Mann, der an den Stadtrand einer uralten Stadt kommt. Dort findet er einen Wächter am Tor vor, der ruhig dasitzt. Der Reisende erzählt dem Wächter, daß er seinen Heimatort verlassen hat und daß er die Absicht hat, hierher zu ziehen. »Wie ist denn diese Stadt?« fragt der Reisende.

»Wie war es in der Stadt, aus der du kommst?« erwidert der Wächter.

»Es war ein verdorbener Platz. Die Menschen waren unfreundlich, es gab keine Arbeit, und die Regierung war korrupt.«

»Nun, du wirst ungefähr dasselbe hier vorfinden«, erklärte der andere, und der Reisende machte sich auf den Weg, eine bessere Stadt zu finden.

Einige Stunden später kam ein anderer Mann mit einem Koffer daher, der auch ein neues Zuhause suchte.

»Wie war es denn in deiner Heimatstadt?« fragte der Wächter am Tor.

»Ach, es war ein ganz schöner Ort«, erzählte ihm der zweite Reisende. »Liebe Menschen gab es dort, und er war gut instand gehalten. Es ist schade, daß ich wegen meiner Arbeit umziehen muß.«

»Nun, du wirst ungefähr dasselbe hier vorfinden«, berichtete der andere, und der Mann betrat fröhlich die Stadt.

Wie wir unseren Geist einsetzen, bestimmt, ob wir das, was wir vom Leben erwarten, finden und erhalten, und ob wir dem Leben das geben, was wir geben möchten. Erfolg, Liebe und Fülle werden nicht einigen wenigen Auserwählten aufgrund einer Laune eines kapriziösen Gottes geschenkt. Diejenigen, denen das Glück hold ist, haben es sich durch ihre Gedanken verdient. Sie haben das Vertrauen, daß Gott für ihr Wohl arbeitet und daß jeder Augenblick des Lebens ein kostbares Geschenk ist. Indem sie so denken, öffnen sie dem Guten und dem Erfolg die Türe.

Die Basis für positives Denken ist folgende Wahrheit:

DENKEN IST ERSCHAFFEN

Wenn wir im Leben Erfolg haben wollen, müssen wir damit anfangen, unsere Ziele klar vor Augen zu haben. Wir müssen uns entscheiden, was wir wollen, und dann ein klares, geistiges Bild davon haben. Dann müssen wir unerschütterlich an unserem Ziel festhalten, bis es verwirklicht ist. Weigere dich, dich von Mißerfolgsgedanken ablenken zu lassen. Die Beatles wurden von mehreren Plattenfirmen abgelehnt, bis sie eine Zusage erhielten. Wenn

Gott uns den Gedanken gegeben hat, etwas Bestimmtes zu tun, wird Er für uns einen Weg finden, die Sache zu verwirklichen – daran müssen wir glauben.

Wir können nicht zulassen, daß vorübergehende Rückschläge der Grund für Enttäuschungen sind. Gott hat oft größere Pläne mit uns, als wir mit unseren kleinen Selbsten vorhaben. Ich arbeitete neulich an einer Kassette mit Übungen zur Tiefenentspannung für meine Kurse. Ich hatte die größten Schwierigkeiten dabei. Zuerst funktionierte das Mikro nicht, dann hatte der Kassettenrecorder einen Kurzschluß, und es sah so aus, als ob eine Sache nach der anderen schieflief. Ein Projekt, das meiner Meinung nach nur einige Stunden beanspruchen würde, dauerte schließlich Wochen. Ich verstand es nicht, aber ich hielt durch. Endlich war die Kassette fertig, und ich setzte mich gespannt hin, um mir das Endprodukt anzuhören. Doch es war nichts geworden! Alles, was ich aufgenommen hatte, war auf mysteriöse Weise verschwunden! Ich konnte es mir nicht erklären.

Ich rief in meiner Verzweiflung einen Freund an, der Elektroingenieur ist, und bat ihn um seinen Rat. »Warum kommst du nicht zu mir nach Hause und benützt meine Geräte«, bot er mir an. »Ich helfe dir gerne dabei.« Ich war hocherfreut! Dort durfte ich nicht nur seine sehr teuren und komplizierten Aufnahmegeräte benützen, sondern genoß auch sein fachmännisches Wissen beim Drücken der richtigen Knöpfe zur richtigen Zeit, was schließlich dazu führte, daß die Aufnahme weitaus besser war als jede andere, die ich selbst hätte produzieren können. Während Gott zu meinen früheren Versuchen vorübergehend »Nein« sagte, sagte Er tatsächlich »Ja« zu einer sehr viel größeren Idee.

»Ja!« ist das kraftvollste Wort der deutschen Sprache. Es steht für Bekräftigung, Annahme und Positivität. Wenn ich das Wort nur ansehe, fühle ich mich glücklich und stark.

Als ich einen wunderschönen Lehrer namens »Freedom« besuchte, der Christus ähnlich sah, fragte er mich: »Willst du glücklich sein?«

»Natürlich.«

»Dann sage ja«, riet er mir mit viel Liebe in der Stimme. »Sage ja zu Gott, sage ja zu deinem Selbst. Dann wirst du glücklich sein.«

Wir verpassen allzuoft Gelegenheiten, weil wir nicht das Gute erwarten. Wir glauben, daß etwas zu gut ist, um wahr zu sein, während die Segnungen tatsächlich das einzige sind, was *gut genug* ist, um wahr zu sein.

Norman Vincent Peale, einer der kraftvollsten und enthusiastischsten Menschen, die je gelebt haben, erzählt von zwei Verkäufern auf einer Sportartikelmesse, die beide Motorboote an nebeneinanderliegenden Messeständen verkauften. Ein Araber mit Sonnenbrille ging auf einen der Stände zu, und nach einigen Höflichkeiten sagte er zum Verkäufer: »Ich möchte gerne Motorboote im Wert von einer Million Dollar kaufen.«

Der Verkäufer war irritiert. »Hören Sie mal, mein guter Freund«, raunte der. »Der Tag war schon schlecht genug ohne einen Komiker … Kommen Sie ein andermal wieder, wenn mir nach Lachen zumute ist.«

»Sehr wohl«, erwiderte der Kunde. »Guten Tag.«

Der Mann mit der dunklen Brille ging zu dem nächsten Stand und sagte zu dem Verkäufer: »Ich möchte Boote im Wert von einer Million Dollar kaufen.«

Der Verkäufer verzog keine Miene. »Jawohl, mein Herr!« Er lächelte und fragte: »Welches Modell möchten Sie?«, und er fing an, ein Bestellformular auszufüllen. Zur Überraschung des ersten Verkäufers, zog der Kunde sein Scheckbuch hervor, schrieb einen Verrechnungsscheck über eine Million Dollar aus, schüttelte die Hand des Verkäufers und ging seines Weges. Der Käufer war ein reicher arabischer Geschäftsmann, und der Verkäufer erhielt seine übliche Provision von 10 Prozent – in diesem Fall 100000 Dollar!

Von einer subtileren Ebene aus gesehen, ist Fülle nicht etwas, was wir erschaffen, sondern etwas, was wir *annehmen*. Der zweite Verkäufer machte das Geschäft nur, weil er *bereit war, es anzunehmen*. Wir können Gott, Bewußtsein und den Menschen durch das Symbol einer Sanduhr betrachten. Gottes unendliche Fülle ist über uns und wartet darauf, herabzufließen, und wir haben den Raum, sie ganz aufzunehmen. Am Treffpunkt, am engen Übergang zwischen dem oberen und dem unteren Behälter befindet sich unser Geist. Er regelt, wieviel hereinkommen kann: Wenn unser Geist klein, eng und furchtsam ist, werden nur ein paar magere Sandkörnchen durchfließen. Wenn der Geist offen, frei und weit ist, können alle Reichtümer Gottes hindurchfließen. Wir erhalten soviel, wie wir hereinlassen.

Ernest Holmes hat eine gute Darstellung dieses Prinzips auf Lager. Er bittet uns, uns drei Menschen vorzustellen, die um Arbeit beten. A verdiente bei seiner letzten Arbeit 100 Dollar pro Woche, B verdiente 200 Dollar und C 500 Dollar. Alle sprechen dasselbe Gebet oder dieselbe Affirmation, und alle drei erhalten neue Jobs. Die Ergebnisse: A verdient bei seinem neuen Job 100 Dollar, B 200 Dollar und C 500 Dollar. Jeder setzte positives Denken ein, jeder wurde aber nur mit dem belohnt, was er erwartet hat. Es gibt keinen Grund für eine derartige Beschränkung, außer den unbewußten Gedanken von Begrenzung, die jeder Mensch unterhält.

Wirkliches positives Denken bedeutet, daß man lernt, das *ganze* Leben von einem positiven Gesichtspunkt aus zu sehen. Es bedeutet nicht nur, daß man Geld verdient, gesund bleibt und den richtigen Partner findet (obwohl das alles wertvolle Dinge sind). – Wirkliche Positivität bedeutet, daß man *in allem* den Segen sieht. Es erfordert eine totale »Überarbeitung« der Art, wie wir das Leben betrachten. Es bedeutet, daß wir unsere Urteile und Meinungen darüber, was gut und was schlecht, was richtig und was falsch ist, abbauen. Es bedeutet, die Wahrheit zuzugeben, daß Gott in *allem* ist und lebt und daß es nichts gibt und nichts geschieht, was nicht vom Licht Gottes gesegnet ist. Es bedeutet einfach die Bereitschaft, unsere sterblichen, begrenzten Meinungen aufzugeben.

Wenn wir von diesen bindenden Konzepten loslassen, werden wir in eine neue Bewußtseinsebene eingeweiht: in die Dimension des Gottesbewußtseins. Dies bedeutet einfach, daß wir alles als Gott und alles als Gut sehen.

Es erfordert Mühe, Kreativität, Mut und Liebe, zu lernen Gott in allem zu sehen. Unsere alten Gedankenmuster von Mangel und Versagen werden sich wehren und aufschreien, und sie werden die subtilsten und gerissensten Wege finden, um weiterhin Gewalt über unser Bewußtsein zu haben, denn in Wirklichkeit wird ihr Leben bedroht. Und das ist das Beste, was uns passieren kann, denn ihr Leben basiert auf irrtümlichem Denken und Illusion. Um aus dieser alten Denkweise auszubrechen, müssen wir uns zuerst entschieden darum bemühen, das Geschimpfe und Gezeter unseres alten Intellekts, der uns sagt, das etwas nicht stimmt, zu verleugnen. Wenn sich negative Gedanken behaupten, müssen wir sie mit dem Licht der Liebe herausfordern und es wagen, die Wahrheit des Guten zu leben. Viele Menschen glauben, daß es mutig ist, ein negatives Leben zu durchleben. Ich glaube, daß es das Allermutigste ist, ein Leben zu leben, daß dem Glück, der Freiheit und der Vergebung gewidmet ist.

Verneinung durch Liebe zu überwinden, ist eine Frage der Einstimmung. Wir müssen uns auf das, was gut, schön und wahr ist, konzentrieren. Wenn eine Situation 999 negative Eigenschaften und einen positiven Aspekt hat, müssen wir den einen guten Aspekt herauspicken, ihn segnen, entschlossen daran festhalten, darüber meditieren, dafür dankbar sein, ihn betonen und verherrlichen. Wir werden feststellen, daß das winzige Rinnsal unserer Güte zuerst zu einem rauschenden Bach und dann zu einem gewaltigen Fluß geworden ist, der sich in den Ozean von Gottes reicher Schatzkammer ergießt.

Es war einmal eine Frau, die in einem Krankenhaus lag und am ganzen Körper gelähmt war, bis auf einen ihrer kleinen Finger . Sie beklagte lange Zeit ihr Schicksal und verlor sich fast in ihrer Melancholie. Dann fing sie an, sich auf den einen Finger zu konzentrieren. Sie fing damit an, ihn anzuerkennen, ihn zu segnen und zu bewegen. Dann stellte sie eines Morgens begeistert fest, daß sie einen weiteren Finger bewegen konnte, und dann ihre ganze Hand! Sie fuhr fort, Gott für alle Körperteile, die sie bewegen *konnte*, zu lobpreisen, bis ihr ganzer Körper beweglich und gesund war. Sie war ein lebendes Beispiel für das biblische Versprechen: »Wer hat, dem wird gegeben.«

Wir können jegliche Vorstellung, daß Gott uns leiden lassen will, loslassen. Jesus war einer der positivsten Denker aller Zeiten. Er wußte, daß unser Potential für Glück unendlich ist und daß wir alle unsere begrenzten Vorstellungen vom dem Grad, wie gut es sein kann, überschreiten können. Er wußte, daß jeder einzelne von uns eine ganze Menge zu bieten hat und daß wir uns allzuoft zu billig verkaufen. Und Er wußte, daß wir alle das Recht auf das Beste im Leben haben. Aus diesem Grund sagte Er zu uns: »Kommt her, ihr Gesegneten meines Vaters, ererbt das Reich, das euch bereit ist von Anbeginn der Welt.«

Das Leben überhäuft uns in diesem Augenblick mit Geschenken. Zu jeder Zeit und aus allen Ecken strömt, rauscht und ergießt sich eine Kraft der Liebe und des Lichtes auf uns. Alles, was wir tun müssen, ist: sie hereinlassen. Segnungen werden allen von uns ohne Bedingung und Begrenzung angeboten. Alles ist uns schon gegeben. Die Schlüssel zum Königreich gehören uns, wann immer wir bereit sind, sie anzunehmen. Was wir zu verlieren haben, ist: Angst, Mangel, Begrenzung und Trauer. Was wir zu gewinnen haben, ist: Seelenfrieden, Erfolg, Gesundheit und Liebe. Wir müssen nichts werden, was wir nicht bereits sind. Wir müssen nur ja zu dem sagen, was das Universum uns liebend gerne geben möchte. Wir müssen uns in göttlichen Gedanken ausdrücken.

»Positives Denken bedeutet, daß ihr die Wahrheit akzeptiert. Wenn ihr euren Geist für die Möglichkeit der Güte Gottes öffnet, gebt ihr Ihm die Gelegenheit, Seinen Segen der Liebe und des Lichts in euren Lebenskelch zu gießen. Wenn ihr den denkenden Geist auf den kreativen Geist ausrichtet, macht ihr euch für eine Kraft zugänglich, die ihr zwar nicht vollkommen versteht, die ihr jedoch zur Erhebung aller verwenden könnt.

Wir können die Wichtigkeit des rechten Denkens gar nicht genug hervorheben. Dies ist euer Schlüssel zu Fülle und Kraft. Euer gewohntes, falsches Denken kann in ein kraftvolles Instrument zum Nutzen der Menschheit umgeschmiedet werden. Macht eurer Leben zu einer Säule des positiven Seins. Ihr habt die Gelegenheit, das Licht in allen Dingen zu sehen, denn in Wahrheit ist das Licht in allen Dingen.

Was ihr als ›negatives‹ Denken bezeichnet, bezeichnen wir nicht als böse oder übel, sondern als eine Sperre oder ein Hindernis für die nach außen drängende Wahrheit. Es ist einfach eine verzerrte Sichtweise der Realität, und es ist nur durch eine klare Sichtweise von dem, was ist, zu korrigieren. Wenn die Wahrheit gesehen wird, kann die Unwissenheit keine Macht über euer Leben haben.

Ihr seid in den kommenden Zeiten in hohem Maße dafür verantwortlich, der Wahrheit Ausdruck zu verleihen.

Wir bitten euch lediglich, die Liebe anzunehmen. Denkt in Einklang mit Gott, und die Geheimnisse der Schöpfung, die nie wirklich vor euch verborgen waren, werden euch klar offenbart werden. Wenn der Träumer erwacht, erweist sich der Traum als nichts. Richtet eure Gedanken und Handlungen auf Wachsamkeit aus, und ihr werdet über den Traum eurer früheren Muster lachen. Wir grüßen euch, und wir lieben euch.«

DIE EMOTIONEN

Die drei Körper

Ein Freund von mir nahm an einem Kurs in Jonglieren teil. Wie er mir erzählte, war die erste Lektion des Kurses folgende: Man muß daran denken, daß ein Ball immer in der Luft ist.

Dies ist für mich die Geschichte des Lebens: Es ist immer ein Ball in der Luft. In dem Augenblick, in dem wir glauben, das Leben wirklich im Griff zu haben, taucht etwas Neues auf, das unsere Aufmerksamkeit erfordert. Wann wird das je aufhören?

Ich weiß nicht, ob es je aufhören wird. Ich glaube nicht, daß wir je wirklichen Frieden in der Welt finden können. Wenn wir zufrieden sein wollen, müssen wir mit dem Geist im Einklang sein, in dem wir ganz, komplett und vollkommen sind. Alle unsere Probleme werden gelöst, wenn wir in Gott ruhen, denn Gott hat keine Probleme. Ein Yogi wurde einst gefragt: »Warum ist die Illusion entstanden?« Er antwortete: »Sie ist nie entstanden!«

In der Zwischenzeit verlangt das Leben (innerhalb des Lebens), daß wir uns um unser physisches, unser emotionales und unser mentales Selbst kümmern. Sie sind wie getrennte Körper, die jeweils ihre eigenen Bedürfnisse haben, mit denen wir, die Hüter der Körper, uns auseinandersetzen müssen. Wir können unsere Aufmerksamkeit nicht allen Körpern zur gleichen Zeit schenken, und deswegen müssen wir jedem einzelnen unsere Aufmerksamkeit schenken, wenn er danach ruft. Unsere Aufgabe ähnelt der einer Mutter, die Drillinge stillt, oder (als Symbol für unsere spirituelle

Reise) man könnte sagen, daß wir wie Bergsteiger sind, die drei Körbe mit nur zwei Händen zu tragen haben. Wir müssen die Körbe abwechselnd tragen und dabei immer einen Korb zurücklassen und ihn dann wieder hochziehen. Das Leben zu meistern bedeutet, alle unsere Körper »beisammen« und im Gleichgewicht zu halten.

Wir alle sind mit dem physischen Körper vertraut. Er ißt und schläft gerne, hat gerne Sex und genießt sinnliche Vergnügen. Von einer tieferen Ebene aus betrachtet, hat er die sehr wichtige Funktion, ein Lernmittel zu sein, damit wir die Lektionen, für die wir auf die Erde gekommen sind, verstehen. Diese Lektionen sind sehr eng damit verbunden, zu lernen, wie man im Körper Frieden herstellt. Wir lernen durch Erfahrung, wie wir mit dem Körper arbeiten müssen. Manchmal übertreiben wir, und das fühlt sich nicht so gut an. Und manchmal untertreiben wir, wenn wir den Pfad der Askese einschlagen, und das fühlt sich auch nicht gut an. Wir müssen nach und nach einen bequemen Mittelweg für den physischen Körper finden. Soviel wissen wir.

Was vielen Menschen jedoch nicht bewußt ist, ist die Tatsache, daß der emotionale Körper ähnlich funktioniert. Statt zu essen, zu schlafen und Sex zu haben, verschafft er sich durch das Empfinden von Emotionen und verschiedenen Arten der Erregung Befriedigung. Emotionale Energien sind für unsere Reise auf den spirituellen Berg notwendig, und genauso wie wir das physische Leben zu meistern lernen, müssen wir die richtige Art, mit unserem emotionalen Selbst umzugehen, erlernen. Unsere Herausforderung besteht darin, daß es dem emotionalen Körper gleich ist, was er fühlt. Er liebt jede Art von Anregung. Er wird sich durch Überschwenglichkeit, Zorn, Überraschung, Enttäuschung und sogar durch Angst genährt fühlen. Wie beim physischen Körper müssen wir lernen, ihn im Gleichgewicht zu halten.

Wenn wir nicht aufpassen, können wir den Gefühlen mit unkontrollierter Energie frönen. Vielleicht kennst du jemanden – in Wirklichkeit sind wir alle mehr oder weniger so –, der wie ein »emotionales Jo-Jo« ist. Einmal ist er ganz oben, lacht laut, ist glücklich, springt und singt. Ein andermal ist er finster und mürrisch und ganz unten. So überschwenglich wie er gestern war, so melancholisch ist er heute. Er ist von dem Gipfel der Begeisterung in das Tal der Verzweiflung gestürzt. Und morgen ist er vielleicht wieder auf dem Gipfel. Ein Freund z. B. hatte eine »Achterbahn«-Beziehung mit einer Frau. Diese Beziehung war wie viele Mann-Frau-Beziehungen sind, die ich erlebt und gesehen habe. (Hilda nennt dies »Liebe, Kampf, Liebe, Kampf, Liebe, Kampf ...«.) Sie waren über lange Zeit abwechselnd zusammen und dann wieder getrennt. Als ich meinen Freund eines Abends traf, schien er im siebten Himmel zu sein. »Ich bin so glücklich!« rief er. »Betty und ich haben gerade den Tag miteinander verbracht, und wir hatten die wunderbarste Zeit! Mann, die Dinge scheinen wirklich für uns zu laufen! Ich fühle mich großartig!«

Ich lächelte und sagte: »Wunderbar!«, aber ich konnte in der Art und Weise, wie er sprach, hören, daß er auf einer Gefühlsblase dahinschwebte – einer Blase, die jeden Moment platzen konnte. Ich wollte bestimmt nicht derjenige sein, der sie zum Zerplatzen bringt, also schwieg ich. Doch ich wußte, daß es gar nicht lange dauern würde, bis die andere Seite der Münze sich zeigen würde. (Ein weiser Mann aus dem Orient sagte einst: *»Je größer die Vorderseite, desto größer die Rückseite.«)*

Ich sah ihn am nächsten Abend, und, in der Tat, er sang ein anderes Lied. Er machte ein langes Gesicht und wirkte bedrückt. »Was ist passiert?« fragte ich. »Ich weiß nicht«, erklärte er verdrießlich. »Ich sprach gerade mit Betty, und die Dinge stehen nicht so gut.« Das Pendel war in die entgegengesetzte Richtung geschwungen, und er war mit ihm geschwungen.

Wenn wir auf dem Pendel der Emotionen reiten, schwingen wir ganz sicher von einem Ende zum anderen. Auf intensives emotionales Glück folgt fast immer intensive Traurigkeit. *Wenn wir es zulassen, daß unsere Emotionen an Ereignisse in unserem Leben gebunden sind, dann haben wir die innere Kraft unseres Glücks den sich verändernden Wogen der Umstände übergeben.* Bis wir innere Zufriedenheit finden, einen Frieden, der nicht mit dem Guten und Schlechten in unserem täglichen Leben zusammenhängt, werden wir weiterhin auf der Achterbahn der weltlichen Ereignisse fahren. Jesus sagte: »Den Frieden lasse ich euch, meinen Frieden gebe ich euch. Nicht gebe ich euch, wie die Welt gibt.

Euer Herz erschrecke nicht und fürchte sich nicht.« Er sprach von einem Frieden, der nicht von Menschen, Dingen oder Ereignissen abhängt.

Emotionen sind göttliche Geschenke, die uns zu Gott führen können, wenn wir sie im Sinne ihrer höchsten Bestimmung benützen. Wildes, unkontrolliertes, emotionales Frönen ist gefährlich, denn eine derartige Intensität fordert ganz bestimmt seinen Tribut von unseren emotionalen und physischen Körpern, und »laugt uns aus«. Wenn wir uns auf diese Weise hingeben, erweisen wir nicht nur uns selbst einen schlechten Dienst, sondern auch den anderen Menschen um uns, denn wir neigen in unserer Negativität dazu, ihnen Energie abzuziehen und halten uns selbst nicht offen für ein wirkliches Zusammensein in einer Gemeinschaft. *»Ihr seid das Licht der Welt ... Man zündet nicht ein Licht an und stellt es unter einen Scheffel.«* Die Welt braucht dich und mich, unsere Liebe, unsere Kraft und unsere Positivität.

Was sollen wir dann mit unseren Emotionen tun, die ein sehr natürlicher Teil unseres Lebens sind? Dies ist eine wunderbare Herausforderung, die jeder von uns meistern muß. Schauen wir uns einmal die Möglichkeiten an.

Es gibt eine philosophische Lehre, die sagt, daß Emotionen sofort freigesetzt werden müssen, wenn wir angemessen mit ihnen umgehen wollen. Und zwar sollen wir sie gegenüber den Menschen um uns herum leidenschaftlich ausdrücken, besonders denen gegenüber, über die wir uns ärgern. Ich habe mit dieser Methode experimentiert (und ließ sie an mir ausprobieren), und ich habe nicht das Gefühl gehabt, daß sie auf lange Sicht besonders gut funktioniert. Ja, es ist notwendig, daß wir unseren Müll raustragen, doch wir müssen ihn nicht auf den Rasen unseres Nachbarn kippen. Und wenn wir unseren Haushalt gut in Stand halten, werden wir weniger Müll haben.

Ich hatte in einer Encounter-Gruppe eine transformative Erkenntnis über den Platz, den unsere Emotionen in unserem Leben einnehmen, und über die Art, wie wir emotionale Energien für oder gegen uns benützen können. In dieser Gruppe war Bruce wegen irgend etwas wütend auf Nancy und sagte es ihr. An jenem Punkt ärgerte sich Bob über Bruce, weil Bob nicht das Gefühl hatte, daß

Bruce Grund genug hatte, verärgert zu sein. Dies erzürnte wiederum Sara, weil sie das Gefühl hatte, daß Bob unnötig auf Bruce herumritt, während Jo sich verletzt fühlte, weil sie sich mit Nancy verbunden fühlte, die das Objekt von Bruces Zorn war. – Ihr könnt das Muster erkennen: Ein Teufelskreis aus Negativität baute sich auf und füllte den Raum mit einem dicken, emotionalen Smog, bis irgendein intelligenter Mensch herausbrüllte: »Wartet mal einen Augenblick! Wir sind alle so sehr damit beschäftigt, unsere wütenden Gefühle loszuwerden, daß wir ein Grundelement der menschlichen Kommunikation vergessen haben, nämlich die altmodische, gängige Höflichkeit!« Er hatte recht. Ich schlug vor, mit dem aufzuhören, was wir taten, und einander zur Abwechslung zu sagen, was wir am anderen mögen. Die Transformation war erstaunlich. Die Luft klärte sich, die Herzen öffneten sich, und Kommunikation war wieder möglich. Dieser Moment war für mich das Ende jeglichen Glaubens daran, daß wir uns selbst und anderen damit helfen, daß wir unsere zornigen Gefühle bedenkenlos und ohne Berücksichtigung der Gefühle anderer zum Ausdruck bringen. Einige mögen in dieser Hinsicht nicht mit mir übereinstimmen, doch ich habe viel mehr Erfolg damit gehabt, Gott meine zornigen Gefühle mitzuteilen, als sie anderen Menschen auszudrücken.

Es gibt viele äußerst befriedigende Arten, wie wir unseren Emotionalkörper nähren können. Musik, Gesang, Tanz, Dichtung, Spaziergänge in der Natur, eine Tasse Tee mit Freunden, Theater, alle Kunstrichtungen und tausend andere Aktivitäten wirken erhebend auf die Seele und stimmen sie froh. Wenn ich mich emotional eingekapselt fühle, nehme ich meine Gitarre und fange an, zu spielen und zu singen. Es dauert gar nicht lange, bis diese Energie in Kreativität umgewandelt worden ist. Körperübungen sind auch sehr gut für unsere Gefühle. Yoga, Joggen oder jede andere Art konstruktiver körperlicher Aktivität ist großartig. Ich will damit nicht sagen, daß wir nie wieder negative Emotionen empfinden werden, denn sie kommen unweigerlich hoch. Ich weise nur darauf hin, daß es viele konstruktive Möglichkeiten gibt, wie wir mit ihnen umgehen können, und die unsere Körper im Gleichgewicht und in Harmonie halten und unsere Freunde von der Last unserer Verneinung befreien.

Hilda erklärte uns, daß unser Körper 24 Stunden lang oder länger erregt ist, wenn wir zornig werden. So lange dauert es oft, bis wir unser Gleichgewicht wiedergefunden haben. Da mein Emotionalkörper über die Jahre hinweg immer friedlicher geworden ist, hat jegliche Negativität, der ich mich hingebe, eine verheerende Wirkung auf ihn. Ich sage »der ich mich hingebe«, weil kleine Irritationen oder Aufregungen, die nicht zu vermeiden sind, mich erschüttern könnten, wenn ich sie mit meinen Gedanken und Emotionen nähre. Wenn ich sie jedoch loslasse, bevor sie wie Unkraut Wurzeln schlagen, ist ihre Wirkung unwesentlich. Solange wir in dieser Welt leben, werden wir auf jeden Fall Verstimmungen ausgesetzt sein. Wenn wir sie uns nicht selbst schaffen, können wir sie von anderen aufnehmen. Der Trick ist der, sie in dem Moment, wo wir uns ihrer bewußt werden, in *Vergebung* loszulassen. Wir können unser emotionales Selbst auf diese Weise gesund halten.

Das andere Extrem ist emotionale Öde, die mit physischem Verhungern verwandt ist. Wir können die süße Symphonie des Lebens nicht leugnen. Wenn wir dies tun, werden wir trocken, düster und leer. Das ist auch nicht zur Freude Gottes. Ich erinnere mich, wie ich durch eine Phase ging, in der ich diese Art unnötige Askese lebte. Ich wurde zu hart und sinnlos starr. Ich ging eines Abends einige alte Papiere durch, um sie auszumisten (um mich von der Vergangenheit zu lösen), als ich ein altes Gedicht fand, das ein lieber Freund für mich geschrieben hatte. Während ich es las, flog mein Herz auf, und ich spürte einen Strom heilender Liebe wie ein tröstender Balsam, der die Risse meines Emotionalkörpers füllte. Ich war nüchtern geworden, und mein Emotionalkörper war so verdorrt wie eine Prärie während einer Dürreperiode. Das Gedicht war so voller Liebe, daß ich mich spontan genährt und befriedigt fühlte wie ein hungernder Mann, der einen Leib frischen, warmen Brotes erhält. Es war eine wunderbare Lektion für mich. Ich lernte aus dieser Erfahrung, mein emotionales Selbst in einem befriedigenden Gleichgewicht zu halten – nicht zu wild, nicht zu stark, aber irgendwo dazwischen, wo es sich genau richtig anfühlt. Ich habe das Gedicht noch immer.

Der Mentalkörper funktioniert nach demselben Prinzip wie der physische und der emotionale Körper, und wir müssen ihn auch im Gleichgewicht halten. Der Mentalkörper liebt es einfach, zu denken. Ihm ist es egal, was er denkt, solange er nur irgend etwas denkt. Er ist wirklich ziemlich kritiklos. Wir, die Meister unserer Körper, sind es, die kontrollieren und entscheiden müssen, mit was wir unseren Mentalkörper füttern wollen. Genausowenig wie wir unsere physische Form vergiften wollen, wollen wir unseren Geist mit »Müll« füttern. Die meisten Menschen erkennen jedoch nicht, daß Gedanken Dinge sind, und sie werden Gedanken verdauen, die eine geistige Magenverstimmung (auch »Kopfschmerzen« genannt) verursachen.

Es ist wirklich wahr, daß der Geist wie ein »Gedanken-Junkie« ist. Er ist süchtig nach Denken. Ich habe dies erkannt, als ich eines Abends auf der Toilette saß und feststellte, daß ich immer wieder die Gebrauchsanweisung auf einer Flasche »Drano«* las. Jetzt weiß ich ganz genau, wie man »Drano« benützt. Ich habe es sehr oft benützt. Und selbst wenn ich es nicht getan hätte. Es genügt, die Gebrauchsanweisung einmal zu lesen. Aber das Ausschlaggebende ist, daß ich an diesem bestimmten Abend absolut keine Verwendung für »Drano« hatte. Es gab keine verstopften Rohre, und ich nahm auch an keinem Chemiekurs teil. Ich saß ganz einfach auf der Toilette. Mein Mentalkörper saß jedoch nirgends. Er wollte nur etwas denken, und »Drano« war für ihn gerade gut genug.

Diese Erfahrung zeigte mir, daß sich der rationale Verstand bis zum lächerlichen Extrem in etwas verliert, wenn man ihm freien Lauf läßt. Es gibt eine alte Geschichte von zwei Psychologen, die einen Gang zu einem Labor hinunterlaufen. Sie kommen an einem ihrer Kollegen vorbei, der sie mit einem Lächeln und einem »Hallo!« grüßt. Der eine Psychologe wendet sich an den anderen und grübelt: »Was das wohl zu bedeuten hat?« – Denken ist großartig, doch wie alle anderen Aktivitäten, tut man es am besten in Maßen.

Ich habe außerdem entdeckt, warum der Schlaf so ein wunderbares Geschenk ist. Der Grund ist der, daß wir unseren Verstand

* Abflußmittel. (Anm. d. Ü.)

für einige Stunden dazu bringen, ruhig zu sein! Denk nur, wie wunderbar wir uns nach einer Nacht, in der wir gut geschlafen haben, fühlen: unser Körper ist erfrischt, Heilung hat stattgefunden, unsere Gefühle sind geglättet, und unsere Gedanken sind klar. Dies passiert nur, weil wir der Tyrannei des Verstandes entkommen sind! Und trotzdem verfolgt der Verstand uns bis in die privaten Bereiche des Schlafes und stört uns mit nutzlosen Erinnerungen an Bruchstücke und an Sprüche über Ereignisse des Tages: mit dem Teppich, den Tante Anna uns zu Weihnachten geschenkt hat; mit der Überlegung, wie wir unseren Chef um eine Gehaltserhöhung bitten können, und mit dem schimmeligen Käse, den wir vor Morgen mittag in den Laden zurückbringen müssen. Erst wenn wir rein aus Überlebenstrieb in den Abgrund des »Delta-Schlafes« abtauchen, können wir dem kosmischen Rippenstoß des Intellekts entfliehen und einige friedliche stille Augenblicke haben! Als Jesus sagte: »Es ist genug, daß jeder Tag seine eigene Plage habe«, wußte Er ganz genau, wovon er sprach!

Es ist sehr schwierig, den Intellekt zum Schweigen zu bringen. Ein Yogi sagte einmal: »Wenn man seinen Geist dazu bringen kann, sich für zwei Minuten – nur zwei Minuten – auf einen Gedanken zu konzentrieren, wäre man in der Tat eine sehr fortgeschrittene Seele.« Deswegen ist Meditation so wertvoll. Einfach nur 20 Minuten still zu sitzen und dem Geist zu erlauben, sich etwas zu beruhigen, ihn bewußt unter Kontrolle zu bringen, ihn auf einen Punkt zu bringen, das ist eine sehr wertvolle Erfahrung. Es ist in der Tat ein wahrer Segen.

Wenn wir schon die meiste Zeit denken, könnten wir doch wenigstens die Art von Gedanken in unseren Geist geben, die Freude und Freiheit bewirken, und jene vermeiden, die Verwirrung erzeugen. Die Welt der Gedanken ähnelt der Welt der Emotionen – es gibt Gedanken, die Befreiung bringen, und Gedanken, die Zwang erzeugen. Wann immer wir z. B. etwas lesen, zahlen wir etwas in die Bank unseres Bewußtseins ein. Wir können uns aussuchen, welche Gedanken wir denken wollen. Ich lese gewöhnlich gerne ein wenig vor dem Einschlafen. Ich habe festgestellt, daß die Autobiografien von Heiligen für mich beruhigender sind als Krimis oder Börsenberichte. Ich kann jedoch nur für mich selbst sprechen. Ihr mögt vielleicht etwas anderes sehr beruhigend finden. Ich war einmal bei einem Retreat, wo ich sah, daß eine Frau Unfallgeschichten vor dem Schlafengehen las. »Mensch!« rief ich. »Wie kannst du nur so einen Mist vor dem Schlafengehen lesen?« »Ach, ich finde überhaupt nicht, daß das Mist ist«, erklärte sie. »Ich finde es sogar ziemlich entspannend. Ich arbeite in der Rettungsmannschaft, und das bringt mich auf einige gute Ideen!«

Wenn einer der drei Körper nicht in Schach gehalten wird, kann er das richtige Funktionieren der anderen beiden beeinträchtigen. Sie sind wie drei Zimmergenossen, die einen gemeinsamen Wohnraum teilen. Wenn der eine seine Kleider herumliegen läßt, ist das den anderen lästig. Ich ging durch eine Phase, in der ich glaubte, daß es für mich schlecht wäre, Erdnußbutter oder Milchprodukte zu essen oder vor dem Schlafengehen zu essen. Es mag sein, daß es gut für mich war, doch ich übertrieb maßlos.

Mein Mangel, maßhalten zu können, spitzte sich zu, als ich eines Abends einen kurzen Spaziergang die Straße hinunter machte, und anfing, mich schwindlig zu fühlen. Ich kehrte um und fühlte mich mit jedem Schritt schwächer und schwächer. Ich war mir nicht einmal sicher, ob ich es bis nach Hause schaffen würde. Ich schaffte es trotzdem irgendwie, und in dem Moment, als ich zur Haustüre hereinkam, ergriff ein faszinierender Prozeß von meinem Körper Besitz. *Ohne jeglichen Gedanken* stürzte ich mich buchstäblich auf den Eisschrank, packte den Sahnekäse und die Erdnußbutter und verschlang beides so schnell, wie ich es in meinen Mund stopfen konnte. Ich hatte keine Ahnung, warum ich das tat. Ich habe auf jeden Fall nicht darüber nachgedacht oder mich dazu entschlossen, und ich war nicht einmal hungrig in dem Sinne, daß mein Magen nach einer Mahlzeit verlangte. Ich stand einfach daneben und schaute zu, wie sich der ganze Film abspulte. Dann putzte ich mir den Sahnekäse und die Erdnußbutter von den Zähnen, fühlte mich sauwohl und fiel in einen wunderbaren Schlaf.

Dies mag wie eine gefräßige Handlung erscheinen, doch ich verstehe die Sache auf folgende Weise: Mein geistiger Eifer, bestimmte Lebensmittel abzulehnen, mag dazu geführt haben, daß ich eine Art Protein- oder Vitaminmangel erzeugt habe. An irgendeinem Punkt fühlte sich mein physischer Körper so weit in die Ecke gedrängt, daß er gar keine andere Wahl hatte als die, auszubrechen und sich offen gegen seinen geistigen Zimmergenossen zu stellen und zu sagen: »Also gut, Kumpel, du hast deinen Spaß gehabt, aber ich habe auch Bedürfnisse. Also mach, daß du wegkommst, denn ich will auch überleben.« Eine höflichere Beschreibung wäre »kooperative Koexistenz«.

Das bringt uns zurück zur Analogie, daß wir einen Berg mit den drei Körben besteigen – mit unserem physischen, unserem emotionalen und unserem geistigen Aspekt. Wir müssen lernen, ein angenehmes Gleichgewicht bezüglich der Befriedigung der Bedürfnisse der verschiedenen Aspekte unseres Seins zu finden. Ein ganzer Mensch ist ein ausgeglichenes Wesen. Auf dem Gipfel des Berges erkennen wir, daß wir der Meister der drei Körper – und allen Lebens – sind. Wir haben die Bedeutung von Gleichgewicht gelernt und dadurch spiegeln wir das Gleichgewicht des gesamten Universums wider. Und selbst wenn ein Ball in der Luft *ist* – oder ein Planet oder eine Sonne oder eine Million Galaxien – wir haben alles im Griff. Das müssen wir. Wir sind nach dem Ebenbild Gottes geschaffen, und Gott hat alles im Griff.

»Wir suchen starke und ausgewogene Menschen, mit denen wir arbeiten können. Ausgewogene Menschen sind fähig, die Belehrungen kraftvoll und wirksam auszuführen. Die Energien des Erwachens müssen auf produktive Weise kanalisiert werden und dürfen nicht durch sinnlose Gedanken und emotionales Schwelgen vergeudet werden. Wir sprechen mit euch über diese Dinge mit einer gewissen Strenge, denn sie sind für euren Fortschritt lebenswichtig, und euer Fortschritt ist unsere größte Sorge. Wir drängen euch, auf eurer Reise nach oben eure Vernunft zu benützen. Mäßigt eure hohen Ideale durch das Praktische und die Weisheit. Ein echter Schüler ist auf allen Ebenen ein Meister. Die Herausforderungen mögen jetzt schwierig oder komplex erscheinen, doch ihre Notwendigkeit wird euch klar werden, wenn ihr sie besser zu verstehen lernt. Weisheit wird euch zuteil werden, damit ihr mit allen Angelegenheiten, für die ihr ernsthaft und aufrichtig Führung sucht, umgehen könnt.«

Der Weg hinaus

Captain Kirk und Mr. Spock waren hinter einer durchsichtigen, jedoch undurchdringlichen Wand gefangen. Ihr Freund, Dr. McCoy, wurde vor ihren Augen erbarmungslos geschlagen, doch sie konnten nichts tun, um ihn zu retten. Kirks wütende Frustration nahm mit jedem wertvollen Augenblick zu. »Wir müssen etwas tun!« schrie der Captain. »Wir können ihn doch nicht einfach sterben lassen, während wir hier stehen und zuschauen!«

Spock, die Stimme des Verstandes, sprach mit Klarheit und Entschlossenheit: »Vielleicht *können* wir tatsächlich etwas tun, Kapitän, aber ich glaube nicht, daß es gerade das sein wird, was Sie sich vorstellen.«

»Was denn?«

»Ich frage mich, ob diese Wand, die uns behindert, nicht Ihrer eigenen Schöpfung entspringt?«

»Von was sprechen Sie da, Spock? ... Raus mit der Sprache!«

»Das Kraftfeld, das uns gefangenhält, kann von der wilden emotionalen Energie, die Sie erzeugen, kommen. Je wütender Sie werden, desto dicker scheint die Wand zu werden. Wenn Sie sich entspannen und aufhören würden, mit dem Schmerz des Doktors zu fühlen, würde die Wand vielleicht schwächer werden, und wir könnten unserem Freund dann zu Hilfe eilen.«

»Also gut, Spock, es ist einen Versuch wert. Was soll ich tun?«

»Vergessen Sie ihre Gefühle einfach für einen Moment. Sie müssen verstehen, daß wir dem Doktor nicht durch ängstliches Sorgen helfen können. Bringen Sie sich in einen klaren Geisteszustand, in dem Gefühle Sie nicht beherrschen können. Ich glaube, daß dies unsere einzige Fluchtmöglichkeit ist.«

Der Captain schloß die Augen und begann, den Vorschlag von Spock zu befolgen. Dadurch wurde das Kraftfeld schwächer und kleiner. »Es funktioniert ... Captain ... Machen Sie bitte weiter«, ermutigte ihn Spock. Innerhalb weniger Augenblicke war die

Wand verschwunden, und die Besatzung war frei und konnte ihren Kameraden befreien.

Unsere emotionalen Energien sind Geschenke Gottes. Es liegt in unserer Macht, die Welt zu segnen oder zu verwüsten. Wie jede Kraft, so können wir auch diese *für* oder *gegen* unsere besten Interessen nutzen. Unsere Emotionen können uns erheben oder verstricken. Sie sind wie die Elektrizität, durch die ein Licht angemacht oder eine Bombe gebaut werden kann. Unkontrollierte Emotionen sind die zerstörerischste Kraft auf der Erde; geheiligte sind die heilendste Kraft.

Eine meiner Lieblingsgeschichten ist die des Samurais, der zwecks Unterweisungen zu einem Zen-Meister kam. »Meister, ich möchte wissen, ob Himmel und Hölle wirklich existieren«, fragte der Samurai.

Der Lehrer hörte sich sein Ersuchen an und brach in höhnisches Gelächter aus. »Du willst etwas über Himmel und Hölle wissen?! ... Mach dich nicht lächerlich! Schau dich doch an: Du bist dick, ungebildet, und du bist ungehobelt! Welcher Lehrer mit einem Funken Verstand würde seine Zeit an jemanden wie dich verschwenden?! ... Geh zurück in dein dämliches Lager, und mach deine törichten Übungen!« Und damit drehte sich der Meister um und ignorierte den Mann.

Der Samurai geriet in Rage. Sein Gesicht wurde rot, er fing an, schwer zu atmen, und zog sein Schwert, bereit den Kopf des Meisters beim nächsten Atemzug abzuschlagen. Kurz bevor das Schwert niedersauste, drehte sich der Meister gelassen um und sagte ganz ruhig: »Das, mein Herr, ist die Hölle.«

Der Samurai hielt inne und erkannte die Tiefe der Belehrung des Meisters. Er verstand unmittelbar, wie er seine eigene Hölle durch Stolz und Wut kreiert hatte. Er fiel dem Meister sogleich ehrfürchtig zu Füßen.

Der Meister schaute auf ihn nieder, hob den Kopf des Samurais und sagte ruhig: »Und das, mein Herr, ist der Himmel.«

Unsere Emotionen können uns zu Gott bringen, oder sie können uns in die Hölle bringen. Sie können uns retten oder uns ertränken. Wie das beliebte Schlagwort schon sagt: Wir können Liebe oder wir können Krieg machen. Es hängt nur davon ab, wie wir unsere Energien benützen.

Die »bindenden« oder kontraproduktiven Gefühle sind Angst, Zorn, Schuld, Besorgnis, Groll, Eifersucht, Mitleid, Einsamkeit, Lust, Neid, Stolz, Selbstverachtung, Haß und alle anderen Variationen dieser Themen. Sie fühlen sich nicht gut an, sie bringen unsere Lebenskraft durcheinander, und sie setzen eine riesige Menge körperlicher Gifte im Körper frei. Ein Freund, der Medizin studierte, zeigte mir ein Bild von all den Giften, die sich im Körper eines Menschen verteilen, der wütend wird – und ich sage euch, es war ein häßliches Bild. Es veranlaßte mich, nochmals über Zorn nachzudenken. Außer dem körperlichen Schaden, den diese Emotionen anrichten, verzerren sie unsere Wahrnehmung und stören unsere Fähigkeit, liebevolle, befriedigende Beziehungen zu haben. Darüber hinaus rufen unkontrollierte Emotionen eine Menge Verwirrung um uns herum hervor, die dazu neigt, die Klarheit der Menschen in unserer Umgebung, die dafür empfänglich sind, zu trüben.

Es ist nicht schlecht, falsch oder böse, diese Emotionen zu erfahren, das sollte keine Ursache für Schuldgefühle sein. Sie sind einfach ein natürliches Überbleibsel von einem früheren Stadium der Evolution. An einem Punkt in unserem persönlichen Wachstum erkennen wir allerdings, daß diese Emotionen weder einem Leben in Harmonie und inneren Frieden dienlich sind noch dabei helfen, unseren Beitrag in der Welt zu leisten. Es wird uns klar, daß liebevolle und ruhige Worte und Taten funktionieren und chaotische nicht. Die alten bindenden Emotionen beginnen an diesem Punkt von selbst abzufallen, weil wir nicht mehr an ihre Nützlichkeit glauben.

Zwei meiner Freunde begannen, Zen zu praktizieren. Immer wenn sie sich aufregten oder ein Problem hatten, gingen sie zum R*oshi* (Lehrer), erzählten ihm all ihren Kummer und fragten ihn, was sie tun sollten. Der Rat, den er ihnen gab, war immer derselbe: »Mehr *Zazen* (Sitzmeditation)!« Ganz gleich, was sie ihm erzählten: »Mehr *Zazen*!« Er riet ihnen nicht, daß sie von der Welt weglaufen sollten noch, daß sie ihre turbulenten Emotionen verleugnen oder verneinen sollten. Er sagte, daß sie nur dann in der Welt effektiv sein konnten, wenn ihr Geist klar und ihre Gefühle ruhig waren. Sonst würden sie nur noch mehr Kummer für sich selbst schaffen.

Hilda beantwortete einmal telefonische Fragen in einer Radiosendung. Ich war erstaunt, wie viele Menschen heftig auf sie reagierten, wenn sie von Gott sprach. Menschen riefen an und argumentierten: »Aber was ist mit Krieg?« oder »Es gibt zu viele Verbrechen, um die Zeit mit Beten zu verschwenden!« oder »Warum gehst du nicht los und tust etwas, statt zu meditieren?« und so weiter. Sie begegnete jedem von ihnen mit einer zustimmenden Haltung, indem sie sagte: »Ja, du hast vollkommen recht. Es ist Zeit, daß wir handeln und der Welt dienen. Die beste Art, der Welt zu dienen, ist, von einem ruhigen Zentrum aus anzufangen. Wenn wir mit dem Frieden in uns Kontakt aufnehmen und wir unsere innere Quelle finden, sind wir in der Lage, in die Welt zu gehen und Änderungen herbeizuführen. Bis wir dort sind, tragen wir nur zur Verwirrung bei. Meditation ohne zu handeln ist Drückebergerei, aber Handeln ohne Meditation ist fruchtlos.«

Hilda hat uns noch eine weitere Belehrung über die Natur der Emotionen gegeben: Wenn wir in einer Emotion schwelgen oder sie zum Ausdruck bringen, öffnen wir uns allen oder stimmen uns auf alle Energien jener Emotion ein, die jetzt ausgedrückt wird oder je ausgedrückt worden ist. Diese Aussage ist sehr kraftvoll, und eine noch stärkere Lektion im praktischen Leben.

Wenn wir z. B. ungeduldig werden, richten wir uns auf alle ungeduldigen Gedanken und Gefühle eines jeden müden Pendlers in jedem Verkehrsstau aus, auf jeden Studenten, der an einem heißen Tag in einer langen Schlange steht, um sich einzuschreiben und auf jede hungrige Person in einem überfüllten Restaurant. Weil Gedanken und Gefühle Dinge sind, verweilen sie in der Luft wie Fluorkohlenwasserstoff in der Ozonschicht, wenn wir sie erzeugen. Wenn wir uns auf eine bestimmte Emotion einstimmen, erklärt Hilda, machen wir einen kleinen Keil in unsere Aura, damit all jene Energien auf unsere unbewußte Einladung hin hereinströmen können. Es ist ungefähr so, als würden wir eine »McDonalds«-Konzession erwerben. Weil du eine Verpflichtung mit der Organisation eingehst, darfst du die gleiche farbige Uniform tragen, mit denselben Schildern werben und dieselben Hamburger essen und servieren, wie tausend andere Angestellte von McDonalds. Du identifizierst dich mit McDonalds, und dabei stimmst du dich auf alle Gedanken über McDonalds, die alle anderen Angestellten von McDonalds und alle Kunden je gehabt haben, ein, und das sind 35 oder 40 Billionen, um genau zu sein. Wenn du die Energie von McDonalds magst, bist du richtig. Wenn nicht, solltest du dich besser auf eine andere Organisation einstimmen, die mehr den Energien, die du spüren und ausdrücken willst, entspricht, wie z. B. »Pizza Hut« oder sogar »Howard Johnsons«.

Dies sind keine schwerwiegenden Beispiele, aber es liegt ein großartiges Versprechen in dem Prinzip der Einstimmung: *Wir können unsere Energien mit denen unserer Ideale verbinden, und so die Unterstützung von all jenen ernten, die für das, wonach wir streben, gelebt haben.* Wenn wir den Wunsch haben für die Wahrheit zu leben, stimmen wir uns jedesmal, wenn wir ehrlich handeln, auf die Gnade all jener, die für die Wahrheit gelebt haben, ein und erhalten sie. Wenn wir dies tun, verbinden wir uns mit Gandhi, wie er marschierte, um für die Befreiung Indiens Salz aus dem Ozean zu holen. Wenn wir einen Gedanken haben oder eine Glaubenshandlung ausführen, stehen wir mit Moses am Ufer des Roten Meeres. Und wenn wir lieben, verbinden wir uns buchstäblich mit Jesus bei Seiner Bergpredigt. Um es noch direkter auszudrücken: Wenn wir lieben, werden wir zum Christus.

Das ist das Versprechen der Gnade. Wenn wir die höheren Gefühle wie Freude, Frieden, Dankbarkeit, Hingabe und Begeisterung pflegen, heben wir uns auf den Zauberteppich der gesammelten Gedanken und Taten all jener, die je das Gute und die liebevolle Güte geliebt haben. Wenn wir unsere Arme in Dankbarkeit ausbreiten, werden wir von einer Kraft gesegnet, die größer ist als die unserer anscheinend geringen Handlung.

Jeder Akt der Liebe ist unendlich kraftvoll, und dasselbe gilt für jeden Gedanken oder jedes Gefühl, das wir im Namen der Liebe kultiviert haben. Die Welt ist in diesem traurigen Zustand, weil wir die ungeheuerliche Bedeutung dessen unterschätzt haben, was wir denken und fühlen. Und die Erlösung der Welt wird dadurch geschehen, daß wir jede winzige Handlung als einen Weg zu Gott sehen – um Ihn auszudrücken.

Und wiederum stehen wir vor der Wahl. Weil unsere Emotionen nichts anderes als grobstoffliche Erweiterungen unserer Gedanken sind, sind die Geheimnisse der emotionalen Transformation von gleicher Natur wie die, die zur Transformation der Gedanken führen. Das Schicksal liegt ständig in unserer Hand. Wir haben die Wahlmöglichkeit zwar nicht geschaffen, doch wir haben gewiß die Kraft zu wählen. Wir haben Gott nicht erschaffen, doch wir können Ihn zweifellos kennen. Wir haben die Liebe nicht erschaffen, doch wir können ganz gewiß Liebe werden.

»Jetzt ist es an der Zeit, daß ihr eure Emotionen neu auswertet und ein neues Verständnis von der Natur und dem Sinn der Energien, die ihr erfahrt, gewinnt. Liebe ist euer Schlüssel, um Frieden zu finden. Sobald ihr gelassen und ruhig seid, füllt Gott euer Herz. Seine Bereitschaft, mit euch auszuharren, ist beständig. Nur emotionale Unruhe steht zwischen euch und eurem Wissen um Seine sanfte Präsenz.

Tretet ein durch die Türe des gereinigten Gefühls, und unfehlbare Führung wird euch zur Verfügung stehen. Wir sprechen nicht von Okkultem, denn Liebe ist nicht okkult. Wir sprechen auch nicht von Hellsichtigkeit, denn ihr seid unzertrennlich Eins mit Gott. Wir sprechen nur von der Erkenntnis eures göttlichen Erbes, das ein ewig brennendes Licht auf dem Altar der Liebe ist.

Indem wir euch aufrufen, eure Emotionen zu beherrschen, verlangen wir von euch nichts, zu dem ihr nicht fähig seid. Ihr seid sehr wohl dazu fähig, eure emotionalen Energien bis zu einem gewissen Grad der Gemütsruhe zu kontrollieren – entgegen euren gegenwärtigen Erwartungen. In dieser Ruhe hört ihr Sein einfaches Gebot. Ihr seid der Meister eures Schicksals. Sobald ihr diese Identität in Anspruch nehmt, wird eure Mühe mit der Vision der Wahrheit belohnt.

Wir ermutigen euch nicht zu unnötiger Sachlichkeit. Genießt das Leben, während ihr lernt. Alle Elemente eures Selbstes sind dazu geschaffen worden, die göttliche Liebe auszudrücken. Lernt, eure Emotionen für dieses heilige Ziel zu erhöhen. Es wird nichts weiter von euch gefordert als der Frieden, nach dem ihr strebt. Eure Erlösung wird euch somit durch das Bewußtwerden eurer eigenen Göttlichkeit leichtgemacht.«

Der Körper

Gesundheit, Ganzheit und Heiligkeit

Bei allen Lektionen über das Leben geht es darum, Heilung geschehen zu lassen. Gesundheit ist das Einfachste der Welt, und Unwohlsein das Schwierigste. Um geheilt zu werden, müssen wir unserem Leben nichts neues hinzufügen. Wir müssen uns nur auf unseren eigenen Fluß einstimmen – das ist genau der Fluß, den Gott uns ständig ins Ohr flüstert. Gesundheit ist unser natürlicher Zustand, und sie wird sich immer manifestieren, wenn wir unsere Gedanken und Handlungen auf die Führung unserer stillen kleinen Stimme, die uns ewig zu unserem eigenen Frieden zurückruft, einstimmen.

Es gibt die Geschichte von einem Metzger, der 20 Jahre lang dasselbe Messer benützte, ohne es je schleifen zu müssen. Die Stadtbewohner waren darüber erstaunt, und ein Kunde fragte ihn eines Tages: »Wie können Sie so viel schneiden und die Klinge so scharf behalten?«

»Es ist wirklich ganz einfach«, erklärte der Meister. »Ich versuche nicht, durch Knorpel oder Knochen zu schneiden. Wenn ich Widerstand spüre, lege ich das Messer ein Stückchen daneben an und passe mich an. Mein Messer spricht immer mit mir, und ich arbeite im Einklang mit ihm.«

Der physische Körper spricht zu uns auf dieselbe Weise, und wenn wir bereit sind, seinen Botschaften zu lauschen, vermeiden wir Krankheit. Wenn wir Krankheit oder ihre Warnzeichen erfahren, so ist dies Gottes Art, uns zu zeigen (durch den physischen Körper), daß wir eine Kursänderung vornehmen müssen bei einer Sache, die wir tun, und in der Art, wie wir denken. Krankheit ist *keine Strafe*, sondern eine *Botschaft* an uns von einem liebevollen Gott, die uns mitteilt, was wir tun müssen, um gesund und glücklich zu bleiben, so wie Sie uns gerne sieht. Wie grausam wäre Gott doch, wenn Sie uns ohne Berichtigung erlauben würde, mit einer Lebensweise fortzufahren, die voller Angst und Kampf ist. Wenn sie uns ab und zu aufrüttelt, um uns von einer Lebensweise wegzutreiben, die für uns nicht funktioniert, was wir uns jedoch nicht eingestehen wollen, so tut sie dies aus liebevollem Mitgefühl.

Ich habe dieses Prinzip gelernt – auf die harte Art. Als ich eines Tages in meinem wunderbaren Honda fröhlich dahinfuhr, leuchtete ein rotes Licht an meinem Armaturenbrett auf, das ich noch nie bemerkt hatte. Es deutete auf die Bremsen hin. Ich prüfte die Bremsen, und sie schienen in Ordnung zu sein. Ich nahm an, daß ein Kurzschluß in der Lichtmaschine sei, und da das Auto gut lief, beließ ich es dabei. Einige Zeit später fingen meine Vorderbremsen an zu schleifen, und es klang gefährlich. Als ich das Auto zur Werkstatt brachte, teilte man mir mit, daß die Bremsen bis aufs Metall abgefahren waren, und da mein Auto Vorderradantrieb hat, wäre das eine große Reparatur. Wenn ich das Problem früher in Angriff genommen hätte, hätte ich nur die Bremsbeläge für etwa 30 Dollar austauschen lassen müssen. Da ich jedoch so lange gewartet hatte, waren mehr Teile und viel mehr Arbeit erforderlich, und ich zahlte schließlich 200 Dollar für die Reparatur. Ich konnte weder das Auto noch den Mechaniker noch das Licht noch Gott beschuldigen. Ich konnte nur mich selbst dafür verantwortlich machen. Hätte ich das Handbuch gelesen, um nachzuschauen, was das Licht bedeutete, dann hätte ich gesehen, daß es mich warnte, und ich hätte Geld sparen können. Eine teure Lektion, aber eine gute.

Wenn wir verstehen, daß Krankheit eine Belehrung ist, können wir anfangen, *daraus zu lernen*, statt einfach eingeschüchtert zu sein. Es gibt eine Verbindung zwischen unserem Körper und unserem Geist. Gesundheit – und Krankheit – fangen im Geist (unserer Denkweise) an, greifen auf die Emotionen und Gefühle über und drücken sich schließlich in physischer Form aus. *Der physische Körper ist die letzte Station, die die Zeichen der Krankheit aufweist*; zeigt sich die Krankheit erst einmal im Körper, sehen wir das Ergebnis eines langen Prozesses, der mit einem Denkmuster begann. Dieses Denkmuster verursachte eine Reihe von Emotionen, die schließlich eine Veränderung im physischen Muster des Körpers bewirkte, die wir als »Krankheit« bezeichnen. Sind wir fähig, die Botschaften, die uns durch die Erfahrung geistiger oder emotionaler Unruhe gesandt werden, zu empfangen, so können wir die Änderungen vornehmen, *bevor* die Botschaft sich im physischen Körper manifestiert.

Doch weil die meisten Menschen nicht glauben, daß es eine Verbindung zwischen unserer Denkweise und dem Befinden unseres Körpers gibt, versuchen sie nur, das Symptom loszuwerden, wenn eine Krankheit auftritt, und schauen nicht tiefer, um das Problem zu entdecken. Jemand mit Kopfschmerzen z.B. mag ein Aspirin einnehmen, um die Beschwerden loszuwerden. Dies kann hilfreich sein, doch die beste Medizin wäre, zu lernen, wie man sich entspannt, Sorgen losläßt, und nicht so intensiv denkt. Wenn wir Aspirin oder ein anderes Medikament einnehmen, verhüllen wir nur das Symptom, das für uns eine Botschaft von unserem Höheren Selbst ist, das unsere Aufmerksamkeit auf das lenken will, was wir tun müssen, damit unser Leben besser funktioniert. Wir haben natürlich die Vorstellung, daß das Symptom verschwinden soll, denn alle Formen von Schmerz entsprechen gemäß ihrer Natur nicht der Art, wie wir leben sollen. Der springende Punkt ist nicht, *ob* wir den Schmerz loswerden sollen, sondern *wie* wir das tun sollen. Wir decken es allzuoft mit einem Pflaster zu, als wäre das Organ die Ursache, statt die Wirkung.

Aber weil Krankheit eine Belehrung für unser *spirituelles* Wachstum ist, wird sie erst weggehen, wenn wir die notwendigen *spirituellen* Lektionen gelernt haben. Wir können dem, was wir tun müssen, auf lange Sicht nicht ausweichen, indem wir die Winke, die uns an das erinnern, was wir lernen müssen, meiden.

Eric Butterworth erzählt eine wunderbare Geschichte, die dieses äußerst wichtige Prinzip sehr klar darstellt. Der Copilot eines großen Flugzeuges wendet sich an den Piloten und sagt zu ihm:

»Bob, ich habe gerade gesehen, wie das Warnlicht unter ›FAHRGESTELLFEHLER‹ aufgeleuchtet hat.«

»Was hast du dann getan?« fragte der Pilot.

»Ich habe die Glühbirne rausgeschraubt!«

Ich weiß nicht, ob es sich um eine wahre Geschichte handelt (ich hoffe nicht), doch sie symbolisiert auf jeden Fall die Einstellung, die viele von uns bezüglich Schmerzen haben. Eine viel wirksamere Einstellung wäre die, unsere Lebensweise klar und ehrlich anzuschauen und zu sehen, wie wir uns *von innen nach außen* verändern können. Es ist einfacher, eine Pille zu nehmen, als sich zu ändern. Wahres Wachstum erfordert allerdings Änderung, und im Leben geht es hauptsächlich darum, die Änderungen, die zu unserem Besten sind, vorzunehmen.

Laßt uns ein bißchen bestimmter sein. Da der Körper ein Symbol der Gedanken und der Gefühle und Emotionen ist, entspricht jedes Organ des Körpers einem bestimmten Denkmuster. Dort, wo der physische Körper schmerzt, liegt der Schlüssel zur geistigen, emotionalen oder spirituellen Arbeit, die wir tun müssen.

Ich kannte z. B. einen Wissenschaftler, der in seiner Denkweise sehr festgelegt und rigide war. Er hatte Arthritis. Die Arthritis verursachte nicht seine Denkweise, das *Denkmuster spiegelte* sich in der Arthritis. Was er tun mußte, war, sich zu lockern und das Leben etwas leichter zu nehmen. Eine andere Freundin hatte einen Hautausschlag, der sich beruhigte, als sie entdeckte, auf was sie in ihrem Leben reagierte (ausschlug). Bei Verstopfung oder Problemen mit den Verdauungsorganen wäre die Frage: »Was lasse ich nicht los? An was halte ich so hartnäckig fest?« angebracht. Wenn wir die Antwort auf die Frage finden, werden wir wahrscheinlich feststellen, daß das Organ auch geheilt ist.

Weil der Geist die Quelle all unserer Erfahrung ist, können wir die erforderlichen Lektionen immer zu einem Denkmuster zurückverfolgen. Wenn wir das Denkmuster entdecken, das verändert werden muß, wird das physische Symptom verschwinden, weil seine Funktion als Botschafter der Lektion nicht mehr benötigt wird. Der Zustand unseres Körpers ist (wie der unseres Lebens) kein Zufall, und wir sind durchaus fähig, seine Belehrungen zu verstehen und zu verstehen, wie die Heilung vollzogen werden kann.

Ich möchte es an dieser Stelle klarmachen, daß ich vor Ärzten, Krankenhäusern und der modernen Medizin einen ungeheuren Respekt habe. Ich glaube, daß Gott durch Pillen, Maschinen und Operationen heilt. Ich habe gesehen, wie Ärzte Leben gerettet haben, die nicht mit Kräutern gerettet werden konnten, und ich glaube, daß Antibiotika und Schmerztabletten uns Zeit und Energie ersparen, die wir anderweitig gut einsetzen können, statt mit der Krankheit zu kämpfen. Den Segen der Medizin zu verleugnen, wäre beschränktes Denken. Gott schränkt sich nicht ein in der Art, wie Sie bereit ist, sich auszudrücken. Der wichtige Punkt dabei ist der *richtige* Gebrauch der Medikamente. Es gibt eine Zeit für die »natürliche Heilung«*, und es gibt eine Zeit für natürliche Heilung *durch* Medikamente. Wir müssen groß genug sein, Gott zu erlauben, groß genug zu sein, uns durch die Methode zu heilen, die Sie für angebracht hält. Wenn Sie jemanden den Gedanken an eine Impfung oder eine andere Anwendung gab, so muß dafür Platz sein. Gott verschwendet keine Ideen.

Ganz gleich durch welche Form wir Heilung annehmen, wir müssen immer daran denken, daß Gott der einzige Heiler ist und daß Gesundheit unser einziges Geburtsrecht ist. Wir können nicht geheilt werden, wenn wir glauben, daß wir es verdienen, krank zu sein. Wir müssen verstehen, daß wir es verdienen 100 Prozent gesund zu sein, weil Gott 100 Prozent Gott ist. Ich habe dieses Kapitel »*Gesund*heit, *Ganz*heit und *Heilig*keit«** genannt, weil alle diese Worte dieselbe Wurzel haben, von derselben Vorstellung im Geist Gottes stammen. Wenn wir uns daran erinnern, daß wir heilig sind, sind wir ganz gesund. Wenn wir nicht gesund sind, haben wir irgendwo ein Zeichen übersehen. Wie der Poet und Sänger Leonard Cohen es ausgedrückt hat: »Wenn du dich nicht heilig fühlst, sagt dir deine Einsamkeit, daß du gesündigt hast.« Die Gnade, die die Sünde abschafft, ist die: Wir müssen lediglich klar werden, um gesund zu werden.

Wir müssen unsere Vorstellungen aufgeben, daß wir es verdienen, zu leiden, krank zu sein oder bestraft zu werden. Diese Ge-

---

* Gemeint sind Naturheilmittel. (Anm. d. Ü.)
** Im Englischen: Health, Wholeness, Holiness. (Anm. d. Ü.)

danken gehören einer alten Denkweise an, die für jemanden, der weiß, daß er oder sie eine Spiegelung des göttlichen Lichtes ist, nicht länger nützlich ist. Für so jemanden ist Leichtigkeit die natürliche Art des Seins, und Gesundheit die natürliche Art, dies auszudrücken.

Hier ist ein Schild, das an einer Autobahnbaustelle hing:

DIE BELÄSTIGUNG IST VORÜBERGEHEND.
DIE VERBESSERUNG IST VON DAUER.
DANKE FÜR IHRE KOOPERATION.

»Gottes Liebe ist die einzige Kraft, die euch heilen kann, und trotzdem ist es gerade diese Kraft, die ihr verleugnet habt. Ihr seid mit dem Heiligen Geist des Lebendigen Gottes gesalbt. Es ist euer Schicksal, euch als die Kinder des strahlenden Lichts zu erkennen.

Jawohl, Geliebte, ihr seid heil und vollständig. Akzeptiert kein anderes Schicksal als das der Heiligkeit. Die Welt möchte, daß ihr ihrem traurigen Traum von Begrenzung zustimmt, doch das Licht möchte, daß ihr emporschwebt wie der Adler eurer heiligen Visionen. In der Begrenzung liegt nur Leid und in Ganzheit Frieden. Trefft eine weise Wahl, denn wenn ihr für euch selbst wählt, wählt ihr für alle.

Ihr habt immer geglaubt, daß eure Gesundheit eine Funktion eures Körpers ist, aber wir sagen euch jetzt, daß ihr tiefer schauen sollt. Es gibt keinen Aspekt eurer Erfahrung, der nicht mit dem Heiligen Geist verwandt ist. Schaut euch die Lektionen in eurer physischen Erfahrung an, und ihr werdet die Stimme Gottes, die in eurem Leben spricht, entdecken. Der Heilige Geist ist ewiglich ganz. Dieses Prinzip ist kompromißlos. Glaubt allein an den Heiligen Geist, und ihr glaubt an Gott. Glaubt an den Zufall, und ihr seid verloren. Wählt weise, Geliebte.

Die Heilung, die ihr sucht, steht euch jetzt zur Verfügung. Die Liebe, um die ihr bittet, wird euch in diesem Augenblick freimütig gegeben. Ihr seid Kelche des Universellen Lebens, und die Erfüllung eurer Reise ist die Vollendung Seines Vorhabens für eure Existenz.

Möge aller Segen mit euch sein.«

Der Fluss des Lebens

Loslassen

Eines Abends entdeckte ich einige köstlich aussehende Erdnußkekse in der Speisekammer des Hauses, in dem ich wohnte. Ich liebe Kekse. (Meine Mutter gab mir früher immer Kekse und Milch, wenn ich von der Schule nach Hause kam, und ich habe nur die besten Erinnerungen an die unschlagbare Kombination von Schokoladenkeksen, Milch und *Supermann.*) Ich nahm einen dieser Kekse, doch mein Gewissen meldete sich sogleich, weil sie nicht mir gehörten. Ich wußte, daß ich wahrscheinlich ein oder zwei klauen konnte, und alle würden denken, daß sie von den rechtmäßigen Besitzern gegessen worden waren. Doch ich beschloß, zuerst zu fragen. Als ich fragte, antwortete die Person, die sie gebacken hatte, mit einem strahlenden Lächeln: »Ja klar, du kannst alle haben! Niemand anders mag sie. Betrachte sie als deine!« (Das ist einer der Vorteile von Vollkostnahrung – niemand anders mag, was du magst.) Ich hatte sie durch mein Fragen losgelassen und erhielt alles zurück. Lecker!

Ich habe viel über die Belehrung » Gib alles auf, und du kriegst alles zurück« nachgedacht. Ich halte dies für eine unglaublich wirksame Formel, um Freiheit und Lebensfreude zu finden. Jedesmal wenn ich dieses Prinzip in die Tat umgesetzt habe, hat es funktioniert. Immer wenn ich etwas losgelassen habe, hat Gott es mir entweder zurückgegeben oder er hat mir etwas Besseres gegeben oder mir gezeigt, daß ich besser dran bin ohne. Ich habe mehr und mehr festgestellt, daß Gott uns immer genau das Richtige für unser höchstes Wohl gibt, und zwar ohne irgend jemandem dabei zu schaden.

Eines Abends ging ich mit einer Freundin zu der Theateraufführung *Godspell.* Aufgrund eines Fehlers seitens der Theaterkasse waren unsere Plätze doppelt vergeben worden. Wir befanden uns in der Situation, möglichweise einen Streit mit zwei anderen Menschen zu haben, die fanden, daß sie auch ein Recht auf dieselben Plätze hatten. Meine Freundin sagte zu mir: »Nun, wir waren zuerst da. Also laß sie andere Plätze suchen.« Ich bemerkte, daß die anderen sich allmählich ein bißchen aufregten, und ich erinnerte mich an Jesus Belehrung: »Wenn jemand deinen Mantel will, gib ihm auch deinen Umhang.« Also sagte ich zu meiner Freundin: »Überlaß ihnen die Plätze. Ich glaube, daß es sich für uns regeln wird.« Und so gaben wir ihnen die Plätze. Als ich zur Theaterkasse ging, um unsere mißliche Lage zu erklären, war der Geschäftsführer sehr zuvorkommend. Er gab einem Platzanweiser zwei andere Karten für uns, und man zeigte uns Plätze, die viel näher an der Bühne waren.

Der Gedanke: »Wer sich selbst erniedrigt, der wird erhöht« ist eine der kraftvollsten und praktischsten Wahrheiten, denen ich je begegnet bin. Er handelt von dem wunderbaren Prinzip, daß wir uns nicht mit den Ellbogen durchs Leben drängeln müssen. Auf lange Sicht gesehen, sind wir besser dran, wenn wir Gott erlauben, sich um uns zu kümmern.

Wir können ironischerweise nur das haben, was wir auch bereit sind, aufzugeben. Was wir nicht bereit sind loszulassen, wird zu einer Quelle der Angst und Bedrohung. Wogegen wir uns sträuben, das bleibt bestehen. Der zweite Teil von Jesus Belehrung war: »Wer sich selbst erhöht, der wird erniedrigt.« Die Rabbiner lehrten dieselbe Wahrheit in die *Sprüche der Väter* auf eine auffallend ähnliche Weise: »Derjenige, der nach Ansehen strebt, wird es verlieren; derjenige, der nicht nach Ansehen strebt, wird es gewinnen.« Wenn ich jene Bibelworte höre, denke ich meist an die Politiker, die in den Watergate-Skandal verwickelt waren. Es scheint, daß je mehr sie nach Macht strebten oder versuchten, sie zu halten, desto mehr schlug es fehl und endete mit ihrem Sturz.

Dieses Prinzip ist sowohl auf Menschen als auch auf Beziehungen anwendbar. Eine Beziehung, die auf Klammern, Besitzgier oder Anhaftung basiert, kann nicht funktionieren. Es gibt stets Sorgen, Angst und Bedrohtsein. In einer derartigen Beziehung sind die Augenblicke der Erfüllung trügerisch, denn sie führen nur zu Leid. Wenn »Ich habe ihn/sie« Freude erzeugen kann, dann kann »Ich verliere ihn/sie« sicherlich Kummer verursachen. *Nur wenn wir locker an Menschen und Dingen festhalten, können wir sie voll und ganz genießen.* Das Leben ist ein ständiger Fluß von Kommen und Gehen. Dinge und Menschen kommen in unser Leben, und sie verlassen es genauso sicher, wie sie gekommen sind. Manchmal bleiben sie für einen Augenblick, manchmal für ein Leben. Wir wissen nie wirklich, wie lange es sein wird, und wir haben keinen wirklichen Einfluß auf die Dauer der Zeit, die wir mit jemandem auf dem Weg teilen. Unser Schlüssel zum Glück ist, die Beziehung zu genießen, solange sie anhält und dabei der Person und der Beziehung vollkommene Freiheit zu lassen, damit sie sich entsprechend Gottes Plan so weit wie möglich entwickeln können. Anhänglichkeit fühlt sich nie gut an. Sie bringt dem, der besitzt, und dem, der in Besitz genommen wird, Bedrängnis. Besitz mag neun Zehntel der Gesetze des Menschen ausmachen, doch nur ein Zehntel der Gesetze Gottes.

Wenn wir Schmerz aufgrund des Verlustes einer Beziehung in unserem Leben spüren, hängt das nicht mit dem Verlust des Menschen zusammen. Es hängt mit unserem Anhaften zusammen. Wenn wir das Anhaften loslassen, hört der Schmerz auf. Gott mag für den Verlust verantwortlich sein, doch wir sind verantwortlich für den Schmerz. Das mag hart klingen, aber es ist wahr. Wir sind letztendlich viel besser dran, wenn wir loslassen. Ist es nicht besser, frei und glücklich zu sein als angebunden und in Schmerz?

Wenn eine Beziehung zu Ende geht, ist dies eine Gelegenheit, das Prinzip »Laß los und laß Gott zu«* anzuwenden. Das bedeutet, zu akzeptieren, daß Gott *für* unser höchstes Wohl und nie gegen uns arbeitet. In einer derartigen Situation würde ich annehmen, daß Er einen guten Grund hat, die Beziehung zu beenden,

---

* Im amerikanischen Original: »Let go and let God.« (Anm. d. Ü.)

und daß dieses Ende in Wirklichkeit ein Anfang ist. Vielleicht wartet etwas oder jemand Besseres auf dich. Vielleicht haben wir alles, was wir geben, erhalten, teilen und lernen konnten, im Moment getan, und es ist jetzt an der Zeit, in einen neuen und besseren Raum hineinzuwachsen. So muß es einfach sein. Gott würde mit dem Leben Seines Kindes keinen Unfug treiben.

Wir müssen das Alte loslassen, um Raum für das Neue zu schaffen. Eine meiner Freundinnen betete und betete für eine größere und bessere Wohnung, die sie für sich und ihre Familie brauchte. Doch sie tat nichts dazu. Sie wurde eines Tages von ihrem Hausbesitzer vor die Türe gesetzt, und sie war gezwungen, etwas anderes zu finden. Die Wohnung, die sie fand, war genau die, für die sie immer gebetet hatte! Sie konnte sie jedoch nicht erhalten, bevor sie nicht die alte aufgegeben hatte.

Es gibt eine schöne Zen-Geschichte, die dieses Prinzip auf köstliche Weise erklärt: Ein Mann kam zu einem Lehrer, um Erleuchtung zu finden. »Setz dich«, lud ihn der Lehrer ein, »laß uns Tee trinken.« Der Lehrer fing an, Tee in die Tasse des Mannes zu gießen, doch anstatt damit aufzuhören, als die Tasse voll war, goß er weiter ein, was dazu führte, daß die Tasse überlief und der Tee sich über den Tisch und die Beine des Mannes ergoß.

Der Mann sprang erstaunt auf und rief: »Was machst du da? Siehst du denn nicht, daß die Tasse voll ist?!«

»Du hast eben die erste Lektion im Zen gelernt«, erklärte der Meister. »Du mußt dich selbst zu einer leeren Tasse machen, um zu lernen. Jemand, der glaubt, daß er schon weiß, kann nichts Neues lernen.«

Mit anderen Worten: Erst wenn wir damit aufhören, uns an die Vergangenheit zu klammern, sind wir dazu fähig, den Segen, den die Gegenwart uns anbietet, voll anzunehmen. Einem Gedanken oder einer Erfahrung (durch Erinnerung oder Bitterkeit) verhaftet zu sein ist dasselbe, wie sich an eine Person oder eine Sache zu klammern. Es nimmt uns aus unserem Zentrum im Hier und Jetzt heraus und entzieht die Fülle dieses Momentes unserer Erfahrung. Allzuoft halten wir an Erinnerungen an die »guten alten Zeiten« fest, als wir »wirklich glücklich« waren und als die Dinge genau richtig liefen. Wenn sie tatsächlich *wirklich* gut waren, würden wir keine Trauer empfinden, wenn wir jetzt an sie denken, denn was gut ist, ist befreiend. Und wenn wir an eine Erfahrung gebunden sind, hat sie uns nicht gerade befreit. Die *wirklich* guten alten Zeiten waren jene, die uns gezeigt haben, daß wir die Freiheit haben, in *jedem* Augenblick voll zu leben, einschließlich – und besonders – *jetzt*. Wenn ich etwas so sehr genossen habe, daß ich jetzt über sein Nichtvorhandensein Trauer empfinde, dann habe ich es auf eine falsche Weise genossen. Ich habe es auf eine Weise genossen, die zu Leid geführt hat und nicht zu Freiheit. Ich habe das sterbliche, sich verändernde Element des Menschen oder der Sache genossen, und dieses Element kann nie Frieden erzeugen. Einzig und allein wenn wir den ewigen göttlichen inneren Aspekt einer Erfahrung genießen, kann uns das wahres Glück bringen. Wenn ich auf die Erfahrungen zurückblicke, die ich geschätzt habe, empfinde ich überhaupt kein Gefühl von Verlust, denn diese Erfahrungen zeigten mir das Licht, das jetzt in mir ist. Dieses Licht war damals vorhanden, es ist jetzt vorhanden, und es wird morgen vorhanden sein. Nicht die Person oder die Erfahrung zählt, sondern der *Geist* darin ist wertvoll, und der Geist ist in allen Erfahrungen vorhanden. Menschen und Ereignisse sind wie Teetassen (Gefäße), durch die Gott uns Liebe und liebevolle Lektionen gibt. Obwohl Teetassen verblassen, zerspringen oder verlorengehen können, ist der Gott, der sie uns ursprünglich gab, immer anwesend, und zwar mit einem unerschöpflichen Vorrat an Gefäßen in Seiner göttlichen Speisekammer.

Wenn wir uns voller Groll an jemanden anhaften, binden wir uns durch unsere Gedanken und Erinnerungen an ihn oder sie. Der Fluß des Lebens möchte, daß wir zum Ozean fließen, doch wir möchten uns lieber an dem Stein, an dem wir unseren Fuß gestoßen haben, festklammern. Wir können die Ereignisse aus unserer Vergangenheit nicht verändern, aber wir können immer *die Art, wie wir* diese Ereignisse *betrachten*, ändern. Jene, die uns anscheinend Schmerz und Kummer bereiteten, waren unsere Lehrer, die uns Herausforderungen brachten, die uns halfen, größere, persönliche Kraft zu entwickeln. Sobald wir erkennen, daß das Problem nicht in ihnen, sondern in der Art, wie wir sie *sahen*, lag, befreien wir sowohl uns selbst als auch sie.

Wir kämpfen mit dem Leben nur, weil wir unsere eigenen besten Interessen nicht wahrnehmen. Wir können selten wissen, wie eine bestimmte Erfahrung in den Gesamtplan des Guten in unserem Leben hineinpaßt. Es gibt oft einen Unterschied zwischen dem, was wir für uns für gut halten, und dem, wovon Gott *weiß, daß es* für uns gut ist. Die Geschichte von Joseph ist eine hervorragende Darstellung dieser Wahrheit. Als wir die Geschichte verließen, war Joseph, dessen Brüder ihn als Sklave verkauft hatten, gerade »Oberster Minister« von Ägypten geworden. Kurz danach kam eine Hungersnot über das Land und Josephs Brüder trieb es nach Ägypten (das einzige Land mit Nahrungsreserven) um dort Essen zu suchen. Sie sahen sich Joseph gegenüber, doch sie erkannten ihn nicht. Joseph gab ihnen in vergebender Liebe zu essen und enthüllte ihnen seine Identität. Als sie Reue empfanden und wegen ihrer Missetat weinten, tröstete Joseph sie: »Fürchtet euch nicht! Stehe ich denn an Gottes Statt? Ihr gedachtet es böse mit mir zu machen; aber Gott gedachte es gut zu machen.«

Ich glaube gerne, daß Gott es mit allem gut meint. Es ist schwierig, dies von einem begrenzten Standpunkt aus zu sehen, aber einfach und natürlich, wenn man es vom erhabensten Standpunkt aus betrachtet. Es wird gesagt, daß »das Gebet die Kontemplation der Dinge des Lebens vom höchsten Standpunkt aus ist«.

Wenn wir unsere Erfahrung durch göttliche Augen betrachten, können wir die Essenz der Güte in allen Erfahrungen sehen, und Loslassen ist keine Prüfung mehr, die zu fürchten ist, sondern eine Gelegenheit, die mit etwas Wunderbarem zu füllen und freudig anzunehmen ist.

Das berühmte Gebet des heiligen Franziskus von Assisi bestätigt das:

»Wenn wir geben, erhalten wir.
Wenn wir verzeihen, wird uns verziehen.
Wenn wir sterben, werden wir ins ewige Leben geboren.«

Einige haben die letzte Zeile wie folgt frei wiedergegeben: »Wenn wir uns ergeben, werden wir neu geboren.« Wenn wir Gott alles überlassen, versagen wir nicht und sind nicht schwach oder verlieren etwas. Im Gegenteil, wir machen uns dafür zugänglich, mit dem Heiligen Geist gefüllt zu werden, welcher sowohl die größte Kraft im Universum ist als auch die Liebe, die wir schon immer wirklich wollten.

Wir erkennen allmählich, daß wir *Dinge* nicht loslassen müssen, sondern nur unsere *Anhaftung* an sie. Wir können uns von Dingen entfernen, aber wenn wir geistige Bindungen zu ihnen unterhalten, können wir genausogut mit ihnen sein. Wir wären wahrscheinlich tatsächlich besser dran, wenn wir mit ihnen wären, denn dann könnten wir lernen, sie loszulassen. Es gibt eine Geschichte von einem Yogi, der sich für viele Jahre in eine Höhle zurückzog, um der Welt zu entsagen. An dem Tag, an dem er in sein Dorf zurückkehrte, stieß jemand unbeabsichtigt mit ihm zusammen, und er wurde wütend. Was haben ihm all die Jahre der »Entsagung« genützt? Er hätte sich selbst und der Welt einen besseren Dienst erwiesen, wenn er so lange in der Stadt gelebt hätte, bis er sich nicht mehr aufregt, wenn jemand mit ihm zusammenstieß. Dann wäre er ein echter Weltentsager gewesen, der die Freiheit hätte, in der Stadt oder in einer Höhle oder sonstwo zu sein, wo ihn sein Herz hintreibt.

Anhaftungen nehmen die Form von »Mein«-Gedanken an. Ein »Mein«* ist etwas, das explodiert, wenn man darauftritt. Ich habe einmal den Schmerz der Anhaftung an jemanden erlitten. Ich ging zu einem Vortrag eines wunderbaren, buddhistischen Mönchs, der sagte: »All unsere Sorgen sind in unserem Geist. Da fangen unsere Probleme an, und da hören sie auf.« Seine Worte haben meine ganze Einstellung verändert! Keine physischen Ketten banden mich an die Person. Die Ketten waren von meinem Geist geschmiedet worden, und das Schloß war mit meinen Gedanken befestigt. Der Schlüssel zur Freiheit lag auch in den Gedanken. Wenn ein Gedanke binden kann, kann ein Gedanke auch befreien.

Wenn ich diese Welt verlasse, möchte ich an nichts gebunden sein – an keinen Gegenstand, keine Person, keine Philosophie, kei-

---

* Das englische Wort »mine« bedeutet »mein« und »Mine« zugleich. (Anm. d. Ü.)

nen unbefriedigten Wunsch. Ich möchte direkt auf das Licht zusteuern, ohne jegliche Verzögerungen. Ich bete darum, daß ich mein Gepäck fallen lasse und meine Arme frei sind, Gott zu umarmen, nur Gott allein. Ich möchte wegen nichts zurückkommen müssen, außer zum Dienen. Ich habe noch nie wirkliches und dauerhaftes Vergnügen an einem physischen Gegenstand oder einer Person gefunden. Je mehr ich Anhaftungen an Dinge und Menschen aufgegeben habe, desto mehr bin ich paradoxerweise dazu fähig, sie zu lieben und zu genießen.

Am Ende müssen wir auch unser Streben aufgeben. Ein weiser Mann sagte einmal: »*Gib dein Lechzen nach Wachstum auf.*« Das Streben nach Wachstum ist ein notwendiger Schritt auf dem Pfad, doch wir müssen schließlich die Fülle einer Quelle *in* uns selbst annehmen und die Illusion des Suchens und Nach-außen-Greifens aufgeben. Solange wir Gott, Frieden oder Bewußtsein *außerhalb* von uns selbst sehen, werden wir Ihn nie ganz kennen. In dem Moment, in dem wir Gott in uns finden, hört unser Suchen auf, denn wir erkennen, daß Er schon immer in uns war und immer dort bleiben wird.

Der große Yogi Tat-Walla sagte: »Das Letzte, das verschwinden muß, ist Gott.« Er meinte damit nicht, daß Gott tatsächlich weggeht, denn wo würde Er hingehen? Was Tat-Walla gemeint hat, war, daß unser *Gedanke* von Gott als »Er« oder »Sie« oder »Es« (was eine künstliche Trennung zwischen uns und Gott erzeugt) zu gehen hat. Wenn wir wirklich Eins mit Gott sein wollen, können wir Gott nicht als »jemand anders« sehen. Wir müssen Gott als das Selbst sehen. Als Ramakrishna gebeten wurde, Gott zu beschreiben, ging er in einen schweigenden, ekstatischen Zustand. Er konnte im göttlichen Zustand nichts sagen. Mit wem sollte er reden? Der Liebende und der Geliebte waren Eins geworden.

»Gott« muß also auch gehen. Einige würden dies als Gotteslästerung bezeichnen, doch Jesus wurde auch als Gotteslästerer bezeichnet, als er verkündete: »Ich und der Vater sind eins.« Gott zu lieben, zu dienen, Ihn zu fürchten und Ihn zu verehren hört auf, wenn wir Er *sind*. Neem Karoli Baba sagte: »Besser als *darshan* [in der Gegenwart von … zu sitzen] mit Christus zu haben ist es, Christus zu *werden*.«

»Alles, was ich bin
Alles, was ich tue
Alles, was ich je haben werde
Stelle ich dir jetzt zur Verfügung

Alles, was ich träume
Alles, was ich bete
Alles, was ich je machen werde
Gebe ich dir heute

Nimm diese Geschenke und weihe sie
Zu deiner Ehre, o Herr
Zu wissen, daß ich dich liebe und dir diene
Ist Belohnung genug

Alles, was ich bin
Alles, was ich tue
Alles, was ich je haben werde
*Stelle ich dir jetzt zur Verfügung.«**

* Sebastian Temple: *All that I am*. Franciscan Publications, Los Angeles, Kalifornien 1977. Mit Erlaubnis abgedruckt.

»Eine Art Freiheit befällt diejenigen von euch, die bereit sind, Gott zu vertrauen. Ihr habt einst versucht, Sicherheit, Macht und Leben durch furchtsames Festhalten zu erlangen, doch mit welchem Vorteil? Eure Beobachtung von jenen in eurer Mitte, die mit sich selbst in Frieden leben, hat offenbart, daß das Teilen die eigentliche Quelle der Freude ist.

Weil die Werte der Welt auf verzerrter Wahrnehmung beruhen, hat man euch gelehrt, daran zu glauben, daß Anhäufen Erfolg bedeutet. Dieser Glaube hat euch jetzt fast verlassen, da ihr entdeckt habt, daß Erfüllung nicht in Dingen, sondern allein im Heiligen Geist gefunden werden kann. Der Bereich des selbstlosen Teilens erteilt euch seine heilige Einladung und erwartet lediglich von euch, daß ihr sie freudig willkommen heißt.

Euer Glück hängt voll und ganz von eurem Vertrauen in Gottes Fähigkeit ab, daß Er euch das geben wird, was ihr euch selbst nicht geben könnt. Euer Eingeständnis des Unvermögens eures strebenden Selbst ist die Bedingung für die Verwirklichung der unendlichen Kraft eures göttlichen Selbst. Laßt die Ziele los, die ihr euch selbst gesetzt habt, und laßt zu, daß sie durch das Ziel ersetzt werden, das Gott schon immer für euch vorgesehen hat, nämlich das Ziel der vollständigen Vereinigung mit eurer göttlichen Natur.«

Schwimm mit dem Strom

Ich erinnere mich noch gut an den Sommer, in dem ich den High-School-Abschluß gemacht habe. Etwa Ende August, ungefähr zu der Zeit als ich mich darauf vorbereitete, zur Hochschule zu gehen, hatte ich das Gefühl, im Weltraum verloren zu sein, ohne einen Platz, an dem ich mich zu Hause fühlte. Die meisten meiner Freunde waren schon fort auf der Hochschule, oder sie bereiteten sich aufs Heiraten vor, und ich kannte niemanden, der dieselbe Hochschule besuchen würde wie ich. Ich wußte, daß gute Freunde mich dort erwarten würden, wenn ich erst einmal ankam, doch ich wußte auch, daß die Zeit noch nicht reif war.

Es gibt so ein Stadium auf dem spirituellen Weg. Viele aufrichtig Suchende machen eine Periode anscheinender Leere durch, in der das Alte seinen Reiz verloren hat, das Neue jedoch noch nicht erschienen ist. Es ist eine Zeit, in der alte Freunde, Aktivitäten und Interessen nicht länger attraktiv sind, neue sich aber noch nicht manifestiert haben, um die Alten zu ersetzen. Viele Schüler auf dem Weg sagen: »Ich habe keine Lust, die Dinge zu tun, die mir früher Spaß machten, und ich habe das Gefühl, daß etwas Neues auf mich wartet – etwas Besseres als das, was ich gewohnt war – aber ich weiß nicht wirklich, wie ich es finden soll.«

Hilda hat dieses Stadium als einen »Korridor zwischen verschiedenen Räumen« beschrieben. Wir sind aus unserer Vergangenheit herausgetreten, haben unser Schicksal jedoch noch nicht in Angriff genommen. Dieser Prozeß ist normal, natürlich und notwendig, und es ist in der Tat ein sehr gutes Zeichen. Es bedeutet, daß wir eine Ära des Wachstums vollendet – absolviert – haben und daß wir jetzt für etwas Neues und Besseres bereit sind. (Wenn wir unsere alten Freunde verlieren, bedeutet das, daß wir auf dem richtigen Weg sind. Wenn wir dagegen unser ganzes Leben lang mit denselben Freunden zusammen sind, wissen wir, daß wir in der Patsche sind!)

Was wir in einer solchen Übergangsperiode tun müssen, ist: unser Vertrauen mobilisieren und erkennen, daß es nur eine Sache der Zeit ist, bis unser neues Ziel Wirklichkeit wird. Wenn du von einem alten Haus in ein neues umziehst, wirst du unweigerlich eine bestimmte Zeit auf der Straße zwischen den beiden Häusern unterwegs sein. Dies kann sich ein bißchen unsicher anfühlen, besonders wenn du deine ganzen Möbel verkauft hast, um den Übergang zu erleichtern. Während du reist, ist es die Vision deines neuen Heimes, die dir die Kraft gibt weiterzufahren, und es sind die Erwartungen einer neuen und besseren Lebensweise, die die Reise lohnend machen.

Wenn wir nur loslassen können und Vertrauen in den Prozeß unseres Fortschrittes haben, können wir das Wunder des Lebensflusses schätzen lernen. Wenn wir uns während unserer turbulenten Zeiten wie ein geschickter Wellenreiter dynamisch im Gleichgewicht halten können, werden die Wellen der Erfahrung uns sanft zum Ufer führen. Wir mögen Angst davor haben, daß die Wellen uns ertränken, doch es sind tatsächlich die Wellen, die uns *fortbewegen.*

Steve ist ein langjähriger enger Freund von mir. Wir haben uns als Teenager kennengelernt und eine ganze Ära von Erfahrungen geteilt. Wir blieben bis spät in die Nacht auf und führten tiefschürfende Diskussionen über die Natur des Universums. Wir lachten, wir waren von denselben großen Lehrern der Wahrheit inspiriert, wir reisten zusammen und genossen den Wechsel der Jahreszeiten um uns herum. Steve und ich unterstützten einander, forderten einander heraus, teilten miteinander und wuchsen ins Leben wie Brüder. Schließlich lebten wir mehrere Jahre in Harmonie und gemeinsamer Arbeit zusammen.

Steve und ich trieben aufgrund unterschiedlicher Interessen und Aktivitäten allmählich auseinander. Ich spürte die zunehmende Trennung und wehrte mich innerlich dagegen. »Steve ist mein bester Freund«, dachte ich, »er war es immer und wird es immer sein.« In meinem Herzen jedoch wußte ich, daß unsere Wege sich trennten.

Steve wurde in eine Beziehung mit einer Frau verwickelt, die für ihn schmerzhaft war. Ich spürte Steves Schmerz, und ich versuchte, ihn wissen zu lassen, daß ich mit ihm fühlte und ihn unterstützte. Merkwürdigerweise war er dafür nicht empfänglich, und ich war enttäuscht. Zu dem Zeitpunkt erkannte ich, daß Steve sein Schicksal erfüllen mußte und daß sein Leben eine neue Richtung einschlug. Und ich konnte nichts tun, um die Gezeiten des Lebens aufzuhalten.

Steve verkündete einige Monate später, daß er ausziehen wolle, um mit dieser Frau zu leben. Zuerst hatte ich ein Gefühl der Leere in mir, als ich das hörte, denn es bedeutete für mich, daß eine ganz besondere Ära in meinem Leben zu Ende ging. Als ich jedoch etwas tiefer in mich hineinblickte, entdeckte ich ein sehr friedliches Gefühl von Erleichterung und Freiheit, denn ich gab zu, daß es in Ordnung war, daß wir in verschiedene Richtungen gingen. Ich erkannte auch, daß wir nicht mehr die gleichen Interessen teilten wie früher und daß ich mich törichterweise an ein Bild der Vergangenheit klammerte. In dem Augenblick war es mir möglich, Steve alles Gute zu wünschen und ihm meinen Segen für den gewählten Weg anzubieten.

Steve und ich stehen einander jetzt sehr nahe. Wir haben seitdem unsere eigenen Höhen und Tiefen durchlebt und sind beide um so reicher. Wir verbringen nicht mehr soviel Zeit miteinander wie damals, doch wir lieben und respektieren einander so sehr wie je. Ich werde immer die frühen Jahre unserer Freundschaft in Ehren halten, so wie ich die Momente, die wir jetzt miteinander teilen, in Ehren halte. Und ich bin ganz besonders dankbar für die Lektion im Loslassen.

Ein orientalischer Weise lehrte: *»Daß das Nachgeben kraftvoller ist als das Widerstreben, ist eine Tatsache, die allen bekannt ist, jedoch von niemandem praktiziert wird.«* Seine Meinung zu ändern oder sich zu demütigen wird von vielen als Zeichen der Schwäche angesehen, obwohl die demütigsten Menschen die erhabensten sind. Man lehrt uns, die Welt zu unterjochen, zu mißhandeln und sie so zu formen, daß sie unseren Erwartungen entspricht. Aber das Wort Macht ist ein Wort, das sehr wenige Menschen verstehen. Die Macht, die wir in der Welt erlangen, ist wie eine Blase im Ozean Gottes. Sie wird früher oder später platzen, und wir befinden uns wieder im Ozean.

Ich unterhielt mich vor einigen Tagen mit einem Mann, der auf der Leiter des Erfolges in der Geschäftswelt bis zur Spitze aufgestiegen war – und dann wieder ganz heruntergefallen war. Als ich ihn das letzte Mal sah, vor etwa zehn Jahren, hatte er eine sehr angesehene Stellung in einer der wichtigsten Kaufhausketten. Er trug Anzüge im Wert von 300 Dollar, besaß mehrere Cadillacs, und er und seine Familie genossen die feinsten Dinge im Leben. Dann ging seine Firma fast über Nacht pleite, und er verlor seine Anstellung. Seine Frau wurde krank, und er hatte hohe Arztkosten zu tragen. Er war fünf Jahre lang ohne Arbeit. Dank der Gnade Gottes bewältigte er alles mühelos und blieb während all seiner Prüfungen positiv. Er hat inzwischen eine andere Anstellung, seine Frau ist wieder gesund, und seine Einstellung ist hervorragend. Als er mir seine Geschichte erzählte, spürte ich bei ihm weder Verbitterung noch Groll. Er war fähig, mit den veränderten Umständen in seinem Leben zu fließen. Ich kenne einen anderen Mann, der ähnliches durchmachen mußte, doch dadurch einen Rückfall erlitt. Da es für ihn schwieriger war, die Situation zu bewältigen, durchlebte er eine Depression und Krankheit, bevor er am anderen Ende herauskam. Doch sein scheinbares Unglück war tatsächlich eine Gnade Gottes, denn ihm blieb das Schicksal der anderen fünf Männer erspart, die seine Vorgänger waren und alle an einem Herzinfarkt starben.

Es wird gesagt, daß die Weide ein langes Leben genießt, weil ihre Äste sich biegen können, um die Last des schweren Schnees und des Eises, die den Zweig eines unbeugsameren Baumes brechen würde, zu mildern. Meister Sivananda, ein großer und hochverehrter Yogi, zeigte, daß er dieses Prinzip sehr gut verstand, als er seinen Schülern ein sehr praktisches Mantra gab:

»Diene, liebe, meditiere, reinige dich,
Sei gut, tu Gutes, sei gütig, sei mitfühlend,
Passe dich an, berichtige, gleiche dich an,
Ertrage Beleidigung, ertrage Verletzung,
höchstes *sadhana.*«

Es gibt einen amerikanischen Guru, der dieselben Prinzipien lehrt. Sein Name ist Arthur Fonzarelli, doch er wird von seinen Schülern liebevoll *»Der Fonz«* genannt. Der Fonz ist ein Meister der »schnellen Umstellung des Geistes«, wie Hilda es nennt. Er weiß, wie man eine Herausforderung angeht und sie sofort in einen Vorteil verwandelt. Ritchie wollte z.B. einmal einer Verbindung beitreten, und ein Teil seiner Einweihung war es, als Mädchen verkleidet zu einem High-School-Ball zu gehen. Der Fonz war natürlich auf demselben Ball, und Ritchie (den er aufgrund seiner Verkleidung nicht erkannte) gefiel ihm und er forderte ihn (sie) zum Tanzen auf. Während sie langsam tanzten, fing Der Fonz an, in Ritchies Ohr zu blasen und ihn auf den Hals zu küssen. Ritchie fühlte sich gezwungen, seine Identität zu enthüllen, und flüsterte: »He, Fonz, ich bin's, Ritchie! – Ich bin nur für meine Verbindungseinweihung so angezogen!« Der Fonz sah ihn etwa eine halbe Sekunde lang unglaublich erstaunt an, doch er verlor, wie es seinem unbesiegbaren Stil entspricht, nicht die Ruhe. Er verpatzte nicht einmal einen Tanzschritt. Alles, was er tat, war, daß er ein paar Zentimeter von Ritchie wegrutschte und zu ihm sagte: »Ach ja, ach ja ... Ich wußte es schon die ganze Zeit ... Ich wollte dir nur bei deiner Einweihung behilflich sein ... Hast du geglaubt, daß *Der Fonz* dich im Stich lassen würde?«, und der Tanz ging weiter. Schnelle Umstellung des Geistes.

Sichanpassen, Berichtigen und Sichangleichen sind Qualitäten, die wir Menschen in der westlichen Kultur oftmals schwer verstehen und die wir schwer in die Tat umsetzen können. Ich hörte neulich einen wunderbaren Vortrag einer amerikanisch-indianischen Gärtnerin. Sie wies darauf hin, daß viele Gärtner den Anbau von Nahrung und lebendigen Dingen auf sehr aggressive Weise betreiben. Wir sagen: »Ich werde den Garten dazu *bringen*, daß er wächst.« Wir greifen Mutter Erde mit Chemikalien und Respektlosigkeit an, beuten sie für sofortigen Profit aus und mißachten dabei die Langzeitwirkung unseres Ungestüms. Die großen Sandstürme der 30er Jahre waren, wie sie sagte, zum Großteil das Ergebnis von kurzsichtigem Pflügen, das das Gleichgewicht verwurzelter, lebender Pflanzen störte. Der Weg der amerikanischen Indianer ist ein Weg des Pflanzens, Kultivierens und Erntens in Harmonie mit den natürlichen Gegebenheiten des Landes, wobei die Freigebigkeit der Erde immer hoch geschätzt wird und der Erde alle wertvollen Nährstoffe, die ihr entnommen wurden, zurückgegeben werden. Sie wies auch darauf hin, daß man großen Respekt dafür zeigt, *mit* den Jahreszeiten zu arbeiten, nie *gegen* sie.

Eine Art, wie wir die Jahreszeiten unseres Wachstums durcheinanderbringen, ist, vor Situationen, die wir noch nicht gemeistert haben, wegzulaufen. Wenn das Feuer in einer herausfordernden Beziehung oder Anstellung zu heiß wird, sehen wir uns womöglich versucht, abzuhauen, um eine einfachere zu finden. Unglücklicherweise. Wie ein Freund es ausdrückte: »Wenn ein Esel auf Reisen geht, kommt er nicht als Pferd zurück.« Mit anderen Worten: Wenn du vor einer schwierigen Situation davonläufst, ist es dir lediglich gelungen, den Reiz, der deine Knöpfe drückt, zu vermeiden. Und gerade das ist es, was du wahrscheinlich verstehen und meistern mußt, um zu wachsen. Außerdem werden wir ganz sicher mit derselben Herausforderung in einer anderen Form woanders konfrontiert und wahrscheinlich sogar auf intensivere Weise. Somit sind wir besser dran, wenn wir sie da, wo wir gerade sind, durchstehen, denn wenn wir woandershin laufen, wird das Feuer noch heißer sein. Wenn du versucht bist, Ehemann eins zu verlassen, weil er die Zahnpasta vom falschen Ende her herausdrückt, bist du besser dran, wenn du die Sache geregelt kriegst, weil Ehemann zwei wahrscheinlich zusätzlich auch den Deckel nicht wieder draufmacht!

Wann haben wir dann die Freiheit, eine Situation zu verlassen, wenn wir das Gefühl haben, daß sie für uns nicht richtig ist? Wir können sie verlassen, wenn wir tief in unserem Herzen sicher sind, daß wir nicht weglaufen, in der Hoffnung einen besseren Ersatz zu finden. Wenn wir *emotional* geladen sind, Wut, Gereiztheit oder Groll über die Situation, die wir verlassen wollen, fühlen, so bleibt diese für uns eine günstige Gelegenheit zu wachsen, indem wir es auflösen. Und wir hätten wahrscheinlich großen Nutzen davon, wenn wir bleiben würden. Wenn wir uns andererseits bezüglich der Arbeit, die wir geleistet haben, zufrieden, vollständig und klar fühlen und wir *wahrlich* das Gefühl haben, daß es keine Herausforderung mehr oder nicht mehr produktiv ist, ist es gut möglich, daß wir an diesem Punkt unsere spirituelle Arbeit getan haben. Wenn wir einen sehr starken *inneren* (nicht emotionalen)

Drang dazu spüren, etwas zu verändern, und wir das Gefühl haben, daß die Veränderung *im Fluß* der Dinge (und keine Reaktion) ist, dann ist vielleicht eine Veränderung ganz in Ordnung.

Ein Leben im Fluß der Dinge gibt keine Garantie durch Rezepte. Es gibt keine vorgefertigten und vorgepackten Faustregeln. Die Antwort liegt manchmal in dem einem Prinzip und manchmal im gegenteiligen. Eric Butterworth sagte: »Es ist nicht wichtig, daß du das tust, was du magst, sondern daß du das magst, was du tust!« Patricia Sun wurde aber einmal folgendes gefragt: »Warum bin ich die ganze Zeit so müde?« Ihre Antwort: »Weil du das, was du tust, nicht magst ... Warum probierst du nicht, etwas zu tun, was du magst?« Wer hatte recht? *Beide*. Jede Herausforderung erfordert eine einzigartige Lösung. Wir müssen unseren Weg durchs Leben *erspüren*. Wir müssen flexibel genug sein, zu wissen, was im Augenblick zu tun ist, selbst wenn es im vergangenen Augenblick nicht das Richtige war. Mahatma Gandhi sagte: »Ich habe mich der Wahrheit verschrieben – nicht der Beständigkeit.«

Man hat mir einst eine sehr angenehme Arbeit mit geistig zurückgebliebenen Menschen angeboten. Da ich zu der Zeit Geld brauchte, nahm ich sie an. Ich verliebte mich in die »Patienten«. Viele von ihnen waren sehr freudige und liebevolle Menschen, und ich lernte viele wertvolle Lektionen von ihnen. Mit der Zeit jedoch fühlte ich mich in meiner Arbeit unzufrieden. Ich verschlief, meine körperliche Gesundheit war nicht auf der Höhe, ich kam immer zu spät zur Arbeit, und ich fing an, mich auf die Feiertage zu freuen und nach Gelegenheiten zu suchen, nicht zur Arbeit zu gehen.

Ich sehnte mich danach, meine Kreativität anderweitig auszudrücken. Ich fühlte mich ganz besonders befriedigt, wenn ich Yoga unterrichtete, Musik machte, schrieb, reiste und Workshops über menschliche Beziehungen leitete. Diese Arbeit schien weit weg von der Art Arbeit, die ich am besten mache und am meisten genieße. Da ich also das Prinzip »Nimm, was du hast, und mach damit, was du willst« kannte, startete ich den Versuch, meine Fähigkeiten in das Programm einzubauen. Ich begann mit den Patienten Yoga zu machen, ich machte Musik in der Mittagspause, und ich leierte eine Produktion für Räucherstäbchen im Zentrum an. Diese Programme waren zwar erfolgreich, doch ich versuchte noch immer erfolglos, ein Loch zu stopfen.

Ich wollte den Job aufgeben, doch mein Verstand führte sich wie ein »Mörder der Wahrheit« auf. Er sagte: »Du läufst davon. Du vermeidest eine Lektion, die du zu lernen hast. Du darfst kein Drückeberger sein. Du mußt bleiben, bis du die Lektion lernst.« Und somit beschloß ich, bis zum Memorial Day* zu bleiben, obwohl ich keine Ahnung hatte, welche Lektion ich noch zu lernen hatte.

Nun, der Memorial Day kam und ging vorbei, und ich hatte noch immer keine Ahnung, was die Lektion war, doch ich war entschlossen, nicht aufzugeben und jene mysteriöse Lektion zu lernen, die sich mir sicherlich offenbaren würde – jetzt wahrscheinlich bis zum 4. Juli. Der Tag der Unabhängigkeit kam und ging vorbei, und ich hatte die Lektion noch immer nicht gelernt, und ich wollte diesen Job immer mehr loswerden.

Nun, der Verstand – der kleine Verstand – hat die sehr geschickte Fähigkeit, sich mit den Gefühlen zusammenzutun. Ich hatte Angst, den Job aufzugeben, aufgrund der Schuldgefühle, die mich wahrscheinlich befallen würden, weil ich diese armen, zurückgebliebenen Menschen verlassen hatte. »Schließlich«, dachte ich, »brauchen sie *meine* Liebe wirklich!« (In der Zwischenzeit hat der Mann, der mich ersetzt hat, viel bessere Arbeit geleistet als ich.) Ich folgerte auch, daß ich in einem früheren Leben vielleicht selbst behindert gewesen war, und daß ich jetzt mein Karma abarbeiten mußte, indem ich diesen Menschen diente, so wie mir eine gütige Seele gedient hatte. Oder ich hatte vielleicht irgendein anderes großartiges Karma, daß ich mit diesen unglücklichen Geschöpfen lösen konnte.

Also machte ich Tag für Tag, Woche für Woche weiter, bis ich mich schließlich entschloß, aufzuhören und mein Glück mit den Herren des Karma zu versuchen. Und es fühlte sich so richtig und gut an zu gehen! Die große Lektion, auf die ich gewartet hatte, war zu lernen, daß ich dort nicht hingehörte.

---

* Amerikanischer Feiertag. (Anm. d. Ü.)

Ich entwickelte meine Arbeit mit Yoga, Musik, menschlichen Beziehungen und Schreiben weiter. Jetzt freue ich mich jeden Morgen darauf, aufzuwachen, auf meine Art kreativ zu sein, den Menschen auf meine Weise zu dienen. Gott gab mir Fähigkeiten, die ich auf eine einzigartige Weise auszudrücken habe, so wie Er jedem Menschen eine bestimmte Rolle erteilt hat. Damals glaubte ich, daß es falsch oder eine »Sünde« sei, einen Job zu verlassen, indem ich der Menschheit wertvolle Dienste erweisen konnte, jetzt habe ich das Gefühl, daß es für jeden von uns ein größerer Fehler ist, die uns gegebene Berufung zu verleugnen, und es eine noch größere Sünde ist, der Menschheit unsere gottgegebenen Neigungen aus Angst oder Schuldgefühl zu entziehen. Wenn wir Vertrauen haben, daß Gott uns führt, wird Er uns dorthin führen, wo wir auf unsere Art dienen können – was eigentlich *Seine* Art ist.

Jahre später erklärte Hilda ein Prinzip, daß Licht auf die ganze Erfahrung warf. Sie erklärte: »Wenn du etwas tust, weil du glaubst, daß du Karma abzuarbeiten hast, *erschaffst* du das Karma in dem Moment, *durch den Gedanken* (›Das ist mein Karma‹).« Mein Gedanke: »Ich muß in diesem Job bleiben, weil ich Karma abzuarbeiten habe« mag genau das Karma gewesen sein, daß mich dort festhielt.

Und so ist es nur der Verstand, der zwischen uns und dem Fluß des Lebens stehen kann. Und so ist es nur das Herz, daß uns wieder mit seiner Musik verbindet. Es gibt einen Augenblick, den alle Musiker kennen, erstreben und für den sie vielleicht sogar leben. Es ist der kostbare Augenblick, in dem die Musik das Steuer übernimmt und die Musiker die Instrumente werden. Es ist der Moment, in dem sich die Vorstellung von getrennten Musikern in ein Lied hinein auflöst und im Raum nur eine Energie, eine Vorstellung vorhanden ist. In diesem Augenblick gibt es keinen Gedanken, keine Geschichte, keine Erwartungen. Nur das Jetzt ist vorhanden, und das Jetzt erweist sich tatsächlich als sehr wirklich. Es ist, als ob die Flüsse im Ozean zusammengeflossen wären, und die vielen zu Dem Einen geworden wären. Das Alte, der Elternteil des Jetztes, nimmt seine rechtmäßige Rolle als Diener des Lebens an und gebärt huldvoll das Neue.

»Ihr, die ihr die Kunst des Lebens meistern wollt, tanzt graziös. Bewegt euch mit Leichtigkeit durch eure Stellungen, und jede wird euch den Weg zu der nächsten zeigen. Euer Führer ruft aus eurem Innern und zeigt euch euren Weg durch die Entwicklung. Beugt euch so und nun so, und habt volles Vertrauen in die Eingebungen eurer Seele.

Entsagt dem denkenden Geist als letztem Schiedsrichter eures Verständnisses vom Leben. Euer Geist ist beizeiten Zeuge der Wahrheit, doch oftmals verwirrt er euch. Wir sagen euch, daß ihr eurem einfachen Lehrer die volle Autorität übertragen sollt, denn er exisitiert nur für die Befreiung des Gottes, der ihr seid. Die stille Weisheit eines solchen Lehrers ist eure eigene Erlösung.

Die Herrlichkeit, die euch versprochen wird, ist nicht die Herrlichkeit, die euch die Welt zu schätzen gelehrt hat. Der Wegbegleiter bietet euch das Königreich des Himmels an, das bereits euer ist, obwohl ihr euch nur vage daran erinnert. Die Welt bietet euch sich selbst an, was ihr sehr wohl wißt, doch nicht gut genug, um zu wissen, daß ihr Endzweck die Leerheit ist. Wir zeigen euch das Ende eurer Bestrebungen. Eure Versuche, in der Welt einen Ruheplatz zu finden, haben nichts erbracht. Dies könnt ihr nun sehen, und ihr seid fast bereit, es zuzugeben. Eure zunehmende Neigung, zu eures Vaters Haus umzukehren, ist die Sehnsucht, die euch sicherlich Frieden bringen wird.«

Lebensphasen

Vor einigen Abenden unterhielt ich mich mit einer hübschen, doch »düsteren« jungen Dame. Sie fühlte sich schuldig, weil sie ihre spirituelle Übung vor kurzem losgelassen hatte. Sie erzählte mir, daß sie lange Zeit jeden Tag in die Kirche gegangen war und stundenlang meditiert und gebetet hatte. Während dieser Zeit war sie an diesem Ort sehr zufrieden. Dann hörte sie auf, dort hinzugehen, und fühlte sich deswegen sündig. Nun wollte sie von neuem beginnen, doch sie fürchtete, vom Pfad abgekommen zu sein, und sie fühlte sich zu unwürdig, um ihre Übungen wieder aufzunehmen. »Welchen Sinn hat es«, fragte sie, »wenn ich auf Gott zugehe und dann aufgebe? Ich sollte lieber gar nicht erst anfangen!«

Aber ich sah ihr Aufhören nicht als Aufgeben. So wie ich es sah, hatte sie eine Pause gebraucht. Sie hatte intensive, spirituelle Arbeit getan, und sie brauchte wahrscheinlich etwas Zeit, um es aufzunehmen und zu integrieren. Es hätte ihrer Produktivität womöglich entgegengewirkt, wenn sie sich gezwungen hätte, weiterhin stundenlang in der Kirche zu sitzen. Ich sagte ihr, daß ich es ganz sicher nicht für sündig hielt, eine vorübergehende Pause vom intensiven spirituellen Streben zu machen, und daß so ein »Urlaub« in der Tat genau das gewesen sein könnte, was sie brauchte, um sich auf den nächsten Schritt ihres Wachstums vorzubereiten.

Als sie das hörte, schaute sie mich fast erstaunt an und fragte: »Willst du damit sagen, daß ich nicht von Gott abgefallen bin, weil ich aufgehört habe?« Natürlich nicht. In Wahrheit hatte sie den spirituellen Pfad nie verlassen. Die Form ihrer Arbeit hatte sich nur verwandelt. Es gibt so etwas wie »aus Gott *heraus*fallen« nicht, denn das würde bedeuten, daß es einen Ort gibt, wo Gott nicht vorhanden ist. Wir können nur in unserem *Bewußtsein* fallen, und sobald wir uns wieder in das Gottesbewußtsein erheben, sehen wir, daß Er immer bei uns war. Wir haben Ihn nur nicht angesehen. Diese junge Frau liebt Gott sehr. Wen sie nicht liebte, war sich selbst.

Es gibt Jahreszeiten des Wachsens. Wenn wir mit ihnen fließen und sie genießen, nehmen wir ihren ganzen Segen an. Wenn wir sie bekämpfen oder versuchen, sie zu verleugnen, verpassen wir einen kostbaren Schatz. *»Alles hat seine Stunde. Für jedes Geschehen unter dem Himmel gibt es eine bestimmte Zeit.«* Es gibt eine Zeit für Übung und eine Zeit zum Loslassen, eine Gelegenheit zum Weitergehen und eine zum Aufgeben, einen Sinn für Tränen und einen für Gelächter. Alles in der Natur hat eine Daseinsberechtigung, alles am richtigen Platz.

Der Wechsel der Jahreszeiten erfüllt mich oft mit Ehrfurcht. Ferlinghetti hatte einen Gedanken, den ich für mich sprechen lassen möchte: »Ich feiere die Wiedergeburt des Wunders ununterbrochen.« Es ist mir einfach ein Rätsel, wie Bäume, die tot scheinen, jeden Frühling Leben in Form von kleinen, grünen Knospen gebären. Dieses Wunder erinnert mich an das, was Jesus zu der Familie des kleinen Mädchens sagte, das Er geheilt hat: »Weint nicht! Sie ist nicht gestorben, sondern sie schläft.« In der Hitze des Sommers fällt es schwer, zu glauben, daß in nur wenigen Monaten die Erde mit Schnee bedeckt sein wird und der kalte Wind uns anweht. Wenn wir nur diese einfachen Muster der Erde – eine Welt, mit der wir unzertrennbar eins sind – betrachten, können wir große Lektionen lernen, die wir für unsere Erbauung umsetzen können.

Bei der Ausübung von Hatha-Yoga-Übungen z.B. ist es sehr wichtig, jeweils nach einigen Übungen auszusetzen und sich eine Weile auszuruhen, um die Wirkung der Bewegungen zu integrieren und aufzunehmen. Der wahre Lohn der Übungen liegt in der tiefen Entspannung und dem Wohlbefinden, das sich nach Beendigung der Dehnübungen einstellt. Schüler müssen sich am Ende des Unterrichts eine Weile hinlegen und ausruhen, und die heilende Wirkung der Übungen macht sich in diesen Augenblicken bemerkbar. Sowohl die Tätigkeit als auch das Ausruhen sind notwendig und wichtig. Wir können keinen vollständigen Nutzen ohne eine Kombination der beiden genießen. Indem wir alle Aspekte des Prozesses annehmen, wird er zu einem bedeutsamen, integrierten Ganzen.

Menschen gehen durch Phasen, die erfordern, daß wir genau hinschauen, wenn wir sie verstehen wollen. Es gibt einen wunderbaren Mann, der Hilda und unserer spirituellen Gemeinschaft sehr nahe stand. Ich empfand große Achtung und Respekt für ihn, da er sehr viel spirituelle Weisheit und Liebe zu bieten hatte. Eines Tages bemerkte ich, daß er schon einige Zeit nicht zu unseren Treffen gekommen war, und ich erfuhr später, daß er sich von der Gruppe zurückgezogen hatte. Dies bestürzte mich, denn ich dachte, er hätte seine Spiritualität verloren oder wäre vom rechten Weg abgekommen. Ich fühlte mich etwas verloren.

Ich erzählte niemanden davon. Dann, eines Tages, nahm mich Hilda beiseite und erklärte: »Weißt du, J. hat unsere Gruppe nie wirklich verlassen. Er ist in seiner Meditation so weit gekommen und seine spirituelle Entwicklung ist so schnell vor sich gegangen, daß er seine Fähigkeit verloren hat, in der Welt effektiv zu funktionieren. Und so haben ihn die inneren Führer aus Weisheit für eine Weile in die Welt zurückgeschubst, denn sie wollen ausgewogene Arbeiter, die sowohl im Praktischen als auch im Spirituellen stark sind. Er ist wie eh und je Teil unserer Gruppe. Ob er nun zu unseren Gruppentreffen kommt oder nicht, er hat seine Spiritualität nicht verloren. Er lernt einfach seine Lektionen an einem anderen Ort.«

Es gibt tatsächlich überall Lektionen zu lernen. Das Kennzeichen für spirituelle Meisterschaft ist die Fähigkeit, sich, wo immer wir auch sind und durch welche Erfahrung wir auch gehen, an Gott zu erinnern. Ein Freund schickte mir einmal eine Glückwunschkarte, auf der er sagte: *»Wir leben in einer Welt der ständigen Veränderung.«* Alles verändert sich und je mehr dieses Verständnis in unserem Bewußtsein verankert ist, desto einfacher ist es, sich an Gott zu erinnern, wenn wir durch alle Verwandlungen gehen, die für unsere vollständige Entwicklung notwendig sind.

Ich muß hierbei an die Bitte König Salomos an seinen Berater denken, er möge ihm doch etwas sagen, das »mich froh stimmen wird, wenn ich zu traurig bin, und mich ernüchtert, wenn ich zu fröhlich bin.« Ein paar Tage später gab der Berater dem König einen Ring, auf dem folgende Wort eingraviert waren: *»Auch dies wird vorübergehen.«*

Ich erhielt eine wunderbare Lektion: »auch dies« gehenzulassen. Viele Jahre lang widmete ich mich der Praxis tiefer Meditation. Es war meine größte Freude zu sitzen, manchmal stundenlang, und in mein tiefstes Selbst hinunterzutauchen. Es ist mir gar nicht möglich, die Befriedigung, die ich dabei erfuhr, in Worten zu fassen. Ich habe es nicht als eine Disziplin oder eine Praxis getan. Ich tat es, weil ich es liebte, und ich wuchs dadurch ungeheuer.

Dann wachte ich eines Morgens auf, und der Wunsch zu meditieren war verschwunden. Ich leistete keinen Widerstand und lief nicht davor weg. Ich verspürte einfach kein Bedürfnis zu meditieren. Mein Geist fühlte sich mit diesem neuen Gefühl zuerst unbehaglich. Ich dachte: »Du solltest es wirklich tun, selbst wenn du es nicht willst.« Aber die Wahrheit war, daß ich es tun wollte, jedoch nicht das Bedürfnis danach verspürte. Und dann dachte ich: »Nun, du hast acht Jahre lang jeden Morgen meditiert. Was wirst du statt dessen tun? « und »Wenn du nicht meditierst, wirst du einen schrecklichen Tag haben, und du wirst es bereuen, daß du es nicht getan hast.« Aber meine innere Stimme sagte mir, ich solle meiner Intuition folgen. Und so lebte ich weiter ohne viel tiefe Meditation, und zu meinem Erstaunen waren meine Tage wunderbar vollkommen! Ich entdeckte, daß ich eine phantastische Menge Zeit und Energie hatte, um kreativ zu sein, um mit anderen zu sein und um der Welt auf eine neue und andere Weise einen Beitrag zu leisten.

Zu jener Zeit glaubte ich, daß ich mit der Meditation fertig war, doch eine noch tiefere Lektion erwartete mich. Zu einem späteren Zeitpunkt schloß sich der Kreis einer Wachstumsphase, und ich nahm die gewohnte Meditation wieder auf, doch diesmal, ohne daran festzuhalten. Ich sehe jetzt ein, daß ich mich von meiner gewohnten Praxis zurückgezogen hatte, weil ich mich tatsächlich auf eine neue Bewußtseinsebene vorbereitete, die zulassen würde, daß die Meditation eine Stütze für mein Glück ist und nicht eine dogmatische Institution. Diese Phase ohne Meditation war notwendig gewesen, um mir zu zeigen, daß – obwohl ich Gott in der Meditation finde – ich es mir nicht leisten kann, einen Gott daraus zu machen. Meditation ist für mich jetzt noch nützlicher, da sie sich mit dem Gesamtfluß meines Lebens harmonisch verbindet.

Wir müssen die natürlichen Rhythmen und Zyklen in unserer Natur in Ehren halten. Wenn ich mich umsehe, sehe ich den großartigen Wandteppich des Universums, in den ein wundervolles Ab- und Zunehmen hineingewebt ist. Es wird gesagt, daß der gesamte Kosmos wie unsere Herzen pulsiert und wie die mikrokosmischen Atome in uns schwingt. Den Rhythmus des Lebens zu spüren bedeutet, zu der größten aller Symphonien zu tanzen, und seinen Puls zu verleugnen bedeutet, die Essenz allen Ausdrucks zu verpassen. Es geht im Leben um Veränderungen, Rhythmen, Wachstum, Zurückziehen, Aktivität, Ruhen, Entfalten, Nachinnengehen. Und wenn die Jahreszeiten des Lebens uns alle Belehrungen, die sie in sich tragen, gegeben haben, bleibt nur noch eine Lektion übrig, die jenseits der Wirkung von vergänglichen Gegensätzen ist: Es gibt ein Leben, das sich nicht verändert, das in und durch uns atmet und in dem alle Zeiten sich demütig in zeitloser Gelassenheit auflösen.

»Alles hat seine Stunde.
Für jedes Geschehen unter dem Himmel gibt es eine bestimmte Zeit:
eine Zeit zum Gebären und eine Zeit zum Sterben,
eine Zeit zum Pflanzen und eine Zeit zum Abernten der Pflanzen,
eine Zeit zum Töten und eine Zeit zum Heilen,
eine Zeit zum Niederreißen eine Zeit zum Bauen,
eine Zeit zum Weinen und eine Zeit zum Lachen,
eine Zeit für die Klage und eine Zeit für den Tanz,
eine Zeit zum Steinewerfen und eine Zeit zum Steinesammmeln,
eine Zeit zum Umarmen und eine Zeit, die Umarmung zu lösen,
eine Zeit zum Suchen und Zeit zum Verlieren,
eine Zeit zum Behalten und eine Zeit zum Wegwerfen,
eine Zeit zum Zerreißen und eine Zeit zum Zusammennähen
eine Zeit zum Schweigen und eine Zeit zum Reden,
eine Zeit zum Lieben und eine Zeit zum Hassen,
eine Zeit für den Krieg und eine Zeit für den Frieden.«

KOHELET 3, 1-8

»Ihr, die ihr euren Platz und eure Bestimmung unterm Himmel finden wollt, akzeptiert, daß ihr in seinen Augen gut seid. Seht die Vollkommenheit aller Dinge und wißt, daß alles in der Schöpfung eine Berechtigung und einen guten Sinn hat.

Ihr habt die Jahreszeiten eures Lebens und die Intelligenz dahinter zu lange verleugnet. Jetzt ist eure Zeit gekommen, eure Freiheit zu leben, ein Recht anzuerkennen, das ihr reichlich verdient. Die Ära, in die ihr gerade eintretet, wird von der Weisheit des Herzens regiert, nicht von dem ziellosen Umherirren des Geistes. Der Geist ist ausreichend entwickelt worden. Es muß ein Gleichgewicht geben. Haltet die Liebe in der einen Hand und die Weisheit in der anderen, und so habt ihr die Werkzeuge, mit denen ihr ein neues Zeitalter aufbauen könnt.

Eure Arbeit besteht darin, euch einzustimmen. Ihr könnt euch für euren Lebensunterhalt nicht mehr auf Form und Nachahmung verlassen, denn dies würde euch nur schwächen. In der Demut liegt die Meisterschaft. Diese große Wahrheit war der Eckpfeiler der Alten, doch daß diese Wahrheit übersehen wird, ist der Fehler, den die gegenwärtige Zivilisation macht.

Die Aufgabe – eine, die ihr schon angenommen habt – liegt in der klugen Verbindung der uralten Weisheit mit der Weisheit, die ihr kultiviert habt. Jene, die die eine um der anderen willen verleugnen, haben nicht den vollkommenen Überblick. Wenn ihr ihn habt, habt ihr den Auftrag, dieses großartige Prinzip denjenigen, die es erlernen müssen, darzulegen.

Frieden ist durch Beobachten zu erlernen. Beobachtet das Friedvolle, und eifert seiner Essenz nach. Öffnet euch der Gelassenheit, und nehmt sie als eure Lehrerin an. Auf diese Weise gewinnt ihr bewußte Erkenntnis der verschiedenen Bereiche eures Wesens, und indem ihr dies lernt, macht ihr sie zu Gottes Geschenk an die Menschheit.«

Dein Wille geschehe

Wir haben den Willen Gottes nicht richtig verstanden. Irgendwo auf dem Weg haben wir die irrtümliche Vorstellung angenommen, daß Gottes Wille etwas ist, was wir fürchten müssen. Sollten wir, wenn wir die Worte »Dein Wille geschehe« hören, das Gefühl bekommen, daß uns ein Verhängnis bevorsteht und sollten wir deshalb schaudern und zittern, dann bedeutet dies, daß wir nicht wissen, wer Gott Ist. Sollten wir glauben, daß Gott uns bestrafen und peinigen würde, wenn es wirklich nach Seinem Willen ginge, dann wissen wir nicht, wer Wir Sind. Und sollten wir glauben, daß Gott uns nicht schon immer auf ewig liebt, dann wissen wir nicht, was Liebe ist.

Der Wille Gottes ist das Wunderbarste, das uns je passieren kann. Man muß ihn nicht fürchten, sondern annehmen. Eine Übersetzung des islamischen Wortes *Allah* ist*: »Der Freund«*. Ein Freund ging eines Tages im Park spazieren und dachte über die Dinge in seinem Leben nach, denen er Widerstand leistet. Er analysierte eine Sache nach der anderen und erkannte bald, daß der Plan für seine Entwicklung die Verwirklichung von großer Liebe und Schönheit ist und daß das immer so gewesen ist. Er sah außerdem ein, daß er in Wirklichkeit gegen seine eigenen Interessen kämpft, wenn er sich dem Willen Gottes widersetzt. Er erklärt es folgendermaßen: »Ich fürchtete mich vor der reinen Liebe, und doch habe ich eigentlich nichts gegen reine Liebe!«

Wir haben uns davor gefürchtet, zu lieben. Wir haben Angst gehabt, weil wir von dem, was wir für Liebe hielten, verletzt worden sind. Liebe kann nicht schmerzen, Liebe kann nur heilen.

Eine Freundin rief mich an, um mich zu einem Workshop über menschliche Beziehungen mit dem Thema »Liebe« einzuladen.

»Wie wunderbar!« rief ich. »Ich bin froh, daß du so ein positives Thema ausgesucht hast!«

»Ich weiß nicht, wie positiv Liebe ist«, erwiderte sie, »ich bin schon zu viele Male von der Liebe verletzt worden.«

Ich kannte ihren Schmerz, doch ich konnte nicht mit ihr übereinstimmen, daß die Liebe verletzt. »Auch ich habe den Schmerz verspürt, von dem du sagst, er käme von der Liebe«, sagte ich. »Und da ich mich mit der Liebe angefreundet habe, sehe ich ein, daß es nicht die Liebe war, die uns verletzt hat. Unser Schmerz kam von Bildern, von Erwartungen, vom Anhaften. Die wirkliche Liebe, die ich entdeckt habe, hat mir nur Glückseligkeit gebracht.«

Schmerz ist nicht die Frucht der Liebe, noch ist Schmerz der Wille Gottes. Wir schreiben der Liebe Schmerz zu, weil wir Gott Schmerz zuschreiben, und keine dieser Vorstellungen ist richtig. Weil Gott *Liebe ist*, würde Er uns nie Schmerz bereiten. Wir haben nur einen leeren Traum geträumt und dann dagegen gewettert, weil er uns nicht das geben wollte, was ein Traum unmöglich geben kann. Gott würde nie zulassen, daß ein Traum uns mehr gibt, als Er uns geben kann, sonst wäre Er nicht Gott.

Die Liebe ist Balsam, der alle Wunden, die wir der Liebe zugeschrieben haben, heilt. Was anderes als Liebe würde den Schmerz heilen, der irrtümlicherweise auf sie selbst geschoben worden ist?

Das Leben soll »richtig laufen«. Ich besuchte einen Vortrag über esoterische Astrologie, bei dem der Sprecher zu uns sagte: »Menschen erhalten eine Antwort auf ein Gebet oder erleben ein Wunder, und sie kommen zu mir und rufen: ›Mir ist gerade das Erstaunlichste passiert!‹ Gebete *sollen* tatsächlich beantwortet werden, und Wunder *sollen* geschehen. Gott ist wirklich und Seine Liebe ist wahr. Ganz ehrlich gesagt, für mich wäre das Erstaunlichste, wenn Wunder *nicht* passieren würden!«

Hilda lehrte uns diese Lektion auf sehr praktische Weise: Einmal, als sie erfuhr, daß eine Katze in ihrem Haus verletzt wurde, weil jemand unachtsam gewesen war, bestrafte Hilda alle Anwesenden. »Ihr habt mir den Abend verdorben!« tadelte sie. »Es gibt keinen Grund, warum irgendeine Katze oder irgendein Tier oder irgendein Mensch verletzt werden sollte! ... Wenn ihr aufgepaßt hättet, wäre dies nicht passiert!« Hilda reagierte nicht aus Wut, sondern gab uns eine Lektion: *Es gibt keinen Grund, warum die Dinge nicht richtig laufen sollten.* Wenn wir im Fluß Gottes sind, laufen die Dinge richtig. Unglück geschieht nur, wenn wir aus dem Fluß heraustreten, und Heilung ist natürlich, wenn wir wieder im Fluß sind.

Während wir allmählich erkennen, daß Gott wirklich *für* uns arbeitet, erkennen wir, daß Ihr einziges Ziel unser Glück ist. Ihr Engagement für unser Wohlbefinden ist so bedingungslos, daß Sie sofort da ist, um uns wieder hineinzuführen, wenn wir vom Ziel abweichen und aus dem Fluß heraustreten. Wir müssen wissen: Wenn eine Bremse abgenutzt ist, denn steckt der Wille Gottes dahinter, daß das kleine rote Licht aufleuchtet. Doch wir müssen dann unseren Willen mobilisieren, um die Führung in die Tat umzusetzen. »Betet und bleibt in Bewegung.« Das ist die Ausrichtung von Gottes Willen und dem Willen des Menschen. Das ist der Moment, wo *mein* Wille zu *Deinem* Willen wird und die beiden Eins sind.

Der Lehrer mit dem Namen »Freedom« sagte einst zu mir: »Das Leben ist einfach. Die Liebe ist einfach. Gott ist einfach. *Wir* sind es, die alles kompliziert machen.« Sind unsere Absichten im Einklang mit dem Willen Gottes, so erfahren wir das Leben als reibungsloses Dahinfließen. Unser Schiff wird irgendwie um die Riffe geführt, und wir nehmen Kurs direkt auf den Hafen. Wenn unsere Sicht nicht auf Gottes vollkommene Sicht eingestellt ist, erfahren wir Konflikte und unruhige Wasser. Wir können nicht gegen Gott angehen. Wir können es versuchen, aber wie der Titel des beliebten Theaterstückes schon sagt: *Deine Arme sind zu kurz, um mit Gott zu boxen.* Wenn wir wirklich wüßten, daß Gott immer für unser Glück und für unseren Frieden arbeitet, warum würden wir überhaupt mit Ihm boxen wollen? Wenn wir aufhören würden, nach seinen Armen zu grapschen, würden wir vielleicht entdecken, daß Er uns umarmt.

»Es ist an der Zeit, daß ihr den Sinn eures Lebens versteht. Ihr seid ein Kelch für Gottes Liebe und ein Fahrzeug für Ihn, damit Er die Welt segnen kann. Erkennt euren göttlichen Zweck, und euer Wille ist auf den Seinen ausgerichtet.

Das Gute ist das Thema allen Lebens. Erkennt die Vollkommenheit in eurem Leben, und ihr erlangt die Vision eurer Kindheit wieder. Während ihr Muster von Bewertung und Zynismus aufgebt, nehmt ihr das Wohlwollen Gottes an. Schmerz wird aus Widerstand geboren, und die Freude entsteht, indem ihr Gottes ganze und heilige Liebe für euch annehmt. Findet einen Sinn in eurer Freude, und ihr werdet einen Sinn in Gott finden.

Wir verbinden uns mit euch als Gleichwertige, um auf die Wunder des Universums hinauszuschauen. Wir stehen mit euch und staunen über das Geheimnis und die Großmütigkeit der Schöpfung, die so wunderbar ist, daß sie über das verbalisierte Verstehen hinausgeht. Der begrenzte Geist interpretiert Weite als etwas einschüchterndes, doch Weisheit offenbart Größe als ein Zeichen eurer Identität. Während ihr eure Ängste loslaßt, seid ihr frei, den ganzen Kosmos zu umarmen.

Wenn es irgendeinen Grund zur Traurigkeit gibt, rührt er von dem irrtümlichen Gedanken her, daß der Vater gegen die Bedürfnisse seiner Kinder arbeiten würde. Diese Vorstellung ist für Gott und für diejenigen, die Ihn kennen, undenkbar. ›Wenn der Sohn eines Mannes ihn um einen Laib Brot bitten würde, würde er ihm einen Stein geben?‹ In dem Maße wie wir traurig sind, wenn wir sehen, wie Erdenkinder ihr göttliches Erbe verleugnen, frohlocken wir, wenn wir sehen, daß ihr es annehmt.«

TEIL II

Die Heimkehr

Dann brach er auf und ging zu seinem Vater. Der Vater sah ihn schon von weitem kommen, und er hatte Mitleid mit ihm. Er lief dem Sohn entgegen, fiel ihm um den Hals und küßte ihn. Da sagte der Sohn: Vater, ich habe mich gegen den Himmel und gegen dich versündigt; ich bin nicht mehr wert, dein Sohn zu sein. Der Vater aber sagte zu seinen Knechten: Holt schnell das beste Gewand, und zieht es ihm an, steckt ihm einen Ring an die Hand, und zieht ihm Schuhe an. Bringt das Mastkalb her, und schlachtet es; wir wollen essen und fröhlich sein. Denn mein Sohn war tot und lebt wieder; er war verloren und ist wiedergefunden worden. Und sie begannen, ein fröhliches Fest zu feiern.

LUKAS 15, 20-24

Seid vollkommen

Unsere Freiheit hängt von unserer Bereitschaft ab, Vollkommenheit wahrzunehmen. Die Unvollkommenheit, die man uns zu sehen gelehrt hat, hat nur zu Leid geführt. Daß die Welt glaubt, Gott sei tot, hat den Tod zu einem Gott gemacht und die Liebe zu einer romantischen Fiktion. Das ist so, als nähme man eine Fotografie und würde das Negativ als Porträt einrahmen, das alle als dunkles Vorbild verehren sollen. Es ist ein Vorbild, das nichts sieht und die Bitterkeit verherrlicht.

Es gibt eine andere Sichtweise, eine Sichtweise, die die Vollkommenheit ehrt. Es ist eine Sichtweise, bei der wir alle Menschen und Dinge in dem Licht, in dem sie erschaffen worden sind, nämlich in dem Licht Gottes, sehen. Es ist eine Sichtweise, die die Schönheit, das Wunder und das Gute wieder in unser Leben zurückbringt und bestätigt, daß wir alle wirklich sind, weil Gott wirklich ist.

Wenn du dein vollkommenes Selbst jetzt nicht erlebst, ist der Grund dafür ein Fehler im *Bewußtsein*, nicht ein Fehler der Wirklichkeit. Wir sind rein und glückselig auf die Erde gekommen. Unsere Unschuld vereinigte uns mit dem Wunder von Gottes Liebe. Wir hatten kein Selbstbild, kein Selbstbewußtsein, keine Gedanken der Begrenzung. Wir lebten im Paradies.

Dann lernten wir allmählich, uns nicht zu lieben. Wir waren als reine Kinder offen und empfänglich für die schroffen Glaubensanschauungen und die groben Schwingungen. Wenn unsere Mutter irritiert oder wütend darüber war, daß sie nachts aufstehen mußte, um unsere Bedürfnisse zu befriedigen, oder wenn unser älterer Bruder Angst vor unserem neuen Platz in der Familie hatte, verleibten wir uns diese Gefühle in unseren sensiblen Körper ein. Wir können weder Mutter, Vater, Bruder noch dem Lehrer die Schuld für ihre negativen Gefühle geben, denn sie liebten uns so gut, wie sie es ihrer Entwicklungsstufe entsprechend konnten. Auch sie haben auf dieselbe Art gelernt, sich selbst nicht zu lieben. Einfach dadurch, daß wir in die Welt geboren werden, nehmen wir eine enorme Menge an Unbewußtheit auf. An diesem Punkt begann jeder von uns seine edle Aufgabe, sich selbst in einer Welt, die die Liebe verleugnet, lieben zu lernen.

Den Umstand, daß wir gelernt haben, uns *nicht* zu lieben, beschreibt die Bibel als die Vertreibung aus dem Paradies. Hilda hat oft gesagt, daß das Paradies kein Platz ist, sondern ein *Bewußtseinszustand*. Die Geschichte in der Bibel ist keine ferne, abgehobene Legende ohne Bezug zu uns. Es ist unsere Geschichte, und sie beschreibt die evolutionäre Entfaltung jedes Menschen. Als Adam und Eva von dem »Baum der Erkenntnis von Gut und Böse« aßen, fingen sie an, die Frucht des Lebens in Gedanken von Würdigkeit und Unwürdigkeit zu zerteilen. Sie verfielen der Illusion, daß es möglich ist, Dinge zu tun, die uns nicht-liebenswert machen. Sie begannen, Taten als *böse* oder außerhalb von Gott zu bezeichnen.

Da du und ich Adam und Eva sind, aß jeder von uns vom Baum der Erkenntnis von »Gut« und »Böse«, nämlich zu der Zeit, als wir den Glauben annahmen, daß wir brav wären, wenn wir das täten, was Mama von uns will, und daß wir böse wären, wenn wir es nicht täten, und somit die Strafe verdienten, vom Garten der göttlichen Vorsehung und des Schutzes vertrieben zu werden. Wir akzeptierten bedingte menschliche Liebe anstelle von ewigvergebender göttlicher Liebe.

Wir können das Paradies (im *Bewußtsein*) wieder betreten, wenn wir uns an die warme und glückselige Erfahrung erinnern, rundum liebenswert zu sein, ein Gefühl, das für uns so natürlich war, bis man uns lehrte, daß wir etwas tun müßten, um gut genug zu sein. In dem wunderschönen Film *Bruder Sonne, Schwester*

Mond sagt Papst Innocentius zum heiligen Franz von Assisi: »Wir sind so besessen von der Ursünde, daß wir die ursprüngliche *Unschuld* vergessen haben.«

Der Schlüssel zur Rückkehr ins Paradies liegt darin, den Punkt, an dem wir es verlassen haben, wiederzufinden. Dies erfordert einen klaren und mutigen Blick in unsere persönliche Geschichte. Ich wurde eines Abends in einer Meditationsgruppe in meine Kindheit zurückgeführt, um herauszufinden, wie ich gelernt hatte, mich unwürdig und verängstigt zu fühlen. Eine Erinnerung, die lange in der Versenkung geschlummert hatte, offenbarte sich mir blitzartig: Als Kind trank ich die Milch einige Jahre länger aus der Babyflasche als die meisten anderen Kinder. Meine Mutter gab mir die Flasche weiter, bemühte sich jedoch sehr darum, daß niemand davon erfuhr. Es war für mich in Ordnung, daß ich die Flasche im Haus trank, doch wenn wir weggingen, mußte ich es heimlich tun. Einmal vergaßen wir eine Flasche aus Versehen bei meiner Tante, und als sie sie entdeckte, machte sie sich über mich lustig, und meine Mutter schämte sich fürchterlich.

Wie ihr euch vorstellen könnt, nahm ich diese Gefühle von Scham und Verlegenheit, die ich höchstwahrscheinlich vorher nicht kannte, auf. Ich fing an, zu denken, daß etwas mit mir nicht in Ordnung sei, daß ich geringer sei als die anderen Menschen, daß ich unwürdig sei und daß ich das, was ich tat, verbergen mußte. Das war vielleicht meine persönliche Vertreibung aus dem Paradies in diesem Leben.

Als ich dies in meiner Gruppe wahrnahm, spürte ich die erhebende Freiheit wiedergefundener Unschuld. Es war, als wäre ein Licht in einem dunklen Raum angeschaltet worden, und ich erkannte, daß mein Gefühl von Unwürdigkeit *anerzogen* war und wie es aus nichts weiter bestand, als daß ich eine Reihe von Gedanken und Gefühlen angenommen hatte, an die andere Menschen glaubten. Ich verwirklichte die Freude, die die liebenswerte Patricia Sun als ihre eigene Selbstentdeckung beschreibt. Sie sagt, daß sie schon immer das Gefühl gehabt hatte, daß es in ihr etwas Entsetzliches, Schreckliches gab, daß sie einfach auffressen würde, wenn sie es sich je anschauen würde. Als sie dann, eines Tages, tatsächlich nach innen schaute, sah sie, daß absolut nichts vorhanden war und daß ihre Ängste nur auf einer Flunkerei, einem Scherz (einer Illusion) beruhten.

Nach dieser Erkenntnis erlebte ich tiefen Frieden und Zufriedenheit. Ich erkannte, daß es im Leben nichts weiter zu tun gibt, als einfach zu *sein*. Ich erkannte, daß diese ganze Welt (die Ramakrishna als »ein Wohnhaus der Freude« bezeichnete) auf Verlangen beruht, was wiederum auf der Illusion von »Bedürfnissen« beruht. In jener Nacht wußte ich im Grunde meines Herzens, daß ich in Wahrheit nichts brauchte, daß ich tatsächlich nie etwas gebraucht hatte und daß ich nie etwas brauchen werde. Auch kein anderer auf dieser Erde hat je in Wirklichkeit etwas gebraucht. Wir kommen in der Tat auf die Erde, um zu lernen, daß das, was wir begehren, uns nie wirklich glücklich machen kann. Ich erkannte auch, daß all unsere Geschäfte (Geschäftigkeit) nur ein Herumhasten ist, in dem sinnlosen Versuch, Bedürfnisse zu befriedigen, die wir dadurch geschaffen haben, daß wir denken, daß wir dies oder jenes zu unserem Glück brauchen.

Es gibt eine aufschlußreiche Episode aus der Serie *Raumschiff Enterprise*, in der Captain Christopher Pike auf einem anderen Planeten von einer Gruppe von Wesen, die große geistige Kräfte haben, gefangen und in einen »eingebildeten« Glaskäfig eingesperrt wird, den seine Fänger durch ihren Geist erschaffen haben. Er vermutet, daß sein Gefängnis nicht wirklich ist, und bei seiner Bemühung, die Wahrheit zu beweisen, fängt er einen seiner Wächter. Der zierliche Wächter verwandelt sich plötzlich in ein riesiges und schreckliches Ungeheuer, das Pike zerfleischen will. Es gelingt Pike jedoch, den Monsterwächter festzuhalten. Er richtet eine Strahlenpistole auf den Kopf des Ungeheuers und verlangt: »Du scheinst ein Ungeheuer zu sein, doch ich sage, du bist nicht wirklich – ich sage, daß du eine Illusion bist! Offenbare dich, oder ich werde dir den Kopf abschießen!« Das Ungeheuer verschwindet, die schwache und zierliche Form des Wächters erscheint wieder, und der Captain ist frei und flieht.

Die Monster in unserem Leben sind die Schöpfungen von »Massengedanken« von Begrenzung, die wir als wahr angenommen haben. Wenn wir die Strahlenpistole der Wahrheit auf sie richten, verschwinden auch sie wie Alpträume im Morgenlicht.

In der Nacht meiner Einsicht, erhielt ich die Gnade, die Fadenscheinigkeit der eingebildeten Ängste, die ich einst spürte, zu erkennen. Diese preisgegebenen »schwarzen Männer« hatten keine Macht mehr, mich in diesem klaren Bewußtseinszustand zu berühren. Jemand begegnete mir mit schroffer Kritik, und ich, der ich in diesem ruhigen Zentrum weilte, ging mühelos damit um. Nichts konnte mich in meinem Paradies stören. Am selben Abend lud mich jemand ein, mit einer Gruppe Musik zu machen, doch es lag mir in dem Moment einfach nicht am Herzen. Zu einer anderen Zeit hätte ich vielleicht aus Angst, nein zu sagen, zugestimmt, aber in dieser Nacht, dieser ganz besonderen Nacht, war mein Vertrauen, daß ich »genug« bin, zu stark, um von Zurückweisungsängsten verführt zu werden. Ich fühlte mich so gelassen und sicher, daß es mir egal war, ob ich lebte oder starb.

Bevor ich mich für die Nacht zurückzog, überlegte ich mir, ob ich, wie gewohnt, meditieren und beten sollte. Doch wie konnte ich mich hinsetzen und mich darin üben, mich daran zu erinnern, wer ich war, wenn ich es schon wußte? Und wie konnte ich zu Jesus beten, wenn ich mich selbst – und alles – als Eins mit dem Christus weiß? Es gab einfach nichts zu tun. Die Lüge des Werdens hatte dem Wunder des Seins Platz gemacht.

Jesus sagte: »Darum sollt ihr vollkommen sein, wie euer Vater im Himmel vollkommen ist.« Dies war kein Befehl, sondern eine Aussage. Er erzählte uns, wie die Dinge sind. Er erzählte uns, wer Wir Sind. Er erzählte uns die Wahrheit. Jesus erinnerte uns an unsere vergessene Identität. Er zeigte uns einen Aspekt – den Aspekt – von uns, den wir nicht sehen. Wir müssen nicht die Vollkommenheit erlangen, wir könnten es gar nicht tun, selbst – und ganz besonders – wenn wir es versuchen würden. Wir müssen sie nur erkennen.

Ein Lehrer sagte einmal: »Ihr seid alle schon befreit!« Ich fragte verlegen: »Wenn wir alle schon befreit sind, warum fallen wir dann?«

»Weil«, erklärte er, »ihr nicht glaubt, daß ihr frei seid, und ihr schiebt und schiebt und schiebt, bis ihr fallt.«

Patricia Sun drückte es anders aus: »Es ist unmöglich, gut zu

Erlernte Selbstbilder

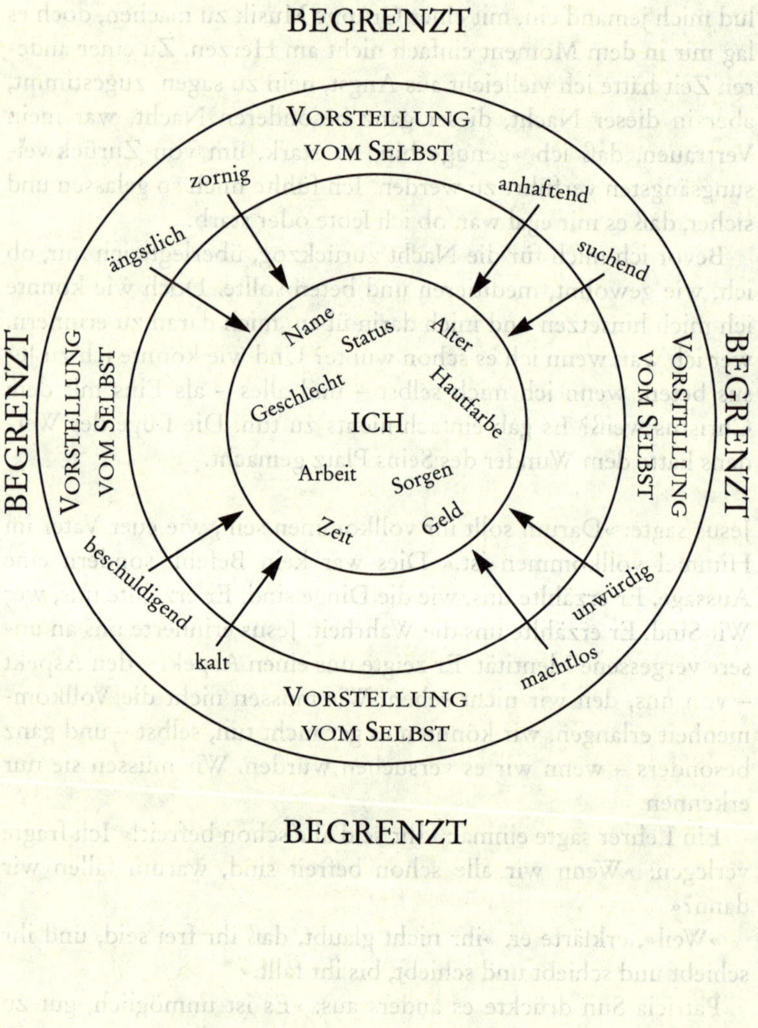

Unser wahres Selbst

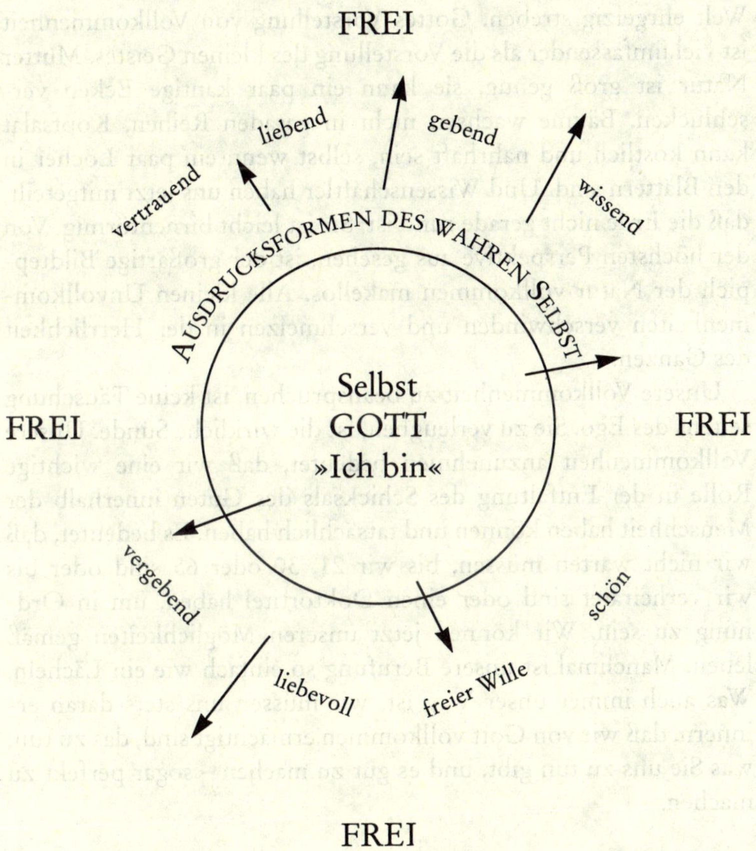

werden, indem ihr etwas tut, weil die Tat auf der Annahme beruht, daß ihr nicht *schon* gut seid!«

Wir dürfen Vollkommenheit nicht mit Hollywood verwechseln. Wir können einen Höcker auf der Nase haben, wir können die falsche Nummer wählen, wir können einen Fehler machen, und doch sind wir vollkommen. Die Vollkommenheit, von der ich spreche, ist nicht die Art von Vollkommenheit, nach der wir in der Welt ehrgeizig streben. Gottes Vorstellung von Vollkommenheit ist viel umfassender als die Vorstellung des kleinen Geistes. Mutter Natur ist groß genug, sie kann ein paar kantige Ecken verschlucken. Bäume wachsen nicht in geraden Reihen. Kopfsalat kann köstlich und nahrhaft sein, selbst wenn ein paar Löcher in den Blättern sind. Und Wissenschaftler haben uns jetzt mitgeteilt, daß die Erde nicht gerade rund ist. Sie ist leicht birnenförmig. Von der höchsten Perspektive aus gesehen, ist der großartige Bildteppich der Natur vollkommen makellos. Alle kleinen Unvollkommenheiten verschwinden und verschmelzen in der Herrlichkeit des Ganzen.

Unsere Vollkommenheit zu beanspruchen, ist keine Täuschung seitens des Ego. Sie zu verleugnen, ist die wirkliche Sünde. Unsere Vollkommenheit anzunehmen bedeutet, daß wir eine wichtige Rolle in der Entfaltung des Schicksals des Guten innerhalb der Menschheit haben können und tatsächlich haben. Es bedeutet, daß wir nicht warten müssen, bis wir 21, 30 oder 65 sind oder bis wir verheiratet sind oder einen Doktortitel haben, um in Ordnung zu sein. Wir können jetzt unseren Möglichkeiten gemäß leben. Manchmal ist unsere Berufung so einfach wie ein Lächeln. Was auch immer unser Weg ist, wir müssen uns stets daran erinnern, daß wir von Gott vollkommen ermächtigt sind, das zu tun, was Sie uns zu tun gibt, und es gut zu machen – sogar perfekt zu machen.

»Der Schlüssel zu eurer Freiheit liegt darin, daß ihr euer Erbe der Vollkommenheit annehmt. Es wäre gut, wenn ihr genauso bereit wärt, eure Vollkommenheit zuzugeben, wie ihr bereit seid, euch mit euren Fehlern zu identifizieren.

Eure Vollkommenheit ist eure Erlösung. Es gibt keinen Mittelweg zwischen Begrenzung und Vollkommenheit. Kinder des Lichts, haltet mit eurem ganzen Herzen an eurer Ganzheit fest. Sie wird euch nie im Stich lassen, denn ihre ureigenste Natur ist ewige Fülle.

Wir stehen bereit, euch zu eurem vollen Verständnis von eurem rechtmäßigen Platz im Kosmos reifen zu sehen. Laßt euren Traum vom Bettlertum für immer los. Jene, die im Sumpf der Erde kämpfen, sehen nicht weiter als ihr eigener Geist reicht. Jene, die nach oben greifen, um göttliches Wissen zu erlangen, träumen einen Traum von Königswürde, einen Traum, der im Garten Seiner Wahrheit Früchte trägt. Die Leerheit ist nur eine vorübergehende Phantasie. Schwelgt nicht in Mangel, denn Mangel wird aus der Unwissenheit geboren und muß zurückgewiesen werden, wenn man das Königreich erben will.

Ihr, die ihr nach dem vollen Verständnis eures Schicksals strebt, werdet es erfahren, denn im Bitten liegt das Versprechen der Antwort. Stellt eure Frage, und gebt die Suche auf. Bereitet einen Platz für eure Ganzheit, indem ihr eure Konzepte von Unterdrückung aufgebt. Wenn ihr den Frieden auf diese Weise einladet, wird er sicher kommen.

Es gibt eine Gelassenheit, die denjenigen befällt, der die Einfachheit, die Gott ist, sieht. Schmerz und Verzweiflung sind nicht mehr vorhanden. Denkt über diese Gedanken nach, bis ihr sie als eure eigenen verwirklicht. In jener Verwirklichung ist der Liebende zum Geliebten, der Sucher zum Gesuchten und der Mensch zum Gott geworden. Nichts Geringeres soll euch je befriedigen, und nichts Größeres ist je möglich.«

Die Unwürdigkeit auflösen

Gott hat mich nicht verurteilt. Ebensowenig tue ich es.
EIN KURS IN WUNDERN*

Das Gefühl der Unwürdigkeit ist das subtilste Hindernis, das zwischen uns und unserem Wohl steht. Es ist ein raffinierter Dieb, der sich hinter einer Maske von Schuldgefühlen, falscher Bescheidenheit und sogar Stolz versteckt und uns daran hindert unser Potential als göttliche Wesen voll auszudrücken. Dieses Gefühl benützt Zweifel als Waffe, um den niederen Geist zu verwirren und entführt Heiler von den Kranken und Liebende von den Geliebten. Das Gefühl der Unwürdigkeit ist dafür verantwortlich, daß wir Talent, Dienst und Weisheit vor der Welt zurückhalten, die sich so verzweifelt nach Erhebung sehnt. Wenn es einen Teufel gibt, so ist dieser der *Gedanke*, daß wir sündige, böse Wesen sind. Und weil es einen Gott gibt, so ist die Entlarvung jenes Gedankens durch die Erkenntnis, daß wir göttlich sind, sichergestellt.

Bei dem Gefühl von Unwürdigkeit handelt es sich einfach um einen Fall von mißverstandener Identität. Es scheint nur schrecklich, wenn wir uns davor zurückziehen. Unser Frei-sein von diesem Gefühl kann nur durch das Bewußtsein des Lichts erkauft werden. Ein Mangel an Selbstwertgefühl ist nichts weiter als eine Form von Unwissenheit und verhindert, daß wir uns selbst erkennen. Es wird durch einfaches, klares Hinschauen sofort überwunden.

Vor einigen Monaten begann ich, großen Erfolg in meiner Arbeit zu haben. Kreative und herausfordernde Projekte, Ideen und Geld flossen mir plötzlich zu, und zwar in einem so kraftvollen Fluß, wie ich es nie zuvor erlebt hatte. Ich hatte das Gefühl, daß »das zu gut ist, um wahr zu sein«. Doch nichts ist zu gut, um wahr zu sein. Gott ist wahr, und Gott ist gut.

* Informationen über *Ein Kurs in Wundern* erhalten Sie am Ende des Buches.

Ungefähr zur selben Zeit hatte ich das Gefühl, daß ich bald sterben würde. Ich hatte das merkwürdige Gefühl, daß ich nicht mehr viel Zeit auf der Erde hatte. Als ich diese Vorstellung in das Licht des Unterscheidungsvermögens hielt, wußte ich, daß das nicht der Fall war – und daß mein Gefühl von einer anderen Quelle als die der Intuition oder der Wahrheit kam. Doch woher?

Ich befaßte mich mit diesem Thema in der Meditation, und ich entdeckte, daß das, was tatsächlich im Prozeß des Sterbens war, *mein Konzept von mir* als mittelmäßiger Mensch war. Ich hatte mich nie als sehr erfolgreich, wohlhabend oder begehrenswert gesehen. Als diese Situationen anfingen, sich in meinem Leben zu manifestieren, wußte ich nicht, wie ich damit umgehen sollte. Das waren Dinge, die anderen Menschen – *erfolgreichen* Menschen – passierten, aber nicht mir. Um diese positiven Veränderungen in meinem Leben annehmen zu können, mußte ich mein Selbstbild, nämlich daß ich jemand bin, der nicht viel zu bieten hat, loslassen und ein neues Bild erschaffen: das Selbstbild, wertvoll und würdig zu sein. Ich erkannte, daß es weder »ich« noch mein Körper war, der starb, sondern eine alte und unproduktive Vorstellung davon, wer »ich« war.

»Laß es doch«, dachte ich, »mit meinem Segen sterben.« Und so geschah es.

Es gibt eine Geschichte von einer Frau, die ihr ganzes Leben lang Fisch verkaufte und über wenig mehr Bescheid wußte. Eines Frühlings wurde sie zu einem Fest im Palast des Königs eingeladen. Als man ihr ihr Zimmer zeigte, stellte sie fest, daß es voller bunter Blumen und süßduftender Räucherstäbchen war. Sie war angewidert. »Wie widerlich!« beklagte sie sich, »bitte laßt mich neben meinem Fischhaufen schlafen.« Sie zog den faulen Geruch ihrer Fische rein aus Gewohnheit vor.

Auch wir halten an unseren Schmerzen, unserer Mißgunst, unseren Krankheiten, unserem Kummer und unserer Wut so fest, als würden sie uns Trost und Gelassenheit bieten. In Wahrheit bieten sie uns lediglich den Trost der Vertrautheit und der Sicherheit eines Selbstbildes, an dem wir angesichts der Unsicherheit einer sich verändernden Welt festhalten können. Wir nehmen die mageren

Belohnungen der Sympathie, der Zustimmung, der Selbstgerechtigkeit und der Aufmerksamkeit an, die keine wirklichen Belohnungen, sondern Fallen sind. Der Preis, den wir bezahlen, ist der der inneren Ruhe, der Freude und der Freiheit. Die Tragödie des Lebens besteht darin, daß wir nicht glauben, daß wir eine Wahl haben.

Das Wunder des Lebens ist folgendes: In dem Augenblick, in dem wir erkennen, daß wir Selbstwertgefühl, Entschlossenheit und Anerkennung wählen können, fängt die Macht unserer Liebe an, ein Licht der Vergebung auf uns auszustrahlen, das all unseren Schmerz auflöst und uns so heil macht, wie wir es noch nie zuvor waren. Wir beginnen, das Gefühl des Unwürdigseins zu durchschauen, als wäre es ein Amateurzauberer. Wir können es ablehnen, uns von negativem Denken in eine dunkle Gasse entführen zu lassen. Wir sind jenen Pfad hinuntergelaufen, und wir wissen, daß er nirgendwo hinführt. Statt dessen beginnen wir, das tiefe Mitgefühl Gottes in uns anzuerkennen, eine süße und barmherzige Güte, die geduldig darauf wartet, durch die Türe eines offenen Herzens voll zum Ausdruck zu kommen.

Ich habe an vielen Encounter-Gruppen, Seminaren für persönliches Wachstum, Ausbildungskursen für Berater teilgenommen, und bin in äußerst persönliche Informationen über das Leben vieler Menschen eingeweiht worden. Ich habe vielleicht nicht alles gehört, doch ich wette, ich habe zumindest eine Geschichte aus jeder Kategorie gehört. Nach allem, was ich gesehen und gehört habe, sieht es für mich so aus, als hätten wir alle hinter den äußeren Masken der Anzüge, des Make-ups, des Lächelns und der Anständigkeit einige gemeine Dinge getan und als stecke hinter jedem anscheinend bösen Selbst ein wunderbarer, liebevoller und liebenswerter Mensch. Nachdem alle Ergebnisse vor uns liegen, sind wir alle in der Dimension des Schreckens in ziemlich gleichem Maße schrecklich und in gleichem Maße liebenswert in der Dimension der Liebe, die die einzige Dimension ist, die wirklich zählt.

Ich habe gesehen, wie Eltern ihren zurückgebliebenen Kindern eine unglaubliche Menge Liebe geschenkt haben. Ihre Liebe war nicht geringer, weil ihr Kind behindert war. Sie gaben ihrem Kind sogar mehr Liebe. Wenn ihr euch zu irgendeiner Zeit als unwürdig anseht, stellt euch vor, daß euer unwürdiges Selbst wie ein behindertes Kind ist: Hebt es auf, umarmt es, schaut durch seine augenscheinliche »Häßlichkeit«, und gebt ihm all die Liebe, zu der ihr fähig seid.

»Was ist mit dem Gewissen?« mögt ihr richtigerweise fragen. »Ist es nicht richtig, sich wegen bestimmter Dinge schuldig zu fühlen?« Es ist notwendig, daß ihr eure Fehler erkennt. Sobald wir jedoch erkennen oder uns selbst gegenüber zugeben, daß wir einen Fehler begangen haben, und wir beschließen, ihn nicht zu wiederholen, erfahren wir ein Erwachen, das *Freude* und nicht *Reue* verursacht. Nach einem Augenblick aufrichtiger Erkenntnis ist jegliche Art von Eingeschüchtert-Sein, Selbstmitleid oder Gram ein Luxus des Leids.

Jesus höchste Belehrung war: »Du sollst deinen Nächsten lieben wie dich selbst.« Wir sind uns wohl der Bedeutung bewußt, daß wir unseren Nachbarn lieben sollen, doch der Teil, daß wir uns selbst lieben sollen, scheint irgendwo auf der Strecke verlorengegangen zu sein. Obwohl wir die goldene Regel gewöhnlich so verstehen, daß wir anderen dieselbe Liebe geben sollen wie uns selbst, habe ich in meinem eigenen Leben entdeckt, daß das Gegenteilige auch zutrifft: Ich muß lernen, mir selbst gegenüber dieselbe Toleranz und Vergebung zu üben, die ich anderen gewöhnlich erweise. Manchmal höre ich mir die Geschichte eines Freundes an, und ich kann seinen Fehler ganz einfach verstehen und verzeihen. Mache ich jedoch denselben Fehler, gehe ich oft mit mir selbst viel härter ins Gericht – vielleicht ein bißchen zu hart. In so einem Fall liebe ich meinen Nächsten nicht wie mich selbst.

Jesus lehrte: »Ich bin nicht gekommen, daß ich die Welt richte, sondern daß ich die Welt rett« und »Das ist mein Gebot, daß ihr euch untereinander liebt, wie ich euch liebe«. Wenn Jesus die Größe hatte, seinen Jüngern die Füße zu waschen und – an anderer Stelle – geschrieben steht: »Wie er die seinen geliebt hatte, die in der Welt waren, so liebte er sie bis ans Ende« können wir es dann auf uns nehmen, so kleinlich und unversöhnlich zu sein, daß wir uns aus unserem eigenen Herzen rauswerfen? Können wir so arrogant sein, das, was Christus liebt, nicht zu lieben?

Für uns macht es ungemein viel Sinn, nützlich und schön zu sein. Es gibt offensichtlich eine große und göttliche Intelligenz im Universum. Die gesamte Schöpfung Gottes arbeitet in großartiger Harmonie und Genauigkeit. Jedes Element und jedes Lebewesen hat eine Bedeutung und einen Zweck. Wäre der Schöpfer so töricht, auch nur einen einzigen Menschen ohne einen Zweck zu erschaffen? Würde Sie mich oder dich erschaffen, wenn Sie keinen Plan für uns hätte? Wenn Gott *all*wissend und *all*mächtig und *al*-*l*es andere ist, würde Sie etwas erschaffen, was Sie nicht liebt? Und wenn Sie sich Ihrer nicht sicher wäre, hätte Sie dann nicht ein paar Duplikate von jedem Modell erschaffen, für den Fall, daß eins nicht funktioniert? Jedes menschliche Wesen ist einzigartig und besonders. Wir kommen sicherlich mit einer bestimmten Aufgabe in diese Welt – einer Aufgabe, die nur jeder von uns als einzelner erfüllen kann.

Diese Erfüllung wird durch unsere Bereitschaft, uns selbst zu vergeben, leicht gemacht. Wieviel Zeit verschwenden wir doch damit, uns selbst wegen vergangener Taten zu beschuldigen! Wir glauben, daß wir es verdienen zu leiden oder daß wir Jahre des Karmas wegen vergangener Missetaten abbezahlen müssen. »Wenn ich den Irrtum einer Tat eingesehen habe, muß ich dann weiter dafür bezahlen?« fragte ich mich. Stell dir z. B. vor, daß ich zehn Einbrüche begangen habe, und dann bestiehlt man mich einmal. Wenn ich nun das Problem des Stehlens erkenne, muß ich dann noch neunmal bestohlen werden? Die innere Stimme erklärte: »Der Sinn des Lebens ist *Erziehung – nicht Bestrafung.«* Ist die Lektion erst einmal gelernt, dann ist weitere Erziehung nicht mehr notwendig.

Uns anhaltendem Leid zu unterziehen, weil wir glauben, daß wir für vergangene »böse« Taten büßen müssen, entspricht selbsterschaffenem Leiden. An diesem Punkt ist die Lektion, die wir zu lernen haben, nicht mit dem ursprünglichen Irrtum verbunden, sondern damit, daß wir uns von dem Masochismus der Unwürdigkeit befreien müssen. Wir müssen uns nicht besonders anstrengen, um Wege zu finden, unser »schlechtes Karma abzuzahlen«. Gott ist klug genug, Wege zu finden, wie wir unsere Schulden bezahlen können. Er wird uns genügend Lektionen und Herausforderungen schicken, die voller Mitgefühl zeitlich abgestimmt sind, um unsere karmischen Verpflichtungen auszugleichen. Wir müssen nichts hinzufügen; Er weiß, was er tut. Ich hörte einmal: »Störe das Unglück nie, bevor es dich stört.« So wie ich es sehe, könnten wir ebensogut die Zeit, in der das Leben uns keinen Kummer bereitet, nutzen.

Zu vergeben bedeutet, unsere niedere Natur zu transzendieren und eine Lichtkraft freizusetzen, die das Universum heilen und es von all seinem Leid reinigen kann. Wenn wir jemandem vergeben, einschließlich – und ganz besonders – uns selbst, werden wir allein vom Gedanken der Vergebung zu unserem höchsten Engelspotential erhoben. Nichts kann Gott mehr erfreuen. Uns wegen des Guten in uns zu lieben ist einfach. Uns trotz unserer Fehler zu lieben ist regelrecht heilig.

»Kinder, ihr verurteilt euch zu streng für das, was ihr als eure Missetaten anseht. Wir sehen nur Lektionen und Erfahrungen. Ihr verbindet die Bedeutung von ›gut und böse‹ mit diesen Erfahrungen. Wir sind unfähig zu urteilen, und somit kennen wir auch keine Unwürdigkeit. Sich selbst zu verurteilen, das ist eine Schöpfung des menschlichen Geistes. Wir möchten, daß ihr versteht, nicht daß ihr leidet.

Wir halten nichts gegen euch. Wir kennen keine Schuld. Ihr seid eure eigenen Richter, Geschworenen und Henker. Wir bitten euch inständig, damit aufzuhören, euch selbst unnötige Mühsal auf diesem freudvollen Weg des Lernens zu verursachen.

Wir freuen uns über euer Vorwärtsdrängen auf der Suche nach dem Wissen eures Wahren Selbst. Kein anderes Bestreben ist von Wert. Schaut nicht zurück auf eine Vergangenheit, die tot und abgeschlossen ist. Wir möchten Aspiranten, die die Vision einer Zukunft haben.

Seht euch selbst als ganz und rein, und seht euch so, wie wir euch sehen. Wir sehen nichts Geringeres als Vollkommenheit in euch. Verbindet euch mit uns in unserem Sieg über die Unwissenheit hinsichtlich der Unwürdigkeit. Unsere Kraft liegt nicht in Angst und Vergeltung, sondern in Vergebung und Liebe. Dies ist der Pfad, der nicht fehlschlagen kann. Dies ist der Pfad Gottes.«

Nackt dastehen

Nackt vor Gott zu stehen bedeutet, daß wir erkennen, daß alles, was wir verbergen würden, unwichtig ist. Allein durch unsere Angst vor unseren Geheimnissen machen wir sie wichtig. Wenn wir meinen, etwas verbergen zu müssen, trüben wir unseren eigenen Blick für die Nichtigkeit. Gott macht sich absolut nichts aus den Geheimnissen, die wir vor ihm verbergen wollen. Diese Geheimnisse haben nur so lange Macht über uns, wie wir sie nicht ans Licht bringen. Wenn wir den Mut fassen, unsere verborgenen Seiten genau anzuschauen, erkennen wir, wie fadenscheinig sie sind, und wir haben großen Spaß daran zu sehen, wie sie sich auflösen.

Wahres Wachstum entsteht nur dadurch, daß man sich selbst annimmt. Solange wir irgendeinen Aspekt unseres Wesens verleugnen, tun wir so, als gäbe es etwas außerhalb von Gott. Es ist, als würden wir sagen: »Gott ist überall. Er füllt den gesamten Raum und die Zeit aus – außer diesen Teil meines Körpers und das, was ich mit 15 Jahren gemacht habe.«

Anerkennung durch andere ist nur eine begrenzte Annahme, denn hierbei handelt es sich nicht um Selbstannahme. Ich habe an einer ganzen Reihe von Seminaren teilgenommen, bei denen ich gebeten wurde, über meine tief verborgenen Geheimnisse zu sprechen – Taten und Seiten von mir, die ich fürchtete oder die ich aus Scham nicht zugeben wollte.

Das waren die Gedanken, Gefühle und Erfahrungen, bei denen ich in meinem Unterbewußtsein das Gefühl hatte, daß ich nicht geliebt oder zurückgewiesen werden würde, wenn jemand sie erführe. Also nahm ich all meinen Mut zusammen und teilte diese Dinge während dieser Seminare mit und war sehr glücklich zu entdecken, daß die Welt deswegen nicht in sich zusammenfiel und ich nicht von der Gesellschaft ausgestoßen wurde. Ich lernte auch, daß alle anderen ihr eigenes, genauso empfindliches Päckchen mit sich herumtrugen und daß sie so sehr damit beschäftigt waren, Angst davor zu haben, daß sie wegen ihrem »Zeug« nicht geliebt werden würden, daß es ihnen völlig egal war, was ich war oder getan hatte. Der einzige, dem es nicht egal war, war ich.

Am Ende dieser Seminare fühlte ich mich sauber, klar und glücklich, denn es war eine große Erleichterung, die Möglichkeit gehabt zu haben, mein verborgenes Selbst mit anderen zu teilen und weiterhin ihre Unterstützung, Anerkennung und Liebe erhalten zu haben. Doch ich lernte später eine tiefere Lektion, die mir eine noch subtilere Belehrung bezüglich Selbstenthüllung offenbarte.

In einer geführten Meditation sagte der Lehrer: »Schaut euch jetzt alle Dinge an, die ihr vor anderen verborgen habt und vor euch selbst nicht zugegeben habt. Ihr müßt mit niemand anderem über diese Tatsachen sprechen. Diese Dinge gehen nur euch und Gott etwas an.«

Nach und nach fing ein ganzes Aufgebot von Gefühlen, Gedanken und Erfahrungen an, einzeln vor meinem Bewußtsein auf- und abzumarschieren, als würden sie mir auf einer inneren Kinoleinwand vorgeführt. Das Versprechen, daß ich sie niemand anderem verraten mußte, ermutigte mich, vollkommen frei und ehrlich mit mir selbst zu sein. Eine erstaunliche Menge von kleinen Kritiken, Meinungen und Groll offenbarten sich mir: Ich mochte C. nicht wirklich, obwohl ich versuchte hatte, sie und mich selbst davon zu überzeugen. Ich war noch immer auf J. wütend. Ich hatte eine Fassade bezüglich meiner Gefühle, die das Haus betreffen, aufgebaut, und ich hatte wirklich das Gefühl, mit meinem Gitarrenkasten ein schlechtes Geschäft gemacht zu haben. Je mehr ich zugab, desto mehr wurde mir offenbart. Es war anfangs schmerzhaft, mir meine Heuchelei und meinen Selbstbetrug einzugestehen, doch je weiter der Prozeß fortschritt, desto freier fühlte ich mich, bis ich alle Einsichten, die mir kamen, freudig willkommen hieß. Als wir dann fertig waren, fühlte ich mich großartig – in all meiner Unvollkommenheit. Ich hatte mich selbst klar gesehen, und ich wußte, daß ich für Gott in Ordnung war. Nur mein Urteil über mich selbst ließ mich nicht in Ordnung erscheinen.

Ich gewann dadurch eine sehr wichtige Erkenntnis: *Nackt vor anderen Menschen dastehen zu können ist nicht halb so wichtig, wie nackt vor Gott dastehen zu können.* Anerkennung durch andere mag Mut machen, doch Annahme durch mein Selbst bringt Freiheit mit sich.

Wenn andere dich annehmen, dann löst das auf lange Sicht nicht das Problem, daß du dich nach außen wenden mußt, um Bestätigung zu erhalten. Nach meiner Meditation dachte ich: »In diesen Seminaren nahmen mich die Menschen an, und das gab mir ein gutes Gefühl … Was aber wäre, wenn sie gelacht oder mich verspottet oder zurückgewiesen hätten? … Ich hätte mich verletzt gefühlt! … Was für eine Freiheit ist das?« Ich habe zugelassen, daß gesellschaftliche Anerkennung mich glücklich macht, und das machte mich dafür anfällig, daß gesellschaftliche Zurückweisung mich unglücklich macht. Mit anderen Worten: Ich übergab die Macht über mein Glück anderen Menschen, was nie eine weise Investition ist. In jener Meditationsgruppe kam ich mit Gott ins reine, was das einzige ist, das wirklich von Wert ist.

Wir können Gott nicht hinters Licht führen. Wir können lediglich versuchen, unsere kleinen Selbste zu täuschen. Wir mögen versuchen, Gott zu täuschen, weil wir auf irgendeiner Ebene glauben, daß Er uns nicht lieben würde, wenn Er die Wahrheit wüßte. Der Witz ist der, daß Er die Wahrheit natürlich schon weiß, und Er liebt uns bereits sowieso. Er wartete nur darauf, daß wir Seine Sichtweise annehmen – eine Sichtweise von vollständiger und bedingungsloser Annahme.

Die Liebe Gottes ist das Sicherste im Universum. Er ist unerschütterlich in Seiner Bereitschaft, uns so zu nehmen, wie wir sind. Es gibt keinen Grund, sich zu verstecken, und keinen Ort, wo wir hinlaufen könnten. Wenn wir Ihm unser Leben anvertrauen, übernimmt Er die ganze Verantwortung für unser Wohl. Wenn Er alles weiß, was wir tun, weiß Er ganz sicher auch, warum wir es tun, und solches Wissen geht immer Hand in Hand mit tiefem, mitfühlenden Verständnis. Das ist die große Überraschung, die den Grund für all unsere leeren Bemühungen aufhebt: Es wird uns vergeben, und wir werden geliebt.

»Öffnet alle Fensterläden!
Schließt alle Schlösser an euren Türen auf!
Fegt die Spinnweben fort von euren Wachträumen!
Keine Geheimnissen stehen mehr zwischen uns!
Also fliege, kleiner Vogel, hinauf in den klaren blauen
Himmel,
Trage die Botschaft, die Liebe ist der einzige
Grund für …«

THE MOODY BLUES, *The Land of Make Believe*
(Justin Hayward)

»Meine Liebe für euch ist bedingungslos und vollendet. Ich bin euer Geliebter, der die geheimen Winkel eures inneren Selbst besser kennt als ihr selbst sie kennt. Ich beschäftige mich nicht mit euren Unreinheiten und Fehlern. Sie haben in meinen Augen weder Macht noch Wirklichkeit.

Es ist mein größter Wunsch, daß ihr euch selbst so liebt, wie ich euch liebe, was der Liebe eures Himmlischen Vaters entspricht. So wie ihr den Umfang Seiner Liebe erkennt, werdet ihr über die Sinnlosigkeit eures Versteckspiels lachen. Ihr habt versucht, das, was ihr nicht seid, zu verbergen. Gerade durch euren Versuch, es zu verbergen, gabt ihr dem, was nie existiert hat, eine scheinbare Wirklichkeit.

Tretet hervor in das Sonnenlicht liebevoller Akzeptanz, geliebte Kinder des Lichts. Sucht nicht die Zustimmung eurer Brüder und Schwestern, denn sie sind noch Schüler so wie ihr, und ihr Unterscheidungsvermögen ist noch nicht geschärft.

Was die Welt geben kann, kann sie auch nehmen. Was euer Himmlischer Vater gibt, kann kein Mensch nehmen.

Nichts, was du tun kannst, würde dazu führen, daß du meine Liebe verlierst. Schreitet vertrauensvoll voran, und seid stark in eurer Freiheit.«

Die Wahrheit

Die mächtige Wahrheit

Man sagte, daß das Universum allein auf der Basis der Wahrheit gedeihen könnte, selbst wenn es keinen Gott gäbe. Diese Belehrung bedeutet für mich: Wenn es für dich vielleicht aufgrund von negativen Assoziationen, die du früh im Leben gelernt hast, schwierig ist, die Vorstellung eines Gottes anzunehmen, dann schlage den Weg der Wahrheit ein mit all der Ehrfurcht und Beharrlichkeit, die in deinem Herzen sind, und du wirst die Erfüllung finden, denn die Lektionen der Wahrheit *sind* die Lektionen Gottes.

Die Wahrheit ist die Gesamtheit unserer Existenz. Sie ist unser Leben. Wir haben keine Existenz außerhalb der Wahrheit, und die Wahrheit kann auch nicht außerhalb von uns bestehen. Wenn ein Mensch sich auf die Wahrheit ausrichtet, kann nur Gutes aus einer solchen Verpflichtung entstehen. Diejenigen, die das Gefühl haben, daß sie die Wahrheit nicht kennen, jedoch den aufrichtigen Wunsch haben, sie kennenzulernen, werden Antworten auf alles, was sie fragen, erhalten. Diejenigen, die zu der Wahrheit gehören, können nicht fehlgehen.

Mahatma Gandhi war einer der größten Anhänger der Wahrheit, der je gelebt hat. Wenn ich an die Wahrheit denke, denke ich an Gandhi. Seine Geschichte ist die eines nervösen, neurotischen und ängstlichen Mannes, der im Namen der Wahrheit das Leben bei den Hörnern packte und sich durch seine Unnachgiebigkeit allmählich von seinen Begrenzungen befreite und eine Nation, in der Hunderte Millionen von Menschen lebten, mit sich in die Freiheit nahm. Er lehnte es unter allen Umständen ab, seine Integrität aufs Spiel zu setzen, und obwohl er anfangs verspottet wurde, bahnte sich die Welt später einen Weg zu seiner Tür.

Gandhi und alle großen Menschen wie er wußten, daß die Vision der Wahrheit aus der Liebe geboren wird. Das wirkliche Organ der Wahrheit ist nicht das Gehirn, sondern das Herz. Die alten Ägypter erkannten dies. Wenn ein Mensch starb, entfernten sie fast alle physischen Organe und konservierten nur einige Organe, die für sie die göttlichen Energien verkörperten. Sie warfen das Gehirn weg, behielten aber das Herz. Der persische Dichter Hafiz sagte: »O du, der du die Wunder der Liebe aus dem Lehrbuch des Intellekts lernst, ich befürchte, daß du nie wirklich das, worauf es ankommt, verstehen wirst!«

Die Wahrheit fühlen oder ahnen wir eher, als wir sie denken. Wir wissen sie eher, als wir sie verstehen. Wir können sie eher sehen als erklären. Wenn wir versuchen, die Wahrheit zu analysieren, verlieren wir uns im ausweglosen Labyrinth des denkenden Geistes. Wenn wir allerdings die Wahrheit lieben, steht uns das Lagerhaus der universellen Weisheit offen. Unser Respekt für die Wahrheit ist unsere Investition in ihr Verständnis, und unser Leiden ist der Preis, den wir bezahlen, wenn wir sie verleugnen.

Wir entdecken, daß wir die Wahrheit in keinem Buch finden können. Wir mögen Worte und Beschreibungen der Wahrheit in einem Buch finden, doch nicht die ganze Wahrheit, denn die ganze Wahrheit ist unendlich, auf ewig frei von Fesseln, Einschränkung oder Konformität. Es gab in Irland einen Mönch namens Alanus, der wegen seiner großen Weisheit verehrt und umworben war. Er wurde eines Frühlings an die Universität von Paris eingeladen, um vor einer Versammlung von Studenten zu sprechen. Nach seinem Vortrag kam einer der Studenten auf Alanus zu und bat ihn, am nächsten Tag über das Thema der Dreieinigkeit zu sprechen. »Selbstverständlich!« stimmte Alanus zu, und er spazierte am Ufer der Seine entlang, um seinen Vortrag vorzubereiten.

Während er darüber nachsinnte, bemerkte Alanus, wie ein kleiner Junge einen Eimer mehrmals ins Wasser tauchte und den Inhalt ans Ufer schüttete. Er wurde neugierig und fragte den Jungen: »Was machst du da?«

»Ich leere den ganzen Fluß ans Ufer!« erklärte der Junge.

Alanus lachte und sagte: »Sei nicht dumm. Du wirst nie fähig sein, auf diese Weise den Fluß zu leeren!«

Das Kind blickte Alanus fest in die Augen und antwortete: »Und du kannst auch nicht die Dreieinigkeit mit Worten in einem Vortrag erklären.«

Kein Lehrer, keine Religion, kein Kult kann einen exklusiven Anspruch auf die Wahrheit erheben. Das Kennzeichen der Wahrheit ist seine inklusive Natur. Niemand und nichts kann je davon ausgeschlossen werden. Diejenigen, die glauben, daß ihre Wahrheit die einzige Wahrheit ist, leben in einem Bewußtsein der Begrenzung. In der Wahrheit gibt es keine Begrenzung. Als Jesus Christus sagte: »Ich bin der Weg und die Wahrheit und das Leben«, sprach Er aus dem Bewußtsein des universellen »Ich Bin«, des Christus, des Lichts, von dem Er wußte, daß Er und alle anderen Menschen es sind. Er sprach nicht nur von dem Jesus, der die physische Form war, die mit dem Christus identifiziert wurde. Jesus, Buddha, Moses, Mohammed und die anderen großen Meister haben alle dieselbe Wahrheit gelehrt: *Die Wege sind zahlreich, die Wahrheit ist Eins.*

Die eine Wahrheit ist weder verborgen, noch war sie es je. Sie ist immer gegenwärtig, verfügbar und umsonst für diejenigen, die sie aufrichtig lieben und sich danach sehnen, sich an ihrer glänzenden Herrlichkeit zu erfreuen. Die Wahrheit kann weder gekauft noch verkauft, ausgetauscht oder eingetauscht werden. Diejenigen, die sie verkaufen würden, haben sie nicht. Sie kann auch nicht gelehrt, gegeben oder übertragen werden. Sie kann nur gelebt werden. Wie im Falle der Liebe erhält sie jener, der sie nicht hat, von dem, der sie hat, und wie im Falle der zartesten Wildblume erschafft sich die Wahrheit von selbst wieder durch die Kraft ihrer eigenen Schönheit. Die Wahrheit hat keine Geheimnisse. Sie wird uns überall finden, so wie die Morgensonne die Augen eines schlafenden Kindes findet. Diejenigen, die die Wahrheit entdeckt haben, wird man daran erkennen, daß sie begierig sind, sie mit anderen zu teilen, denn anders als im Falle der kärglichen Waren der Welt, nimmt die Freude der Wahrheit durch das Teilen zu.

Jene, die die Wahrheit gelehrt haben, sind durch viele Zeitalter hindurch die Säulen der Menschheit gewesen. Obwohl viele verspottet, manche von ihnen zu Tode gemartert und fast alle mißverstanden wurden, haben diejenigen, die den Mut hatten, für die Wahrheit zu leben, unsere menschliche Familie jahrhundertelang gestützt. Viele von ihnen hatten ein kurzes Leben, da sie nur kurz kamen, um ihre Botschaft von Frieden und Licht zu bringen und um der Erde ihr Vermächtnis eines neuen Verständnisses zu überbringen.

Jene, die die Unwahrheit gelehrt haben, sind von den Zeitaltern verschluckt worden. Lügen sind nur an ihrer Unfähigkeit, Veränderung zu trotzen, zu erkennen. Die wirkliche Wahrheit ist so mächtig, daß sie fest und edel dasteht, ohne je in Vergessenheit zu geraten, und im genetischen Plan für die Entfaltung des Planeten festgehalten wird, wenn sie einmal ausgedrückt wird.

Es wird gesagt, daß »die Wahrheit weh tut«. Die Wahrheit hat noch nie irgend jemand oder irgend etwas verletzt; nur die Illusion tut weh. Die Wahrheit weiß nur zu heilen. Diejenigen, die der Wahrheit Widerstand leisten, widerstehen der Heilung, und jene, die der Heilung bedürfen, können sie finden, indem sie sich der Wahrheit hingeben. Die Wahrheit bringt Frieden und Befriedigung, wie Lüge es nicht imitieren kann. Ein Wahrheitsliebender lebt nur für die Vision seines Ideals, und er wird nur von seinem Wissen darum genährt. Ein Mensch mag eine ganze Reihe von Tagen ohne physische Nahrung überleben, doch wie lange kann er ohne die Wahrheit überleben?

Die Wahrheit ist einfach. Die Menschen und die Intellekte lassen sie kompliziert erscheinen. Je komplexer wir sie machen, desto weiter kommen wir davon ab. Wenn wir zu den einfachen Dingen zurückkehren, erweckt die Wahrheit unser Herz wieder wie ein Geliebter, der lange im Exil war. Für mich ist die Wahrheit in einem Gänseblümchen genauso offensichtlich wie in einem technischen Wörterbuch. Wenn du wissen willst, was die Wahrheit ist, leg deine Lehrbücher eine Weile beiseite und mach einen Spaziergang bei Sonnenuntergang am Meer. Geh mit einem Kind in den Park. Schau zu den Sternen. Beobachte den sanften Rhythmus deines Atems. Lausche dem Klang der Bambusflöte. Sing ein Lied mit einem einfachen Reim: »Rudere, rudere, rudere dein Boot sanft den Bach hinunter; fröhlich, fröhlich, fröhlich, fröhlich, das Leben ist nur ein Traum.«

Wenn du nicht an einen Gott glaubst, dann laß die Wahrheit dein Erlöser sein. Wenn du nichts für heilig hältst, laß die Liebe dein Trost sein. Und wenn du keinen Freund hast, der deines Vertrauens würdig ist, laß das Leben dein Partner sein. Die Wahrheit kümmert sich nicht darum, wie sie genannt wird, sonst wäre sie nicht die Wahrheit.

»Die Wahrheit ist eine mächtige Burg für diejenigen, die in ihrer schützenden Kraft Zuflucht nehmen. In der Wahrheit gibt es keine Furcht, außerhalb der Wahrheit gibt es keinen Trost. Ihr seid Erben der nie versagenden Kraft, der alles durchdringenden Wahrheit. Setzt euer Recht, die Wahrheit zu wissen, nie aufs Spiel, und steht fest dazu. Die Wahrheit wird euer Vertrauen nie verraten.

Wer kann die Wahrheit in Frage stellen und sich behaupten? Wer kann die Sterblichkeit angesichts ewiger Liebe zur Schau tragen und die Wahrheit Zeuge von Eitelkeit sein lassen. Wir sagen euch jetzt, daß die einzige Kraft im Universum die Kraft der Wahrheit ist. Es gibt keine andere, und es kann keine andere je existieren.

Die Wahrheit ist die Waffe jener, die für die Erhöhung der Schwingung der Menschheit leben. Wahrlich, der einzige Meilenstein, der die Misere der Menschheit kennzeichnet, ist daß ihr auf die Möglichkeit von Erfüllung außerhalb des Heiligen Geistes besteht. Der Heilige Geist ist die Wahrheit, und es kann keine Trennung zwischen beidem geben, denn die heilige Wahrheit und der Heilige Geist werden in unschuldiger Einsicht zu Einem.

Weder wir noch irgendein Mensch kann für die Wahrheit sprechen, denn die Wahrheit ist ihr eigener Stempel. Das Beste, was wir tun können, ist, in ihrem Dienst zu leben. Worte mögen den Weg zur Wahrheit weisen, doch Handlungen demonstrieren sie. Lebt in Einklang mit dem höchsten Bewußtsein von Wahrheit, das ihr kennt. Es gibt im Leben keinen größeren Sinn als diesen.«

VERWANDLUNGEN

In einem Traum sah ich mich als Schmetterling. Nun frage ich mich, ob ich Chuang-Tsu bin, der träumt, er sei ein Schmetterling, oder ob ich ein Schmetterling bin, der träumt er sei Chuang-Tsu.

CHUANG-TSU

Die Zaubermaske

Es war einmal ein grausamer und hartherziger König. Er war so unbeliebt, daß er ständig Rebellionen und Attentate auf sein Leben abwehren mußte. Eines Morgens wachte er auf und erkannte, wie jämmerlich sein Leben war. Sein größter Wunsch war, sich zu ändern. Er ließ seinen königlichen Zauberer kommen und bat ihn um Hilfe.

Der Zauberer dachte einen Augenblick nach und sagte dann: »Ich kann dir helfen, doch du mußt bereit sein, alle Anweisungen, die ich dir gebe, zu befolgen.«

»Ich bin zu allem bereit«, stimmte der König zu, »wenn nur mein innerer Frieden wiederhergestellt werden kann.«

»Sehr gut«, sagte der Zauberer, »warte drei Tage, und ich werde dir dann etwas geben, was dir helfen wird.«

Als die drei Tage um waren, gab der Zauberer dem König ein sehr ungewöhnliches Objekt: eine Maske. Die Maske sah fast genauso aus wie der König selbst – doch mit einer äußerst wichtigen Ausnahme: statt der gewohnten finsteren Stirnrunzeln hatte dieses Abbild ein Lächeln im Gesicht und glatte, angenehme Züge.

»Das kann ich nicht tragen!« argumentierte der König, »das ist nicht wirklich mein Gesicht. Und außerdem werden die Leute mich nicht erkennen – sie wissen doch, daß ich kein glücklicher Mensch bin.«

»Wenn du willst, daß ich dir helfe, mußt du tun, was ich sage, und die Maske zu allen Zeiten tragen«, wiederholte der Zauberer.

»Sehr wohl – ich werde es tun.«

Der König trug also die Maske, und etwas Erstaunliches geschah. Die Menschen begannen, ihn gerne anzuschauen und sich in seiner Gegenwart wohler zu fühlen. Sie begannen, sich mit dem König sicher zu fühlen und ihm zu vertrauen. Der König reagierte positiv darauf, daß seine Untertanen ihn akzeptierten und behandelte sie fortan mit Respekt und Güte. Allmählich nahm die Unruhe im Königreich ab, und Frieden war innerhalb seiner Grenzen wiederhergestellt.

Es blieb jedoch ein Platz übrig, wo die Befriedigung nicht vollständig war: im Herzen des Königs. Er war überglücklich über die Veränderungen in seinem Königreich, aber während er innerlich wuchs, fühlte er sich wie ein Heuchler, denn er wußte, daß er eine falsche Maske trug. Er kämpfte mit seinem Unbehagen und ließ den Zauberer kommen.

»Ich bin sehr dankbar für die Veränderungen, die in meinem Königreich stattgefunden haben, aber ich kann mein Volk nicht länger betrügen. Ich bin ein Scharlatan. Bitte erlaube mir, die Maske zu entfernen.«

»Wie du willst«, erwiderte der Zauberer.

Der König stand voller Schmerz vor dem Spiegel und fing an, sich das Abbild, das sein Leben und sein Königreich verwandelt hatte, langsam vom Gesicht zu schälen. Es fiel ihm nicht leicht, aber er wußte, daß er es tun mußte. Er faßte seinen ganzen Mut zusammen und öffnete die Augen, um sein altes, finsteres Gesicht anzusehen.

Das Gesicht, das er sah, war jedoch nicht sein altes Gesicht. Was er wirklich sah, war wunderbarerweise ein schönes und freudiges Gesicht, das sogar noch strahlender war als das Gesicht der Maske. Das Gesicht des Königs war durch seine innere Verwandlung tatsächlich von Freude und Güte gekennzeichnet worden.

Die Maske war nur eine vorübergehende Maßnahme gewesen, um seine innere Schönheit hervorzuholen.

In dieser Ära der Ehrlichkeit werden wir dazu ermutigt, »die Dinge geradeheraus zu sagen«, »aus dem Bauch zu sprechen« und »Feedback zu geben«. Diese Verfahrensweisen sind sehr wertvoll, wenn sie auf liebevolle und unterstützende Weise dargeboten werden. Das Prinzip wird jedoch oft mißbraucht. Wir sagen verletzende Worte mit einer scharfen, schneidenden Zunge und begründen das so: »Ich bin nun mal, wer ich bin, und ich muß doch schließlich ich selbst sein.« Das ist wahr – wir müssen alle »ich sein«, aber es ist wichtig, daß wir wissen, wer »ich« ist, bevor wir es anderen gegenüber zum Ausdruck bringen.

Wer sind wir? Wir sind Gott. Wir sind Freude. Wir sind Liebe. Alles andere ist ein vorübergehendes Schauspiel, eine Illusion. Das Wort »Persönlichkeit« stammt von dem griechischen Wort *persona* (Maske). Unsere Persönlichkeiten sind also unsere Masken, und sie verbergen einfach das wahre Ich, welches immer ganz und vollkommen ist.

Eine »Zaubermaske« von liebevollen Worten und Taten zu tragen bedeutet, im Einklang mit unserer Wahren Natur zu handeln. In der Tat, wenn wir erst einmal anfangen, die Früchte der Liebe, die wir gegeben haben, zu ernten, entdecken wir, daß das Gute in uns schon immer vorhanden war und daß die Negierung dessen der Schwindler war. Wir sind wie ein Schauspieler, der seine Rolle schon so lange gespielt hat, daß er vergessen hat, wer er war, bevor er anfing, die Rolle zu spielen. Bevor wir uns an die weltliche Norm der Abwehr gewöhnt hatten, war es für uns ein ganz natürlicher Zustand, unschuldig und glücklich zu sein. Als Kinder lebten wir in einem Zustand von Glückseligkeit und strahlten unser Licht und unsere Liebe auf alle, ungeachtet des Alters, Geschlechts oder der Hautfarbe. Dies ist der Grund, warum der härteste Mensch in der Gegenwart eines unschuldigen Kindes dahinschmilzt, denn Kinder erwecken unsere Erinnerung an die Reinheit in uns, die wir wieder zum Ausdruck bringen wollen.

Aufgrund der liebevollen Gnade Gottes ist diese Reinheit nie verlorengegangen – sie wurde nur von einer smogartigen Schicht von irrigen Meinungen darüber, daß wir etwas Geringeres als göttlich sein könnten, *verschleiert*. Die glückliche Überraschung ist die, daß wir schon jetzt alle Ideale, die wir lieben – nämlich Liebe, Weisheit, Güte, Mitgefühl und Schönheit – verkörpern. Wir suchen nur deshalb nach ihnen, weil sie unsere ursprünglichen Aspekte sind; wir sind in diese Welt gekommen, um dies auszudrücken.

Unsere entschlossene Positivität ist der Schlüssel zu diesem Ausdruck. Sie demonstriert durch die Ergebnisse, die sie erzielt, daß unsere Vorstellungen wie »Ich kann es nicht«, »Ich bin es nicht wert«, »Ich habe Angst«, und »Ich liebe nicht« einfach nicht wahr sind. Haben wir einmal gesehen, daß wir es *können*, daß wir äußerst liebenswert sind und daß wir den Mut der Heiligen haben, können die Schwindler Angst und Schuld uns nie mehr dazu verleiten, an sie, statt an Gott zu glauben.

Das in uns verborgene Gute und unsere verborgenen Talente werden freigesetzt, wenn wir dazu bereit sind, das Spiel zu spielen, wenn wir sie annehmen, auch wenn wir nicht ganz davon überzeugt sind, daß es unsere sind. Dies wurde mir in Timothy Gallweys Seminar mit dem Titel »Das innere Tennisspiel« deutlich. Ich sah wie er zwei Tennisanfänger auf den Tennisplatz holte und sie wie folgt anwies: »Stellt euch vor, daß ihr die größten Tennisstars seid. Ihr spielt professionelles Tennis seit 20 Jahren, und viele Menschen haben eine Menge Geld bezahlt für das Privileg, euch spielen zu sehen. Würdet ihr jetzt so freundlich sein, uns ein Spiel zur Demonstration zu geben.« Ich konnte meinen Augen kaum trauen! Das Paar, das vor zehn Minuten einige tollpatschige Versuche gemacht hatte, den Ball zu treffen, tanzte jetzt über den ganzen Platz mit meisterhafter Finesse und schmetterte kunstvoll schwierige Bälle in langen Flugbällen hin und her. Sie erhielten wilden Applaus vom erstaunten Publikum. Durch diese Zaubermaske der Geschicklichkeit erlaubten sie sich, ihre innere Fähigkeit, die ansonsten unter Gedanken wie »Ich kann nicht« oder »Ich bin nicht …« eingeschlossen gewesen wären, freizusetzen.

Unsere Kraft liegt in uns, und nur indem wir sie zulassen, kann sie zum Ausdruck gebracht werden. Unser Problem ist nicht, daß wir schwach sind, sondern daß wir nicht daran glauben, daß wir stark sind. Obwohl die Liebe das einzig Wahre ist, haben wir so lange an ihre Nicht-Existenz geglaubt, daß wir diese für echt hielten, obwohl sie nur der Ausläufer eines irrtümlichen Gedankens ist.

Neem Karoli Baba sagte zu Ram Dass: »Liebe alle, und sage die Wahrheit.« Dieser scheinbare Widerspruch verwirrte Ram Dass, denn er dachte: »Die Wahrheit ist, daß ich nicht wirklich alle liebe.« Also fing er an, das, was er nicht mochte, das, was ihn störte, das, was ihn an seinen Freunden aufregte, zum Ausdruck zu bringen. Er geriet in einen derartigen Teufelskreis von Verbitterung, daß er sich eines Tages, von Gefühlen der Isolierung und Getrenntheit schwer belastet, weinend zu Füßen seines Gurus wiederfand. »Liebe alle, und sage die Wahrheit«, erinnerte ihn der mitfühlende und vergebende Guru. »In diesem Augenblick«, erzählt Ram Dass, »erkannte ich, daß die Wahrheit die ist, daß ich hinter meinen oberflächlichen Gefühlen wie Neigung und Abneigung, hinter meiner Kritik und hinter meinen Gefühlen wirklich alle liebe. Ich glaubte nur, daß ich es nicht täte. Das Festhalten an diesen fadenscheinigen Gedanken war das einzige, was mich daran hinderte, ich selbst zu sein. Indem ich ihn losließ, enthüllte sich mir die Wahrheit der Liebe.«

Wir sind liebevolle, königliche Wesen, die geträumt haben, daß sie Bettler und Tyrannen sind. Doch unser Thron ist auf königliche Anordnung hin für uns bewahrt worden, bis wir entdecken, daß unsere eigentliche Natur kostbare, liebevolle Güte ist. Der König, der den Zauberer um Hilfe bat, wußte nicht, ob und wie diese Zaubermaske ihm helfen würde. Er wußte lediglich, daß er ein bedeutungsvolleres Leben führen wollte und daß er bereit war, ein Risiko einzugehen, um es zustande zu bringen. Er hatte ein wenig Vertrauen in den Zauberer, der viel Vertrauen in den König hatte.

»Ihr seid so konditioniert worden, daß ihr eine Identität, die nicht wirklich ist, annehmt. Um diese Konditionierung aufzuheben, müßt ihr ein neues Bild von euch – ein Bild von Göttlichkeit und Schönheit – annehmen. Ihr stellt dieses neue Bild durch euer zielbewußtes Handeln unter Beweis.

Die Finger des ungeschulten Musikers fühlen sich mit dem Bekannten wohl, doch sie müssen ausgebildet werden, um ein eingeschlossenes Lied, ein Lied mit dem er sich später, nachdem er es gemeistert hat, wohler fühlen wird, freizusetzen. Benützt eure täglichen Handlungen, um eure reinsten Gedanken zum Ausdruck zu bringen und um ein meisterhaftes Lied zu spielen, so daß die Schwingung der Welt erhöht werden möge. Eure Angst, töricht zu sein, und euer Bedürfnis, euch zu verteidigen, gibt es nur in euren Gedanken. Güte, Freude und Harmonie sind nur in den Augen der Menschen töricht. In den Augen Gottes sind sie über alle Maßen wertvoll.

Wir sind uns des Dranges und der Kräfte, die euch dazu bewegen, mit Bitterkeit und Vergeltung zu reagieren, bewußt. Diese sind nur Überbleibsel alter Gewohnheiten, Gewohnheiten aus einer uralten Zeit. Sie gehören zu einer Vorstellung vom Selbst, die nicht mehr notwendig und nicht nützlich ist. Wir rufen euch dazu auf, die Muster eurer schmerzhaften Vergangenheit aufzugeben und als Wesen des goldenen Lichts mündig zu werden. Wisset, daß ihr in euren Bemühungen unterstützt werdet. Jede Handlung, die mit eurer guten Natur in Harmonie ist, bringt euch eurem Ziel wahren Selbstausdrucks näher. Laßt euch nicht durch die Wege der Welt verwirren. Dies sind die Wege der Unwissenheit. Sie sind einengend und bindend und führen nur zu Enttäuschung.

Die Wege des Heiligen Geistes sind die der Freude und Fülle. Sie sind der Grundton des kommenden Zeitalters. Sie führen zum Leben und zu Glück. Wählt die Kraft, mit der ihr euch verbinden wollt.«

Persönliche Entwicklung

Es gibt eine wunderbare chassidische Geschichte über einen Mann, der zu einem Rabbiner gelaufen kam und rief: »Rabbi, Rabbi, eine schreckliche Sünde ist begangen worden! Drei Männer unserer Synagoge waren die ganze Nacht auf und haben Karten gespielt und gewettet! Du mußt sie sofort bestrafen!«

»Wunderbar!« rief der Rabbiner zum Erstaunen des Mannes. »Ich freue mich, das zu hören!«

Der Mann war entsetzt: »Wie kannst du ›wunderbar‹ dazu sagen? Ist es nicht eine Sünde zu wetten?«

»Ich billige nicht so sehr die Tatsache, daß sie gewettet haben, als die Tatsache, daß sie die ganze Nacht aufbleiben konnten, um zu spielen, denn sie haben gelernt, den Schlaf zu überwinden, um etwas zu tun, was ihnen Freude bereitet. Denk nur – wenn sie lernen, Gott zu lieben, werden sie die ganze Nacht aufbleiben können, um Ihm zu dienen!«

Ich traf einen Mann, der einer Hilfsorganisation eine Menge Zeit selbstlos widmet und dynamische und inspirierende Vorträge hält. Er hat das großartige Talent, spirituelle Themen zu behandeln und sie humorvoll und faszinierend zu gestalten. Ich fragte ihn, wie er zu dieser Arbeit kam.

»Um ehrlich zu sein – ich war nicht immer spirituell orientiert«, erklärte er. »Ich ging tatsächlich früher oft auf Saufparties, da war die Hölle los. Ich erzählte zweideutige Witze, und ich stellte fest, daß es ein großes Publikum für unflätigen Humor gab. Also machte ich mir einen gewissen Ruf als zweideutiger Komiker. Ich wurde auf viele Bankette und Parties eingeladen, um meine Witze zu erzählen. Zu jener Zeit entwickelte ich Selbstvertrauen und einen gewissen Stil, wie man vor Leuten spricht.

Als ich begann, Gott in mein Leben zu lassen, verlor ich das Interesse, meine Geschichten zu erzählen, doch ich stellte fest, daß ich meine Fähigkeit, vor Gruppen auf unterhaltsame Weise zu sprechen, noch immer einsetzen konnte. Als sich mir dann die Gelegenheit bot, für meinen Herrn durch diese Organisation zu sprechen, war ich gut darauf vorbereitet.« (Und jetzt »macht« er *wirklich* die Hölle los.)

Es gibt auf unserem Weg zu Gott keine unnötigen Schritte oder Erfahrungen. Weil wir Gott durch die Augen eines Sterblichen betrachten, mögen wir glauben, daß wir etwas verpaßt oder Zeit verschwendet haben. Das ist aber nur deshalb so, weil wir Gottes Energie im Moment nicht so verwenden würden. Wenn wir unsere Erfahrungen mit den Augen der Weisheit betrachten, erkennen wir, daß der Prozeß der persönlichen Entwicklung ein großartiges, gutgeplantes Mosaik ist. Wir erkennen auch, daß es nichts außerhalb von Gott gibt und daß es nichts gibt, wofür Sie nicht einen Weg finden würde, um es für Ihren Ruhm einzusetzen.

Unser Leben wird nicht verwandelt, indem wir göttlich werden, sondern durch die *Erkenntnis*, daß all unsere Erfahrungen einem göttlichen Zweck gedient haben. Moses selbst lebte wie ein ägyptischer Prinz bevor er seine Identität als Jude erkannte. Er tötete sogar einen Mann. Nach außen hin mag es nicht so ausgesehen haben, als sei er die richtige Person, um das Volk Israel in die Freiheit zu führen, doch Moses Dienst als ein Prinz von Ägypten *bereitete* ihn tatsächlich auf die wichtige Aufgabe *vor*, die Israeliten aus der Knechtschaft zu führen.

Auf ähnliche Weise bereitet jedes Stadium unseres Lebens uns auf das nächste – und bessere – Stadium vor. Als ich auf der High-School war, spielte ich E-Gitarre in einer Rockgruppe, und wir spielten ziemlich ungeschliffene Musik. Ich interessierte mich später für akustische Gitarre, und jetzt ist es meine größte Freude, Lieder zu spielen und zu singen, die vom Frieden Gottes erzählen. Die Fähigkeiten, die ich in einem relativ ungehobeltem Forum entwickelt habe, können jetzt als Fahrzeug zum Dienen benützt werden. Das Können, das einst Unruhe erzeugt hat, beruhigt jetzt. Ich muß jene ungehobelten Tage in Ehre halten, denn sie waren ein Schritt auf den Punkt zu, wo ich heute stehe. Kein Teil des Weges ist besser oder schlechter als der andere. Wenn wir das Leben von dem höchsten Punkt aus betrachten können, erkennen wir, wie all seine Elemente perfekt darauf abgestimmt sind, in den großen Plan der Entwicklung zu passen.

Ich war neulich auf einem Fest, das während eines spirituellen Retreats in einem Ashram stattfand. Wir fingen einfach aus Spaß an, einige der alten Rock-n'-Roll-Lieder zu singen. Zuerst zögerte ich, sie zu singen, weil ich dachte, daß sie für eine »spirituelle« Gruppe zu heftig seien. Doch wie sich herausstellte, kannten die meisten Leute die Lieder besser als ich, und sie soufflierten mir die Worte, an die ich mich nicht erinnern konnte. Viele der Yogis und Nonnen waren einfach Menschen mit einer weltlichen Erfahrung, die in das spirituelle Leben hineingewachsen waren. Während wir uns über das Wunder der persönlichen Transformation unterhielten, fingen wir an, unseren Werdegang miteinander auszutauschen. Ein Mann hatte in jungen Jahren einen Nervenzusammenbruch gehabt, und dadurch entwickelte er allmählich eine gewisse Sensibilität für die Bedürfnisse von Menschen in einer psychischen Krise. Jetzt hat er eine sehr »hohe« Position in der Regierung als öffentlicher Anwalt für psychisch Kranke inne. Die Küchenchefin in diesem großen Ashram eignete sich ihre Kochkünste in einer Taverne an, in der sie früher arbeitete. Und die Frau, die den Garten so wunderbar hegte und pflegte, lernte dies, als sie in jungen Jahren frustriert von zu Hause weglief und mit einigen Indianern lebte. Das, was sie von ihnen lernte, führte dazu, daß ihre Familiensituation jetzt auch geheilt ist.

Die Raupe muß sich der Puppe übergeben, bevor sie zu einem Schmetterling werden kann. Während wir durch das Leben wachsen, lernen wir, unsere von Gott erhaltenen Eigenschaften in immer reinerer Form auszudrücken. Wir kommen auf die Erde mit einem tiefen Sinn für den Beitrag, den wir den Menschen und dem Planeten leisten möchten, doch es dauert eine Weile, bis die rauhen Ecken unseres Planes abgefeilt sind. Von der höchsten Perspektive aus gesehen, war die Raupe immer ein Schmetterling. Die Puppe war lediglich das, was sie benötigte, um ihre wahre Identität offensichtlich zu machen.

Wir können kein Element unserer persönlichen Geschichte verleugnen, denn jede Erfahrung hat eine lebenswichtige Rolle in unserer Ausbildung zu Meisterseelen gespielt. Die Welt ist eher eine Schule als ein Spielplatz. Wir müssen erst laufen lernen, bevor wir rennen können. Wir würden jetzt sicherlich nicht zur Grundschule zurückkehren, doch wir würden das Gelernte auch nicht wegwerfen, denn es hat uns dahin geführt, wo wir jetzt sind. Die Blume hält sich nicht für unwürdig, weil sie einmal ein Same war, sie beurteilt andere Blumen nicht, nur weil diese Samen sind. Sind wir nicht alle Blumen – in verschiedenen Stadien des Sich-Öffnens?

»All eure Handlungen und all eure Erfahrungen gehören Gott. Ihr könnt den Sinn eurer Handlungen von der Perspektive der Begrenzung aus, von der aus ihr geschaut habt, nicht sehen. Wir erkennen jedoch, und wir wissen, daß alles, was ihr getan habt, im Namen des Guten geschah. Versucht nicht, durch zukünftige Handlungen gut zu werden, denn dies würde das Alte als böse, als eine Schöpfung der Phantasie und nicht als eine Tatsache abstempeln. Setzt euch statt dessen dafür ein, euer Verständnis von eurer Arbeit zu wandeln bzw. zu verfeinern. Wenn ihr dies tut, erhöht ihr den Wert eurer Aktien so weit wie möglich; so weit, wie sie es schon immer verdient haben, doch ihr habt es nicht immer akzeptiert.

Es ist von äußerster Wichtigkeit, daß ihr euch von der Last der Beurteilung der Taten eurer Schwestern und Brüder befreit. Wenn ihr das tut, befreit ihr sowohl euch selbst als auch sie. Wir beurteilen keine Seele, denn wir verlieren ihre Göttlichkeit nicht aus den Augen. Es ist für euch sehr schwierig, den Sinn der Arbeit eines anderen Menschen zu wissen. Laßt es damit genug sein, daran zu glauben, daß alle Arbeit für Gott ist.

Ihr müßt den denkenden Geist zu einem für euch arbeitenden Instrument des Segens machen. Lehnt es ab, Sünde anzuerkennen. Alles, was ihr seht, ist eine Sache der Interpretation. In Gott gibt es keine Interpretation, denn Gott sieht nur Gott.«

Goldene Gelegenheiten

Wenn das Leben dir Zitronen gibt, mach Limonade daraus.

Einer meiner Freunde schrieb einst: »Alle Erfahrungen des Lebens sind entweder zum Genießen oder zum Lernen da.« Das ist eine andere Perspektive als die, die wir gewöhnlich haben. Wir sind so konditioniert worden, daß wir glauben, das Leben sei eine Kombination aus Gut und Böse, und der Preis, den wir für das Gute bezahlen, sei das Böse. Doch wir können unsere Erfahrungen auch anders sehen.

Die Schmerzen und Leiden, die wir im Leben durchmachen, sind *nicht* Strafen Gottes. Sie sind Botschaften, die uns von einem *liebevollen* Gott gegeben werden, um uns zu zeigen, wie wir uns verändern müssen, um in den Frieden, der unsere eigentliche Natur ist, hineinzuwachsen. Das vollständige Verständnis dieser Wahrheit verändert die Art, wie wir unsere Schwierigkeiten sehen. In diesem Licht betrachtet, verwandelt sich Kummer in Lektionen und Groll in Gnade. Es macht einfach *alles* im Leben gut.

Widrige Umstände sind unsere guten Freunde. Sie sind die treibenden Kräfte, die uns aus unserem bequemen Nest hinausdrängen und uns dazu zwingen, selbständig fliegen zu lernen. Wir sollten Mißgeschick wirklich als Geschick willkommen heißen. Ohne es würden wir nur sehr langsam wachsen. Mit ihm werden wir von Grünschnäbeln in Meister verwandelt.

Jeder große Mensch hatte in der Vergangenheit Unglück. Kein Mensch hat der Menschheit je einen Beitrag geleistet, ohne vorher eine gewisse Menge an Prüfungen durchgestanden zu haben. Unglück kann eine unreife Seele in eine Kraftquelle umschmieden. Beim Studium des Lebens von Heiligen und Staatsmännern wird mir klar, daß jeder von ihnen zu dem wurde, was er war, indem er seine Herausforderungen bewältigte. Mahatma Gandhi wurde aus einem Zug geworfen und mußte die Nacht in einem kalten Bahnhof verbringen, weil seine Haut dunkel war. Die heilige Theresa von Lisieux, die einfache »Kleine Blume«, tolerierte selbstlos Sticheleien und Kritik von ihren Schwestern im Kloster. Sie lernte Größe durch Demut. Moses wurde als Kind dem Fluß übergeben, seines Ranges als Prinz von Ägypten beraubt und in die Wüste verstoßen, bevor er Gott fand. Selbst nach der wundersamen Teilung des Roten Meeres mußte Moses das aufrührerische Murren des hebräischen Volkes beschwichtigen, das 40 Jahre lang in der Wildnis war. Ich habe die Wüste Sinai gesehen, und sie ist so öde wie der Mond. Selbst nach diesem großen Leid durfte Moses das Gelobte Land mit seinem Volk nicht betreten.

Perikles, der meisterhafte griechische Staatsmann, dessen Reinheit und Rechtschaffenheit den Höhepunkt des Goldenen Zeitalters von Griechenland markierte, wurde ausgelacht und beschimpft. Er starb als Opfer einer schrecklichen Seuche. Und wir kennen die kleinen und harten Anfänge von Abraham Lincoln, der einen Weg finden mußte, um eine Nation, die von Krieg zerrissen war, zu heilen und der schließlich die Wut der Kugel seines Meuchelmörders zu tragen hatte.

Es war kein Zufall, daß diese großen Menschen mit soviel Unglück konfrontiert wurden – sie wurden tatsächlich *dadurch bedeutend.* Vielleicht hatten ihre Seelen ein Leben im Dienste der Menschheit gewählt, und diese Prüfungen waren erforderlich, um ihren Charakter für derartige Aufgaben zu formen.

Ich empfehle nicht, nach Unglück zu trachten oder ein falscher Märtyrer werden zu wollen. Es bereitet Gott keine Freude, Ihre Kinder leiden zu sehen. Wir müssen lediglich die Art und Weise, wie wir das auftauchende Unglück betrachten oder verstehen, verändern. Das Leben erhält eine andere Bedeutung, wenn wir einsehen, daß es nicht darauf aus ist, es uns »zu zeigen«, und daß Gott *nicht* unser Feind ist, sondern unser bester (und einziger) Freund. Durch die Prüfungen des Lebens erteilt uns das Universum liebevoll wertvolle Lektionen, die wir lernen müssen – die eigentlichen Gründe, warum wir auf die Erde gekommen sind.

Jesus lehrte, daß wir unsere Feinde lieben sollen. Wie ist das möglich? Wenn wir unsere »Feinde« als unsere Lehrer sehen können, hören sie auf, unsere Gegner zu sein und werden zu unseren besten Freunden. Es ist unser Erbe, unser Geburtsrecht und unser Sinn im Leben, in Liebe und Anerkennung zu leben. Wenn wir mit jemandem streiten, keimt in uns ganz sicherlich irgendein Mißverständnis, das behoben werden muß. Wenn jemand anders »unsere Knöpfe drückt« und wir ihm die Schuld dafür geben, tun wir nichts anderes als unsere Energie fehlleiten, denn es ist nicht unsere Aufgabe im Leben, vor den »Knöpfedrückern« davonzulaufen, sondern unsere Knöpfe zu finden und den Stecker herauszuziehen. Diejenigen, die unsere Reizbarkeit an die Oberfläche bringen, erweisen uns tatsächlich einen sehr großen Dienst. Aus diesem Grund sollten wir jenen Freunden, die wir irrtümlicherweise als »Feinde« bezeichnen, verbunden sein, denn sie sind (ob sie es wissen oder nicht) die Vertreter Gottes, die uns den Weg zu größerer Kraft zeigen.

Es gibt eine Geschichte von einem Griechen, der jemandem einen Tageslohn dafür bezahlte, daß er ihn bei seinen Geschäften begleitete und ihn dabei beleidigte, damit er lernte, bei Kritik standfest zu bleiben, und dadurch Charakterstärke entwickelte. In Anbetracht seines Beispiels sollten wir vielleicht dankbar dafür sein, daß unsere »Feind-Freunde« uns einen so wertvollen Dienst kostenlos erweisen.

In dem Seminar »Das innere Tennisspiel« wurde mir deutlich, daß wir dieses Prinzip bereits verstehen und anwenden. »Wenn du ein gutes Tennisspiel willst, wen suchst du dir dann als Partner aus? – Normalerweise einen Gegner, der in seinem Können gleichwertig oder überlegen ist. Es macht keinen Spaß, mit jemandem zu spielen, der dich nicht herausfordert.«

Und genauso verhält es sich mit dem inneren Spiel des Lebens. Wir wollen wachsen, wir wollen unsere Fähigkeiten im Leben verbessern. Ohne Herausforderungen durch das Leben zu gleiten, das wäre sinnlos und langweilig. Wir wären wie stilliegende Algen auf einem regungslosen See. Wenn du irgendeine Kunst, eine Sportart oder einen Bereich, in dem du dich angestrengt hast, gemeistert hast, kennst du den Wert von Herausforderung, widrigen Umständen und Disziplin. Der Geigenvirtuose heißt ein neues und schwieriges Musikstück mit Begeisterung willkommen. Er muß seine Muskeln trainieren, um das Stück zu meistern. Er weiß sehr wohl, daß seine Fertigkeit zunimmt, wenn er sich darin übt, die Herausforderung zu bewältigen.

Daß wir unsere Fähigkeiten herauskitzeln, ist der wahre Wert des Wettkampfes. Viele Menschen haben den Sinn von gesundem Wettkampf aus den Augen verloren. Er hilft uns, innere Kraft herauszulocken, und ermutigt uns, unsere Vorstellungen von persönlicher Begrenzung zu transzendieren. Der wahre Wettkampf findet jedoch *in* der Person statt und nicht *zwischen* den Menschen. Wir alle müssen mit der Vorstellung darüber, wieviel wir schaffen können, ringen und uns überwinden. Wenn wir an unsere Grenzen stoßen, entdecken wir meistens, daß wir zu mehr fähig sind, als wir dachten. Unsere Gegner beim Sport erweisen uns tatsächlich einen liebevolle Gefallen: Sie arbeiten mit uns daran, unsere Schwäche zu überwinden. Wettbewerb ist letztendlich Zusammenarbeit.

Wenn wir Mißgeschick so betrachten, *können* wir unsere Feinde wirklich lieben. Sie servieren uns harte Bälle, bis wir Gottes Weise, sie zurückzuschlagen, lernen. Einmal gemeistert, gehen wir weiter zu einem überlegeneren Herausforderer, bis es keinen mehr gibt, der uns besiegen kann.

Wenn ich so über meine Entfaltung nachdenke, sehe ich, daß die schwierigen Erfahrungen mir praktische Lektionen erteilten und mich stärker machten. Sie schubsten mich vorwärts in Richtung auf eine neue und erfüllendere Art des Seins. Sie schubsten mich aus der Unwissenheit und in die Wahrheit hinein. Sie waren meine Schlüssel zur Freiheit.

Dies ist das neue Licht, das die Art, wie wir die Herausforderungen des Lebens betrachten, verändert. Ein Licht, das uns erneuert, während wir Gottes »gute Hand« in allem sehen. Hilda sagte, daß das neue Zeitalter eine »neue Denkweise« erfordert. Wir müssen unsere Erfahrungen auf eine vollkommen neue Art und Weise auswerten. Gott weiß, daß die alte Art und Weise nicht funktioniert hat. Wir müssen uns weigern, unseren Kummer, unsere Schmerzen und Konflikte nur oberflächlich zu betrachten. Wir müssen tiefer schauen. Wir müssen die Herausforderungen, mit denen wir jetzt konfrontiert sind, annehmen und sie in unserem Geist erneut durcharbeiten, bis wir sie in einem positiven Licht sehen. Bis sie in diesem Licht sind, werden sie um unsere Aufmerksamkeit betteln, und sobald wir sie ihnen schenken, werden sie zu Gold.

Goldene Gelegenheiten

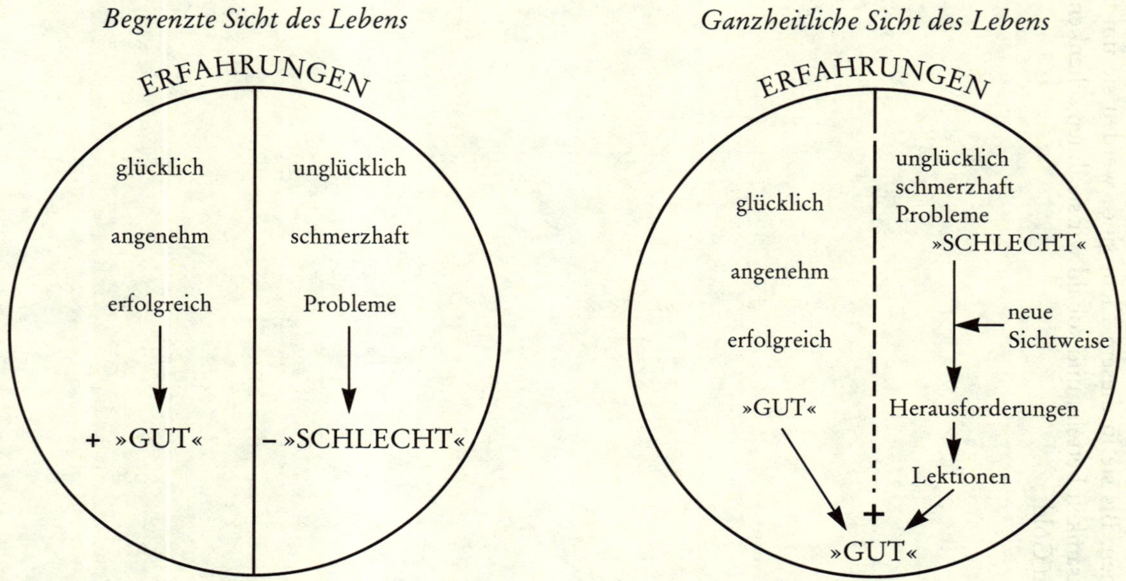

Eine meisterhafte Einstellung zum Leben ist eine Einstellung, der eine ganzheitliche Sicht vom Leben zugrunde liegt. Der weise Mensch sieht Probleme als Herausforderungen und schätzt sie für die Lehren, die sie ihm bieten. Auf diese Weise werden alle Erfahrungen zu guten Erfahrungen.

»Ihr müßt damit aufhören, Herausforderungen als eure Feinde anzusehen. Wann immer ihr versucht, eine Kraft Gottes außerhalb von euch zu halten, erschafft ihr Übel. Haltet alle Ereignisse innerhalb Gottes, und das Übel kann nicht bestehen.

Bei diesem Entwicklungsprozeß geht es darum, euer Verständnis zu revidieren. Erfahrungen sind weiterhin das, was sie immer waren, sind und sein werden. Doch ihr müßt euer Verständnis der Erfahrungen in einem klaren Licht sehen. Wir versichern euch, daß ihr den Frieden, nach dem ihr euch sehnt, finden werdet, wenn ihr euer Leben im Licht haltet.

Ihr müßt die Kunst der Perspektive meistern. Ein geringes Verstellen der Perspektive ist alles, was es braucht, um die Ganzheit eurer Ausbildung zu sehen. Ihr habt diese Art von Ausbildung – die der Intellekt zu verstehen meint, jedoch nicht wirklich akzeptieren kann – tatsächlich selbst gewählt.

Würdet ihr all eure Erfahrungen in der Liebe sehen, in der sie gegeben wurden, dann würdet ihr jeden Augenblick eures Lebens schätzen, denn jeder Augenblick ist ein Augenblick voller großartiger Gelegenheiten. Seid dankbar, Kinder des Lichts, ihr werdet geliebt.«

Das Geschenk

Mein Vater starb, als ich 18 Jahre alt war. Zu der Zeit war ich in der glücklichen Lage, viele Freunde zu haben, die mir liebevolle Unterstützung und Sympathie entgegenbrachten. Wir erhielten viele aufmerksame Karten, Blumen, Fruchtkörbe und gütige Besucher. Der Mann, der in meiner Erinnerung jedoch am meistens hervorsticht, war der Metzger in unserer Nachbarschaft, ein Jude, der zugesehen hatte, wie seine Familie während des Holocaustes umkam.

Ich werde das kurze Zwischenspiel an jenem Frühlingsnachmittag auf den Treppen der Synagoge nie vergessen. Da er gerade vom Tod meines Vaters erfahren hatte, fragte er mich: »Nun ... wie geht es dir?« »Okay«, antwortete ich. Er sah mir mit einem tiefen Blick voller Kraft und Verständnis fest in die Augen und fragte (obwohl es nicht wirklich eine Frage war): »Es muß einfach weitergehen, was?«

Durch jene wenigen Worte und die standfeste Art, in der er sie hervorbrachte, spürte ich eine Welle von Kraft und Stärke tief in meiner Seele schwingen. Er war vielleicht der einzige von allen Kondolenzbesuchern, von dem keine melancholische Sympathie ausging. Es schien so, als wären viele meiner anderen guten Freunde etwas verunsichert, wie sie mit mir und dem Tod meines Vaters umgehen sollten. Dieser Mann hatte sich jedoch durch unglaubliches Unglück eine kraftvolle, innere Ruhe angeeignet. Seine Festigkeit, sein Verständnis und seine Liebe wurden mir in einigen wenigen Worten und einem starken, doch mitfühlenden Blick mitgeteilt. Er hat mir sehr viel gegeben, und während ich mich an all meine Freunde ihrer Geschenke wegen erinnere, werde ich ihm für seine distanzierte und doch sehr liebevolle Unterstützung immer dankbar sein.

Das größte Geschenk, das wir einander machen können, ist die gegenseitige Bestätigung unserer Stärke. Mit Gedanken von

Schwäche und Opferhaltung übereinzustimmen, ist demjenigen nicht dienlich, der Licht, statt noch mehr Dunkelheit benötigt.

Als ich Patricia Sun das erste Mal sah, behauptete sie sich gegen die Fragen eines schwierigen Publikums zu Themen wie »Heilung« und »Wie man mit den Härten des Lebens umgeht«. Ganz gleich welche schrecklichen Schicksale ihr entgegengeworfen wurden, wie z.B. Krebs, brutale Verbrechen und die Härte des Lebens, sie schien zu lächeln und mit »Das ist wunderbar!« zu antworten. Dann fuhr sie fort und erklärte, welche einzigartigen Lektionen die jeweilige Situation dem jeweiligen Fragenden zu bieten hatte. All ihre Antworten waren voller Mitgefühl, sie war sich des gefühlten Schmerzes bewußt und hatte Respekt für die Situation des Menschen, der Unterstützung brauchte. Und doch sympathisierte sie nicht mit ihrer Wut oder ihrer Opferhaltung. Und sie eroberte die Herzen des Publikums. Als jemand sie fragte, wie sie denn Menschen heile, antwortete sie unschuldig: »Ich weiß es nicht. Ich spüre ihren Schmerz einfach und liebe sie.«

Uns gegenseitig und unseren Planeten zu heilen ist eine Fähigkeit, die wir alle haben. Diese Heilung findet dann statt, wenn wir an den Umständen vorbei und ins Licht schauen. Das Licht dort anzuerkennen, wo andere Finsternis sehen, bedeutet, einen sehr großen Segen zu erteilen.

Bei einem der ausgezeichneten Vorträge von Eric Butterworth hob eine Frau die Hand und fragte, wie sie sich ihres schrecklichen Jobs entledigen könnte. Sie haßte ihren Chef, konnte die Arbeit nicht ausstehen, verstand sich nicht mit ihren Kollegen und fühlte sich äußerst unwohl in der Situation. »Warum willst du weggehen?« neckte Eric sie, »es klingt so, als hättest du deinen Platz wirklich gefunden!«

Er meinte damit, daß ihr Job ihr eine ungewöhnlich gute Gelegenheit bot, zu erkennen, inwiefern sie ihre Art, das Leben zu betrachten, verändern mußte, um über ihre beschränkte Sicht hinauszuwachsen. Blieb sie so lange bei ihrem Job, bis sie nicht länger emotional darauf reagierte, würde sie die Abschlußprüfung bestehen und sich somit das Recht erarbeitet haben, zur nächsten Lektion weiterzugehen.

Wäre sie beleidigt vor der Situation davongelaufen, dann wäre sie nicht von den Charakterzügen *in* sich selbst befreit, die verursachten, daß sie sich unwohl fühlte. Es ist notwendig zu sehen, daß das Problem nicht in ihrem Job lag, sondern in *ihr*. Der Job war einfach das, was er war, und sie reagierte ihrer Einstellung gemäß darauf. Es war ganz besonders offensichtlich, daß es ihr Problem war, weil sie *alle* und *alles*, was mit dem Job zu tun hatte, nicht mochte. Sie betrachtete es durch eine dunkle Brille.

Über einen herausfordernden Job oder eine Beziehung kann man sagen, daß »wir frei sind ... und gehen können, wann wir wollen!« Selbstverständlich können wir gehen, doch beim nächsten Job oder beim übernächsten werden wir höchstwahrscheinlich auf noch intensivere Weise auf dieselben Probleme mit denselben Themen treffen. Der Prozeß wird so lange weitergehen, bis wir der Situation ins Gesicht schauen, sie konfrontieren und bewältigen. Die Freiheit, die wir spüren, wenn wir vor einer schwierigen Situation davonlaufen, ist die Freiheit des Narren. Die Freiheit, die wir gewinnen, wenn wir sie bewältigen, ist die Freiheit Gottes.

Hilda bezeichnet solche Herausforderungen oft als »Holzklötze«. Das sind innere Hindernisse des Bewußtseins, denen wir weder aus dem Weg gehen, aus denen wir uns nicht herauswinden können, weil wir genau diese Lektionen meistern müssen, um zu unserer vollen Größe zu wachsen.

Wir müssen den Holzklotz auf den Pflock des Vertrauens legen, ihn mit dem Keil der Entschlossenheit spalten und ihn mit der Axt des Mutes auseinanderbrechen. Anders wird es nicht gehen. Wie es in dem alten Lied so schön heißt:

»So hoch, daß ich nicht über Ihn hinwegsteigen kann,
So niedrig, daß ich nicht unter Ihm durchkomme,
So groß, daß ich nicht um Ihn herumkomme,
Ich muß durch diese Tür gehen.«

Die Türe ist keine andere als die Türe zum friedvollen Königreich der Liebe. Der »gemeine« Mensch sieht nur den Balken und beklagt die Sackgasse. Der Visionär – diejenige oder derjenige, die/der sich ständig an ihr oder sein göttliches Ziel erinnert – sieht den Balken als das Kennzeichen für einen versteckten Schatz und weiß, daß Gott immer die Fähigkeit hat, Hindernisse zu beseitigen, die die Angst nicht beseitigen kann.

»Zur Stunde eurer Prüfung wird euch Gnade zuteil. Jene, die die Gelegenheit im Unglück verstehen, haben ein Geheimnis entdeckt, das ihre Reise nach Hause sehr beschleunigt. Macht weiter und weiter und weiter, Kinder, mit eurem Verständnis von der Mühsal des Lebens, bis ihr das Juwel findet.

Habt es nicht eilig, das, was euch bekümmert, zu beurteilen oder davor zu fliehen. Die Situation ist euch zu eurer Erhöhung geschenkt worden. Würdet ihr vor einer Lektion in einem Kurs, um den ihr für eure Vervollkommnung gebeten habt, fliehen? Akzeptiert das Geschenkte in dem Geist, in dem es euch geschenkt worden ist, und euer Lernen wird gut vorangehen.

Ihr zieht die Ereignisse, die Menschen und Erfahrungen, die euer Wachstum erfordert, an. Gebt nicht Gott, der Welt oder eurem Bruder die Schuld für eure mißliche Lage, denn ihr habt diese Umstände aus freien Stücken für eure Veredelung angezogen. Diese Veredelung liegt uns am Herzen, denn dadurch werdet ihr frei, um dem frommen Zweck der Liebe zu dienen.

Öffnet euer Herz dem Ringen eurer Brüder, aber laßt euer Mitgefühl nicht durch Sympathie beflecken. Ihr dient einander am besten, wenn ihr euer ständiges Verweilen in der vollkommenen Gegenwart Gottes bestätigt. Bleibt standhaft inmitten von Chaos, seht das Leid mit göttlichen Augen und findet Gott im scheinbaren Unglück.

Jeder von euch ist ein Heiler. Während die Reinheit eurer Motivation euch im Heilungsprozeß zu einem Gefäß für Seinen Willen werden läßt, wird Er die Welt durch euch erhellen. Dies ist die Motivation aller, die für den Dienst an der Menschheit leben, und ihr, die ihr dies aus freien Stücken zu eurer Motivation machen wollt, seid durch eure Wahl gesegnet.«

Der Weg

»Alle Wege sind gleich: sie führen nirgendwo hin. Es gibt Wege, die durch den Busch führen oder in den Busch. Ich kann sagen, daß ich in meinem eigenen Leben langen, langen Wegen gefolgt bin, aber ich bin nirgendwo. Heute bedeutet die Frage meines Wohltäters etwas. Ist es ein Weg mit Herz? Wenn er es ist, ist der Weg gut; wenn er es nicht ist, ist er nutzlos. Beide Wege führen nirgendwo hin; aber einer ist der des Herzens, und der andere ist es nicht. Auf einem ist die Reise voller Freude, und solange du ihm folgst, bist du eins mit ihm. Der andere wird dich dein verfluchen lassen. Der eine macht dich stark; der andere schwächt dich.«

DON JUAN in: Carlos Castaneda, *Die Lehren des Don Juan*

Die Tat

Bete und bleib in Bewegung.

Das Gottesbewußtsein ist sinnlos, außer wenn es im täglichen Leben in die Tat umgesetzt wird. Martin Luther King Jr. sagte: »Ich bin auf dem Gipfel des Berges gewesen und habe das Gelobte Land gesehen« – und er bevorzugte es, zurückzukehren. Er kam zurück, um Vorwärtszuschreiten. Wir können in der Tat nur wirksam vorwärtsschreiten, wenn wir auf dem Gipfel des Berges gewesen sind – das ist die höchste Perspektive, von der aus wir sehen können, wie göttlich unsere Welt funktionieren könnte – und dann zurückkehren, um jener Vision Ausdruck zu verleihen.

Es geht im Leben darum, unsere menschlichen Beziehungen zu harmonisieren, unseren Geschäften mit Redlichkeit nachzugehen und zu lieben. Meditation, Gebet und spirituelle Disziplin lohnen sich nur, wenn unser Leben dadurch insgesamt besser wird. Wenn das nicht geschieht, dann beten oder meditieren wir nicht richtig. Es muß eine Übereinstimmung zwischen der Meditation und der Tat geben. Gott im Gebet zu lieben und dann unseren Nachbarn zu kritisieren ist nicht stimmig. Denselben Gott in der Meditation und im Busfahrer zu sehen, ist die Bestätigung Gottes im wirklichen Leben.

Für den Erleuchteten oder den Menschen, der Gott verwirklicht hat, ist das ganze Leben eine Gelegenheit, Gott zu sehen und Gott in die Tat umzusetzen. Es gibt kein Auf und Ab, kein Kommen und Gehen. Eines Abends bat mich Hilda am Ende der Gruppenmeditation, ein Lied zu singen. Ich war in der Meditation sehr »high« geworden, und ich sträubte mich ein bißchen »runterzukommen«. Hilda nahm das wahr und bemerkte: »Armer Alan. Er meint, er muß runterkommen, um zu singen – er weiß nicht, daß er nicht runterkommen muß.« Sie lehrte uns dadurch: Wenn ich in meinem Geist keine Trennung zwischen der Meditation und dem Singen gemacht hätte, hätte mich der Übergang – ein Übergang, den ich in meinem eigenen Geist erschaffen hatte – nicht erschüttert.

Während einer anderen geführten Meditation, einer sehr süßen und ätherischen Meditation, führte Hilda uns durch ein äußerst schönes Bild eines Gartens. Mitten im Satz unterbrach Hilda dieses Bild des Himmels, um ein Treffen nach der Gruppe anzusagen. Ich fühlte mich sofort davon belästigt, daß sie so ein weltliches Thema inmitten einer solchen »spirituellen« Erfahrung ansprach. Ihr nächster Satz war: »Wurde irgend jemand von euch Kindern durch diese Ansage gestört? Ich war es nicht – *alles* ist für mich Gott.«

Wir müssen uns nicht in eine Höhle zurückziehen und der Welt als Eremit entsagen, obwohl es eine Zeit geben mag, in der es angemessen ist, sich zurückzuziehen, um innere Arbeit zu leisten. Wir müssen nicht stundenlang im Lotussitz verharren. Wir können einfach ein- oder zweimal am Tag 20 Minuten lang im stillen Gebet oder in der Meditation sitzen und uns auf unsere Ideale einstimmen, was später in unseren Taten Früchte tragen wird. Jack Schwarz, ein bekannter Lehrer und Heiler, beschreibt die Meditation als ein »Aufladen unserer Batterien«. Er sagt: »Wenn die Batterie eines Autos leer ist, mußt du es nur mit einem Überbrükkungskabel starten, dann kannst du das Auto benützen. Wenn du sie weiter auflädst, nachdem sie bereits aufgeladen ist, verschwendest du Energie, und du verpaßt die Gelegenheit, das Auto zum vorgesehenen Zweck zu benützen – nämlich für die Tat.«

Es war einmal ein Mann, der jeden Morgen vor Sonnenaufgang aufstand, um zu einem bestimmten Platz im Wald zu gehen, wo er ruhig saß und mit der göttlichen Quelle Kontakt aufnahm. Er sprach dann mit den Blumen, und sie offenbarten ihm ihre Geheimnisse. Als er seine tiefe Verbindung mit Gott und der gesamten Schöpfung hergestellt hatte, begann er mit den Aktivitäten des Tages und schuf neue Wege, die Welt durch lebende Dinge zu verschönern, und die Geschenke, die sie der Menschheit bieten, praktisch zu nutzen. Dieser Mann war Dr. George Washington Carver. Dr. Carver war ein lebendes Beispiel für das meisterhafte Gleichgewicht zwischen innerer Kommunion und äußerem Ausdruck. Er sagte: *»Betet, als würde alles von Gott abhängen, aber arbeitet, als würde alles von euch abhängen.«**

Paramahansa Yogananda war auch jemand, der Gott sowohl auf der Erde als auch im Himmel fand. In seinem wunderbaren Buch *The Law of Success* lehrt Yogananda folgendes:

> *»Bevor du etwas Wichtiges unternimmst, solltest du dich ruhig hinsetzen, deine Sinne und Gedanken beruhigen und tief meditieren. Dann wirst du von der großen, schöpferischen Kraft des Geistes geführt werden. Danach solltest du alle notwendigen, materiellen Mittel benützen, um dein Ziel zu erreichen.«***

---

* Lest die inspirierende Geschichte von Dr. Carvers Leben in *The Man Who Would Talk To The Flowers* (Anm. d. Ü.: deutsch: Der Mann, der mit den Blumen sprach) von Glenn Clark, Maclester Park Publishing Vo., 1511 Grant Ave., St. Paul, MN 55105.

** Yogananda: *The Law of Success* (Anm. d. Ü.: deutsch: Das Gesetz des Erfolges). Die Adresse für die Schriften von Yogananda ist hinten im Buch zu finden.

Das Ziel der Meditationspraxis ist zu lernen, wie man immer meditieren kann – nicht nur, wenn man mit geschlossenen Augen sitzt, sondern auch dann, wenn man voll im Strom des Lebens ist: in der Familie, im Büro und im Supermarkt. Gott findet man zwar in der Stille, aber Er ist auch erkennbar, wenn man die Kinder in die hebräische Schule bringt, über ein höheres Gehalt verhandelt oder die Badewanne putzt. Es geht darum, sich daran zu erinnern, wer Wir Sind – *ganz gleich wo wir sind.*

Die besten Gelegenheiten, die Gegenwart Gottes zu üben, finden wir in den Situationen, in denen wir meinen, daß Er nicht zu finden ist. Alan Watts sagte: »Wenn du im Heizungkeller nicht meditieren kannst, kannst du nicht meditieren!« Wirkliches Lernen besteht darin, in Situationen, die uns früher nervös, aufgeregt oder ängstlich machten, ruhig, friedlich und im Gottesbewußtsein zu bleiben. Als Teenager leitete ich in meiner Synagoge an wichtigen Feiertagen eine uralte und sehr heilige Zeremonie. Meine Tradition verlangte, daß ich vor der gesamten Gemeinde stand und vor allen im Tempel einen Segen sang. Als ich es zum erstenmal machte, war ich so aufgeregt wie noch nie zuvor in meinem ganzen Leben. Ich machte einen Fehler, und all die gelehrten Männer drehten durch. Ich wäre am liebsten in die Bundeslade gesprungen, um mich zu verstecken. Es war ein Horrorfilm für mich.

Als der Feiertag zum nächstenmal anstand, wünschte ich, ich könnte meinen Namen ändern. Aber ich spürte, daß es meine Pflicht war, die Sache durchzuziehen, und so tat ich es. Ich machte einige Jahre so weiter, fürchtete mich vor der Zeremonie, zog sie trotzdem durch und war während der ganzen Sache ziemlich unkonzentriert. (Wenn Gott die Gemeinde durch mich segnete, dann mußte Er mir zum Trotz einen Weg finden, dies zu tun!) Dann, einmal, nur für einige Sekunden, fühlte ich mich während des Rituals tatsächlich entspannt! Was für ein wundervolles, befreiendes Gefühl! Ich war überrascht, festzustellen, daß ich diese Sache machen konnte und dabei die Ruhe bewahrte! Danach wurde die Zeremonie für mich jedesmal einfacher und einfacher, bis sie schließlich sogar erfreulich war. Ich lernte durch die Übung, mich inmitten einer »bedrohlichen« Situation an meinen inneren Frieden zu erinnern – zu meditieren. Wir kommen in die Welt, um genau dieses Bewußtsein zu entwickeln: durch Erfahrung zu wissen, daß wir unseren Frieden in keiner einzigen Situation verlieren müssen und daß wir Gott überall finden, wenn wir Sie in unserem eigenen Herzen finden.

Wir wissen eigentlich schon, daß wir Ordnung in unsere Angelegenheiten bringen können, wenn wir unseren Geist klären. Wenn unser Geist klar ist, wird unser Zimmer automatisch ordentlich, unser Auto läuft einwandfrei und unser Kontostand sieht gut aus. Was vielen Menschen jedoch nicht bewußt ist, ist, daß *wir unsere Angelegenheiten dazu benützen können, unseren Geist zu klären.* Wenn wir uns die Mühe machen, unsere Bettdecke glatt zu streichen, uns hinzusetzen und unsere Buchführung anzugehen, bis das Konto ausgeglichen ist, oder den hinteren Schrank auszuräumen, werden wir feststellen, daß dabei auch unser Geist geordnet wird, fast so, als hätten wir uns zum Meditieren hingesetzt. Dies ergibt sich aus der Tatsache, daß wir unseren Geisteszustand mobilisieren müssen, um unsere Angelegenheiten zu ordnen. Mit anderen Worten: Wir benützen die »kleinen« Handlungen des Lebens als ein Mittel, um Klarheit zu erlangen.

Das stellt alles, was wir während des Tages tun, in ein ganz neues Licht. Es bedeutet, daß *alles ein Weg ist, um Gott zu entdecken und auszudrücken.* Es bedeutet, daß Jobs und Beziehungen und Nachrichten gut sind, denn sie sind Gelegenheiten, sich in Bewußtheit zu üben. Und somit ist es nicht wichtig, was wir tun – der springende Punkt ist *das Bewußtsein, in dem wir handeln.* Ich hörte von einem Bankdirektor, der »ausstieg« und sich auf die spirituelle Suche begab. Er warf seine grauen Anzüge weg, wurde Vegetarier, machte eine Pilgerreise nach Indien, studierte mit gelehrten Brahmanen und Weisen und durchlebte viele Erfahrungen und Lektionen. Eines Tages, etwa zehn Jahre später, spazierte er in seiner alten Heimatstadt die Straße hinunter, als einer seiner früheren Kollegen ihn sah und ihm seine alte Stellung anbot, die gerade wieder frei geworden war. Der Mann überlegte einen Augenblick und dachte: »Warum nicht?«, und so kehrte er zu seinem Job zurück. Er hatte gelernt, daß keine Arbeit besser ist als eine andere – das wichtige Element ist das *Bewußtsein*, mit dem wir unsere

Arbeit tun. Die einzige wirkliche »Arbeit«, die wir tatsächlich haben, ist, die Gegenwart Gottes zu üben, ganz egal, welchen Job wir in der Firma haben. Unsere einzige wirkliche Firma ist die Wahrheit, und sie heißt »Gott AG«.

Wir sind alle aus einem bestimmten Grund auf die Erde gekommen: um die Lektionen, die die Erde zu lehren hat, zu lernen und um die Welt mit dem, was wir gelernt haben, (durch unser Sein und unsere Taten) zu beschenken. Nicht zu handeln bedeutet, eine Gelegenheit zu versäumen, in der wir segnen könnten, und mit Gott im Hinterkopf zu handeln bedeutet, Gott direkt in die Welt zu bringen, um Ihr zu dienen. Wie Hilda einmal sagte: »Wahre Meditation beginnt, wenn du die Augen öffnest.«

»Der Pfad der zielbewußten Handlung trägt für jene, die ihn gehen, einen doppelten Segen in sich: im Segnen der Welt liegt euer eigener Segen. Richtiges Handeln ist der Schlüssel zu der Wiederherstellung von Gottesbewußtsein in eurer Welt.

Irrtümer müssen ihrer Natur gemäß korrigiert werden. Die Welt hat in ihren Taten das Bewußtsein von Gott verloren, und aus diesem Grund muß jenes Bewußtsein durch Taten wiederhergestellt werden. Findet ein bequemes Gleichgewicht zwischen Stille und Aktivität, und dient der Welt von diesem Punkt des Gleichgewichts aus.

Kümmert euch nicht um die Form, die eure Tat annehmen könnte. Eure Ausdrucksform wird sich natürlich entfalten. Liebt Gott einfach, haltet an euren reinsten Absichten fest, und bleibt eurem inneren Licht treu. Euer Platz wird euch in diesem Bewußtsein ohne weiteres bekanntgegeben. Das Wunder des richtigen Handelns entspringt aus eurer Bereitschaft und aus einer guten Absicht.

Laßt eure Taten eure Botschaft an die Welt sprechen. Eure Taten haben die Kraft zu heilen. Dies ist eine Verantwortung großen und wunderbaren Umfangs. Es ist eure einzige Verantwortung, und es ist die einfachste, denn wenn ihr die Verantwortung wählt, die Welt zu heilen, laßt ihr gleichzeitig zu, daß Gott die Welt durch euch heilt. Dies ist eure Aufgabe als Botschafter des Lichts.«

Integrität

Wenn du einen klaren Kopf behalten kannst,
während alle um dich herum ihren Kopf verlieren
und dir die Schuld dafür geben …

RUDYARD KIPLING, *If*

Die verwirrten Ziele der Welt würden den spirituellen Aspiranten davon abhalten, der Wahrheit so zugetan zu sein, wie die Wahrheit ihm zugetan ist. Die Integrität ist wie ein hoher Fels, den der stürmische Ozean der weltlichen Sorgen nicht überschwemmen kann. Der spirituelle Pfad ist wie eine Odyssee auf des Messers Schneide, die mit Versuchung und Fallen versehen ist, die immer subtiler werden, je mehr die gewundene Bergstraße auf den Gipfel zu führt. Wenn unsere Herzen und unsere Vision auf das Licht Gottes ausgerichtet bleiben, gehen wir unversehrt durch den Sumpf der Verblendung und des Unglücks.

Sir Thomas More, der in dem Stück *A Man for all Seasons** vortrefflich porträtiert wird, sah sich unglaublichem Druck ausgesetzt, damit er seinen ethischen Kodex aufgab. Er war vielleicht der einzige Mann in ganz England, der für seine Meinung geradestand, als man ihn zwingen wollte, einen skrupellosen König zu unterstützen. Seine Stellung, seine Familie und sein Leben waren vom Tode bedroht. Während eines Verfahrens, bei dem man versuchte, More dazu zu überreden, einen Eid auf seine Loyalität zu unterschreiben, fragte ihn einer seiner Kollegen: »Warum tust du es nicht einfach aus Kameradschaft?« Mores Antwort war: »Wenn du in den Himmel kommst, weil du deinem Gewissen gefolgt bist, und ich in die Hölle komme, weil ich meinem Gewissen nicht gefolgt bin, wirst du mir dann ›aus Kameradschaft‹ folgen?«

* Deutsch: Ein Mann für jede Jahreszeit. (Anm. d. Ü.)

Jeder von uns erhält täglich 1000 kleine Gelegenheiten, zwischen Frieden und Unruhe, zwischen Klarheit und Verwirrung, zwischen Liebe und Feindschaft zu wählen. Ich spreche jetzt davon, inmitten unserer täglichen Aktivitäten ruhig, standfest und liebevoll zu bleiben. Wir mögen vielleicht nicht der einzige Mensch in einem Königreich sein, der sich für die Wahrheit einsetzt wie Sir – der Heilige – Thomas More, aber wir können die Welt segnen, indem wir bei allem, was wir tun, friedlich bleiben.

Wir leben in einer Welt vielfältiger Gedanken – überall um uns sind Gedanken, Gedanken und noch mehr Gedanken. Wir müssen nicht nur mit unseren Gedanken, sondern auch mit denen anderer Menschen um uns herum fertig werden. Beim Leben auf dem »Marktplatz« geht es hauptsächlich darum, inmitten chaotischer Einflüsse in unserer Mitte – unserer Ganzheit – zu bleiben. Wenn wir unvorsichtig sind, können wir den Kontakt zu unserer Mitte verlieren, und wir werden dann daran arbeiten müssen, bis wir sie zurückgewinnen. Wenn wir unsere Tätigkeiten jedoch in einer kraftvollen Haltung und einer Haltung der Bereitschaft angehen, dienen wir uns selbst und auch allen anderen, denen wir begegnen.

Ich besuchte einmal ein Seminar mit dem Titel: »Wie ich andere Menschen davon abhalte, meine Energie zu stehlen.« In Wirklichkeit kann niemand unsere Energie stehlen, außer wenn wir sie ihm geben. Und niemand versucht absichtlich, unsere Energie zu stehlen – jeder schwingt einfach gemäß seines Bewußtseinszustandes. Es ist aber wahr, daß wir *die Bewußtheit* von unserem eigenen inneren Licht verlieren können, wenn wir negative Gedanken aus der Außenwelt aufnehmen. In dem Augenblick, in dem wir mit einem Gedanken, der sich mit dem Bösen, Krankheit oder Mißhandlung befaßt, übereinstimmen, haben wir unser Wissen um die Wahrheit einer Illusion willen verkauft.

Diese Illusion ist *fast* eine wirkliche Kraft in der Welt. Sie ist nicht wirklich real, aber man hält sie für real, und dieser Glaube genügt, um sie wirklich *erscheinen* zu lassen. Wenn alle Menschen auf der Welt morgen früh aufwachten und nicht an das Böse glaubten, dann wäre dies das Ende des Bösen. Der »Teufel« würde verhungern. In einer Episode aus der Serie *Raumschiff Enterprise* greift eine böse Kraft das Raumschiff an und richtet Verheerung an, indem sie Angst und Streit innerhalb der Mannschaft sät. Irgend jemand entdeckt schließlich, daß sich die negative Kraft von Angst ernährt. Also gibt Dr. McCoy der gesamten Mannschaft ein Lachserum, das sie nur für einige Minuten glücklich machte, und der Angreifer wird dadurch gezwungen, das Raumschiff zu verlassen. Es ist nichts mehr da, woran er sich festhalten könnte. Es gibt keine Organismen, an denen er sich wie ein Parasit festsaugen könnte. Keiner akzeptiert das Böse, und das Böse stirbt.

Die böse Kraft lebte in Wahrheit nie, weder im Raumschiff Enterprise noch auf dem Raumschiff Erde. Die Illusion davon wird nur durch den irrtümlichen Glauben daran aufrechterhalten. Wenn wir uns weigern, die Unwahrheit zu akzeptieren, kann sie keine Macht über uns haben. In der Geschichte von *Odysseus* verwandelt die Zauberin Circe die Mannschaft von Odysseus in Schweine, damit sie Odysseus als Gefangenen halten kann. Als er dies entdeckt, zeigt Odysseus festen Blickes auf sie und befiehlt: »Du verwandelst meine Männer sofort in ihre richtige Form zurück!« Er sagt das mit soviel Überzeugung und Kraft, daß sie es einfach tun muß. Sie muß es tun. Die Kraft des Lichts ist immer stärker als die angenomme Kraft der Finsternis.

Wir können uns selbst gegenseitig auf dieselbe Weise von der Verneinung befreien, indem wir uns weigern, sie anzunehmen, wenn sie auf uns zukommt. Wenn jemand dir ein Nachnahmepäckchen schickt, das du nicht bestellt hast, und du es nicht annimmst, geht es zurück zur Firma. Wenn du es annimmst, mußt du es bezahlen. Eine Hand kann nur klatschen, wenn eine zweite Hand da ist, auf die sie treffen kann. Wenn keine Hand da ist, auf die sie treffen kann, wird kein Klang erzeugt. Wenn wir den negativen Gedanken von jemand anders nicht durch ähnliche Gedanken begegnen, wird die Verneinung verpuffen. Ich traf eines Tages eine Freundin, die sehr schlecht gelaunt war. Sie beklagte sich über alles. Ich war so freudig gestimmt, daß ich sie gar nicht ernst nehmen konnte, und ich fing an, mit ihr über all die Dinge, über die sie sich beklagte, Witze zu machen. Schon bald lachte auch sie. Sie kam einige Stunden später zu mir und sagte: »Ich möchte dir nur dafür danken, daß du mich nicht ernst genommen hast. Über meine Klagen zu lachen, war genau das, was ich brauchte, um sie loszulassen.«

Es gibt noch eine andere Art, wie wir aus unserer Mitte fallen können. Und zwar durch Neugierde. Es gibt eine sehr nützliche Art von Neugierde, die uns dazu treibt, Dinge zu erforschen, zu untersuchen und zu entdecken, aber es gibt auch eine verschwenderische Art von Neugierde, die unsere geistige Energie zerstreut. Ich bin viel zu oft versucht, mich auf belanglose Unterhaltungen einzulassen, der Unterhaltung im Nebenraum zu lauschen oder irgendeine alte Zeitschrift auf dem Couchtisch zu nehmen und anzuschauen. Unkontrollierte Neugierde ist ein Mangel an geistiger Meisterschaft, und sie bewirkt, daß wir unser Gleichgewicht verlieren und von unserem Weg abkommen. Genauso wie der physische Körper dick und der emotionale Körper erschöpft sein kann, kann der geistige Körper durch das Einstimmen auf unnötige und unwesentliche Gedankenformen gestört werden. Kommt, wir konzentrieren uns auf das, was unsers ist, und den Rest lassen wir in Ruhe. Neugierde zieht einfach ein Zuviel an sinnlosen Gedanken in unser Bewußtsein, und wir müssen dann meditieren, mehr schlafen oder etwas anderes tun, um uns von dem, was nicht unsers ist, zu reinigen.

Das, was unsers *ist,* wird uns nur dann gegeben, wenn wir bereit sind, es anzunehmen. Wie bei positivem Denken und bei Anerkennung müssen wir daran arbeiten, uns an die Wahrheit zu erinnern und danach zu handeln, und darum geht es bei der Integrität. Es herrscht große Übereinstimmung bezüglich der Illusion. An jeder Ecke gibt es Gedankenformen, die Leerheit und Leid beinhalten. Illusion kann man überwinden, indem man die Wirklichkeit und die Fülle der Liebe bekräftigt. Wie ein Vampir, der vor dem Licht oder einem Kreuz zurückschreckt, flüchtet Negativität, wenn sie mit Integrität konfrontiert wird.

Wir sind mit der größten Waffe, die es gibt – der Wahrheit – ermächtigt worden. Keine Bombe, kein Haß und keine Illusion kann sich mit der Kraft der Wahrheit messen. Sie ist unser einziger wirklicher Freund. Wenn wir für die Wahrheit eintreten, sind wir integriert, ganz und standfest. Wir können dann vollkommen geschützt und sicher durch jede Finsternis gehen. Wir können »für eine himmlische Sache durch die Hölle marschieren«. Unsere Liebe kann die Tränen der Welt trocknen. Wir können dem Krieg, dem Leid und den Mühen jener, deren Leben voller Schmerz war, ein Ende setzen. Das gesamte Universum ist vollständig und ganz. Wenn wir der Integrität treu bleiben, sind wir auf einer Linie mit der Kraft des gesamten Universums. Wenn wir unseren Weg in Integrität gehen, gehen wir mit Gott.

»Ihr, die ihr vom Zepter des lebendigen Gottes berührt worden seid, müßt im Licht des Einen, Der euch den Segen seines Geschlechts gegeben hat, wandeln. Integrität ist sowohl eure Festung und euer Erlöser als auch der Erlöser der Welt. Christus Selbst war die Verkörperung der Integrität, deswegen wird Er zu Recht als Sohn Gottes bezeichnet.

Der Pfad des Lebens ist nur schwierig und heimtückisch, wenn man mit den Illusionen übereinstimmt, mit denen die Welt versucht, sich aufrechtzuerhalten. Meidet die Illusion nur einen einzigen Augenblick, und ihr seid für immer frei davon. In diesem Augenblick der Freiheit erbt ihr das ewige Leben, das euch schon jetzt gehört.

Wir, die euch dazu ermutigen, den Weg der Integrität zu gehen, versprechen, euch auf eurer Reise beizustehen. Während ihr der Integrität treu bleibt, soll euch das Licht in seiner ganzen Pracht offenbart werden, dasselbe Licht, das ihr in euren heiligsten Träumen seht. Fangt damit an, die Vision der Heiligkeit in eurem Herzen anzunehmen. Das ist eure einzige, wirkliche Vision. Alle anderen werden vergehen, doch die Vision des Herzens bleibt bis zum Ende der Form bestehen.

Schreitet würdevoll voran, Söhne und Töchter der Wahrheit. Man hat euch in diesem heiligen Leben alles gegeben, was ihr je wirklich begehrt habt – das Wissen um eure eigene Heiligkeit und die des gesamten Lebens. Habt Vertrauen in die Wirklichkeit der Liebe, und ihr werdet nicht – ihr könnt nicht – fehlgehen. Alle Heiligen, Meister und Engel singen gerne mit euch im Chor des Glücks, der am Anfang der Zeit zusammengestellt worden ist. Halleluja und Amen.«

Mut

Diejenigen, die nach vorne treten, um sich für die Wahrheit einzusetzen, müssen darauf vorbereitet sein, von der Welt, die sie einst unterstützte, zurückgewiesen zu werden. Die Welt liebt die Ihrigen, doch sie hält jene, die nicht in sie vertrauen, für eine große Bedrohung. Der Ruf des neuen Lebens bedeutet, daß wir unseren Wunsch aufgeben, von jenen, die uns in der Vergangenheit genährt haben, akzeptiert und anerkannt zu werden. Wir werden vielleicht unsere alten Freunde verlieren, wir werden neue finden. Unsere Familien werden uns vielleicht davon abhalten wollen, unsere Herzen werden uns ermutigen. Menschen in der Welt werden vielleicht das, was wir tun, kritisieren; alle Heiligen und heiligen Meister, die die Wahrheit lieben, werden uns lieben. Wir werden vielleicht unser weltliches Erbe verlieren, wir werden alle Reichtümer des Universums gewinnen. Wir müssen eventuell unsere alten Vorstellungen darüber, wer wir sind, aufgeben; wir werden wissen, wer wir wirklich sind. Wir werden nicht mehr zur Welt gehören, wir werden Gott gehören.

Ich nahm vor kurzem an der katholischen Hochzeit von zwei sehr nahestehenden Freunden teil. Der Augenblick kam, in dem wir gebeten wurden, uns zum Abendmahl anzustellen. Ich liebe es, die Hostie zu erhalten. Ich weiß zwar nicht, ob die Waffel sich tatsächlich in den Körper von Christus verwandelt, aber ich bete und stelle mir vor, daß ich durch die Zeremonie den Heiligen Geist von Christus in mich aufnehme. Ich betrachte es als einen großen Segen.

Bei dieser Hochzeit saßen (ironischerweise) die jüdischen Eltern von einem meiner besten Freunde, mit dem ich mich sehr für das orthodoxe Judentum engagierte, neben mir. Der Vater ist der Vorstand der Synagoge. Ich besuchte sie früher viele Jahre lang regelmäßig am Sabbath zu Hause, und sie kannten mich als sehr strengen orthodoxen Juden. Diese feinen Menschen waren sehr gut zu mir, und ich wurde wie ein Familienmitglied behandelt. Nun, hier bin ich, zehn Jahre später, total verliebt in Jesus und überglücklich, die Gelegenheit zu haben, das Abendmahl zu feiern. Es war, als würde meine Vergangenheit zu meiner Rechten sitzen und die Zukunft mir zu meiner Linken zunicken.

Ich spürte, daß diese Menschen vielleicht darüber verletzt oder aufgebracht sein würden, wenn sie sahen, wie ich mich für das Abendmahl einreihte. Der Augenblick der Wahrheit war für mich gekommen. In Wirklichkeit war es gar keine Frage. Als ich mich erhob, konnte ich ihre schockierten und enttäuschten Gedanken wahrnehmen. Mein Herz klopfte heftig, und ich konnte den Schweiß auf meiner Stirn spüren. Doch ich mußte tun, was ich tun mußte. In jenem Augenblick mußte ich alle meine Vorstellungen über mich und wer ich für jene Menschen war, sterben lassen. Obwohl ich sie wie eh und je liebte und respektierte, mußte ich den Eingebungen meines spirituellen Herzens treu sein und darauf vertrauen, daß Gott sich meiner annehmen würde, wenn ich meinem inneren Herzen folgte. Ich mußte für meine Werte geradestehen.

Jeder von uns wird auf jedem Schritt unserer evolutionären Entfaltung mit einem solchen Augenblick der Wahrheit konfrontiert. Einige bezeichnen diese Augenblicke als Prüfungen, andere als Herausforderungen, und einige nehmen sie als Einladungen an, die der Gnade entspringen. Jeder spirituelle Aspirant erhält die Gelegenheit – eine Weggabelung –, ein altes Lebensmuster loszulassen und ein neues und herrliches anzunehmen.

Die Gelegenheit nimmt auf der körperlichen Ebene immer die Form einer klaren Wahl an. Es mag sich um ein körperliches Vergnügen handeln oder eine Art Versuchung für das Ego, wie z.B. Macht, Geld oder irgendeine alte, persönliche Schwäche in Form eines Wunsches. Die Prüfung konfrontiert den Aspiranten immer mit der Wahl, ja zu einer Handlung und nein zu einer anderen zu sagen. Unter derartigen Umständen benützt Gott die physische Welt, um eine Situation zu manifestieren, die die Dynamik unserer inneren Entwicklung symbolisiert.

Wenn wir es uns dann aussuchen, einem höheren Leben entgegenzustreben, sind Meister, Heilige, Engel und erleuchtete Wesen da, die uns ihre helfenden Hände entgegenstrecken, um uns zu einem reicheren und erfüllenderen Stadium auf unserer Lebensreise hochzuziehen. Es heißt: »Wenn du einen Schritt auf Gott zu machst, macht Er zehn Schritte auf dich zu.« Ein Freund z. B., der Ladendiebstähle beging, wollte sein Leben in Ordnung bringen. Er wollte mit dem Klauen aufhören, doch diese Ladendiebstähle waren für ihn zu einer Gewohnheit geworden, und er fürchtete, nie damit aufhören zu können. Er erzählte mir folgende Geschichte:

»Ich ging eines Tages ins Einkaufszentrum, um mir eine Nadel für mein Stereogerät zu besorgen. Ich ging in ein Hi-Fi-Geschäft, suchte die Nadel aus und ging dann zur Kasse, um sie zu bezahlen. Genau in dem Augenblick drehte sich der Verkäufer um, um etwas aus einem Regal zu holen. Mein erster Impuls war, die Nadel in meine Tasche zu stecken und wegzugehen. Kein Mensch hätte mich gesehen. Aber ein Teil von mir wollte sie nicht nehmen: das war ein Gefühl, daß ich mein Leben ändern wollte. Ich stand eine Weile da, innerlich zerrissen. Es war, als würde ich gleichzeitig in zwei Richtungen gezogen. Dann beschloß ich, nur dieses eine Mal für etwas zu bezahlen, das ich ohne Schwierigkeiten hätte klauen können. Also wartete ich darauf, daß der Verkäufer sich umdrehte, und ich bezahlte. In diesem Augenblick spürte ich eine solche Welle von Erleichterung in mir aufsteigen, daß ich es gar nicht mit Worten beschreiben kann. Etwas passierte in mir – etwas, das viel größer war als meine kleine Entscheidung, die Nadel nicht zu klauen. Seit jener Zeit habe ich nichts mehr gestohlen, und ich will es auch nicht mehr tun.«

Solltest du (wie mein Freund) mit einer schlechten Gewohnheit kämpfen, laß dich nicht durch ihr Ausmaß abschrecken, *denn du mußt sie nicht allein besiegen.* Gott wird dir dabei helfen. Das verspreche ich dir. Du hast nur deinen Anteil zu erledigen, und der besteht darin, den ersten Schritt zu tun. Wenn du in guter Absicht die Türe öffnest, um zu helfen, wird Gott in dich hineinströmen mit Seinem Willen, der alles besiegen kann. In dem Augenblick, in dem du jenen ersten Schritt in eine neue Richtung machst, hast du deine alte Gewohnheit oder den Charakterzug, der deinen Fortschritt aufgehalten hat, gemeistert. Da du die Prüfung bestanden hast, wirst du nicht mehr mit dieser bestimmten konfrontiert, außer eventuell in Form von »alten Kamellen« – alten Begierden, die gelegentlich auftauchen, jedoch nicht genügend Leben in sich tragen, um sich zu vermehren. Jene überholten Wünsche sind einfach Überbleibsel von vergangenen Gedankenmustern, die uns nicht mehr verführen können, die wir jedoch geduldig aushalten müssen. Sie sind wie die kleinen Wellen, die von einem Stein, den wir in einen Teich geworfen haben, geschaffen worden sind. Du magst vielleicht das vorübergehende Verlangen haben, einer alten Gewohnheit nachzugeben, aber es handelt sich um nichts anderes als alte Gedanken, die nach und nach verpuffen werden.

Der Ursprung von Mut ist *Überzeugung*. Überzeugung ist das mächtige innere Wissen, daß das, was wir tun, gut ist – ein Bewußtsein, das von keiner Meinung oder Überredungskraft angefochten werden kann. Überzeugung ist kristallisiertes Vertrauen, und mutige Taten sind der natürliche Ausdruck von Überzeugung.

Die Welt sieht den überzeugten Menschen als Narren, als Märtyrer, als Asketen. Verzicht ist für die Gläubigen bedeutungslos. Die Freude, den Eingebungen der Seele zu folgen, überstrahlt bei weitem den mageren Verlust, den die Welt beklagt. Die Welt stempelt die Taten eines Heiligen als Verzicht ab, weil diese Taten eine Bedrohung für die Schätze darstellen, die der Welt am Herzen liegen. Wenn es keine Angst vor Verlust gibt, gibt es kein Bewußtsein von Verzicht. Ramana Maharshi sagte: »Ich hatte keine Lust zu essen, und sie sagten, ich würde fasten!« Und einmal, als ich mich bei Hilda dafür bedankte, daß sie ihre Mahlzeit unterbrach, um mit mir zu sprechen, lächelte sie und sagte zu mir: »Das ist schon in Ordnung, Liebling ... der Segen muß durch mich zu dir fließen ... also erhalte auch ich den Segen.«

Wegbereitern sind Meinungen gleichgültig, denn sie wissen, daß sie den Weg ihres Schicksals gehen. Als Helen und Scott Nearing ihr wirtschaftlich unabhängiges Gehöft in Vermont gründeten, wurden sie als Abtrünnige, Verrückte und Kommunisten gebrandmarkt. Trotz intensiver Kritik verbrannten sie Holz als Wärmequelle, aßen organische Nahrung, rauchten keine Zigaretten, recycelten und tauschten und teilten ihren Überschuß. Sie nannten es: *das gute Leben*.

Jetzt, 50 Jahre später, ist vieles, für das sie sich einsetzten, zum Kernthema für die Gesellschaft geworden. Wir haben entdeckt, daß die Bodenschätze der Erde begrenzt sind, daß die Chemikalien in unserer Nahrung giftig sind und daß Teilen und freudiges Leben tatsächlich die Lebensweise ist, die Gott für uns vorgesehen hat, damit wir glücklich auf diesem Planeten leben. Ich fragte Helen einmal: »Wie fühlt sich das an, daß die Gesellschaft jetzt endlich anfängt, so wie ihr zu denken? Alle Dinge, für die ihr beschimpft worden seid, sind jetzt akzeptiert und beliebt. Ich wette, ihr seid froh, diese Bestätigung zu erhalten.«

Helens Antwort war: »Es ist schön, daß andere Menschen es tun. Aber, um ehrlich zu sein, muß ich sagen, selbst wenn niemand anders je das täte, was wir taten, es würde für uns gar keinen Unterschied machen. Wir haben das getan, was wir taten, weil wir wußten, daß es für uns richtig war, und das war Grund genug.«

Es war einmal ein Heiliger namens Mansur Mastana, der ein Licht entdeckte und eine Einsicht hatte, die mächtiger war als alles, was er in der Welt finden konnte. Swami Muktananda erzählt folgende Geschichte über ihn:

»Er pflegte in den inneren Dimensionen zu schweben, und er sah dort die höchste Wahrheit. Er sagte: ›Anahalaq, Anahalaq, ich bin Gott, ich bin Gott, die Wahrheit ist in mir, die Wahrheit ist in mir, ich bin inmitten der Wahrheit, und die Wahrheit ist in meiner Mitte!‹ Er tanzte: ›Ich habe es gefunden, ich habe es gefunden, ich habe es, ich habe es!‹ Die orthodoxen Priester, die nie etwas verstehen, stellten ihn und beschuldigten ihn der Gotteslästerung und Ketzerei, und Mansur sagte: ›Ich habe nicht die Absicht, Gotteslästerungen auszusprechen. Ich spreche nur die Wahrheit, die ich direkt erfahren habe. Daraus ist in mir spontan ein Verständnis entstanden: Ich bin nicht dieser Körper; ich bin dasselbe göttliche Licht, von dem der gesamte Kosmos eine

Erweiterung ist.‹ Er fuhr fort: ›Ihr mögt eine Moschee zertrümmern, ihr mögt einen Tempel zertrümmern, aber ihr dürft nicht das menschliche Herz zertrümmern, denn dort verweilt der Herr Selbst. In einem Tempel verehrt ihr ein Götzenbild, in einer Moschee verehrt ihr die Leerheit, aber im Tempel des Herzen funkelt und strahlt das göttliche Licht die ganze Zeit, und das ist das wahre Haus des Herrn.‹

*Weil er dies äußerte, wurde er gehängt, und er verkündete dieselbe Wahrheit sogar mit der Schlinge um den Hals. In dieser Situation schrie er hinaus: ›Werft eure Götzenbilder in das Wasser. Geht furchtlos umher und verkündet: Ich bin Gott, ich bin Gott, ich bin Gott!‹«**

Es gibt keine Macht im Universum, die sich zwischen Mut und seinen Ausdruck stellen kann.

* Swami Muktananda: *Getting Rid of What You Haven't Got.* (Anm. d. Ü.: deutsch: *Werde das los, was du nicht besitzt*) S. Y. D. A. Foundation, San Francisco 1967.

»Euer Augenblick der Entscheidung ist nicht zu vermeiden, und er wird allen zuteil: Ihr müßt die Wahrheit bestätigen oder stillschweigend der Lüge zustimmen.

Man verlangt lediglich von euch, daß ihr ein bedeutungsloses Leben loslaßt, ein Leben, das immer Frieden zu bieten schien, doch nur Leerheit geboten hat. Wenn ihr die Einflüsterungen eurer tiefsten Neigungen zum Ausdruck bringt, öffnet sich das Leben des Lichts vor euch. Dieses neue Leben versteckt sich nicht, wie das alte, hinter dem Versprechen des Friedens, sondern rechtfertigt sich, indem es ständig inneren Frieden gibt. Die Bruderschaft der Friedvollen ist zwar gering, was die Anzahl ihrer Mitglieder anbelangt, doch bedeutend in bezug auf die Belohnung. Jene, die ihren Rängen beitreten, müssen den dunklen Umhang der Last der Welt ablegen und statt dessen die weißen Roben der Gemeinschaft des Lichts anlegen.

Während ihr Gott beipflichtet, welken eure alten Schätze wie die Herbstblätter. Habt keine Angst, Kinder des Lichts, denn das, was Gott gehört, wird euch auf jeden Fall in großer Fülle zurückgegeben, und was nicht länger euch gehört, soll euch in Zukunft weder Bedürfnis noch Vergnügen sein. Wenn ihr bereit seid, zuzugeben, daß eure Liebe zu Gott größer ist als eure Liebe zur Welt, wird euch eine helfende Hand strahlenden Lichts entgegengestreckt. Zur selben Zeit werden Tausende graue knochige Finger, die als eure guten Freunde, Gewohnheiten und Aufregungen verkleidet sind, nach euren Füßen grapschen und sie packen. Diese Verlockungen sind nicht wirklich, sondern nichts als ein Schatten des Mythos, dem ihr keinen Glauben mehr schenkt. Nicht länger durch euer Frönen genährt, müssen sie zu Staub verfallen.

Das neue Leben, das euch erwartet, ist ein Leben voller Herrlichkeit und Reichtum. Die Räume eures neuen Hauses sind von der Morgensonne durchflutet und ihre Fenster öffnen sich zu üppigen Gärten hin und für das süße Lied der Nachtigall. Ihr habt dem dunklen Kerker des Selbst mit seinen leeren Korridoren und langen Treppenhäusern, die nirgendwo hinführen, bewußt entsagt. Ihr habt euch aus dem Gefängnis der Selbstverwicklung befreit und eure Freiheit als das Kind des Herren eines großen und wunderbaren Besitzes angenommen. Ihr habt eurer Göttlichkeit, einer glücklichen Wiedervereinigung von allem, was schön, liebevoll und wahr ist, zugestimmt.

Wenn ihr diesen mutigen Schritt, den einzigen Schritt, der es wert ist, ihn zu gehen, tut, müßt ihr darauf vorbereitet sein, von der Welt zurückgewiesen zu werden. Ihr dürft dem Spott und dem Mißverständnis nicht erliegen. Wenn ihr euren Illusionen den Rücken kehrt, müßt ihr darauf vorbereitet sein, daß sie im Namen ihrer Selbstrechtfertigung in euer Ohr schreien. Ihr müßt den heiligen Mut haben, den Weg der Einsamen und Vertriebenen zu gehen. Ihr müßt, anstatt der Eitelkeit der Welt einen einfachen Kittel anzulegen, barfuß durch den Schnee der entlegenen Berge wandern, wo jene, die nicht mehr der Welt angehören, verweilen. Ihr werdet euch nur an den Fußabdrücken der Heiligen, die diesen schmalen, gewundenen Pfad vor euch gegangen sind – ruhigen, doch festen Schrittes – orientieren können.

Doch bei eurer mühevollen Arbeit sollt ihr von dem geheimnisvoll schönen Ruf der Muschel, die immer klarer klingt, während sie euch zu ihrem Ursprung auf dem Gipfel jenseits der Wolken lockt, angetrieben werden. Dort werdet ihr das bescheidene Heim der Bruderschaft finden, dessen leise Einflüsterungen euer schlafendes Herz geweckt und euch auf eure einsame Reise, die fast zu Ende ist, gelockt haben.

Mit euren Brüdern und Schwestern in der Wahrheit, in der Einfachheit eines abgelegenen Bergdorfes wiedervereint, werden die Eingebungen eurer Seele euch als der lohnende Ursprung eurer langen Wanderung durch die Wildnis offenbart. Ihr dürft dann euren Wanderstab fortwerfen und für immer von der Härte der Illusion der Verlassenheit befreit sein. Hier wird euer rechtmäßiger Platz in der Gemeinschaft der Seelen bestätigt. Hier wird euch der heilige Plan für die Entfaltung eurer Vollkommenheit gezeigt, der im Tal wie ein großes Geheimnis schien, doch sich hier auf dem Gipfel als göttlich offenbart.

Faßt euch bei euren Mühen ein Herz, denn das Ende eurer Geschichte ist euch nun erzählt worden. Während ihr sie euch zueigen macht, verdient ihr euch das Recht, bescheiden für die gute Sache der göttlichen Liebe zu arbeiten, und indem ihr dies wählt, lockt ihr eure suchenden Brüder und Schwestern zu ihrem Heim in der Gemeinschaft der Friedvollen. Sie folgen nun den Fußstapfen, die ihr im Schnee des Himalayas hinterlassen habt. Ihre Zimmer im goldenen Haus warten wahrlich auf sie. Und es ist euer Privileg, sie in die Wohnstätte des Friedens hineinzuführen.«

Führung

Guru, Gott und Selbst sind Eins.

NEEM KAROLI BABA

Wann immer ich Führung gebraucht habe, hat Gott sie mir nicht verweigert. Auf jede Frage, die ich in Ernsthaftigkeit und Aufrichtigkeit gestellt habe, habe ich eine Antwort erhalten. Es ist nicht immer die Antwort, die ich hören will oder die ich erwarte oder die ich verstehe, und sie kommt nicht immer sofort, doch es ist immer eine Antwort, die funktioniert.

Führung bekommt man immer. Wir müssen nur danach *fragen, hören* und *annehmen*. Der weiseste Berater ist dein eigenes Selbst. Kein Guru, kein Lehrer, kein Therapeut und kein Hellsichtiger könnte je mehr über deinen Weg wissen, als Gott dir direkt sagt. Die Antworten auf die Fragen warten in uns darauf, wie kostbare Perlen vom Meeresgrund hochgeholt zu werden. Wir müssen nicht weiter schauen als in unser eigenes Herz, in den Tempel, in dem Gott Selbst ewig weilt.

Wenn du nach einer Antwort fragst, schreibe deinem Höheren Selbst nicht vor, wo und wann und wie die Antwort gegeben werden soll. Wir wissen in Wirklichkeit nie, in welcher Form die Führung zu uns kommt. Es genügt zu wissen, daß sie kommen wird. Paulus hatte eine Menge Energie investiert, um gegen die Belehrungen von Jesus zu arbeiten, als er vom Heiligen Geist buchstäblich von seinem Pferd gestoßen worden ist. Und ich liebe die Szene in *Begegnung der Dritten Art,* die ich als Metapher für den spirituellen Weg sah. Der Held ist regelrecht besessen von dem undeutlichen Bild eines Berges, das ihm telepathisch von wohlwollenden UFO-Freunden mitgeteilt wird, die ihm beibringen, wie er sie kontaktieren kann. Er spürt einen unleugbaren Drang zu erfahren, was dieser Berg ist, aber er kann ihn einfach nicht verstehen. Er fängt an, diese Form in seiner Rasiercreme, in seinem Kartoffelpüree zu sehen, und er wird sogar dazu getrieben, einen Berg in seinem Wohnzimmer zu bauen. Er muß dieses Bild einfach verstehen, aber er weiß nicht, wie er es anstellen soll. Er gibt in seiner Verzweiflung, Frustration und Erschöpfung schließlich auf und tut seine Intuition als Wunschtraum ab. Genau in diesem Moment taucht auf dem Fernsehschirm in den Nachrichten ein Bild von genau diesem Berg auf (mit der Angabe, wo er sich befindet), nach dem er intuitiv gesucht hatte – oder der ihn gesucht hat. Die Führung kam – auf die für sie richtige Weise und Zeit.

Der innere Führer wird manchmal als die »stille kleine Stimme« bezeichnet. Sie ist nicht wirklich eine Stimme, die mit Worten spricht, obwohl wir die Antwort manchmal in Form von Worten hören. Sie redet nicht schwülstig, sie tobt nicht, sie tadelt nicht und sie gibt auch keine Befehle. Sie weiß einfach nur, spürt und stößt uns leise in die Richtung unseres höchsten Wohles. Manche bezeichnen sie als Gewissen, und das ist sie auch. Ich assoziierte früher »Gewissen« mit Schuld und der feurigen Rache Gottes. Jetzt sehe ich, daß unser Gewissen der hilfreichste und liebevollste Freund ist, den wir in diesem Leben haben. Die stille kleine Stimme wird uns immer sagen, was richtig und was falsch ist, aber sie wird uns nie wegen eines Fehlers verstoßen oder verdammen. Sie widmet sich nur unserem Glück, und, ganz egal welche Fehler wir machen, sie wird uns immer weiterführen und uns sogar sagen, wie man Fehler wiedergutmacht, die wir begangen haben, weil wir nicht auf ihre ursprüngliche, sanfte Aufforderung gehört haben.

Man hat mir neulich eine erstaunliche Geschichte über die Kraft der Intuition erzählt. Eine Tai-Chi*-Schülerin fuhr eine Bergstraße entlang, als sie sich entschloß, einige Prinzipien, die sie gelernt hatte, auszuprobieren. Sie atmete mehrmals tief ein und aus und verband sich mit dem inneren Zentrum ihrer Energie. In dem Augenblick verspürte sie den eigenartigen Drang, von der Straße runterzufahren und langsam auf dem Seitenstreifen der Straße entlang zu fahren. Obwohl ihre Gedanken verrückt spielten und sag-

* Eine uralte östliche Form meditativer Bewegung. (Anm. d. Autors)

ten: »Das ist ja verrückt. Warum fährst du nicht wie ein normaler Mensch?« folgte sie ihrer Intuition. Dann, als sie um die nächste Kurve bog, traf sie auf eine Karambolage – genau in der Spur, auf der sie *gefahren wäre*, wenn sie nicht auf ihre intuitive Eingebung gehört hätte. Doch sie entkam, dank ihrer inneren Führung – und ihrer Bereitschaft, darauf zu hören.

Ich weiß von einem Mann, der – wenn er sich beunruhigt fühlt – vor dem Schlafengehen ein Glas Wasser trinkt und dabei die Affirmation sagt: »Ich trinke die Lösung meines Problems!« Er wacht unweigerlich mit der Antwort auf. Ich glaube nicht, daß magische Kräfte im Wasser sind, aber ich glaube, daß sich ihm ein riesiges Reservoir an innerem Wissen offenbart, wenn er sich dem öffnet. Das ist die Natur unseres göttlichen Führers. Er bietet uns freudig seine Hilfe an, ganz gleich welcher Kanal uns liegt.

Nichts ist zu gering, um nicht die Hilfe Gottes zu verdienen. Wie oft habe ich einen Schlüssel verlegt, oder das nagende Gefühl gehabt, etwas vergessen zu haben, und dann halte ich nur einen Augenblick inne und sage: »Okay, Gott, kannst du mir helfen?« Auf wunderbare Weise blitzt dann in meinem Geiste die Vorstellung des Korridorschrankes oder einer Jacke auf, die ich letzte Woche trug – wo ich dann, wenn ich nachschaue, den Gegenstand finde.

Ich erinnere mich auch an eine Situation während der Benzinknappheit vor mehreren Jahren, als ich eines Morgens unbedingt zu einem wichtigen Treffen mußte. Am Abend vor dem Treffen wurde mir klar, daß ich tanken mußte, bevor ich morgens losfahren konnte, und ich hatte keine Ahnung wo. Etwa um fünf Uhr morgens, in einer Art halb Traum-, halb Wachzustand, hatte ich das Gefühl, Sathya Sai Baba käme zu mir und sagte: »Geh zu Hess!« Also fuhr ich zur »Hess«-Tankstelle und nahm meinen Platz als einer der ersten in einer Autoschlange vor einer Tankstelle ein, die in Kürze aufmachen würde.

Ich habe keine Ahnung, wie Gott weiß, was Sie weiß, aber Sie weiß wirklich gut Bescheid. Sie sagt uns alles, was wir wissen müssen. Wenn ich z. B. jemanden den Rücken massiere, werden meine Hände irgendwie zu einer bestimmten Stelle gelenkt, wo eine Verkrampfung oder ein Knoten ist, der die meiste Aufmerksamkeit braucht. Die Person sagt mir nicht, wohin ich meine Hände legen soll, und ich suche auch nicht nach dem Punkt. Die Hände finden fast automatisch dorthin, und die Person sagt: »Toll! Wie wußtest du, daß das der Punkt ist?« Die Wahrheit ist, daß ich ihn nicht kannte, aber Gott war so gütig, ihn mir zu zeigen. Ein Freund, der Drucker ist, erzählte mir eine ähnliche Geschichte. Er erklärte mir, daß seine Augen irgendwie von dem kleinsten Fehler auf der Seite angezogen werden, damit er ihn korrigiert, obwohl er selten die Kopie von dem, was er druckt, liest. Und ein Chemielehrer erzählte mir, daß es seinen Schülern ein Rätsel ist, wie er all ihre Prüfungspapiere über Nacht korrigieren kann. Er sagt: »Ich überfliege das ganze Blatt nur. Obwohl es voller komplexer Gleichungen und Zahlen ist, ›springen‹ mich die Fehler einfach an.«

Führung kann auch aus dem Munde einer anderen Person kommen. Es gibt keinen wirklichen Unterschied zwischen innerer und äußerer Führung. Wir teilen das Universum in ein »inneres« und ein »äußeres«, aber Gott ist Eins, und das gesamte Leben ist sowohl ein inneres als auch ein äußeres. Sri Ramakrishna erzählte eine sehr praktische Geschichte von zwei Männern, die eine Weide überquerten, als sie ein wilder Bulle angriff. Ein Mann sprang auf einen Baum, während der andere sich frech dem Bullen in den Weg stellte. »Komm rauf auf den Baum, du Dummkopf!« rief der erste Mann. »Du wirst zu Tode getrampelt!«

»Kümmere dich nicht um mich!« antwortete der andere. »Der Herr wird mich beschützen!«

Der Bulle stürmte auf ihn zu, stieß den Mann ins Hinterteil und ließ ihn ramponiert am Boden liegen.

Der Mann im Baum sprang herunter und tadelte: »Ich hab' dir doch gesagt, daß du zu mir auf den Baum klettern sollst!«

»Ich kann das nicht verstehen«, beschwerte sich der verletzte Mann. »Ich war mir sicher, daß der Herr sich um mich kümmern würde!«

»Er *hat* versucht, dir zu helfen, du Idiot!« erklärte der andere. »Hast du nicht gehört, wie er dir vom Baum zurief?!«

Wenn wir zulassen, daß wir offen sind für *alle* Wege der göttlichen Führung, finden wir Ihn *überall*. Wann immer jemand Hilda eine Geschichte erzählt oder ein Buch empfiehlt oder ihr eine Frage stellt, reagiert sie, als gäbe der Herr persönlich ihr eine Belehrung. Wir können alle Menschen als unsere Lehrer betrachten – manche lehren uns, was wir tun sollen, und manche lehren uns, was wir nicht tun sollen –, nicht so sehr durch ihre Worte, sondern durch ihre Taten. Wenn ich einen Fehler sehe, den jemand anders gemacht hat, und ich es auf mich anwenden kann, um bei mir einen potentiellen Fehler abzuwenden, habe ich das Gefühl, eine große Gnade erfahren zu haben. Und ich habe viel dadurch gewonnen, daß ich den selbstlosen Dienst und die liebevolle Güte anderer beobachten konnte. Dies ist gewiß Gottes Art, mich zu führen. Ich bin vielleicht kein Moses wie Charlton Heston und habe die zehn Gebote nicht direkt vor meinen Augen auf einen Stein eingraviert, aber ich sehe Gottes Lektionen in den »kleinen« Erfahrungen des täglichen Lebens in die Tat umgesetzt, und Er graviert Seine Wahrheit ständig in Form von Liebe in mein Herz.

Um uns für die Führung empfänglich zu machen, müssen wir unseren Geist klar und unsere Gefühle ruhig halten. Wir sollten nicht von der stillen, kleinen Stimme verlangen, daß sie mit den plappernden Gedanken und turbulenten Gefühlen konkurrieren soll. Stellt euch einen Mann vor, der darauf wartet, daß ein Flugzeug landet und die Landebahn auf und ab geht und schreit: »Komm schon, landet! ... Hier bin ich! ... Beeilt euch und landet!« Die Ironie liegt darin, daß das Flugzeug erst landen kann, wenn der Mann die Landbahn verlassen hat und dem Flugzeug erlaubt, ungehindert aufzusetzen. Wenn wir uns Sorgen machen, uns ärgern oder aufregen, blockieren wir den Weg unserer eigenen vollkommenen Führung, die willig und bereit ist, uns zu helfen, sobald wir ihr dafür Raum lassen.

Die Vorstellung »Ich weiß nicht« ist eine Täuschung unseres Ego, das durch Gedanken und Gefühle des Getrenntseins gedeiht. So eine Vorstellung teilt die Einheit des Universums in zwei Teile: ein großes Feld von Wissen mit Antworten und Lösungen – und »ich«, der außerhalb jenes Wissens steht. Wir sind in Wahrheit vollständige und heilige Wesen. Die gesamte Geschichte und Zukunft des Universums ist in unsere Seelen eingraviert. Wir sind unzertrennlich Eins mit der Gesamtheit Gottes, und wir könnten niemals außerhalb des Reichtums Seiner tiefsten Weisheit sein.

Früher oder später müssen wir zugeben, daß wir wirklich wissen, weil Gott immer bereit ist, uns zu sagen, was wir wissen müssen. Wenn wir sagen: »Ich weiß nicht«, sagen wir tatsächlich: »Ich will es nicht wissen« oder »Ich will mich nicht mit diesem Problem auseinandersetzen«. Als ich in Projekten zum Thema »menschliche Beziehungen« arbeitete und jemand z.B. auf eine Frage über ihn/sie mit »Ich weiß nicht« antwortete, fragte ich gewöhnlich: »Wenn du raten müßtest, was würdest du sagen?« Meistens entdeckten sie dann eine Antwort, die sich als sehr richtig herausstellte. Diese Methode klärt oft ein schwieriges Problem und beweist, daß wir den Schlüssel zu unseren Antworten die ganze Zeit in uns selbst trugen, aber nicht bereit – oder willens – waren, ihn zu benutzen.

Es gibt eine wunderbare Geschichte von einem Psychiater, der den ganzen Tag lang viele Patienten hat. Jeder kommt mit einem langen Gesicht, deprimiert und belastet in sein Büro. Nach einer 50minütigen Sitzung kommt jeder Patient glücklich und strahlend aus dem Büro, schüttelt dankbar die Hand des Therapeuten und will unbedingt eine weitere Verabredung für die folgende Woche ausmachen. Am Ende des Tages ruft der Psychiater seine Sekretärin über die Sprechanlage und sagt: »Okay, Gertrude, du kannst mir jetzt mein Hörgerät bringen!« Er hatte kein Wort von dem, was sie sagten, verstanden – aber sie mußten sich entlasten und das Gefühl haben, daß ihnen jemand zuhörte und sich um sie kümmerte.

Manche neigen dazu, Hellsichtige, Geistführer oder nichtinkarnierte Wesenheiten um Führung zu bitten. Wir müssen sehr gut unterscheiden, wenn wir uns auf den Bereich des Okkulten oder die Geisterwelten einlassen. Es ist gut möglich, daß wir vom Pfad abkommen und in die psychischen Welten geraten, uns nach außen lehnen und aussteigen, indem wir die Verantwortung für unser Leben in die Hände eines toten Verwandten geben. Ram Dass sagte dazu: »Wenn Onkel Joe im Leben ein ziemlich durchschnittlicher Kerl war, der nicht viel mehr wußte als, wie man ein

Taxi fährt, was veranlaßt dich dann zu glauben, daß er jetzt, wo er tot ist, fähig ist, dir wie das Orakel von Delphi Antworten zu geben?« Hilda betont, daß tote wie lebende Menschen es einfach lieben, Ratschläge zu erteilen, ganz gleich, ob sie wissen, wovon sie reden, oder nicht. Wir können also fragen und erhalten vielleicht eine Antwort, aber wir müssen immer daran denken, daß es keine Macht oder Weisheit außerhalb des Gott-Selbst, das in uns weilt, gibt.

Da viele Menschen spirituell aufwachen, gibt es viele Hellsichtige, Medien und okkulte Lehrer auf dem Markt. Einige von ihnen leisten einen aufrichtigen und lauteren Dienst, viele tun es nicht. Wenn du dazu neigst, dich in spiritistischen Kreisen zu bewegen, solltest du äußerst vorsichtig sein und nur jene Energie, die reine göttliche Energie ist, annehmen. Was übersinnlich ist, ist nicht immer spirituell. Was okkult ist, ist nicht immer erhebend. Was prickelt, ist nicht immer nützlich. Die höchsten Lehrer sind durch das Übersinnliche gegangen, haben es zurückgewiesen und haben sich die Freiheit bewahrt, es zu benützen, wenn es für die Anhebung der Schwingung ihrer Schüler und der gesamten Menschheit notwendig ist. Sie bleiben jedoch nicht darin stecken, sind nicht davon abhängig und verherrlichen es nicht. Wie Hilda schon sagte: »Warum gibst du dich mit den geringen Kräften zufrieden, wenn du Gott haben kannst?«

Es ist ein sehr positives Zeichen, daß wir Führung suchen, denn es zeigt, daß wir spüren, daß es einen lohnenden Weg gibt, dem wir folgen wollen, und daß es uns wichtig ist, die richtige Wahl zu treffen. Zu erkennen, daß uns Führung durch eine Quelle *in* uns selbst zur Verfügung steht, ist die großartigste aller »Erweckungen«. Das bedeutet, daß Gott uns nicht verlassen hat und daß Er erfreut ist, uns zu helfen, denn in Wahrheit *ist* Er wir. Wie Jesus sagte: »Kommet her, ihr Gesegneten des Vaters, ererbt das Reich, das euch bereit ist von Anbeginn der Welt.« Obwohl das schon genügend Ermutigung gewesen wäre, sagte uns Jesus in Seiner unermeßlichen Liebe und seinem Mitgefühl, genau, wo wir jenen Schatz finden können: »Sehet, das Reich Gottes ist inwendig in euch.«

Wenn wir Vertrauen in unsere Göttlichkeit haben, müssen wir uns nicht mehr an jemand anderen als unseren Lehrer, Berater oder Erlöser »anlehnen«. Hilda hat oft gesagt: »Ihr Kinder sucht unnötigerweise bei mir nach Antworten ... Als ich mich auf den Weg machte, hatte ich keinen anderen Lehrer außer Gott ... Er sagte mir alles, was ich wissen mußte.« Ja, wir können um Meinungen, Hilfe oder Rat bitten, aber wir müssen diese Information dann nehmen und sie unserem inneren Führer anbieten, um zu sehen, ob dies die Wahrheit ist und ob es für uns funktioniert. Unser innerer Führer ist die letzte Authorität in allen Fragen. Wir können Jesus oder einen Guru als unseren Erlöser annehmen, aber nur weil solch ein großer Mensch von unserem *inneren* Erlöser als wahrhaftig bestätigt worden ist. Wer anders als ein Erlöser könnte einen anderen Erlöser erkennen? Und wer anders als Gott könnte Gott erkennen?

»Alles Leben enthält das Geschenk der Führung und Unterweisung in sich. Während ihr lernt, die Elemente der Schöpfung auf richtige Weise zu untersuchen, eröffnen sich euch alle Lektionen des Universums. Ihr müßt die Dinge nur auf einfache Art überprüfen.

Die Komik des Lebens liegt darin, daß ihr außen sucht. Ihr müht euch unter der falschen Vorstellung, daß jemand anders euch mehr bieten kann, als ihr euch selbst bieten könnt. Geliebte, dies ist nicht wahr. Gottes Freude ist eure Erfüllung. Sein Preis ist eure Unabhängigkeit. Sein Erfolg ist eure Verwirklichung.

Stellt Gott nicht außerhalb von euch. Die Weisheit, die ihr sucht, ist nur ein Aspekt eurer eigenen Natur, die zu euch spricht in einer Form, die ihr akzeptieren könnt, denn ihr habt die Verantwortung für die Weisheit noch nicht übernommen.

Es steckt kein Geheimnis hinter der Weisheit oder Führung. Sie ist so offensichtlich wie der neue Morgen. Ihr habt sie noch nicht ganz gesehen, weil ihr sie mit euren Konzepten verflochten habt. Während sich jene Verflechtung auflöst, zerfallen die Blockierungen, die euch daran hindern, euren Pfad zu erkennen. Euer Herz ist eure sicherste Quelle der Führung. Jene, die dem Herzen folgen, entdecken die Wahrheit.«

Der Lehrer

I

Als die Menschen Jesus als »Meister« bezeichneten, tadelte Er sie: »Meine Lehre ist nicht von mir, sondern von dem, der mich gesandt hat.«

II

Als ich eines Abends nach Hause fuhr, bemerkte ich eine Reklamewand, die ich vorher nicht gesehen hatte. Es war das Bild einer schlanken, jungen Dame in einem Turnanzug, die einen Kopfstand machte. Die Überschrift der Werbung war: *»Du mußt dich nicht auf den Kopf stellen, um einen Yogalehrer zu finden – finde ihn schnell in den* Gelben Seiten.*«*

Diese Tafel veranlaßte mich dazu, darüber nachzudenken, wie weit Spiritualität und spirituelle Lehrer in unsere Kultur eingedrungen sind. Vor Jahren war es sehr ungewöhnlich, wenn jemand außerhalb der Kirche oder des Tempels auf der spirituellen Suche war. Als Hilda sich auf den spirituellen Weg machte, lachten ihre Freunde über sie und riefen sie bei dem abfälligen Namen: »Yogi!« Heute ist »Yogi« ein Kompliment, das Thema Mystik hat es in die Hauptsendezeit des Fernsehens geschafft, und Tarotkurse werden in der öffentlichen Erwachsenenbildung angeboten.

Ja, wir haben eine lange Strecke zurückgelegt. Wenn man früher ein Problem hatte, ging man zu Mutter, zum Pfarrer oder zum Psychiater – und das war's. Jetzt haben wir die Wahl zwischen Gurus, Therapeuten, Ausbildern, Professoren, Kursleitern, Medien, Beratern, Ratgebern und Fachberatern. Als wäre das schon nicht genug, gibt es auch noch Maschinen für deinen Biorhythmus, die dir in den Aufenthaltsräumen von Restaurants dein Schicksal sagen, astrologische Beratung in den Tageszeitungen und Telefonmeditationen. Was früher eine allmähliche spirituelle Evolution war, ist jetzt eine Explosion.

Diese neue Begeisterung für spirituelle Belehrungen ist ein wunderbares und aufregendes Phänomen, aber zur gleichen Zeit müssen wir uns mit der äußerst wichtigen Frage auseinandersetzen: *Was macht jemanden zu einem Lehrer?* Früher war diese Frage leicht zu beantworten: Wenn du von einer pädagogischen Hochschule oder einer Bildungsanstalt einen akademischen Grad hattest, warst du befugt, Menschen zu sagen, wie sie zu leben haben. Aber jetzt haben wir es mit einem ganz neuen Spiel zu tun. Die ungeheure Nachfrage nach spiritueller Führung hat viele vertrauenswürdige Lehrer – und viele Scharlatane – hervorgebracht. Es ist jetzt keine einfache Sache mehr, eine qualifizerte Person zu finden. Es ist jetzt möglich, Pfarrer zu werden, indem man drei Dollar an eine Kirche in Kalifornien überweist, und es gibt ein YMCA*, der ein Yogalehrerdiplom nach einem Wochenendseminar ausstellt. Vielleicht sind diese Pfarrer und Yogalehrer qualifiziert, vielleicht sind sie es aber auch nicht. Eines ist allerdings sicher: Ein Titel oder ein Stück Papier bedeutet nichts mehr.

Wie sollen wir nun wissen, wem wir vertrauen können? Wer ist es wert, angehört zu werden? Was bewirkt, daß jemand fähig ist, ein spiritueller Führer zu sein? Das alles sind Fragen, die du und ich in unseren eigenen Herzen beantworten müssen. Wir können nicht länger im Außen nach Antworten suchen. Der Nutzen dieser Herausforderung, die Antworten zu finden, liegt darin, daß wir gezwungen werden, nach innen zu gehen, um die Wirklichen Lehrer – den Himmlischen Vater, von dem Jesus sprach – zu finden.

Da ich zwischen Echtheit und Unreinheit unterscheiden mußte, habe ich drei Kriterien entdeckt, die wichtig sind, um den Wert eines Lehrers festzustellen:

1. *Erweckt der Lehrer dein Herz zu einem Gefühl für die wirkliche Wahrheit?*
2. *Ermutigt der Lehrer dich dazu, unabhängig und vollständig zu sein, oder nährt er deine Bedürftigkeit und deine Abhängigkeit von ihm?*
3. *Lebt der Lehrer das, was er lehrt?*

---

* Christlicher Verband Junger Männer. (Anm. d. Ü.)

Wenn ich in der Gegenwart eines wahren Lehrers sitze oder seine Worte höre, mache ich eine aufregende Erfahrung der Wahrheit. Es ist als käme ich nach Hause. Viele können heilige Worte äußern oder ganze Kapitel und Verse aus der Bibel zitieren, aber nur einer, der die Wahrheit gemeistert hat, kann uns das Gefühl geben, daß etwas Wirkliches und Wichtiges geschieht, wenn er spricht. Man sagte von Jesus, daß Er anders sei, weil Er »einer war, der mit Autorität sprach«.

Swami Vivekananda war ein großer Yogi, der den Auftrag erhielt, in die USA zu reisen, nachdem er mit Sri Ramakrishna in Indien gelebt hatte. Bei seiner Ankunft wurde er dazu eingeladen, in Chicago auf einem Kongreß der Religionen zu sprechen. Die Konferenz wurde als langwierig und langweilig beschrieben. Die Sprecher hielten über mehrere Tage hinweg langweilige und wenig inspirierende Reden. Swami Vivekananda war einer der letzten Sprecher auf dem Programm. Als er an die Reihe kam, stand er auf dem Podium und begann kraftvoll mit: »Meine Brüder und Schwestern ...« Er wurde sofort von rauschendem Applaus, wilden Zurufen und einer stehenden Ovation unterbrochen! Das Publikum wußte, daß er echt war, daß er die Wahrheit mit der Kraft des Heiligen Geistes sprach – sie spürten es in ihrer Seele.

Ihr mögt zu einem Vortrag gehen, viele tiefschürfende Worte hören, und es mag euch spirituelle Führung angeboten werden, aber wenn euer Herz in dieser Gegenwart nicht erweckt wird, sind die Belehrungen nichts weiter als leere Plattheiten, und es wird euch nicht guttun, in sie involviert zu werden – ihr könnt bestenfalls die Lektion lernen, zwischen dem Echten und dem Falschen zu unterscheiden. Ich besuchte einmal ein Seminar, das ein Mann hielt, der viele wahre Dinge sagte. Er machte eine gute Einführung, aber er hatte irgend etwas, daß sich nicht 100prozentig anfühlte. Er wurde später sehr bekannt, und Leute kamen zu mir und sagten: »Dieser Mann ist wirklich großartig! Er ist ein wirklicher Heiler!«, und ich fragte mich, ob meine Intuition falsch gewesen war. Monate später erzählte mir die Person, die ihn so hoch gelobt hatte, einige Dinge aus seinem persönlichen Leben, die meine intuitiven Befürchtungen über ihn bestätigten und mir zeigten, daß es richtig war, nicht zu seinen Belehrungen zu gehen. Ich beurteile den Mann nicht, denn er ist eine wunderschöne Seele, aber es ist meine Verantwortung, die Reinheit seiner Lehren zu bewerten. Wir können es uns nicht leisten, uns mit weniger als der ganzen Wahrheit zufriedenzugeben. Bevor wir die Belehrungen eines Lehrers annehmen, müssen wir unser Unterscheidungsvermögen einsetzen. Das Herz oder der innere Führer ist die beste Quelle dieser äußerst wichtigen Art des Unterscheidens.

Jesus und andere Meister lehren durch *Beispiele*. Jesus erzählte den Menschen von der Wichtigkeit der Bescheidenheit, und dann lebte Er es vor, indem Er seinen Schülern die Füße wusch und sich Seiner Kreuzigung fügte. Worte bedeuten sehr wenig – die Taten zählen. Ein wahrer Lehrer kann still sein und währenddessen wird die ganze Lehre erteilt. Hilda reiste vier Stunden, um Swami Nityananda zu sehen, der sie nur einige Sekunden lang anschaute und einen Laut von sich gab. Das war alles. »In seiner Gegenwart«, erzählt Hilda, »war die Belehrung und der Segen vollkommen.« Sathya Sai Baba, der Millionen von Schülern hat, wird von vielen als *Avatar* – Verkörperung Gottes – angesehen. Einmal, als Hilda sich bei ihm für einen kleinen Fehler entschuldigte, erwiderte er: »Nein, es war *mein* Fehler.« Diese Art von Demut ist das wirkliche Zeichen von Größe. Weiterhin sagt Sai Baba: »Mein Leben ist meine Botschaft.«

Meher Baba, ein weiterer großer Heiliger, schwieg 25 Jahre lang. In jener Zeit reiste er durch ganz Indien, diente den Armen, badete Leprakranke und schenkte allen, die zu ihm kamen, Liebe. Ich sah einen Film über seine Reise in die Vereinigten Staaten. Jene, die für seinen Segen gekommen waren, bildeten eine lange Schlange, und er drückte jeden, der an ihm vorbeizog, lange und aufrichtig an sich. Das ist für mich mehr wert als alle Worte der Bibel.

Ein wahrer Lehrer ermutigt seine Schüler dazu, Gott in sich selbst zu suchen und fördert nicht das Anhaften oder die Abhängigkeit von der physischen Form. Er oder sie wird weder Verehrung noch Huldigung oder Verherrlichung seitens der Schüler annehmen. Ich habe gesehen wie Swamis eine Blumengirlande von ihren Schülern erhielten und sie sofort abnahmen und als Opfergabe für Gott auf einen Altar legten. Ein wahrer Lehrer meidet weltliche Macht, Selbstsucht oder Sonderbehandlung. Hilda hat immer wieder gesagt: »Ihr müßt nicht in meine Gruppen kommen, Kinder. Wenn ihr meine Botschaft wirklich verstanden hättet, könntet ihr genausogut zu Hause bleiben.«*

Im Gegensatz hierzu gibt es viele Organisationen, die Schüler glauben machen, daß sie verloren sein werden oder die Qualen der Hölle erleiden werden, wenn sie den Schoß der Organisation verlassen. Jeder Lehrer oder jede Gruppe, die sagt: »Du kannst Gott ohne mich oder diese Organisation nicht entdecken«, spricht nicht die Wahrheit. Als Jesus sagte: »Niemand kommt zum Vater denn durch mich«, sprach Er von dem »Mich« mit einem großen M. Mit anderen Worten: Er sprach aus der Sicht des Heiligen Geistes, des Christus, mit dem Er sich identifizierte und im Bewußtsein Eins war. Der Heilige Geist beschränkt sich gewiß nicht auf das Christentum. Er glüht in dem Herzen jedes Menschen und lebt in diesem Augenblick in dir und in mir.

Das einzige Ziel eines spirituellen Lehrers ist der Fortschritt der Schüler und daß die Wahrheit gefeiert wird. Selbstsüchtige oder persönliche Motivationen sind nicht vorhanden. Ich nahm einmal an einer Art spirituellen Kurs teil, bei dem man monatliche Lektionen von einer Organisation erhielt, die von einem bekannten Lehrer geleitet wurde. Dann erhielt ich per Post folgenden Brief: »Lieber Schüler, zeige diese Lektionen niemand anders und verbreite ihren Inhalt nicht, weil sie nur für diejenigen bestimmt sind, die dafür bezahlt haben. Wenn irgend jemand anders diese Belehrungen haben will, gib ihnen unsere Adresse, und bitte sie, uns einen Scheck zu schicken.« Das war das Ende jenes Kurses für mich. So wie ich es sehe, will jemand die Wahrheit unbedingt teilen, wenn er sie wirklich kennt. Das bedeutet nicht, daß er etwas gegen Geld hat oder daß er es ablehnt. Es bedeutet, daß es sein erstes Ziel

---

* Mein Freund und Professor, Dr. Alfred Gorman, ein bekannter Autor, Berater und Experte auf dem Gebiet der Organisation sagte einmal zu mir: »Ein Berater ist jemand, der sich deine Uhr ausleiht, um dir zu sagen, wie spät es ist.«

ist, die Wahrheit zu lehren, und daß er genug Vertrauen in die göttliche Vorsehung hat, daß er keine anderen Forderungen an ihre Schüler stellen muß als deren eigene Erleuchtung.

Hilda erklärte es auf diese Weise: »Die Wahrheit wird ohne Verzerrung gesehen wie durch ein klares Glas, ähnlich dem klaren Licht, wenn sie von einem reinen Lehrer zum Ausdruck gebracht wird. Wenn ein Lehrer auch nur einen Funken von Unreinheit hat, wie z.B. Machthunger oder Gier oder Wollust, wird die Wahrheit verfärbt, wie durch farbiges Glas, herauskommen. Wir müssen lernen unser von Gott gegebenes Unterscheidungsvermögen zu entwickeln, um die Reinheit eines Lehrers, einer Organisation oder eines Weges zu spüren.«

Wenn du mit einem Lehrer, der sich als nicht erleuchtet erwies, eine negative Erfahrung gemacht hast, solltest du die Erfahrung nicht verfluchen oder Gewissensbisse deswegen haben, sondern »das Gute nehmen und den Rest auf sich beruhen lassen«. Entnimm der Erfahrung alles, was du kannst, und sei dafür dankbar. Selbst wenn ein Lehrer die Wahrheit sprach und sie nicht lebte, so kannst du die Worte nehmen und ihren wahren Sinn für dich selbst entdecken. Auf diese Weise hast du von dem Lehrer viel erhalten, obwohl du ihm jetzt nicht folgen würdest. Wenn du nichts anderes gelernt haben solltest, so hast du zumindest eine wertvolle Lektion im Unterscheiden gelernt. Du siehst die Wahrheit ein bißchen – oder viel – klarer, denn du entdeckst, was sie nicht ist.

Sei darüber nicht verbittert, daß du im spirituellen Spiel von einer Person oder einer Gruppe desillusioniert worden bist. Daß jemand etwas Falsches über Gott gesagt oder gelehrt hat, bedeutet nicht, daß Gott falsch ist. Es bedeutet nur, daß diese Person Gott nicht wirklich kannte. Ich kenne jemanden, der sehr verbittert ist über eine Gruppe, der er sich einst anschloß und die sich als anders herausstellte als das, für was sie sich ausgab. Er benützt diese Erfahrung jetzt als Entschuldigung, um Spiritualität schlechtzumachen. Menschen oder Gruppen im Außen können Gott nicht für uns repräsentieren und ihn uns auch nicht geben. Wir haben die Pflicht und die Verantwortung, Ihn in unserem eigenen Selbst zu finden. Dann und erst dann sind wir frei.

III

Kümmert euch nicht darum, ob ihr euren Lehrer oder Guru findet. Wenn du aufrichtig bist und Gott wirklich suchst, wird dein Lehrer dich finden. Ich habe dies in meinem Leben und in dem Leben der Menschen um mich herum immer wieder gesehen. Wir können nicht planen, wie wir einen Lehrer finden werden. Alles, was du tun mußt, ist, das Beste aus dem Wissen, das du schon hast, zu machen, dann wirst du (manchmal auf die eigenartigste und unwahrscheinlichste Weise) mit einem, der dich führen kann, in Kontakt kommen.

Ein Lehrer fand mich in einem Verkehrsstau bei einem miesen Rockkonzert. Ein anderer fand mich, als ich in einem Lebensmittelladen arbeitete. Und eine Freundin hatte nach einer »stürmischen Trennung« von einem Mann das Gefühl, ganz unten angelangt zu sein, als der einzige Job, den sie finden konnte, der einer Bardame war. In dieser Bar lernte sie jemanden kennen, der sie zu einem Lehrer führte, der ihr Leben total verwandelte. Jakob und Johannnes waren Fischer, und Mathäus war ein Zöllner, sie alle gingen ihren Geschäften nach, als Jesus sie fand.

Wir können sogar die Gnade eines Menschen erhalten, der die »Wege Gottes« lehrt, auch wenn er nicht länger im physischen Körper weilt. Als ich das Neue Testament das erste Mal las, schienen die Worte direkt in mein Herz zu springen, und ich hatte das Gefühl, daß Jesus Christus persönlich mit mir sprach. Du kannst in deiner Meditation mit der Schwingung jedes großen Lehrers Kontakt aufnehmen und ihren Segen erhalten, genauso als stünden sie direkt vor dir. Das ist möglich, weil der spirituelle Weg frei von jeder Form ist und nicht durch Zeit oder Raum begrenzt ist.

Mach dir keine Sorgen, wie der Lehrer zu dir kommen wird. Bitte den Herrn einfach um Führung, tu dein Bestes mit dem, was du weißt, sei offen für Möglichkeiten, und der Lehrer wird dir gegeben werden. Und du wirst mit diesem Lehrer für genau die richtige Zeitspanne, auf die genau richtige Weise, für deine bestimmte Entwicklung zusammensein. Es ist ein wunderbarer und faszinierender Plan – der viel größer ist, als wir erwarten oder verstehen würden.

IV

An einem bestimmten Punkt ist es notwendig, über die Form eines Lehrers hinauszugehen. Es gibt eine buddhistische Anweisung: »*Triffst du den Buddha auf dem Weg, dann töte ihn.*« Dies bedeutet: Wenn du irgendeine Form siehst, von der du glaubst, daß sie mehr Gott oder Buddha in sich trägt als die anderen Formen, dann mußt du diesen Gedanken aus deinem Bewußtsein ausradieren. Hermann Hesses *Steppenwolf* trifft eine Lehrerin, die sich bereit erklärt, ihn zu führen, wenn er sich einverstanden erklärt, ihren Anweisungen voll und ganz zu folgen. Er willigt ein und macht ungeheuerliche Fortschritte durch seine Jüngerschaft. Eines Tages gibt sie ihm ein Messer und sagt: »Töte mich!« Er tut es, aber er wird von Kummer und Schuld erfüllt. Als er später vor dem himmlischen Gericht steht, wird Steppenwolf für schuldig befunden – und zwar dafür, daß er nicht den Sinn für Humor besaß, »das Spiegelbild einer Frau mit dem Spiegelbild eines Messers zu töten«. Er wird dazu verurteilt, sein Leben auf der Erde zu verbringen, um das Lachen zu lernen.

Solche Geschichten symbolisieren die Notwendigkeit, allem am Ende der spirituellen Reise zu entsagen – einschließlich dem, was uns zum Endpunkt geführt hat. Wie die Weisen gelehrt haben: »Gebt eure Sucht nach Wachstum auf« und »Das Letzte, das geht, ist Gott«.

Wenn wir wissen, wie man das Leben richtig betrachtet, sind *alle* unsere Erfahrungen unsere Lehrer. Wir müssen damit aufhören, das Leben als ein zufälliges Spiel von Umständen zu sehen, und anfangen zu verstehen, daß die Erde eine Schule ist und alle Ereignisse Lektionen. Fragt unentwegt: »Was kann ich aus dieser Erfahrung lernen? Warum wurde sie mir gegeben? Wie kann ich sie für mein weiteres Wachstum benützen?« Wenn ihr auf diese Weise denkt, werden euch alle Erfahrungen eurem Verständnis von euch selbst und der Wahrheit näherbringen.

Vielleicht kann man das Ziel und die Arbeit eines Lehrers in folgender Geschichte zusammenfassen: Eines Abends, nach Hildas Gruppe, kam ein junger Mann zu Hilda und sagte: »Heute abend habe ich erkannt, daß Gott in mir ist und daß ich dich oder diese Gruppe oder irgendeinen Lehrer oder irgendeine Gruppe nicht wirklich brauche … Alles ist in mir!«

Als sie diese Wort vernahm, leuchtete Hildas Gesicht auf, und sie lächelte breit. Sie nahm die Hand des Mannes, schüttelte sie fest und sagte zu ihm: »Ich gratuliere dir, Kind … Du hast den ganzen Sinn meiner Gruppe verstanden. Ich erkläre hiermit, daß du die Schule absolviert hast!«

»Jene, die in Reinheit lehren, sind nur wenige. Laßt den Aspiranten diejenigen erkennen, die behaupten, die Wahrheit zu lehren, aber sie nicht leben.

Ein Schüler hat das Recht, die Handlungen eines Menschen zu beurteilen, der behauptet, ein Lehrer zu sein. Wir sprechen nicht davon, die Seele zu beurteilen, sondern die Wirklichkeit der Lehren. Laßt den Schüler zwischen der gesprochenen Wahrheit und der gelebten Wahrheit unterscheiden. Liefert eure Seele nie einer anderen Person aus, sondern richtet sie auf Gott aus. Ihr dürft die Führung und die Anweisungen eines Menschen, den ihr für echt haltet, zwar annehmen, aber laßt diese Entscheidung von eurer göttlichen Intuition treffen.

Wenn ihr ein Lehrer sein wollt, müßt ihr euch unermüdlich der Wahrheit widmen. Ihr müßt euer Leben auf Taten gründen und nicht auf Worte. Ihr müßt alle Vorstellungen vom Lehren aufgeben. Ihr könnt bestenfalls von euren eigenen Erfahrungen sprechen. Wenn ihr diesen strengen Anforderungen Beachtung schenkt, wird der Heilige Geist euch wie ein irdenes Gefäß füllen, und euer Leben wird unter ständiger Führung sein. Dieses Versprechen wird durch eure Erfahrung belegt.

Es gibt eine Erziehungshierarchie, der ihr zugehört. Diese Hierarchie hat einzig den Zweck, die Schwingung der Seelen anzuheben und die Welt zu erlösen. Die hingebungsvollen Seelen in dieser Hierarchie arbeiten beständig dafür, die Wahrheit in die Welt hinein zu strahlen. In diesen Zeiten der Veränderungen auf der Erde wird die Wahrheit und die Liebe in Hülle und Fülle geschenkt. Ihr, die ihr ein Teil dieser edlen Arbeit seid, seid gesegnet.«

Unterscheidungsvermögen

Urteilskraft ist eine Lektion des spirituellen Wachstums, die jeder Aspirant meistern muß. Die Fähigkeit, zwischen Wahrheit und Falschheit (sogar auf der subtilsten Ebene) zu unterscheiden, ist absolut unentbehrlich für jemanden, der frei von Irrtum ist und die Welt von schmerzhafter Unwissenheit befreien will. Weisheit ist das Kennzeichen der Gelehrten, aber Unterscheidungsvermögen ist das Merkmal der Meister.

Wahre spirituelle Meisterschaft bedeutet, kurz und bündig ausgedrückt, daß man weiß, wann man ja und wann man nein zu sagen hat. Wir können Gott allein mit diesen zwei Worten erreichen. Die Prüfung liegt darin, zu wissen, *wann man sie anwendet.*

Ein Freund namens Hal besaß und führte ein italienisches Restaurant. Als ich ihm gelegentlich im Restaurant aushalf, stellte ich fest, daß seine Art, sein Geschäft zu leiten, unverantwortlich war. Da Hal von einem generellen Mangel ausging, war er seinen Angestellten gegenüber sehr kleinlich und kritisch, und er ermutigte oder unterstützte sie selten. Das Geschäft ging allmählich bergab, und je schlimmer die Dinge wurden, desto weniger war Hal anwesend. Das schuf einen Teufelskreis von Verleugnung und Versagen, bis das Geschäft in den roten Zahlen war. An diesem Punkt ging Hal zu einem reichen Anwalt in der Gemeinde und bat ihn um einen hohen Kredit, wobei er ihm einen großartigen Plan für die Vergrößerung des Restaurants und eine gute Unterhaltung unterbreitete.

Da der Anwalt ein Freund von mir war, wandte er sich an mich und fragte mich, ob ich glaubte, daß dies eine sichere Investierung für ihn sei. So sehr ich Hal Erfolg wünschte, mußte ich dem Anwalt die Wahrheit sagen: Ich sagte ihm, daß ich der Meinung sei, daß das Geschäft nicht infolge äußerer Umstände den Bach hinunterging, sondern wegen Hals negativer Einstellung. Da er unverantwortlich war, würde ihm das Geld (selbst wenn er einen hohen

Kredit bekäme) wahrscheinlich in kürzester Zeit durch die Finger rinnen, genauso wie Hals ursprüngliche Investion dahingeschwunden war. Was Hal brauchte, war nicht mehr Geld, sondern Führungsqualitäten und ein erweitertes Bewußtsein.

Obwohl ich Hals Erfolgschancen nicht mindern wollte, hätte ich dem Anwalt – und Hal – einen äußerst schlechten Dienst erwiesen, wenn ich nicht die Wahrheit gesagt hätte. Wenn er das Geld erhalten hätte, hätte sich seine Lage verschlimmert. Die Geschichte endete damit, daß Hal das Geschäft aufgab und eine Stellung mit einem festen Gehalt und weniger Verantwortung annahm, in dem er sich gut fühlt und es ihm sehr gut geht.

Gut oder spirituell zu sein bedeutet nicht, daß wir zu allem immer ja sagen müssen. Es ist manchmal spirituell, nein zu sagen. Wir müssen entscheiden, welche Situationen welche Antworten erfordern. Neem Karoli Baba sagte zu Ram Dass, er solle »jeden lieben, jedem dienen und sich an Gott erinnern.« »Das«, erzählt Ram Dass, »ließ mich darüber nachdenken, was wirklicher Dienst ist. Bedeutet das, daß ich alles tun soll, worum ich gebeten werde? … Nein, es bedeutet, daß ich auf jede Bitte individuell und gemäß der klarsten Intuition, die ich spüren kann, reagieren soll.«

Die Frage bezüglich Hals Anleihe ist ein ziemlich offensichtliches Beispiel für die Notwendigkeit von Unterscheidungsvermögen. Je weiter wir auf dem spirituellen Weg vorwärtskommen, desto subtiler werden die Prüfungen und Lektionen, und wir müssen tiefer schürfen, um in uns einen sensibleren Führer für richtiges Verhalten zu finden.

Eines Abends z. B. sagte ein Schüler von Hilda, daß er einen Vortrag von einer bestimmten Organisation, deren Leiter über viele esoterische Prinzipien gesprochen hatte, besucht hatte. »Das einzige Problem war«, erklärte er, »daß ich keine Wahrheit im Raum spürte und ein Stechen im Magen hatte, obwohl alles wahr war, was der Sprecher sagte.« Hilda sagte, daß der Schmerz in dem Energiezentrum seines Körpers war, der mit Macht zusammenhing, und daß der Lehrer und die Organisation vielleicht mehr an Macht als an Dienst interessiert waren. Wir erfuhren einige Wochen später von einer der Schülerinnen, die diese Organisation verlassen hatte, daß sie viel Geld für die Erlaubnis verlangt hatten, daß sie ihre anderen Schüler – die auch hohe Unterrichtsgebühren bezahlten – unterrichten durfte.

Der Weg ist ein Weg auf Messers Schneide, und wenn wir nicht vorsichtig sind, können wir den falschen Menschen vertrauen. Seien wir ehrlich: Es gibt beim spirituellen Spiel Scharlatane und Schwindler. Jesus sagte: »Seid klug wie die Schlangen und ohne Falsch wie die Tauben.« Wir müssen es uns gut überlegen, bevor wir den Belehrungen von jemandem folgen. Und es wird uns nichts bringen, wenn wir sagen: »Ich werde den Belehrungen von niemandem folgen«, denn wenn der echte Lehrer erscheint, können wir es uns nicht leisten, die Gelegenheit, seine Gnade zu erfahren, zu verpassen. Die einzige Antwort ist also die, ein scharfes Unterscheidungsvermögen zu entwickeln, damit wir wissen, wem wir uns öffnen können und wann.

Es gibt noch eine subtilere Ebene, auf der wir Unterscheidungsvermögen üben müssen: auf der inneren Ebene oder in der Traumwelt. Wir müssen sogar auf der unbewußten Ebene unterscheiden können. Wir könnten z.B. einen Traum von einem/einer spirituellen Meister/in haben, der/die zu uns kommt und uns bittet, etwas für ihn oder sie zu tun. Wenn wir es tun, werden wir von dem leeren, fast ekelerregendem Gefühl befallen, daß wir in die Falle gegangen sind. Das bedeutet, daß unser Unterscheidungsvermögen auf dieser subtilen Ebene nicht scharf genug war. Ich hatte einen Traum, in dem ein bestimmter Meister zu mir kam und mich aufforderte, mich einer Reihe von Menschen anzuschließen, die glücklich in seinen Tempel gingen. Ich hatte einen nagenden Verdacht, doch ich nahm die Einladung an. Als ich drinnen war, wanden sich die Menschen vor Schmerz und versuchten verzweifelt, diejenigen, die noch draußen waren, davor zu warnen, einzutreten. Ich war in die Falle gegangen.

Doch an einem anderen Abend hatte ich einen anderen Traum von demselben Meister. Dieses Mal fühlte es sich richtig an, ihm zu folgen, und als ich es tat, wurde ich mit einem wunderschönen und ekstatischen Erlebnis belohnt.

Man könnte sagen, daß ich mich im ersten Traum auf eine scharlatanische Kraft, die sich als der Meister verkleidet hatte, eingestimmt hatte. Im zweiten Fall stimmte ich mich auf die eigentliche Essenz des Meisters ein. An einem derartig subtilen Punkt gibt es nichts und niemanden, an den wir uns anlehnen können, als unser eigenes gottgegebenes Gefühl für das, was richtig ist.

Habt keine Angst, eurem Unterscheidungsvermögen zu folgen. Wenn sich etwas für euch falsch oder unharmonisch anfühlt, folgt eurer Vermutung und handelt mit Vorsicht. Fühlt euch nicht schuldig oder unhöflich, weil ihr nein zu dem sagt, was sich für euch nicht richtig anfühlt. Es handelt sich hierbei nicht um eine Beurteilung seitens des Ego. Es handelt sich um die richtige und notwendige Identifizierung dessen, was wahr ist. Es ist unsere Verantwortung, Fehler als das, was sie sind, zu erkennen. Wir dienen niemandem, wenn wir großspurigen Worten Glauben schenken oder uns an falschen Geschäften beteiligen. Der kleine Junge, der die List in *Des Kaisers neue Kleider* aufdeckte, erwies sowohl den Stadtbewohnern als auch dem Kaiser einen sehr großen Dienst.

Spirituell bezieht sich auf den Geist, in dem eine Handlung vollzogen wird. Wir können auf sehr liebevolle Weise nein sagen und demjenigen, der uns um etwas gebeten hat, so dienen. Wenn mich jemand anruft, um mir eine Zeitschrift zu verkaufen, die ich nicht kaufen will, unterbreche ich ihn höflich, bevor er seinen »Verkaufsspruch« heruntergesagt hat, und sage auf liebevolle Art: »Nein, danke.« Ich liebe sie tatsächlich, selbst wenn ich ihre Zeitschrift nicht kaufe, und ich glaube gerne, daß sie vielleicht froh darüber sind, daß ich nicht mit einem barschen »Nein!« aufgelegt habe. Es wäre eine Verschwendung meiner Zeit – und auch ihrer, die sie für einen interessierteren Kunden nutzen könnten –, mir ihren ganzen »Verkaufsspruch« anzuhören.

Während wir wachsen, wird unsere Fähigkeit, zwischen dem, was für uns richtig ist, und dem, was für uns falsch ist, zu unterscheiden, immer feiner. Vielleicht sitze ich in einem Büro oder stehe im Supermarkt in einer Schlange, und mein Blick fällt auf eine x-beliebige Zeitschrift. Eine innere Stimme sagt: »Laß es sein«, doch aus Neugierde nehme ich die Zeitschrift, und während ich sie durchblättere, entdecke ich irgendein blutiges Bild oder eine Geschichte, die ich lieber nicht gesehen hätte. Ein andermal sehe ich eine Zeitschrift, die nicht sonderlich interessant erscheint, aber meine innere Stimme sagt: »Nimm sie.« Und wenn ich es dann tue, entdecke ich genau den Artikel oder die Information, nach der ich gesucht habe, die ich jedoch einfach nirgendwo finden konnte.

Wir erkennen schließlich, daß Gott überall ist und daß nichts zu gering – oder zu groß – ist, um nicht Seiner Führung würdig zu sein. Er wird uns sagen, welchem Verkäufer wir vertrauen sollen, welche wohltätige Stiftung wir unterstützen sollen und wie lange wir warten sollen, bis wir darum bitten, daß eine Schuld zurückbezahlt wird. Keine Tat ist für Gott zu weltlich, und keine Straßenbiegung liegt jenseits unserer Fähigkeit, die richtige Wahl zu treffen.

Spirituelle Meisterschaft fängt auf der Erde an. Bevor wir himmlische Glückseligkeit genießen können, müssen wir den Marktplatz erobern. Und genau deswegen sind wir hier – um den Unterschied zwischen dem, was »stimmt«, und dem, was nicht stimmt, zu lernen. Die Meisterschaft des Unterscheidungsvermögens können wir im Straßenverkehr, bei der Mitarbeitersitzung und wenn wir den Kindern das Mittagessen servieren erlangen. Da es im Himmel keine Verkehrsstaus, Vorstandssitzungen oder Mittagessen gibt, haben wir hier die Gelegenheit, solche Herausforderungen zu meistern und Kontrolle über unser Leben zu gewinnen.

Wahre spirituelle Meister sind scharfsinnig, exakt und standfest im Umgang mit Menschen. Sie lassen es nicht zu, daß Gottes Energie, mit der sie betraut worden sind, gegen sie mißbraucht wird. Als einige von Ramakrishnas Schülern vom Einkaufen mit zu wenig Wechselgeld zurückkamen, weil sie übers Ohr gehauen wurden, sagte er zu ihnen: »Geht sofort zurück, und holt euch das fehlende Wechselgeld!« Hilda ist sehr streng, wenn es darum geht, im Leben »seine Sachen beisammen zu halten«. Als ich ihr einmal ein Päckchen Haarklammern brachte, um die sie gebeten hatte, bestand sie darauf, mir das Geld genau auf den Pfennig zurückzubezahlen. Sie ermahnt ihre Schüler, keine Wertsachen sichtbar in geparkten Autos liegenzulassen, und sie schaut sich alle Menschen, die in ihren Gruppen einen Vortrag halten wollen, genau an. Obwohl sie sich in den ätherischen Bereichen des spirituellen Lichts wohl fühlt, verpaßt sie keinen einzigen Schritt im weltlichen Spiel. Wir müssen unseren Kopf in den Wolken und unsere Füße auf der Erde behalten. Das ist der Weg der Meister.

»Merkt euch die Worte dieser Lektion gut. Sie werden in den kommenden Zeiten von entscheidender Wichtigkeit für euch sein. Wir möchten, daß ihr euch so benehmt, wie es sich für die Meister ziemt, die ihr seid.

Habt keine Angst davor, in dem Herzen eurer Herzen die Worte und Taten anderer abzuwägen. Dies ist euer Recht und eure Pflicht. Die Wahrnehmung der Redlichkeit ist nicht dasselbe wie ein Beurteilen durch das Ego. Habt keine Angst, einen Wolf als das zu sehen, was er ist; das ist kein negatives Urteilen, sondern richtiges Erkennen. Es wäre uns lieber, ihr würdet richtig sehen, anstatt Opfer der Torheit zu sein.

Fehler werden oft aus mangelndem Zutrauen gemacht, daß man sich auch wirklich für die Wahrheit einsetzen kann. Der Meister trieb persönlich die »Wechsler und Konsorten« aus dem Tempel und setzte durch diese Tat ein Beispiel, dem ihr folgen sollt.

Unterscheiden zu lernen ist die einzige wirkliche Lektion im Leben. Ihr seid auf der Erde wegen früherer Fehler bezüglich eures Unterscheidungsvermögens. Korrigiert diese Fehler, und ihr meistert das Spiel der Erde. Jene, die die Fähigkeit haben zu lernen, sind dieselben, die ihr Unterscheidungsvermögen bis zu dem Punkt verfeinert haben, daß sie das erkennen können, was von Gott ist. Auch ihr wißt, was wahr ist, aber ihr habt nicht konsequent genug nach eurem Verständnis gehandelt.

Die Früchte eurer Mühen (obwohl sie jetzt nicht zu sehen sind) werden immer offensichtlicher, je mehr die Welt dahin gelangt, die Wirklichkeit Gottes anzuerkennen. Seht ihr nicht schon jetzt eure tiefsten Intuitionen bestätigt? Macht weiter auf eurem Pfad des richtigen Bestrebens, und wir versichern euch, daß sich all eure edlen Bestrebungen manifestieren werden. Heil dem, der voranschreitet!«

Entschlußkraft

Eine Entscheidung zu treffen bedeutet, den Willen Gottes direkt in die Tat umzusetzen. Viele unserer Probleme im Leben entstehen nicht, weil wir das Falsche gewählt haben, sondern weil wir *nicht wählen*. Wenn wir unsere persönliche Entwicklung beschleunigen wollen, müssen wir anfangen, klar zu wählen und danach zu handeln.

Als ich damit anfing, feste Entscheidungen zu treffen, begann mein Leben, wirklich Gestalt anzunehmen. Ich hielt es früher für spirituell oder schick, »abgehoben« zu sein. Wenn ich etwas verlor oder einen Fehler machte, dachte ich: »Mensch, ich krieg's einfach nicht auf die Reihe – ich muß wirklich ›high‹ sein!« Ich war tatsächlich einfach nur desorganisiert. Ich sehe jetzt ein, daß es kein Kennzeichen von spirituellem Fortschritt ist, wenn man die Dinge nicht auf die Reihe kriegt, sondern von mentaler Schlampigkeit. Unentschlossenheit ist kein Charakterzug, der Erfolg oder Frieden bewirkt. Sie ist eine Form von Faulheit und Trägheit. Hilda sagte einmal: »Wenn Gott unentschieden wäre, würden die Pflanzen vom Himmel fallen.« Aber Gott ist 100prozentig genau und leistungsfähig. Er kann es sich nicht leisten, weniger zu sein. Und wenn wir genau und leistungsfähig handeln, leben wir gemäß unserer Selbstheit als intelligente Wesen, die nach dem Ebenbild eines »klaren« Gottes erschaffen worden sind.

Spirituelle Meister üben Entscheidungskraft und Genauigkeit auf allen Ebenen. Ein Schüler von Suzuki Roshi, einem großartigen Zen-Meister, erzählte, daß der Roshi einen Apfel so essen würde, daß das, was vom Apfel übrigblieb, einer vollkommen ausgewogenen Skulptur glich. Es blieb kein einziger Bissen Apfel übrig, keine Verschwendung. Es war für den Meister eine Meditation, einen Apfel zu essen. Seine Meditation hörte nicht auf, wenn er sich vom *Zazen**

* Zazen bedeutet eigentlich Sitzen (*Za*) im *Zen*. (Anm. d. Hrsg.)

erhob. Sein ganzes Leben war Meditation, und Meditation ist Klarheit. Wenn unser Leben keine Klarheit spiegelt, dann meditieren wir nicht richtig.

Das, was wir aufs Spiel setzen durch die Art, wie wir Entscheidungen treffen, ist enorm. Wenn wir mit Sicherheit und Entschlossenheit Entscheidungen treffen, erhalten wir das, wofür wir uns entscheiden. Wenn wir andererseits unentschlossen herumzappeln und zaudern, verlieren wir unsere Kraft. Wir sind in einem solchen Fall wie eine Ameise mitten auf der Autobahn, die zwischen einem Körnchen Zucker und einem Stück Kuchen hin- und herläuft und sich nicht entscheiden kann, was sie nehmen soll. Beides wäre eine gute Wahl, aber sie muß sich schnell entscheiden, denn ein großer Lastwagen donnert die Autobahn herunter. Weil die Zeit kostbar ist, können wir es uns nicht leisten, in unseren Entscheidungen hin- und herzuschwanken. Wenn wir wirklich Bewegung in unser Leben bringen wollen, müssen wir bereit sein, einen sicheren Schritt in eine Richtung zu tun.

Das, was uns daran hindert, Entscheidungen zu treffen, ist die *Angst*, die falsche Wahl zu treffen oder etwas zu erhalten, was wir nicht wollen. Oftmals ist eine falsche Wahl besser als keine Wahl, denn dann können wir wenigstens sicher sein, welches die richtige Richtung ist, und können weitergehen.

Wenn wir nicht wissen, welche Wahl wir treffen sollen, ist es am sichersten, in unserem Herzen nach der Handlung zu suchen, die am meisten mit unseren wichtigsten Idealen im Einklang ist, und nach diesem hohen Maßstab zu handeln. *Wenn wir im Namen der Liebe, des Dienstes und des guten Willens handeln, können wir keine falsche Entscheidung treffen.* Gott verlangt von uns nichts weiter, nur daß wir gemäß den höchsten Prinzipien, die wir kennen, leben. Er macht uns nicht für Maßstäbe verantwortlich, die höher sind als jene, derer wir uns bewußt sind. Wir wissen immer alles, was wir wissen müssen, um jede Entscheidung zu treffen, mit der wir konfrontiert sind. Berücksichtigt alles, was ihr für das harmonische Zusammenleben der Menschen auf der Erde für erforderlich haltet, und wendet dieses Wissen als Basis für eure Entscheidung an. Swami Sivananda lehrte, daß Taten nicht nach ihrer Form, sondern nach ihrer *Motivation* beurteilt werden. Diese

Vorstellung hat mir bei meinen Entscheidungen enorm geholfen. Wenn du dir unsicher bist, wie du handeln sollst, rufe deine reinste Motivation an, und laß sie das Kriterium sein.

Wenn du eine »falsche« Entscheidung triffst, sei dafür dankbar. Verwandle ein Minus in ein Plus. Ein Negativ (–) ist ein halbes Positiv (+). Nimm das Minuszeichen, und füge einen Strich von vertikaler Bewußtheit hinzu, und du hast ein Pluszeichen. Bedanke dich bei Gott, daß er dir den Fehler, den du gemacht hast, gezeigt hat, und beschließe, ihn nicht zu wiederholen. Das sieht Er sehr gerne. Wir sind auf die Erde gekommen, um zu lernen. Es ist keine Sünde, einen Fehler zu machen. Ich schreibe auf Papier, auf dem man Fehler korrigieren kann. Das wurde aus Mitgefühl mit Maschinenschreibern wie mir entworfen. Das Leben ist bis zu einem bestimmten Grad korrigierbar. Wenn du einen Fehler machst, dann gebe ihn zu, tu das, was du tun kannst, um den Fehler zu korrigieren, und gehe weiter. Wenn du von der Autobahn abkommst, nützt es nichts, dazusitzen und deinen Fehler zu beklagen. Das einzige, was zu tun ist, ist, *wieder auf die Autobahn zu fahren und deine Reise fortzusetzen.* Die Zeit, die du mit Reue verbringst, ist nur noch mehr verlorene Zeit. Wenn du das Karma für eine falsche Entscheidung abbezahlen mußt, dann zahle es wie ein Meister ab. Du wirst nur noch mehr Karma schaffen, wenn du dich gegen deine Verpflichtungen sträubst. Das ganze Leben ist zum Lernen da.

Eine weitere Faustregel, um Unentschlossenheit zu überwinden, ist die, auf deine innere Stimme zu hören. Wir müssen still genug sein, um jene Führung zu hören. Wenn wir besorgt, bange oder ängstlich sind, werden wir nicht dazu fähig sein, uns mit der Stimme der Führung zu verbinden. Unsere Sorgen schaffen geistige und emotionale Störungen, die unsere Bewußtheit blockieren, die richtige Entscheidung zu treffen – eine Antwort, die immer daran arbeitet, sich für uns erkenntbar zu machen. Und übe dich darin, deinen Ahnungen zu folgen. Du wirst herausfinden, welche Ahnungen vom Herzen und welche von deinem Intellekt kommen. Entscheidungen zu treffen wird auf diese Weise leichter und leichter werden.

Wenn du dich noch immer nicht entscheiden kannst, dann bitte Gott, für dich zu entscheiden. Ich kämpfte neulich mehrere Tage damit, ob ich einen bestimmten Brief abschicken sollte oder nicht. Ich verlor durch diese Unentschlossenheit meine Kraft und meine Klarheit. Eines Nachts hielt ich es nicht mehr aus. Ich beschloß, aufzustehen, mich hinzusetzen und so lange zu beten, bis ich eine Antwort erhielt. Ich begann mit Gott zu sprechen: »Gott, ich kann jetzt nicht sehen, was der angemessene Weg ist. Ich will nur das tun, was richtig ist. Ich übergebe dir diese Entscheidung.« Dann dankte ich Gott für die richtige Entscheidung. Ich wußte nicht, welche es sein würde, aber ich machte die Affirmation, daß Gott mir sehr gerne zeigen wollte, was ich zu tun hatte, und ich machte den Versuch, das Gefühl zu erzeugen, wie es sein würde, wenn ich eine zufriedenstellende Entscheidung getroffen und danach gehandelt hätte. Ich machte einfach immer und immer wieder die Affirmation: »Gott, danke für die richtige Entscheidung ... Gott, danke für die richtige Entscheidung.« Kurz danach stieg in mir ein Bewußtsein von der richtigen Handlungsweise auf. Ich hielt es für sehr richtig, den Brief abzuschicken. Je mehr ich Gott für die richtige Entscheidung dankte, desto richtiger erschien mir die Wahl. Als ich mich damit zufrieden fühlte, daß dies die beste Handlungsweise sei, beschloß ich, den Brief gleich am nächsten Morgen loszuschicken. In dem Augenblick, als ich diese Entscheidung traf, kehrte meine Energie zurück, und ich fühlte mich, als wäre eine riesige Wolkendecke von der Morgensonne weggebrannt worden. Eine Entscheidung war getroffen worden.

Wir können die alltäglichen Erfahrungen in unserem Leben dazu benutzen, uns in Entscheidungskraft und Genauigkeit zu üben. Pünktlich zu einem Treffen zu erscheinen, unser Auto gut in Schuß zu halten und eine Besorgung zu machen, die wir jemandem versprochen haben, das sind gute Gelegenheiten, um unsere Entscheidungskraft zu mobilisieren. Der Zeitpunkt des Treffens, der gute Zustand des Autos und die Art der Besorgung sind nicht halb so wichtig wie unsere Fähigkeit, eine Verpflichtung einzugehen und dabeizubleiben. Wenn wir kleine Entscheidungen meistern, werden die großen leichter zu meistern sein.

Ich möchte mit dir eine sehr kraftvolle Methode teilen, die ich entdeckt habe, um mein ganzes Leben in Ordnung zu halten: Ich halte mein Zimmer sauber. Unsere Räume sind Abbilder unseres Bewußtseins. Wenn du dein Bewußtsein aufräumen willst, solltest du dein Zimmer aufräumen. Schau, ob du Spinnweben oder staubige Ecken hast. Wenn ja, dann hast du zugelassen, daß sich Unentschlossenheit und Trägheit in deinen Tempel eingeschlichen haben. Ein sehr leistungsfähiger und erfolgreicher Mann, den ich kenne, sagte, daß die kleinen Staubwölkchen, die sich in den Ecken von vernachlässigten Zimmern anhäufen, Manifestationen von Unbewußtheit sind. Ich glaube das. Fege sie weg, und wenn du dies tust, fegst du deine eigene Unbewußtheit weg.

Wenn ein Zimmer sauber und aufgeräumt ist, baut sich eine Schwingung von Kraft und Harmonie darin auf, die jeden, der das Zimmer betritt, durch die Widerspiegelung der göttlichen Ordnung segnet. Hilda sagt über das »Yogananda Retreat Center« folgendes: »Ihr könnt euch gar nicht vorstellen, wie perfekt die Schwingung war, Kinder! Alles war an seinem Platz. Ich erinnere mich an den perfekten Faltenwurf der goldenen Vorhänge und wie der blaue Teppich makellos sauber war. Es war, als würde man in die Klarheit selbst hineinspazieren, und ich hatte das Gefühl, eben eine gute Meditation gehabt zu haben.«

Wir haben dieselbe Fähigkeit wie die Anhänger Yoganandas, unser Zuhause und unser Zimmer zu unserem *sanctum sanctorum* – einem heiligen Zufluchtsort – zu machen. Diese Art von Ordnung ist eine ungeheure Unterstützung für unsere spirituelle Arbeit. Ich kann mich an Zeiten erinnern, als ich mit der Last der Angelegenheiten des Tages auf meinen Schultern in mein Haus ging. In dem Augenblick, in dem ich ein sauberes Zimmer betrat, spürte ich, wie die Sorgen von mir genommen wurden, als staubten sanfte Engelsflügel meine Schultern ab. Dieser Segen war keine Folge von Zufall, sondern von *Entscheidung*.

Sei nicht so streng in deinen Entscheidungen, daß du nicht auch bereit wärst, sie, falls nötig, rückgängig zu machen. Wir müssen, wie Gandhi, die Wahrheit höher schätzen als unüberlegten Starrsinn. Eine Entscheidung aus einem guten Grund rückgängig zu machen ist nicht dasselbe wie Unentschlossenheit. Wenn wir eine Entscheidung mit einer Begründung aufheben, haben wir zweimal eine starke Wahl getroffen. Wenn wir es versäumen, uns zu entscheiden, und der seichten Lethargie zum Opfer fallen, haben wir keine Wahl getroffen und bleiben schwach.

Wenn du dich entscheidest zu warten, dann tu es mit Entschiedenheit und nicht zaudernd. Viele Entscheidungen verlangen eine gewisse Wartezeit, bis sie geboren werden können. Wenn du eine solche Notwendigkeit wahrnimmst, solltest du dich dafür entscheiden, zu warten. Dies ist kein Zeichen von Schwachheit, sondern von Weisheit.

Übe eine Woche lang, wirklich entscheidungsfreudig zu sein. Es ist nicht so wichtig, ob du ja oder nein sagst, solange du nicht »vielleicht« sagst. Sei in deinen Entscheidungen klar. Beantworte Fragen, kaufe auf dem Marktplatz ein, und wenn du eine leitende Stellung hast, solltest du deine Anweisungen mit Entschlossenheit geben. Sei alles, nur nicht unklar. Vertreibe Ängste durch aufrichtige und feste Entscheidungen. Verschwende nicht ein bißchen deiner kostbaren Lebensenergie an Unentschlossenheit. Gib dem rationalen Geist nichts, worauf er kauen könnte. Wenn du so wählst, werden sich deine Angelegenheiten schnell regeln.

Indem du die hohe Kunst der Entscheidung meisterst, wirst du deinen Geist und deine Handlungen auf alle großen Meister des Lebens einstimmen, die feste Entscheidungskraft als Instrument benutzt haben, um spirituelle Kraft für das Wohl der Welt freizusetzen. Du wirst dich mit der Kraft von Perikles, Moses und Lincoln vereinigen. Diese Männer standen felsenfest für ihren Glauben gerade. Sie handelten entschlossen. Ich bin sicher, daß sie nicht fehlerfrei waren. Und ich bin auch sicher, daß sie ihre Irrtümer wie Meister trugen. Handle mit Würde und Genauigkeit, und die Kraft, die sie großartig machte, wird dich in deinem Streben unterstützen.

Beschließ, dein Leben so zu machen, wie du es haben willst. Niemand anders kann für dich entscheiden, und gewiß kann niemand anders es für dich tun. Deine Entscheidungen werden dein Leben so einrichten, wie du es dir wünscht. In dem Augenblick, in dem ich eine Entscheidung treffe – eine feste – stellen sich die Kräfte des Universums sofort darauf ein, jene Entscheidung zu manifestieren. *Wenn gewünschte Ereignisse sich in deinem Leben nicht einstellen, ist der Grund der, daß du nicht fest beschlossen hast, was manifestiert werden soll.* Ist das wahr oder unwahr? Untersuche deine Umstände vorsichtig, und ich glaube, daß du dem zustimmen wirst. Dein Leben ist ein Abbild der Entscheidungen, die du gefällt hast. Wenn in deinem Leben irgendein Konflikt oder eine Verwirrung ist, ist der einzige Grund dafür der, daß deine Entscheidungen sich widersprachen oder verwirrt waren. Verkünde deine Entscheidung, und dein Leben wird sich sicher klären. Im System der Dynamik des Geistes gibt es keine Ausrutscher. Was du denkst, wird Wirklichkeit. Denke unbestimmt, und das Leben wird unbestimmt sein. Denke klar, treffe klare Entscheidungen, und handle genau, und dein Leben wird unfehlbar das sein, was du willst. Du wirst es durch deine Entscheidungsfreudigkeit dazu gemacht haben.

»Wir möchten euch die Weisheit zukommen lassen, wie man den Willen auf göttliche Art gebraucht. Euer Wille ist verkümmert. Des Menschen göttliches Geschenk der Miterschaffung, das wir durch den Willen des Schöpfers ausdrücken, ist nicht voll genutzt worden. Jetzt seid ihr dran, das Leben durch den richtigen Gebrauch der Entscheidungsfähigkeit zu meistern.

Dies ist nur eine Grundlektion der produktiven Anwendung des Geistes. Doch sie ist für euch eine notwendige Lektion. Meistert diese Aufgaben, und ihr nehmt euer Leben in Zusammenarbeit mit Gott in die Hand.

Das kommende Zeitalter wird auf den intelligenten und liebevollen Gebrauch von geistigen Energien gegründet. Die Menschheit wird die Geheimnisse der Schöpfung, die jetzt in den unbenützten Bereichen des menschlichen Potentials schlummern, meistern. Eure Fähigkeit, in diese Ära einzutreten, hängt von der Entwicklung eurer Konzentrationsfähigkeit und eurer Entschlossenheit ab. Es ist in der Tat kein weiterer Fortschritt auf dem Planeten möglich, solange ihr nicht eure Leidenschaften gezähmt habt, um derartige Kräfte zur Erhebung der Menschheit und nicht zu ihrer Zerstörung zu nutzen. Euer Entschluß mit dem Willen, für das Gute im Einklang zu sein, ist die erste Vorbedingung für das Kanalisieren dieser Fähigkeiten.

Letztlich ist nur eine Entscheidung zu treffen: die Entscheidung für Gott. Alle anderen Entscheidungen stehen im Dienste dieser einen. Unterschätzt die Entscheidungen nicht, die ihr zu treffen habt, denn euer fester Vorsatz bei den kleineren Entscheidungen wird die Himmelspforte für euch aufschließen. Entscheidet, Geliebte. Entscheidet, und werdet stark.«

Dienen

Ich muß jemandem dienen.

BOB DYLAN

Zwei Verbrecher wurden zusammen mit Jesus gekreuzigt. In der Stunde ihres Leids tadelte einer von ihnen Jesus: »Bist du denn nicht der Messias? Dann hilf dir selbst und auch uns!« Dann wies der andere ihn zurecht: »Uns geschieht recht, wir erhalten den Lohn für unsere Taten; dieser aber hat nichts Unrechtes getan.« Später versprach ihm Jesus: »Amen, ich sage dir: Heute noch wirst du mit mir im Paradies sein.«

Hilda beschreibt diesen Zwischenfall als ein Beispiel für selbstlosen Dienst an der Welt. Der erste Verbrecher steckte so tief in seinem eigenen Schmerz, daß er nicht sehen konnte, daß Christus neben ihm war. Der zweite dagegen sah mitfühlend, daß Jesus es nicht verdiente, dort zu sein, obwohl er selbst litt. Der Mann »dachte nach außen gerichtet«. Er wandte seine Aufmerksamkeit ab von seinem eigenen kleinen Selbst, um die schlimme Lage eines anderen zu erspüren. In diesem Stadium der rücksichtsvollen Güte inmitten von Leid wurde ihm das Königreich versprochen.

Jeder von uns hat sein eigenes Kreuz zu tragen, während es auf der Welt viel Leid gibt. Wenn wir danach streben, anderen zu dienen und der Menschheit irgendeine Art von Beitrag zu leisten, müssen wir zuerst unser Selbstmitleid, unsere Angst und unsere Zweifel loslassen. Wie bei dem ersten Verbrecher am Kreuz, so gibt es einen Teil von uns, der mit sich selbst beschäftigt ist und der diejenigen, deren Liebe uns am meisten helfen könnte, verspottet. Zur gleichen Zeit tragen wir auch ein Selbst in uns – einen Aspekt unserer Wahren Natur – , das tiefes Mitgefühl für die Bedürfnisse anderer hat und lieber *geben*, statt *nehmen* möchte. Die Belohnung des Dienstes ist: Wenn wir unsere Aufmerksamkeit einem anderen zuwenden, um ihm zu helfen, vergessen wir unsere

Misere, die durch unsere eigene Bereitschaft, ihr zu frönen, erschaffen und erhalten worden ist.

Ein Freund war im Krankenhaus, und ich machte mir große Sorgen um ihn. Ich ließ zu, daß meine Energie sich erschöpfte, und ich bemitleidete sowohl mich als auch ihn. Wie Gottes intelligenter Plan es wollte, war es vorgesehen, daß ich ausgerechnet zu der Zeit ein Seminar über »positives Denken« in einer öffentlichen Bibliothek halten sollte. Als ich das Krankenhaus verließ, um zu dem Seminar zu gehen, dachte ich: »Wie soll ich jetzt dieses Seminar halten?! Ich fühle mich selbst so negativ, und ich soll den Leuten erzählen, wie sie positiv sein sollen ... Ich bin ein großartiges Beispiel!« In dem Augenblick erkannte ich, daß meine Verantwortung den Leuten gegenüber, die zu diesem Seminar kamen, wichtiger war als mein Bedürfnis, mich selbst zu bemitleiden. Also beschloß ich willentlich, meinen eigenen Kummer beiseite zu legen, dort hinzugehen und diesen Menschen das beste Programm, das ich nur geben konnte, zu bieten. Ich hätte mich sonst wie ein richtiger Heuchler gefühlt. Also hörte ich auf, mir um mich selbst Sorgen zu machen und dachte darüber nach, was ich geben könnte. Und es wurde tatsächlich sehr gut. Am meisten überrascht war ich darüber, daß ich meinen Kummer vergessen hatte. Ich machte mir keine Sorgen mehr um meinen Freund, und als ich ihn am nächsten Tag besuchte, fühlten wir beide uns viel besser. Ich mußte nur meine Gedanken an mein eigenes kleines Selbst aufgeben.

Ich erlebte ein inspirierendes Beispiel dieser Art von selbstlosem Denken, als ich einen Nachmittag in einer Privatklinik verbrachte. Dort fand eine Weihnachtsfeier für die Patienten statt, und ich war überglücklich zu sehen, wie sie die Kekse und Süßigkeiten genoßen. Eine Frau, die gelähmt war, nur langsam sprechen konnte und arge Schmerzen hatte, wandte sich an mich und fragte: »Hast du etwas zu essen gehabt?« Mein Herz öffnete sich auf eine Weise, die mich noch immer mit Erregung und Freude erfüllt, wenn ich nur daran denke. Ich war tief berührt, nicht so sehr, weil sie an mich dachte, sondern weil sie in ihrem eigenen Leid gütig genug war, sich um die Bedürfnisse anderen zu sorgen.

Das Gebet des heiligen Franziskus von Assisi gibt die Essenz dieses Dienstes wieder:

»O Göttlicher Meister,
Gewähre, daß ich nicht so sehr danach strebe,
getröstet zu werden, wie zu trösten;
Nicht so sehr verstanden zu werden, wie zu verstehen;
Nicht so sehr geliebt zu werden, wie zu lieben.«

Wahres Dienen ist Dienen, ohne eine Belohnung oder Anerkennung dafür zu erwarten. Mit dieser Einstellung können wir nie enttäuscht werden, und alles, was wir tun, wird uns erfüllen. Ärgern wir uns darüber, daß sich jemand für einen erwiesenen Dienst nicht bei uns bedankt hat, bedeutet das, daß wir nicht aus dem Wunsch, Liebe zu geben, gehandelt haben. Wir taten es, um etwas zu bekommen, und das ist nicht Dienen. Das ist ein Geschäft. Wir sollten dankbar sein, wenn wir für ein Geschenk oder eine Tat keine Anerkennung erhalten, denn das bedeutet, daß wir es für Gott getan haben. Gott sieht alles, was wir tun, selbst wenn niemand anders es sieht, und kein anderer auf der Welt kann uns dafür reichlicher belohnen als Er. »Wenn ihr betet, macht es nicht wie die Heuchler. Sie stellen sich beim Gebet gern in die Synagogen und an die Straßenecken, damit sie von den Leuten gesehen werden ... Du aber geh in deine Kammer, wenn du betest, und schließ die Tür zu; dann bete zu deinem Vater, der im Verborgenen ist. Dein Vater, der auch das Verborgene sieht, wird es dir vergeben.«

Weil Jesus alles lebte, was er lehrte, demonstrierte Er die Wichtigkeit des demütigen Dienens, indem Er die Füße seiner Schüler wusch. Seine Belehrung hierzu lautete: »Der Knecht ist nicht größer als sein Herr.« Sein gesamtes Leben war eine Belehrung über das Geben. So ist dies im Leben all jener, die Gott lieben, denn jene, die Gott kennen, wissen, daß man Gott am besten dienen kann, wenn man den Menschen dient.

Hierzu ein Beispiel: Eine Gastsprecherin besuchte Hildas Gruppe. Die Frau fragte im Anschluß an die Gruppe: »Könnten Sie mir sagen, wo sich die Damentoilette befindet?« Bevor die

Frau zu Ende gesprochen hatte, sprang Hilda aus ihrem Stuhl hoch und begleitete die Frau persönlich zur Toilette, schaltete das Licht für sie an und vergewisserte sich, daß ein frisches Handtuch bereitlag. Mein erster Gedanke war: »Hilda braucht das doch nicht zu tun. Sie ist eine berühmte Lehrerin mit vielen Schülern. Sie hätte doch jemand anders darum bitten können.« Hilda ist großartig: Sie lebt ein Leben selbstlosen Dienens. Sie behandelt alle, die zu ihr kommen, als wären sie Christus persönlich.

Der heilige Franziskus verstand sehr gut, daß wir manchmal zögern, wenn es ums Geben geht, weil wir Angst haben, daß unsere eigenen Bedürfnisse nicht erfüllt werden, wenn wir sie nicht selbst erfüllen. So denkt der Mensch. Das Buch *Ein Kurs in Wundern* sagt uns, daß Gott so denkt: *»Damit du hast, gib allen alles.«* Hilda ist auch ein inspirierendes Beispiel für diese Wahrheit. Da sie fast ihre gesamte Zeit damit verbringt, anderen zu geben, werden ihre Bedürfnisse auf wunderbare Weise erfüllt. Obwohl sie sich weder um etwas bemüht noch darum bittet, erscheinen die richtigen Menschen, das Geld und sogar Waschmaschinen genau dann, wenn sie sie braucht – meistens durch Menschen, die für ihre Hilfe dankbar sind.

Ich erinnere mich in diesem Zusammenhang an eine Situation, in der ich mit mir kämpfte, ob ich einem Freund zum Geburtstag ein Bild von mir geben sollte, das ich sehr liebte. Es handelte sich um eine köstliche Witzzeichnung mit einem kleinen, lächelnden Mann, der von einem Herzen auf einen steilen Berg gehoben wurde, den er alleine nicht erklimmen konnte. Darunter stand geschrieben: »Liebe besiegt alles.« Obwohl ich sehr an diesem Bild hing, wußte ich, daß es meinem Freund sehr gut gefallen würde, und so beschloß ich, es ihm zu schenken. Am darauffolgenden Tag gab mir jemand als Freundschaftsgeste einen Umschlag. Als ich ihn öffnete, entdeckte ich darin *dasselbe Bild*, das ich am Vortag hergeschenkt hatte – und dieses war sogar noch besser: auf der Rückseite stand ein schönes Gedicht von dem, der es mir geschenkt hat.

Als ich Swami Satchidananda sprechen hörte, sah und empfand ich dieselbe Ehrerbietung für das Geben. Einige seiner ersten Worte waren: »Ich danke Ihnen dafür, daß Sie mir die Gelegenheit geben,

Ihnen auf meine bescheidene Art zu dienen.« Seine Demut hat mich tief berührt. Er hat Hunderten von Menschen im Publikum (oder zumindest mir) einen großen Gefallen getan, indem er gekommen war, um zu uns zu sprechen. Ich war ihm sehr dankbar. Doch von seinem liebenden Standpunkt aus, taten wir ihm einen Gefallen, indem wir ihm erlaubten, hier zu sein. Er sah sich selbst nicht als einen großen, bedeutenden Yogi, sondern als einen Diener Gottes. Er betrachtet das Leben als eine Reihe von Gelegenheiten zu dienen.

Wir verpassen allzuoft diese Gelegenheiten, weil wir glauben, daß »Arbeit« schlecht ist. Wir bezeichnen unsere Gelegenheiten als »Verpflichtungen« oder »Aufgaben«, und wir verrichten sie murrend, obwohl sie von einer etwas anderen Perspektive aus gesehen zu Einladungen, den Weg zu Gott hinaufzutanzen, werden könnten. In meinem Haus hing eine ganze Liste von Aufgaben, die ich zu erledigen hatte, mit der Überschrift »Aufgaben« am Küchenschrank. Ein göttlicher und liebevoller Gast strich das Wort »Aufgaben« durch und ersetzte es durch »Seliges Karma Yoga« (Gott durch selbstloses Handeln kennenlernen). Ich befand mich zu einem anderen Zeitpunkt in der Küche des Shivananda-Ashrams, wo ich folgendes wunderbare Zitat eines Meisters hängen sah:

»Göttliche Verwirklichung beginnt nicht in einer Höhle hoch im Himalaya. Sie beginnt in den Töpfen und Pfannen der Küche. Betrachtet all' eure Aufgaben – so klein sie auch sein mögen – als Gelegenheiten, Gott zu sehen und Ihm zu dienen. Das ist ein sicherer Weg, um Erlösung zu erlangen.«

Wir müssen keine Mutter Theresa und kein Moses sein, um Befreiung zu erlangen. Wir müssen unsere Familie oder unseren Job nicht verlassen, um Gottes Liebe allen zu schenken. Wir können genau da anfangen, wo wir im Moment sind, und wir werden viele, viele Gelegenheiten finden, um »nach außen« zu denken und zu dienen. Jeder kleine Gedanke und jede Handlung können tatsächlich ein göttlicher Dienst sein. Wenn du deine Wäsche zusammenlegst, kannst du das bei jedem Kleidungsstück mit einer

Spur Liebe und einem Wort des Segens tun. Wenn du als Sekretärin arbeitest, kannst du am Telefon mit Güte und Offenheit antworten. Ich fühle mich so froh, wenn jemand meinen Telefonanruf mit einem angenehmen »Hallo?« beantwortet. Du und ich haben die Kraft, denselben Segen zu geben, und zwar jedesmal, wenn wir das Telefon abheben – selbst wenn wir müde oder verärgert sind. Alle Handlungen sind Gelegenheiten, Liebe zu schenken.

Hilda half früher in einer Pizzabäckerei in einer verrufenen Gegend von New York aus. Es war ihr Ideal, Licht und Liebe auszustrahlen. Während sie die Pizzaschachteln faltete, sagte sie für jede ein Gebet wie: »Möge die Person, die dies erhält, glücklich und gesegnet sein.« Gelegenheiten, Liebe zu schenken, warten immer mit ausgestreckten Armen auf uns. Und Gottes Versprechen wird zu Seinem Geschenk, wenn wir nur bereit sind, diese Gelegenheiten anzunehmen.

Es gibt eine Unmenge von Möglichkeiten zu dienen. Jede Art ist gleich wichtig. Schelte dich nicht, weil du kein großer Arzt oder sozialer Kämpfer bist. Jeder Dienst, den wir erweisen, ist durchaus wichtig für das Wohlergehen aller. Ich ging in ein Krankenhaus, um einen Freund zu besuchen, der gebrauchte Autoteile verkaufte. Ich dachte: Wie wichtig sind doch die Ärzte, die ihn behandeln. Dann erkannte ich, daß der Beruf dieses Mannes genauso wichtig war wie der des Arztes, denn die wiederum brauchen funktionierende Autos, um zu den Menschen, die sie behandeln sollen, zu gelangen. Ohne seine Dienste könnten sie ihre nicht ausführen. Ein wunderbares Netz von gegenseitigen Abhängigkeiten vereint uns alle. Wir sind alle für unsere Arbeit in der Welt in gleichem Maße voneinander abhängig, und wir sind in gleichem Maße von Gott abhängig, Der uns durch andere dient.

Wir sind uns manchmal nicht einmal der Wichtigkeit des Dienstes bewußt, den wir erwiesen haben. Es gibt einen wunderbaren Spielfilm mit dem Titel *Ist das Leben nicht schön?*. In dieser Geschichte spielt James Stewart einen Mann, der ein privates Kreditinstitut in einer kleinen Stadt leitet. Er ist mitfühlend und verständnisvoll und geht Risiken ein für projektbezogene Anleihen, an die er glaubt. Durch eine Laune des Schicksals steht ihm der Ruin bevor, und alles in seinem Leben scheint zur gleichen Zeit schiefzugehen. Als er mit seinem Latein am Ende ist, denkt er an Selbstmord. In dem Augenblick erscheint sein Schutzengel, um ihm zu zeigen, wie das Leben in der Stadt gewesen wäre, wenn er nie geboren worden wäre. Ohne ihn wären die Projekte und Geschäfte, die er gütigerweise unterstützt hatte, heruntergekommene, degenerierte Institutionen gewesen. Das Restaurant, das er finanziert hatte, war in dieser Vision eine zwielichtige Bar. Das Filmtheater zeigte schlechte Filme, und die Menschen, die er gerettet hatte, gehörten zum Abschaum der Menschheit. Er sieht, wie wertvoll seine Taten waren. Er beschließt schließlich zu leben, und als er nach Hause kommt, haben sich dort alle Menschen versammelt, denen er je geholfen hat, und sie haben so viel Geld gesammelt, wie er braucht, um seine Schulden abzubezahlen.

Unsere Arbeit in der Welt wird leichter, wenn wir die Last gemeinsam tragen. Das alte Sprichwort: »Viele Hände, leichte Arbeit« ist wahr. Die Energie, die wir einander geben, dehnt sich aus. Wir erhalten viel mehr, als wir geben. Zehn oder fünfzehn Minuten meines Lebens zu geben, um jemandem zu helfen, das ist für denjenigen viel mehr wert als zehn oder fünfzehn Minuten.

Wenn wir jemandem einen Dienst erweisen, kommt Liebe zu der aufgebrachten Zeit oder Energie hinzu. Es macht das Leben sowohl für den Gebenden als auch für den Nehmenden befriedigend. Es inspiriert uns, größere Möglichkeiten für das Leben zu sehen, als die, die man uns glauben gelehrt hat. Liebende Güte in Form von Dienst steht dem Herzen Gottes näher als jede andere Tat.

Anderen zu dienen ist eine Art, sich an der Gnade Gottes zu beteiligen. Wenn wir jemand anders helfen, der in Schwierigkeiten ist, nehmen wir einen Teil seines oder ihres Karmas auf. Wir werden zu dem Mann, der Jesus half, Sein Kreuz zu tragen. Ich kann mir keine höhere Handlung, die wir in dieser Welt tun können, vorstellen als diese. Meister Hilarion sagt: »Deswegen betonen die christlichen Lehren zuoberst das Gebot, seinem Bruder auf jede mögliche Weise zu dienen. Denn aufgrund dieses Dienstes ist es uns nicht nur möglich, unsere eigene karmische Last abzulegen, sondern auch, die Last von den Schultern des anderen zu nehmen.«*

Einem anderen zu dienen beinhaltet also eine doppelte Belohnung. Wir sind nicht nur am Lindern seines oder ihres Schmerzes beteiligt, sondern befreien auch uns selbst. Sri Chinmoy, ein Lehrer des Pfades der Meditation, wurde einmal folgendes gefragt: »Wie kann ich die Glückseligkeit Gottes spüren?« Seine Antwort war ein Wort: *»Diene.«*

Zu dienen ist nicht immer erfreulich oder angenehm. Es kann manchmal anspruchsvoll und für die Sinne abstoßend sein. Meher Baba machte Pilgerreisen, um den Kranken und Notleidenden zu helfen. Er sagte: *»Wahre Liebe ist kein Spiel für die Mutlosen und Schwachen. Sie wird aus Kraft und Verständnis geboren.«* Der heilige Franziskus verstand dies, als er die Aufgabe annahm, sich um einen starrsinnigen Leprakranken zu kümmern, den niemand anders ertragen konnte, nicht einmal seine Mönchskollegen. Als der heilige Franziskus den Körper des Leprakranken wusch, verschwanden die wunden Stellen des Mannes auf wunderbare Weise, und sowohl sein Geist als auch sein Körper wurden geheilt. Um wirklich zu dienen, müssen wir bereit sein, nach dem Ungreifbaren zu greifen, das Unerträgliche zu ertragen und das Unliebenswerte zu lieben. Dann und erst dann können wir die wahre Bedeutung von selbstlosem Dienst verstehen.

Wenn wir bereit sind, auf diese Weise zu dienen, entdecken wir, daß Auseinandersetzungen, Streit und Uneinigkeit aus unserem Leben verschwinden. Das Üben von nach außen gerichtetem Denken bringt unvergleichlichen Frieden und Freude mit sich. Die Natur der Auseinandersetzung ist die, daß zwei Menschen etwas selbstsüchtig an sich reißen, wie beim Tauziehen. Alle Worte und Handlungen können auf »Ich!«, gefolgt von »Nein, ich!« usw. reduziert werden, bis beide Parteien sich schmerzhaft isoliert zurückziehen oder eine Person bereit ist, ein bißchen loszulassen und nachzugeben. Allzuoft will ich, daß der andere Mensch meine Bedürfnisse mehr berücksichtigt, als ich bereit bin, seine zu be-

* Hilarion: *The Nature of Reality*. Marcus Books, 195 Randolph Rd., Toronto (Canada).

rücksichtigen. Ich habe festgestellt, daß man einen Streit am schnellsten schlichten kann, wenn man seinem »Gegner« zeigt, daß man seinen oder ihren Standpunkt versteht. In dem Augenblick, in dem er oder sie sich sogar auf die geringste Art erkannt fühlt, wird ihr Zorn abflauen und dann ist eine Lösung möglich. Wenn »Hör *du mir* mal zu« zu »*Ich* bin bereit, *dir* zuzuhören« wird, wird die Uneinigkeit durch Frieden ersetzt. Jesus sagte: »Vertrage dich mit deinem Gegner sogleich, solange du noch mit ihm auf dem Wege bist.« Auf diese Weise wird Harmonie sein, wo Bitterkeit war.

Die höchste Form des Dienens ist Vergebung. Es ist aus menschlicher Sicht sehr schwer zu vergeben. Doch das Licht Gottes in einem menschlichen Wesen zu sehen, ganz gleich was seine äußeren Umstände oder sein Aussehen ist, ist ein tiefer Akt der Liebe. Wenn wir vergeben, bestätigen wir den wahren Wert eines Bruders oder einer Schwester, der/die womöglich von einer herzlosen Welt verschmäht worden ist. Wir dienen ihr oder ihm, indem wir ihre Heiligkeit erkennen, obwohl die Welt nur das Übel erkennen würde. Alle Handlungen der Nächstenliebe oder des Gebens sind nur wertvoll, solange sie die wahre Würde jener, an die der Beitrag gerichtet ist, anerkennen. Alles Geld und alle Zeit, die man jemand anderem schenkt, ohne seine Gleichheit anzuerkennen, ist wie Spreu im Wind und dient nur dem Spott des Ego. Mitleid oder Kummer ist nie eine würdiger Grund für Nächstenliebe, denn es verstärkt nur die Bindung zwischen dem Gebenden und dem Empfangenden. Wahre Nächstenliebe ist nie ein Geben, sondern immer ein Teilen. Der, der als Gebender gibt, bleibt halb. Der, der teilt, kennt die Ganzheit.

Ganz gleich welches unser persönlicher Weg zu Gott ist, der Dienst ist immer ein notwendiger Schritt auf dem Weg. Der Meditierende muß sich von seinem Kissen erheben, um das, was er in sich entdeckt hat, zu teilen. Der Schüler der Wahrheit muß das, was er gelernt hat, lehren, indem er es lebt. Der, der Gott liebt, muß Gott in seinen Brüdern und Schwestern lieben. Erwachen ist nutzlos, wenn es nicht die Welt erweckt. Weisheit ist bedeutungslos, wenn sie nicht gelebt wird. Die Liebe ist fruchtlos, wenn sie nicht gegeben wird. Wer sich dessen würdig erweisen will, was ihm gegeben worden ist, der muß es teilen. Jesus erzählt von einem Mann, dem die Schuld erlassen worden war, der sich jedoch weigerte, seinem Schuldner die Schuld zu erlassen. Der Mann zog den Zorn Gottes auf sich und wurde in einen brennenden Ofen geworfen. Wenn wir aus der großen Fülle Gottes schöpfen, uns jedoch weigern, es weiterzugeben, bleiben wir im Netz des Selbst gefangen. Das, was wir sowohl auf der spirituellen als auch auf der physischen Ebene erhalten haben, zu teilen, ist der wahre Ausdruck von Bruderschaft. Wenn wir allen das geben, was Gott uns gegeben hat, wird Gott unseren Vorrat nicht verringern, sondern ihn steigern.

Wenn wir dienen und diese Handlung im Namen der Liebe weihen, stimmen wir uns auf alle selbstlosen Diener der Menschheit ein, durch die die Welt je gesegnet worden ist. Wenn wir einander die Hand reichen, verbinden wir uns mit Gandhi, Mutter Theresa, Franziskus von Assisi und mit allen Anhängern der liebevollen Güte. Die Liebe und die Unterstützung dieser Meister weht uns so zu, als stünden sie während unserer Handlung neben uns. Falls du heilst, lehrst, reinigst oder auf irgendeine andere Art dienst, solltest du den Diener Gottes anrufen, der deinem Herzen am nächsten ist. Bevor ich singe oder unterrichte, spreche ich ein kleines Gebet, in dem ich Gott bitte, mich in meiner Arbeit zu unterstützen und durch mich zu arbeiten. Ich sage Gott, daß ich möchte, daß diese Arbeit für Ihn ist, und ich bitte Ihn, diejenigen zu segnen, denen ich diene. Es bereitet mir große Freude, euch mitzuteilen, daß Gott mich nicht im Stich gelassen hat. Ich habe wunderbare Veränderungen bei meinen Schülern und bei mir festgestellt. Wenn wir unsere Taten dem Licht und der Liebe widmen, strömen diese Kräfte durch uns und erfüllen unsere Handlungen mit Erfolg und Zufriedenheit. Wenn wir für Gott arbeiten, können wir nicht versagen.

Wenn du meditierst, solltest du dein geistiges Wachstum der Erhebung der ganzen Menschheit widmen. Halte die Motivation, daß du nicht nur für dich selbst meditierst, sondern zum Nutzen aller. Wenn ich für andere bete, spüre ich, wie mich ein Frieden überkommt, der weitaus stärker ist, als der, den ich spüre, wenn ich für mich allein bete. Hilda leitete uns eines Abends wie folgt an: »Betet jetzt für einen anderen Menschen im Raum, und paßt auf, was mit der Luft passiert.« In dem Moment wurde die Luft kühl und rosa, als ob die Selbstsucht zerstreut und durch selbstlose, liebende Güte ersetzt worden wäre. Es war, als würde ein Netzwerk von goldenen Fäden quer durch den Raum gehen und alle in einem Gewebe von Einheit verbinden. Es war so schön, daß es nicht mit Worten zu beschreiben ist.

Wir haben in unserem eigenen Geist, in unserem Herzen und unseren Händen die Kraft, die Welt zu heilen und zu verwandeln. Ein gütiges Wort, ein Blick oder eine Berührung können für einen Bruder oder eine Schwester, die Liebe brauchen, alles verändern. Es wird gesagt: *»Wenn jeder auf der Erde jeden lieben würde, würde die Erde heller strahlen als die Sonne.«* Ich glaube, wenn jeder von uns nur an einem Tag etwas Liebevolles für jemand anders täte, würde unsere Erde augenblicklich erlöst werden. Es würde eine so kraftvolle Energie des Lichts und der Liebe freigesetzt werden, daß sich die Kräfte der Finsternis in Form von Verseuchung, Waffen und Haß sofort auflösen würden. So ein Tag würde eine Kettenreaktion des Dienens in Bewegung setzen, die die Erde von allem negativem Karma, das je angesammelt worden ist, reinigen und den Geist der Hoffnung und des Gebens im ganzen Universum freisetzen würde, so daß jeder Planet in jeder Galaxie einen Nutzen davon hätte. »Du magst sagen, daß ich ein Träumer bin, aber ich bin nicht der einzige.«* Wenn dies tatsächlich ein Traum sein sollte, dann laß uns gemeinsam träumen, denn Träume sind das Zeug, aus dem das Leben gemacht ist.

---

* Vers aus dem Lied »Imagine« von John Lennon, hier übersetzt. (Anm. d. Hrsg.)

»Kinder, versteht die Bedeutung des Dienens richtig. In unseren Herzen ist wahrlich keine größere Hoffnung als die, daß ihr einander dient. Ihr müßt eure Ideen jetzt ins Praktische umsetzen, denn die Zeit ist kurz und die Notwendigkeit ungeheuer groß. Ihr versteht die Notwendigkeit des Dienstes, gleichzeitig müßt ihr seine Dringlichkeit in dieser Zeit der Schatten verstehen. Eine winzige Kerze wirft in einen verdunkelten Raum einen großen Lichtstrahl.

Während ihr den Rängen jener beitretet, die der Menschheit dienen, erwacht ihr zu dem eigentlichen Sinn derjenigen, deren Absicht das Ende allen Leids ist. Haltet euch bei all euren Unternehmungen an eure höchsten Werte. Fokussiert euren Verstand auf das Königreich des Himmels, selbst wenn ihr auf der Erde arbeitet; die beiden sind wahrlich Eins. Ihr könnt dies erfahren, wenn ihr nur all eure Ziele auf das Großartigste hochschraubt. Laßt euch nicht durch Gedanken der Mittelmäßigkeit oder durch weltliche Ziele davon abbringen. Euer Ziel ist das, was es schon immer gewesen ist: die Liebe eures Himmlischen Vaters auszudrücken. Nehmt nichts Geringeres an, denn nichts anderes hat irgendeine Bedeutung.

Wir schauen auf eure Arbeit mit Beistand und Hoffnung, und wir beobachten mit Freude, wie ihr euch entfaltet. Wisset, daß ihr bei jeder Arbeit, die geweiht ist, beschützt seid. Das ist das Gesetz, und das ist unser Ziel. Macht dieses Ziel zu dem eurigen, und es kann euch kein Schaden zugefügt werden. Euer Weg ist vorgezeichnet. Begeht ihn wie Meister und im Licht. Wir begrüßen euch bei eurem Sieg über alles Bindende und feiern mit euch, wenn ihr das erlangt, was herrlich ist. Der Friede Gottes wird euch gegeben. Hierfür wurdet ihr geboren, hierfür lebt ihr, und all eure Bemühungen auf dieses edle Ziel hin sind gesegnet.«

Liebe

Ziele direkt aufs Herz

Ich sah einen Film über Mutter Theresa, die in Kalkutta lebt – die heilige Frau, die ihr Leben den Armen und Sterbenden widmet. In einem ihrer Zentren für die Notleidenden sah ich einen Mann, vielleicht einen Priester oder Mönch, der in seinen Armen einen gebrechlichen und schwachen Mann hielt, der möglicherweise am Verhungern war oder im Sterben lag. Der Mönch schaute dem sterbenden Mann mit so viel Mitgefühl in die Augen, daß Tränen der Freude in meine Augen traten. Er sagte ihm: »Mein lieber Bruder, mein lieber, lieber Bruder, ich liebe dich ganz, ganz arg.« Der Mönch wiederholte diese Worte immer wieder und schenkte dem Mann mit jeder Wiederholung noch mehr Liebe. Der Sterbende schien zu schwach, um mit Worten oder einer Tat darauf reagieren zu können, aber seine Augen leuchteten, als würde er in das Gesicht von Christus persönlich blicken. In diesem Augenblick meines Lebens kann ich mir keinen Ausdruck von Liebe vorstellen, der größer wäre als dieser.

Liebe zu spüren und auszudrücken ist ein allgemeines Bedürfnis aller Menschen. Ich habe noch nie einen Menschen mit einer rauhen Schale gesehen, der darunter nicht weich und sensibel war. Ich war z.B. eines Tages in einem Kinderzoo, wo ich einen Mann sah, der bei einer Meinungsverschiedenheit in der Kantine sehr laut und beleidigend wurde. Einige Augenblicke später sah ich, wie derselbe Mann liebevoll ein Rehkitz fütterte. Hinter dem lauten Mann war ein weicher, kleiner Junge. Dies ist das Wesen der Menschen, das ich schätze, und es ist diese Qualität, an die ich mich immer erinnern möchte.

Ich leitete früher Seminare zum Thema »menschliche Beziehungen« für Teenager, und die Herzen dieser Kinder waren so schön. Ich werde einen Jungen nie vergessen: Er hatte Schwierigkeiten in der Schule, verstand sich nicht mit seinen Eltern und war ein- oder zweimal mit dem Gesetz aneinandergeraten. Er lag mir sehr am Herzen, denn er erlaubte mir, die andere Seite seines Charakters zu sehen. Er war ein guter Junge. Er war nur von der Welt ein bißchen hart rangenommen worden. In einer unserer Gruppensitzungen wurde seine rauhe Schale herausgefordert, und er saß eine lange Zeit (es schien wie eine Ewigkeit) einfach still da. Dann, als ob die Last der vielen Jahre des Versteckspielens für ihn so groß war, daß er es nicht mehr ertrug, kullerte eine einzelne, kleine und ach so wichtige Träne über seine Wange. Die Illusion der Härte war aufgelöst.

Erfahrungen wie diese haben bewirkt, daß ich nicht mehr an die »rauhe« Fassade von jemandem glaube. Wenn ich einen rauhen Kerl sehe, sehe ich ein ängstliches Kind. Wenn ich zu dem inneren Menschen sprechen kann – wenn ich das menschliche Wesen hinter der Rüstung anerkenne –, wenn ich symbolisch sagen kann: »Ich weiß, daß du da drin bist, und ich liebe dich«, habe ich das Gefühl, daß ich einen wirklichen und lohnenden Kontakt mit einer Seele hergestellt habe, und im Leben geht es für mich um den Kontakt mit Seelen.

Dr. Leo Buscaglia hatte die Eingebung, einen Kurs zum Thema »Liebe« auf dem College einzurichten, als folgendes geschah: Eine junge Dame, zu der er eine – wie er dachte – gute und nahe Beziehung hatte, kam zu seiner Überraschung einige Wochen lang nicht mehr zu seinem Unterricht, obwohl sie vorher immer regelmäßig gekommen war. Er erkundigte sich nach ihrem Wohlbefinden und erfuhr, daß sie tragischerweise von einer Klippe gesprungen war. Dies bewirkte, daß Dr. Buscaglia nochmals tief darüber nachdachte, was es mit Erziehung überhaupt auf sich hat: »Ich dachte darüber nach, daß diese junge Dame 15 Jahre lang, Tausende Stunden lang Informationen über Geschichte, Naturwissenschaft und

Englisch erhalten hatte. Ich fragte mich, ob sie diese Welt alleine und verzweifelt verlassen hätte, wenn ihr je jemand beigebracht hätte, was Liebe ist, oder ihr auch nur ein bißchen Liebe gegeben hätte.«

Ich sah ein Video über Dr. Buscaglias Vortrag mit dem Titel »Was wesentlich ist, ist für das Auge unsichtbar.« Obwohl Tausende von Menschen im Publikum saßen, gab seine Aufrichtigkeit und Echtheit dem Vortrag eine so persönliche Qualität, als führten zwei alte Freunde eine sehr intime Unterhaltung. Die Gesichter im Publikum strahlten vor Freude, denn was er ihnen erzählte, war wahr – und sie wußten es. Er hatte gelernt, direkt aufs Herz zu zielen.

Eine derartige Liebe auf greifbare Weise auszudrücken, ist die göttliche Herausforderung, die uns allen winkt. Patricia Sun hielt einen Vortrag (schon etwa 20 Minuten lang), als ein Mann im Publikum seine Hand hob und herausplatzte: »Ich kam zu spät. Könnten Sie mir bitte erzählen, was passiert ist?« Ich fand das ziemlich unhöflich, in Anbetracht der Tatsache, daß einige tausend Menschen im Publikum waren. Patricia schaute ihn liebevoll an und sagte zu ihm: »Ich liebe dich. Das ist, was passiert ist« und fuhr mit ihrem Vortrag fort.

Patricia konnte das sagen, weil sie das Geheimnis kannte, wie man auf das Herz zielt: *Wenn wir um etwas bitten, bitten wir um Liebe.* All unsere Handlungen sind geschickte oder ungeschickte Versuche, Liebe zu spüren. Der böseste Mensch auf der Welt sehnt sich genauso nach dem Gefühl der Liebe wie du und ich, vielleicht noch mehr. Aber er oder sie geht die Sache falsch oder ungeschickt an. So ein Mensch glaubt, daß Liebe manipuliert werden kann, sie kann aber nur gewonnen werden. Dieser Glaube schafft rauhe Fassaden und spaltende Handlungen. *Die wirkungsvollste Methode, solch negative Handlungen »kurzzuschließen«, ist: direkt auf der Ebene zu handeln, daß man Liebe schenkt.* Die Suche nach Liebe ist das versteckte Motiv hinter allen Fragen und jeder Spaltung, und das Geben von Liebe befriedigt sie.

Jesus wußte, daß jede menschliche Trennung der versteckte Versuch ist, sich geliebt zu fühlen, und deswegen lehrte er: »Du sollst deinen Nächsten lieben wie dich selbst.« Er wußte, daß

Menschen sich nicht liebenswert benehmen, weil sie glauben, daß sie nicht liebenswert sind. Er verstand, daß jemand, der auf diese Weise nach Liebe schreit, einige ernste Hiebe im Leben eingesteckt hat. Longfellow sagte: »Wenn wir die geheime Geschichte unserer Feinde lesen könnten, würden wir im Leben jedes Menschen genug Kummer und Leid entdecken, um jegliche Feindseligkeit zu entwaffnen.« Und Jesus wußte: Wenn wir einen solchen Menschen lieben, erwecken wir in ihm die Fähigkeit, sich selbst zu lieben.

Hilda stand einmal einem rauhen Gesellen in New York gegenüber. »Ich bin William, der König!« verkündete er arrogant. Hilda schaute ihn mit tiefem Mitgefühl in die Augen und sagte sanft: »Ich kenne einen größeren König, William.« Der Mann brach sofort zusammen und fing an zu weinen, denn Hilda hatte eine langverborgene Erinnerung an Zärtlichkeit und Güte in diesem scheinbar verhärteten Mann erweckt.

Jene Gedächtnisbank ist nicht nur charakteristisch für William, den König, der sich für einen König hielt. Jener tiefe Brunnen der Unschuld gehört auch zu dir und zu mir. Wir sind *eher* ähnlich als verschieden. Die Worte und Handlungen, die mir weh tun oder helfen, sind ungefähr dieselben, die dich auf dieselbe Weise berühren würden. Die große Lebenslüge ist die, daß wir uns nicht bewußt seien, was weh tut und was heilt, und die große Wahrheit ist die, daß wir im Grunde alle gleich sind.

Doch allzuoft sagen wir Dinge auf unbesonnene, sarkastische Weise, machen Anspielungen, sticheln und hänseln und tun so, als ob der andere einen Spaß verstehen könne, den wir selbst nicht verstehen können. Ich kann mich an allzu viele Scherze erinnern, die ich ohne Rücksicht auf die Gefühle meiner Brüder und Schwestern (die in Wirklichkeit auch meine Gefühle sind) gemacht habe. Die Jugendjahre in unserer Kultur sind voll von dieser Art beißendem Humor. Aus diesem Grund finde ich, daß es sich gehört, daß wir unseren Teenagern all die Liebe und die Unterstützung, die wir zu geben wissen, geben. Wir können die Negativität durch Liebe überwinden.

Wir dürfen das heilende Potential jeder vollbrachten gütigen Handlung (und mag sie noch so klein sein) nie unterschätzen. Ich erhielt vor Jahren den Anruf einer Freundin, die gerade eine schwierige Phase mit ihren Eltern hatte. Sie erzählte mir ihre Geschichte, und ich, der ich keine Ahnung hatte, was ich ihr sagen sollte, hörte einfach zu und liebte sie im stillen. Wir verloren danach den Kontakt miteinander. Dann, Jahre später, erhielt ich einen Brief von ihr, in dem sie mir erzählte, wie dankbar sie für alles war, was ich für sie in ihrem Kummer getan hatte. Sie sagte mir, daß unser Telefongespräch ihr bei der Klärung ihrer äußerst schwierigen Beziehung unglaublich geholfen hatte und daß es ein Wendepunkt in ihrem Leben gewesen sei.

Ich war erstaunt! Ich erinnerte mich kaum an die Unterhaltung, wenn überhaupt, dann nur daran, daß ich mein Herz geöffnet und, ohne zu beurteilen, zugehört hatte. Und doch war das irgendwie genau das, was sie brauchte, um ihre Situation zu verändern. Die Früchte der Bedachtsamkeit bleiben manchmal versteckt, bis der Moment reif ist.

Die Sprache des Herzen ist unkompliziert. Ihre Kraft liegt in der stillen Einfachheit. Ein Freund von mir mühte sich durch ein rigoroses Zen-Sesshin. Er kämpfte sich durch die kalten, langen Stunden der Meditation und der schmerzenden Knie. Er dachte nicht, daß er es schaffen würde. Obwohl er nichts sagte, kam ein Freund auf ihn zu und legte seine Hand liebevoll und ermutigend auf seine Schulter, als ob er sagen wollte: »Ich weiß, was du durchmachst. Ich weiß, daß du es schaffen kannst. Ich bin mit dir.« »In dem Augenblick«, erzählt mein Freund, »wurde mir durch diese einfache, kleine Berührung mehr Liebe und Verständnis mitgeteilt, als man in jede Menge Worte hätte kleiden können. Diese kleine, verständnisvolle Handlung gab mir mehr als genug Energie um weiterzumachen und es zu Ende zu bringen. Ich werde diese einzelne, bedachte Berührung nie vergessen.«

Diese Erzählung bestätigte mir, daß die gute Absicht, die wir in unsere Handlungen investieren, die äußere Form bei weitem überstrahlt. Rabbi Shlomo Carlebach erzählt eine schöne Geschichte über den jüdischen Feiertag Purim: An diesem Feiertag bietet man seinen Freunden Früchte und Gebäck an. An einem Purimabend saßen drei Freunde mit nur einer Orange beisammen. Einer nahm die Orange und gab sie liebevoll einem der Freunde mit einem reichen Segen. Der zweite nahm die Orange, die Liebe und den Segen und fügte seine eigene gütige Absicht hinzu und reichte sie dem dritten. Die Orange strahlte inzwischen voller Licht. Die Liebe des Teilens war so tief, daß die drei Freunde beschlossen, die Orange noch einmal, mit mehr Segnungen, herumzureichen. Das ging die ganze Nacht so weiter, und bei Sonnenaufgang flossen die Männer, die Orange und der Raum mit der reinsten, goldenen Liebe über.

Es ist die edle Herausforderung unseres Lebens, nach außen zu gehen, zu handeln und für das, von dem wir wissen, daß es wirklich ist, zu leben, selbst wenn diese Wirklichkeit für unsere Sinne nicht offensichtlich ist. Das ist der einzige wahre Glaube. Der Pfad des Herzens wird nur von denjenigen begangen, die die Wahrheit der Liebe kennen und bereit sind, das Trennende zu ignorieren, das andere davon abbringen würde, die einsamen Türme, die um unser Herz aufgebaut worden sind, einzureißen. Wenn wir die Herzen unserer Schwestern und Brüder finden, entdecken wir unser eigenes.

»Wir lieben euch, weil wir uns eurer Heiligkeit vollkommen bewußt sind. Ihr seid jetzt bereit, unsere glückliche Vision mit uns zu teilen. Wir sind dazu bereit, eure falschen Vorstellungen von der Gemeinheit und der Minderwertigkeit als die Grundnatur des Menschen für immer zu erlösen. Ihr habt erkannt, daß eure Natur vom Licht der Welt gesegnet ist, weil ihr jetzt wißt, daß ihr das Licht der Welt seid. Ihr habt eure ursprüngliche und anhaltende Güte angenommen, und in diesem Wissen seid ihr frei, sie im Bewußtsein eurer Brüder und Schwestern zu nähren, indem ihr sie segnet und liebt.

Man hat euch den Weg der Heilung für euch selbst, eure Schwestern und Brüder und euren Planeten gezeigt. Würdet ihr euch jetzt entscheiden, ihn anzunehmen? In seiner Anwendung liegt das Ende allen Leids und die Befreiung der Unterdrückten. Diese Aufgabe liegt nicht jenseits eurer Fähigkeiten. Es ist eure einzige Aufgabe. Es ist der Zweck eurer Inkarnation und der Grund eures Seins.

Schreitet voran, Kinder des Lichts. Heilung ist das Geschenk, das ihr der Welt macht. Ihr habt alles, was ihr braucht, um die Erde in ein Paradies zu verwandeln. Die Welt wartet auf eure Liebe. Wartet nicht darauf, daß die Welt euch liebt, denn das ist der große Fehler der Welt, genau der Gedanke, der zwischen Schmerz und Glück steht. Gebt eure Liebe ohne Furcht, und die Finsternis wird wie der Schatten, der sie ist, fliehen. Ihr seid gezeichnet von dem Licht in eurem Herzen.«

Beziehungen transformieren

Es gibt keinen fruchtbareren Weg, um spirituell zu wachsen, als den der Transformation von schmerzhaften Beziehungen in lohnende. In unseren Beziehungen mit anderen Menschen schauen wir in Wirklichkeit die Dynamik unseres inneren Selbst in einer Form an, die wir in der äußeren Welt sehen können.

Viele Psychologen sagen, daß Probleme zwischen Menschen entstehen, wenn es einen Mangel an Kommunikation gibt. Das ist wahr, aber wir müssen herausfinden, warum die Kommunikation nicht fließt. Ein Mangel an Kommunikation ist wirklich ein mangelndes Gefühl von *Gemeinschaft.* Wenn wir andere Menschen als von uns getrennt oder entfremdet ansehen, zerteilen wir das Universum in begrenzte Stücke, und somit errichten wir Gefängnisgitter um unser Herz. Wenn wir unsere Einheit mit anderen erkennen, wenn wir *mit* ihnen fühlen, statt uns *uneins* mit ihnen zu fühlen, entsteht die Freude darüber, daß wir zusammen sind, ganz von selbst.

Ein existentialistischer Schriftsteller sagte: »Die Hölle ist: andere Menschen.« Er hatte Recht, aber nicht so, wie er es verstand. Ich würde seinem Satz zwei Anführungszeichen hinzufügen, um ihn richtig zu stellen: Die Hölle ist: andere Menschen. Um es anders auszudrücken, die Hölle ist: *Gedanken von Anderssein.* Wenn wir glauben, »ich bin hier, in meiner eigenen getrennten Existenz, und dort sind die ›anderen Menschen‹ in ihrer getrennten Existenz«, setzen wir die Szene für ein höllisches Leben, denn wir haben die Wahrheit unserer Einheit mit allen Menschen, mit allem, was lebt, und mit Gott verleugnet. Als Jesus gefragt wurde: »Welches ist das höchste Gebot von allen?«, antwortete Er: »Das vornehmste Gebot von allen ist das: Höre Israel, der Herr, unser Gott ist ein einiger Gott.« Wenn die Hölle »andere Menschen« ist, ist der Himmel *Ein Volk.*

Wenn ich das, was ich für den Schlüssel zur Heilung von Beziehungen halte, reduzieren sollte, würde ich *Vergebung* sagen. Je mehr ich sehe, wie Vergebung arbeitet, desto klarer wird es mir, daß die Kraft der Vergebung viel größer ist als jedes Instrument oder jede Waffe, die dem Menschen bekannt ist. Vergebung bedeutet von Vorstellungen der Sünde, der Schuld und des Übels loszulassen. *Wenn wir einander vergeben, befreien wir nicht nur die anderen, sondern auch uns selbst.* Zorn, Bitterkeit und Groll fordern ihren Tribut von denjenigen, die an einer derartigen Negierung festhalten. Wenn wir Beurteilung und Bitterkeit loslassen, nehmen wir die schwere Last des Schmerzes von unseren Schultern und Herzen. Wenn ich feststelle, daß ich an einem Groll festhalte, muß ich ihn zu meinem eigenen Wohl loslassen. Gott wird uns nicht im Leben nach dem Tode für unsere Bitterkeit bestrafen, denn wir haben uns selbst schon genug bestraft durch verlorene Liebe und verlorene Lebendigkeit.

Als Jesus sagte: »Liebet eure Feinde und bittet für die, die euch verfolgen. Segnet, die euch fluchen, tut wohl denen, die euch hassen, und bittet für die, die euch beleidigen und verfolgen«, gab Er nicht nur spirituelle Platitüden von sich. Er gab uns eine wissenschaftliche Formel, um schmerzhafte menschliche Beziehungen zu verwandeln und inneren und äußeren Frieden herzustellen. Er kannte die heilende Kraft der Liebe. Er wußte, daß die Menschen sich vereint und ganz fühlen wollen. Und Er wußte, daß wir unsere Liebe nur vollständig erleben können, wenn wir andere im Licht der Vergebung sehen.

Die Pharisäer waren entsetzt darüber, daß Jesus die Ehebrecherin akzeptierte. »Auch ich verurteile dich nicht«, sagte Er zu ihr, »geh hin und sündige hinfort nicht mehr.« Als er zu dem Gelähmten sprach: »Sei getrost, mein Sohn, deine Sünden sind dir vergeben«, sprachen einige unter den Schriftgelehrten: »Dieser läster Gott.« Einerseits hatten sie recht, aber nicht so, wie sie es glaubten.

Kein Mensch hat die Macht, die Sünde eines anderen zu vergeben, weil es in Wirklichkeit *nie Sünde gegeben hat.* Es gab genügend *Gedanken* von Sünde, und die Pharisäer hatten derartige Gedanken in ihrer Bereitschaft, Jesus zu verdammen. Jesus war jedoch im Bewußtsein Eins mit Gott. Er betrachtete die Situation vom göttlichen Standpunkt aus, und im *Gottes*bewußtsein ist *alles*

Gott, und es gibt keinen Platz für Sünde. Jesus machte nichts, was die Frau getan hatte, rückgängig und veränderte nichts. Alles, was er tat, war, die Reinheit ihrer Seele anzuschauen und ihr die Wahrheit zu sagen, die er mit der gleichen Autorität zu jedem, ob Heiliger oder Sünder, gesagt hätte: »... deine Sünden sind dir vergeben.«

Jesus sah die innere Vollkommenheit, das sündenfreie Licht in der Frau. Das ist es, was auch wir tun müssen, um unsere Beziehungen zu heilen. Wir müssen uns auf die Reinheit und die Vollkommenheit jener, die wir gerne verurteilen, konzentrieren. Die Vergebung der Sünden ist keine besondere Gnade, die für Jesus Christus oder für die Priester, Richter oder sonst jemanden reserviert ist. Wir sind *alle* gleich ausgestattete Kinder des Höchsten. Jesus sagte auch: »Wer an mich glaubt, ... der ... wird noch größere [Werke] als diese tun.«

Äußere Harmonie in Beziehungen ist eine Manifestation von Harmonie und Annehmen in uns selbst. Wenn wir irgendwelche Gefühle wie Groll oder Feindseligkeit gegen jemanden hegen, wird sich das in unserem äußeren Umgang mit ihnen widerspiegeln. Wenn wir eine gestörte Beziehung befrieden wollen, müssen wir zuerst Frieden und die Vision der guten Absicht in unserem eigenen Bewußtsein finden.

Ich machte eine erstaunliche Erfahrung, die mir dies bewies. Ich besuchte eines Abends einen Vortrag über die Kraft des positiven Denkens. Der Sprecher gab uns folgende Aufgabe: »Schließt eure Augen, und laßt das Gesicht von jemandem, mit dem ihr euch nicht versteht, vor eurem geistigen Auge erscheinen.« Das Bild einer Frau, die neben mir wohnte, tauchte sofort vor meinem geistigen Auge auf. Ich wand mich allein bei dem Gedanken an sie.

Als ich mit mehreren Freunde in ein großes Haus eingezogen war, fing unsere Nachbarin, Frau Ryan, an, sich bedroht zu fühlen. Es war eine ziemlich konservative Nachbarschaft, und fünf bärtige, junge Männer kamen nun daher und zogen nebenan ein. Wir erfuhren, daß sie versucht hatte, eine Petition in der Nachbarschaft herumzureichen, um uns mit der Begründung, daß wir eine Bande von verdeckten Terroristen seien, aus dem Haus vertreiben zu lassen. (Statt dessen waren wir ein paar meditierende

Vegetarier.) Dann fand sie viele Gelegenheiten, um Situationen zu erschaffen, über die sie sich beklagen konnte, und baute buchstäblich einen Zaun zwischen unseren Häusern. Ich reagierte darauf und fühlte mich mit ihr auch recht unbehaglich. Als der Sprecher den Vorschlag machte, das Bild von jemandem, den wir nicht mochten, zu benützen, hatte ich keine Schwierigkeiten, sie auszusuchen.

»Jetzt«, führte er uns, »stellt ihr euch vor, daß diese Person nicht weit von euch entfernt steht.« (»O nein!« dachte ich.) »Atmet ein paarmal tief ein und aus, und entspannt euch, bis ihr euch mit ihrem Gesicht etwas behaglicher fühlt.« Ich tat es widerstrebend. »Geht jetzt auf die Person zu, und nehmt ihre Hände.« (»Das kann ich nicht!« dachte ich. »Sie wird wahrscheinlich schreiend davonlaufen, sogar in meiner Vorstellung!«) Aber ich tat es trotzdem. »Jetzt möchte ich, daß ihr diese Person vor eurem geistigen Auge umarmt, ihr in die Augen schaut und ihr sagt, daß ihr sie liebt.« Nun, in der Zwischenzeit hatte ich mich der Übung ergeben, und ich befolgte seine Anweisungen. Es war mir möglich, meine Feindseligkeit gegenüber Frau Ryan ein wenig loszulassen, und ich fühlte mich tatsächlich wohler in bezug auf sie.

Dann sagte er: »Dies ist eine sehr kraftvolle Methode, um gestörte Beziehungen zu wandeln. Wenn ihr das jeden Tag, drei Wochen lang, für fünf Minuten übt, wird eines von beidem geschehen: Entweder wird sich die Beziehung mit dieser Person klären, oder sie wird aus eurem Leben verschwinden.« (Jede dieser Alternativen klang für meine Ohren gut.)

Um ganz ehrlich zu sein, wiederholte ich diese Übung nicht mehr, aber etwas Erstaunliches geschah dennoch. Einige Tage später pflückte einer meiner Mitbewohner Tomaten im Garten, als Frau Ryan ihn rief.

»Mark, kann ich bitte mit dir sprechen?«

»Oh, nein!« dachte er. »Was ist jetzt schon wieder los?«

»Mark, ich wette, du denkst, daß ich mich über etwas beschweren will, nicht wahr?«

»Oh, nein«, erwiderte er, »was bringt Sie dazu, das zu sagen?« (Er war ein guter Schauspieler – und in diesem Fall, auch ein Lügner.)

»Nun, wissen Sie, Mark, ich habe mir überlegt, daß ich keine sehr gute Nachbarin gewesen bin.« (Mark fiel fast in Ohnmacht.) »… und ich möchte nur sagen, daß es mir leid tut, wenn ich euch Jungs das Leben schwer gemacht habe.«

Zwischenzeitlich war Mark sehr damit beschäftigt, seine Wahrnehmung von der Wirklichkeit zu überprüfen. Frau Ryan fuhr fort:

»Ich weiß, daß ihr Jungs (manche der »Jungs« waren 30 Jahre alt) wirklich nette Kerle seid, und ich möchte eure Freundin sein.«

Wenn Mark und ich vorher noch nicht an Wunder geglaubt hatten, so wurden wir sofort bekehrt. Mark gab ihr einige Tomaten, und unsere Beziehung zu ihr wurde danach immer besser. Wie sich herausstellte, war Frau Ryan tatsächlich eine sehr nette Frau, und wir waren sehr nette »Jungs«, aber ich mußte ihre Liebenswürdigkeit erst *erkennen* – das Gute in ihr akzeptieren – bevor ich sie erfahren konnte.

Die Lektion oder das Wunder mit Frau Ryan ermutige mich, diese Methode der inneren Klärung immer wieder auszuprobieren. Sie hat immer funktioniert. Immer wenn ich einen Konflikt zwischen mir und einer anderen Person spüre, versuche ich, ihn zuerst *in mir* zu lösen. Ich visualisiere den Menschen, sende ihm viel Licht und Liebe, und ich spüre, wie es wäre, wenn er mein Freund wäre. Diese Technik hat mir geholfen, viele meiner Beziehungen zu verwandeln, und ich empfehle sie dir mit größtem Vertrauen.

Beziehungen sind Lektionen in fühlbarer Form, die wir für unser persönliches Wachstum brauchen. Wenn wir in unserem Unterbewußtsein an irgendeinem Charakterzug, einem Vorurteil oder an einer Beurteilung über irgendeine Handlung festhalten, wird derjenige, der das macht, was wir nicht mögen, von uns angezogen werden, damit wir lernen, es loszulassen und zu lieben. *Die schnellste Art, dich von jemandem zu befreien, der etwas tut, was dich irritiert, ist die, ihn und seine Eigenschaft zu lieben und anzunehmen.* Je mehr du dich dagegen wehrst, desto mehr wird es dir ins Auge fallen. Wenn du deinen Widerstand losläßt, mag die Person aus deinem Leben verschwinden oder nicht – wenn du wirklich losgelassen hast, ist beides bedeutunglos.

Dies setzt Beziehungen in ein total neues Licht – ein Licht von Herausforderung und Verheißung. Personen, die man schlecht ertragen kann, hören auf, lästig zu sein, und werden zu Gelegenheiten, die uns Verständnis und Vergebung üben lassen. Wenn wir irgendeine negative Reaktion auf eine andere Person erfahren, haben wir die kostbare Gelegenheit, unseren emotionalen Computer neu zu programmieren. Jemand beklagte sich einmal bei Hilda: »Ich kann es nicht ertragen, meine Eltern zu besuchen. Ich muß ihnen zusehen, wie sie Fleisch essen!« Hildas Rat war: »Wenn ich in der Situation wäre, würde ich mich neben denjenigen mit dem größten Stück Fleisch setzen, und wenn das Fleisch zum zweitenmal herumgereicht wird, würde ich ihm mehr anbieten. Ich würde mich zwingen, dort sitzenzubleiben, bis ich entspannt und glücklich wäre und ich viel Liebe für jenen Menschen spüren würde.«

Sathya Sai Baba in Indien segnet manchmal eine Hochzeit mit folgenden Worten: »Sehr glücklich, sehr glücklich!« Wenn einer seiner Anhänger ihm zustimmt mit: »Ja, Baba, ich bin sicher, daß sie von Anfang an glücklich sein werden!«, korrigiert er manchmal: »Glücklich von Anfang an? Das habe ich nicht gesagt! Sie werden sich gegenseitig das Ego abschleifen, wie das beste Sandpapier! Dann werden sie *wirklich* glücklich sein!«

Worum geht es denn in der Ehe? Was macht einige Ehen erfolgreich und andere nicht?

Wie können wir wissen, ob unsere zukünftige Ehe funktionieren wird? Wie können wir eine Ehe retten, die nicht funktioniert? Warum ist die Scheidungsrate so hoch? – Das sind Fragen, mit denen viele von uns gekämpft haben, Fragen, die allzuoft mit Schmerz und Leid beantwortet worden sind. Ich möchte mit euch einige meiner Beobachtungen bezüglich Beziehung teilen.

Wir könnten sagen, daß unsere Motivationen, warum wir eine Ehe oder Beziehung eingehen, auf zwei grundsätzliche dynamische Einstellungen reduziert werden können: »Ich bekomme etwas von dieser Person« oder »Ich werde mit dieser Person teilen.« Die erste Einstellung führt nur zu Schmerz, die zweite zu Freude. Die erste versucht, etwas zu bekommen; die zweite, sich auszudehnen. Teilen funktioniert, nehmen funktioniert nicht.

Die Frage ist die: Wie *ganz* fühle ich mich in dieser Beziehung? Fühle ich mich vollständig und ganz und genug *ohne* diese Person? Kann ich diese Beziehung haben, ohne zu erwarten, daß mein Partner mir etwas gibt, das mich *vollständiger* machen wird? Kann ich die Ganzheit meiner eigenen, individuellen Kreativität mit meinem Partner aufrechterhalten? Wenn wir unser Bewußtsein als ganze Wesen bewahren können und mit der Einstellung in die Ehe gehen, daß sie ein übersprudelnder Ausdruck des Lebensfestes ist, dann wird die Ehe wahrscheinlich funktionieren.

Wenn ich mich andererseits verheirate, um mich an jemand anders »anzulehnen«, der ein Loch in mir füllen wird, das ich meine, nicht selbst füllen zu können, dann werde ich eine große Enttäuschung erleben. Wenn ich dich liebe, weil du mir sagst, daß du mich liebst, oder weil du mit mir Sex hast, oder weil du mit meiner Sichtweise vom Leben übereinstimmst, oder weil du einen Charakterzug hast, der mir meinem Gefühl nach fehlt, dann ist das keine Liebe, sondern ein geschäftliches Arrangement, das auf Mangel basiert. Wenn ich mich darauf verlasse, daß du meine Bedürfnisse erfüllst, bestätige ich meine Schwäche und errichte eine Ehe auf einem Sumpf. Wie Jesus schon sagte: »Wer diese meine Rede hört und tut sie nicht, der gleicht einem törichten Mann, der sein Haus auf Sand baute. Als nun der Platzregen fiel und die Wasser kamen und die Winde wehten und stießen an das Haus, da fiel es ein, und sein Fall war groß.« Die Scheidungsrate bestätigt dieses Gleichnis.

Wenn die Beziehung auf dem Fundament des Feierns und des Überflusses beginnt, werden wir viele Dinge, um derentwillen sich viele verheiraten, erhalten, aber sie werden als *Geschenke* und *Freuden* kommen und nicht als *Abzahlung*. Ich sehe viele Ehen um mich herum, und ich sehe die Beziehungen, in denen ich steckte, und es wird mir klar, daß die Gründe, aus denen wir heiraten sollen und die Mythen bezüglich romantischer Ehe eher illusorisch als wirklich sind.

Eric Butterworth beschreibt die beiden verschiedenen Typen von Beziehungen auf eine sehr treffende Weise: In der einen Beziehung sind wir hypnotisiert, starren einander schwermütig in die Augen; in der anderen stehen wir Hand in Hand da und schauen aus dem Fenster in das großartige Panorama des Lebens. In der ersten haben wir einander zu Göttern gemacht, in der zweiten freuen wir uns zusammen und erkennen den Einen Gott an. In der ersten haben wir die Quelle unseres Glücks auf einen einzelnen kleinen Menschen reduziert; in der zweiten bleiben wir offen für die Erfüllung, die das ganze Leben uns bieten kann.

Die Beziehungen, die nach meinen Beobachtungen funktionieren, sind die, in denen die Partner versuchen, einander durch Ermutigung und Vertrauen zu dienen und zu unterstützen. Wo die Partner davon Abstand nehmen, Forderungen aneinander zu stellen, und wo die individuelle Kreativität jeder Person respektiert und ermutigt wird. Noch wichtiger: Die Beziehungen, die Gott als ihr Zentrum haben oder die zumindest irgendeine Art Verpflichtung an ein höheres Ziel haben, anstatt sich nur gegenseitig die Phantasien zu erfüllen, sind diejenigen, die am stärksten sind. Menschen mit individuellen, spirituellen Fundamenten schaffen Ehen mit starken, spirituellen Fundamenten. Alles, was den Idealen des Göttlichen gewidmet ist, funktioniert.

Können wir eine Beziehung heilen, die nicht auf diesen Idealen basierte? – Ja, selbstverständlich können wir das. Viele der stärksten und lohnendsten Beziehungen sind in der Tat jene, die *transformiert* worden sind. Während wir anfangen, Gott in unser Leben zu lassen, finden wir die Kraft und die Weisheit, um Frieden und Harmonie dort zu schaffen, wo früher keins von beiden zu sein schien. Wir entdecken neue Wege, Liebe zu schenken und zu unserer freudigen Überraschung wird die Liebe und die Freiheit, die wir einander schenken, damit wir wachsen und uns ausdehnen können, um ein Vielfaches zurückgegeben.

Wenn wir wirklich erfüllte Beziehungen in der Ehe, mit unseren Kindern oder im Büro haben wollen, müssen wir bereit sein, groß genug zu sein, Liebe zu geben, *bevor* wir sie erhalten. Wir dürfen nicht zulassen, daß unsere Handlungen oder Einstellungen anderen gegenüber von denen, die sie uns gegenüber haben, abhängig sind. Wir müssen das Vertrauen haben, die Möglichkeit des Guten im anderen zu sehen, obwohl er es selbst nicht erkennt.

Um ein oft zitiertes Gedicht wiederzugeben:

»Sie zogen einen Kreis, der mich ausschloß,
Aber ich und Gott sind dazu bestimmt, zu gewinnen.
Wir zogen einen Kreis, der sie einschloß.«

Jesus drückte es so aus: »Ihr habt gehört, daß gesagt ist: Auge um Auge, Zahn um Zahn. Ich aber sage euch, daß ihr nicht widerstreben sollt dem Übel.« An einer anderen Stelle fragt Petrus den Meister: »Herr, wie oft muß ich denn meinem Bruder, der an mir gesündigt, vergeben? Genügt es siebenmal?« Jesus sprach zu ihm: »Nicht siebenmal, sondern siebzigmal siebenmal.« Mit anderen Worten: vergebt einfach weiter.

Ich möchte diese Gedanken über Beziehungen mit einem Versprechen abschließen: Es gibt unbegrenzte Möglichkeiten für positive Veränderung durch Vergebung. Ich möchte euch sagen, daß es sogar möglich ist, eine gestörte Beziehung zu jemandem zu heilen, der gestorben ist. Dies ist möglich, weil alles Heilen dieser Art das Ergebnis von Vergebung und *spiritueller* Liebe ist. Beziehungen sind Lektionen in innerem Wachstum. Wenn wir bis zu dem Punkt wachsen könnten, an dem wir mit der anderen Person in Harmonie wären, solange sie noch am Leben ist, dann hätten wir die Lektion der Beziehung gelernt, und sie wäre beendet.

Mein Vater und ich hatten keine sehr gute Kommunikation in unserer Beziehung. Wir liebten einander so, wie Familien sich eben lieben, aber wir waren nicht intim miteinander wie Freunde. In meinen Jugendjahren war ich manchmal respektlos ihm gegenüber, und ich brachte ihm nicht soviel Respekt und Verständnis entgegen, wie ich es mir jetzt wünschen würde.

In den Jahren nach seinem Dahinscheiden bin ich erwachsen geworden. Ich lernte, wie wichtig Respekt und Verständnis sind, und es schauderte mich, daran zu denken, wie unhöflich ich meinem Vater gegenüber gewesen bin. Ich wünschte mir in meinem Herzen, mich bei ihm entschuldigen und ihm von der Liebe und Dankbarkeit, die ich für ihn empfand, erzählen zu können.

Eines Nacht kam er im Traum zu mir. In diesem Traum traf ich ihn auf einem Fest, und er war strahlend und friedlich. Während er im Leben übergewichtig und zurückgezogen war, war er auf diesem Fest schlank und freundlich. Als wir uns begrüßten, sagte er, daß es ihm gut gehe, und ich war sehr glücklich zu sehen, wie fröhlich er war. Ich hatte das Gefühl, daß er jetzt sein eigenes Leben zu leben hatte. Wir trennten uns in Freundschaft und gegenseitigem Respekt für den Weg des anderen. Ich erwachte aus dem Traum mit einem tiefen Gefühl von Lösung und Frieden, was meinen Vater und mich anbelangt. Ich glaube, daß unsere Beziehung geheilt wurde, obwohl er dieses Leben bereits verlassen hatte.

Diese Erfahrung und andere ähnliche haben mir als meine Lektionen gedient, um zu erkennen, was notwendig ist, um Beziehungen zu transformieren. Während ich immer mehr darüber gelernt habe, wie man liebt, vergibt und das Gute in sich selbst und anderen findet, habe ich entdeckt, daß Vergebung ein Geschenk Gottes ist, das immer heilt. Ich weiß, daß sie unsere Beziehungen, unsere Leben und unsere Welt heilen kann. Wenn sie es tut, möge sie unsere zerstörten Hoffnungen reparieren, uns unsere vergessenen Träume zurückgeben und das Wunder der Gnade spenden. Ich habe festgestellt, daß erfüllte Beziehungen nicht »zu gut sind, um wahr zu sein«. Sie sind gut genug, um war zu sein.

Der Sinn, wofür ihr auf der Erde seid, ist es, Frieden zu schließen. Da ihr diesen Sinn entdeckt habt, wird euch die Kraft übertragen, Beziehungen zu heilen.

Ihr tragt das gesamte Universum in euch. Nehmt alles in die Arme, und alle Menschen und Dinge offenbaren sich als Ausdruck von Gottes Liebe für euch, was in Wirklichkeit eure Liebe für Ihn ist. Wo Liebe ist, wird der Sinn des Lebens verstanden. Wo keine Liebe ist, ist nichts vorhanden.

Wir bitten euch inständig, jeden kostbaren Moment der Beziehung auf den Altar des Allerhöchsten zu legen. Haltet eure Mitmenschen in heiligem Respekt, und sprecht zu allen so, wie ihr zu dem heiligsten Engel sprechen würdet. Tadelt euch nicht für eure Fehler, korrigiert sie. Würdet ihr nur euren Brüdern und Schwestern verzeihen, nicht aber euch selbst, so würdet ihr irren. In Wahrheit ist es dasselbe, ob ihr euren Brüdern und Schwestern oder euch selbst vergebt.

Ihr seid durch den Segen des Himmlischen Geliebten gereinigt worden. Eure Seele ruht zufrieden, während ihr, gebadet in Reinheit und in weiße Roben der Vergebung gekleidet, vor dem Stuhl eures Vaters steht, der eure heilige Gegenwart still anerkennt. Dieser Tag ist ein Grund zum Feiern, denn dies ist die Wiedervereinigung, für die ihr die Prüfung der Erde ertragen habt. Euer Leben hat euch zu der Belohnung durch liebevolle Güte geführt – ein Segen, den ihr durch euer Erbe schon immer verdient habt. Unsere Hände strecken sich euren entgegen, während ihr die Schwelle eures neuen Lebens überquert. Eure Bemühungen werden durch die Gnade vervollständigt.«

Auffüllen und überfließen

Auffüllen und Überfließen,
Es ist ein endloser Wasserfall,
Auffüllen und Überfließen,
Über alles.

CHRIS WILLIAMSON, *Waterfall*

Eines strahlenden Frühlingmorgens verließ ich aus das Restaurant, in dem ich arbeitete, um frische Luft und etwas Sonnenschein zu tanken. Als ich die Türe hinter mir schloß, kam ein Mann, den ich vorher noch nie gesehen hatte, mit einem strahlenden Lächeln auf mich zu und rief: »Ist es nicht ein wunderschöner Tag?«

»Das ist es!« stimmte ich freudig zu.

»Weißt du, mein Freund«, fuhr er fort, »ich möchte dir nur sagen, wie glücklich ich bin, seit ich Gott in mein Leben gelassen habe!«

Ich war etwas erstaunt, daß er so intim mit mir sprach, und ich war tatsächlich etwas mißtrauisch, daß er mir eine Predigt halten oder mich zu einer Versammlung einladen oder um eine Spende bitten würde. Und doch hatte er etwas Echtes, und deswegen hörte ich ihm zu.

»Ich war früher unglücklich«, erklärte er. »Ich hatte so viele Sorgen und eine schlechte Gesundheit, mein Geschäft ging schlecht, und ich mochte das Leben einfach nicht. Dann, eines Tages, erkannte ich, wie wunderbar und großartig Gott ist! Ich sah zum erstenmal die Pracht seiner Schöpfung! Er hat die Bäume, die Vögel und die Blumen erschaffen! Und was noch wichtiger ist, ich erkannte, daß Er mich wirklich liebt!«

Während ich seiner köstlichen Geschichte zuhörte, verschwanden meine Zweifel, mein Herz öffnete sich, und ich fing an, mit ihm zu fühlen und zu fließen.

»Seit jenem großartigen Augenblick«, fuhr er fort, »ist mein Leben ein Wunder nach dem anderen gewesen. Ich wache morgens auf und freue mich auf jeden neuen Tag. Ich habe viele wunderbare Freunde, und meine Arbeit stellt mich zufrieden. Ich liebe das Leben einfach, und ich bin so dankbar, daß Gott so gut zu mir ist!«

Er legte seine Hand auf meine Schulter, sah mir fest in die Augen und sagte: »Ich möchte nur, daß du weißt, daß ich dich liebe, und möchte dir sagen: ›Gott segne dich.‹«

Und damit drehte sich mein mysteriöser Freund um und spazierte (oder schwebte) die Straße hinunter. Keine Predigten. Keine Versammlungen. Keine Spende. Nur »Auffüllen und Überfließen«.

Ich lief, begeistert von der wunderbaren Begegnung, in den Laden zurück, um meiner Mitarbeiterin davon zu erzählen, da ich wußte, daß sie diesen außergewöhnlichen Mann sicher kennenlernen wollte. Sie ließ sofort alles, was sie gerade machte, stehen und liegen, lief aus der Tür und versuchte, ihn zu finden. Aber er war nirgends zu sehen. Es war eine kleine Stadt. Er konnte nicht weit gegangen sein. Sie suchte in allen Straßen, doch er schien verschwunden zu sein. Vielleicht war er ein Engel.

Spirituelles Erwachen breitet sich aus, indem es sich über die Menschen *ergießt*. Wir können niemand anders in ein höheres Bewußtsein zwingen. Wir sind wie Knospen – wir müssen uns zu unserer Zeit, katalysiert durch die Wärme der Sonne, öffnen und blühen. Die beste Art, eine andere Person in ihrem Wachstum zu unterstützen, ist, sie zu lieben. Sie wird sich in unserer Gegenwart so frei und leicht fühlen, daß das, was ihr Wachstum blockiert, einfach dahinschmelzen wird. Sie kann noch so viele Predigten, Belehrungen und Druck erhalten, doch das wird ihre Evolution nicht beschleunigen, es kann sie sogar verzögern. Wir können teilen, Ideen anbieten und einladen, wenn wir das Gefühl haben, daß das richtig ist, doch dieses Ausstrecken der Hand muß mit Leichtigkeit passieren, mit einer offenen Hand, so daß unser Freund sich vollkommen frei fühlt, unsere Einladung anzunehmen oder abzulehnen. Auf diese Art muß man Gott teilen. Man muß sich für Gott entscheiden.

Durch Einschüchterung ist noch niemand zu Gott gekommen, doch viele sind inspiriert, beeindruckt und begeistert worden. Wir dürfen nicht so sehr mit Worten lehren, als durch unser Beispiel. Wenn wir möchten, daß ein Ehepartner, ein Freund oder ein Kind das »kapiert«, was wir kapiert haben, dann müssen sie es von uns *auffangen.* Wenn wir die Werte, die unserem Herzen am nächsten sind, einfach leben, ist es gut möglich, daß unsere Freunde die positiven Veränderungen in unserem Leben bemerken werden. Sie werden auf das Licht in unserem Gesicht reagieren, und der Friede in unseren Augen wird in ihnen Frieden hervorrufen. Sie werden vielleicht eines Tages zu uns sagen: »Du siehst in letzter Zeit so glücklich aus – was hast du denn gemacht?« Das ist unsere Gelegenheit zu teilen, wenn wir wollen – wir sind gefragt worden.

Es gibt viele Wege zum Gipfel des Berges, wo wir uns alle als Eins, ohne Religion, Name oder Form, treffen. Es ist nicht nötig – noch hat es einen Sinn –, sich an potentielle Bekehrte anzuklammern oder den Versuch zu machen, sie (zu welcher Sache auch immer) zu bekehren. Wenn unsere Sache von Wert ist, wird sie durch ihre eigenen Vorzüge inspirieren. (»Ich bin der gute Hirte und kenne die Meinen, und die Meinen kennen mich«, sagte Jesus.) Es steckt keine Wahrheit hinter der Vorstellung: Je mehr Menschen einer Organisation oder einer Gruppe angehören, desto besser oder wahrhaftiger ist sie. Wahrheit kann nicht in »Anzahl der Anhänger« gemessen werden. Sie ist eine qualitative Erfahrung im Herzen jedes Aspiranten.

Die Wahrheit bedarf weder einer Person noch einer Organisation, um sich zu verkaufen. Die Wahrheit verkauft sich, indem sie das innere und äußere Leben jener, die sie berühren, verwandelt. Die Wahrheit braucht kein Vermarkten, keine Verpackung, keine Werbung. Sie muß nur *gelebt* werden. Menschen, die die Wahrheit leben, ziehen meistens viele Menschen an, ohne Werbung zu machen oder sich darum zu bemühen. Ein Merkmal einer Kultgemeinschaft ist, daß die Mitglieder dazu genötigt werden beizutreten und nicht austreten können. Die Schüler eines Lehrers der Weisheit können kommen und gehen, je nachdem wie ihre Herzen sie gerade führen.

Jesus Christus z.B. war so erfüllt, daß Seine Wahrheit 2000 Jahre lang zu Milliarden Menschen übergeflossen ist. Ich finde es überwältigend, daß ein Mann drei Jahre lang in einem abgelegenen

Land leben und lehren konnte und daß danach Millionen von Kirchen auf der ganzen Welt in Seinem Namen erbaut worden sind, unzählige Heilungen geschehen sind und die Leben von so vielen Menschen verwandelt und erhöht worden sind. Jesus brachte eine Kraft der Vergebung auf die Erde, die im gesamten Universum widerhallte und die wir als Rasse noch zu verstehen und in die Tat umzusetzen haben.

Jesus war nicht der einzige große Mensch. Moses, Buddha, Maria, Krishna, Mohammed, die heilige Theresa, Laotse und viele, viele andere haben als Botschafter des Lichts gedient. Obwohl sie alle eine unterschiedliche Art zu lehren hatten, sind sie sich alle einig, wenn es um das Lehren der Wahrheit des Einen Gottes, des Einen Lebens und der Einen Liebe geht. Darin stimmen sie alle überein.

Die beste und einzige Art zu lehren ist: zu teilen. Mein Leben ist für mich und die Welt eine Lektion, und deins ist es auch. Meine Erfahrung ist ein Beispiel, ist Ausdruck von Gottes Wahrheit. Meine »Pleiten« wirken genauso erzieherisch wie meine Erfolge. All unsere Gefühle, Probleme und Einsichten dienen der Erhöhung der Menschheit. Wenn ein Mensch wächst, wächst die gesamte Menschheit. Wenn einer von uns eine persönliche Begrenzung bewältigt, bewältigen wir die Begrenzungen aller. Jeder einzelne von uns reinigt das Universum von Fehlern. Wenn wir in der Wahrheit leben, senden unsere Gedanken und Handlungen Wellen aus, die das Bewußtsein der Wahrheit in allen lebenden Wesen erwecken. Unser Leben ist Hingabe, und das Ziel ist nicht Märtyrertum, sondern Dienen. Wenn ein Mensch leidet, kann er oder sie zur Beendigung des Leids aller Lebewesen beitragen. Wenn wir Gott kennen, bringen wir Ihr die gesamte Schöpfung Gottes näher. Auf diese Art sind wir wirklich Instrumente des Friedens Gottes. Diesen Frieden teilt Sie mit allen und durch jeden einzelnen.

»Euer Bewußtsein von Gott ist die Heilung, die ihr euren Brüdern und Schwestern bietet. Das Licht, das ihr seht, ist ein Geschenk, das zum Teilen bestimmt ist. Was Gott euch gibt, gehört euch, und durch euch gehört es allen.

Jene, die die Wahrheit leben, können sie nie verlieren. Wenn ihr euch klein fühlt, wenn ihr zurückgewiesen werdet, schaut ihr nur eurer anerzogenen Unsicherheit ins Gesicht. Erwartet nicht, daß ihr von denjenigen, die euch als Teil einer alten Welt sehen, akzeptiert werdet. Wenn euer Vertrauen die Festigkeit eines Felsens erlangt, kann Widerstand in eurer Erfahrung keinen Platz finden. Setzt euch für die Wahrheit ein, und jene, die die Wahrheit lieben, werden neben euch stehen.

Eure kreativen Worte und einfachen Taten sind strahlende Sterne in einer düsteren Nacht. Wir geben euch den Auftrag, die Wahrheit in einer Welt zu verherrlichen, die Wahrheit haßt, und wir bitten euch, in einer Welt für die Liebe zu leben, die vor dem Licht flieht. Ihr habt diese Arbeit selbst gewählt, und wir heißen euch dafür willkommen, daß ihr danach handelt. Die kommenden Tage werden euch auf die Probe stellen, doch dank des Heiligen Geistes, jenes Geistes, Dem ihr euer Leben gewidmet habt, werdet ihr unversehrt herauskommen. Dies ist unser furchtloses Versprechen an euch.

Schreitet voran, Kinder des Lichts, so wie die ursprünglichen Jünger es taten und alle es tun müssen, die Gott wahrlich lieben, und zündet das Feuer der Wahrheit an, indem ihr es lebt. Seid euch selbst treu, denn allein in einer solchen einfachen Ehrlichkeit bestätigt sich der Frieden. Das Licht der Welt strahlt durch eure Gesichter und eure Herzen und segnet durch eure Hände. Ihr seid das Lied, das ich der Welt singe.«

Die Kraft der Anerkennung

Anerkennung und Segnung sind ein und dasselbe. Wir sagen manchmal: »Laßt uns das Essen jetzt segnen« oder »Sei gesegnet« oder »Möge dieses Haus gesegnet sein«. In Wirklichkeit haben wir nicht die Macht, irgend etwas heiliger zu machen, als es schon ist. *Alles ist schon vollständig gesegnet*, und alle Gebete der Welt könnten es nicht noch gesegneter machen. Wir könnten ein Laib Brot oder einen Menschen nicht mit mehr Gott erfüllen als bereits darin lebt. Was wir jedoch tun können, ist: den von Gott durchdrungenen Segen (der von dem Licht, das die Welt erhellt, garantiert ist) in dem Menschen oder Gegenstand *sehen* oder anerkennen.

Wenn wir dieses Licht nicht sehen, bedeutet das nicht, daß es nicht vorhanden ist – sondern daß wir es nicht anschauen. Ich war einmal verärgert über einen guten Freund wegen einer belanglosen Sache – er schuldete mir eine kleine Summe Geld. Ich ließ zu, daß mein Groll mein Bild von ihm trübte, und ich beurteilte ihn mehr, als ich ihn liebte. Als ich das erkannte, beschloß ich: »Nein! Liebe ist mir wichtiger als ein paar Dollar. Ich werde ihn nicht aus meinem Herzen werfen.« Ich fing an, über all seine Qualitäten, für die ich ihn schätzte, nachzudenken. Er ist ein sehr starker, gutmütiger und sensibler Mann. Er ist ungeheuer mitfühlend und großzügig. Während ich mehr über seine Qualitäten nachdachte, erkannte ich, wie sehr ich ihn wirklich liebte, und ich fühlte Dankbarkeit dafür, ihn als Freund zu haben. Verglichen mit der Wichtigkeit unserer Freundschaft, erschien diese kleine Schuld winzig. Ich tauschte meine Verärgerung gegen Anerkennung aus, und das veränderte alles. (Und er bezahlte seine Schulden.)

Wenn wir etwas oder jemanden schätzen, segnen wir es/ihn auf die kraftvollste Weise. Wir erkennen seinen göttlichen Ursprung an. Wir bedanken uns für ein Geschenk Gottes. Wertschätzung ist eine Form von Gebet. Wenn du dich mit den traditionellen Formen von Gebet unbehaglich fühlst, fange einfach an, die Dinge in deinem Leben zu schätzen, und diese Dankbarkeit wird Gott mehr erfreuen als ein Ritual, das für dich keine Bedeutung hat.

Es gibt ein altes Lied, das eine allzu neue Bedeutung hat:

»Zähle deine Segnungen,
Zähle sie einzeln.
Zähle deine Segnungen,
Sieh, was Gott getan hat.«

Jedes Jahr zu Thanksgiving* hole ich ein Blatt Papier hervor und mache eine Liste von allem in meinem Leben, wofür ich dankbar bin. Ich fange mit den grundlegenden Dingen an, die wir manchmal für selbstverständlich halten: Essen, Unterkunft und Bekleidung. Wir sollten sie in der Tat »für selbstverständlich halten«, denn für uns – wie für die Lilien im Felde – wird liebevoll gesorgt von der nährenden Göttlichen Mutter, die es gerne auf sich nimmt, all unsere Bedürfnisse zu erfüllen. Allzuoft übersehen wir diese Geschenke jedoch und erkennen sie nicht an, und unsere Gedanken des Mangels verdrängen die Fülle aus unserer Erfahrung. Wenn wir uns bewußt auf das Gute in unserem Leben konzentrieren – wie z. B. durch eine Liste wie diese –, vereinen wir unseren Geist mit der Kraft der Anerkennung, und wir machen uns durchlässig für die Segnungen, die Gott uns immer anbietet.

Meine Liste umfaßt auch meine Freunde und die liebevollen und rücksichtsvollen Dinge, die jemand für mich getan hat, besonders die »kleinen« Dinge, wie ein strahlendes Lächeln oder eine umgehende Antwort auf einen Brief. Wir können so viele Wunder entdecken, wenn wir nur bereit sind, sie anzuerkennen. Vor ein paar Wochen z. B. erhielt ich einen Telefonanruf von einem Mann, der in der gleichen Stadt wohnt wie ich und denselben Namen hat wie ich. Da meine Telefonnummer nicht im Telefonbuch stand, erhielt er Anrufe von meinen Freunden und Mitarbeitern, die sich mit mir in Verbindung setzen wollten. Er war äußerst gütig und angenehm und bat mich darum, meinen Freunden meine Nummer

* Amerikanisches Erntedankfest. (Anm. d. Ü.)

zugänglich zu machen. Er hätte nicht so freundlich sein müssen. Jemand anders hätte sich vielleicht über diese unnötige Belästigung geärgert. Als ich mich bei ihm für die Unannehmlichkeiten entschuldigte, sagte er: »Das ist schon in Ordnung – wir Alan Cohens müssen doch zusammenhalten, wissen Sie!« Er kannte mich gar nicht, und trotzdem war er bereit, mit mir zusammenzuhalten. Ich fand, daß das ziemlich großartig war.

Dann führe ich die Härtefälle und Herausforderungen auf meiner Liste auf, die mich stark machten, weil ich sie bewältigen mußte. Vielleicht sollten sie ganz oben auf der Liste stehen, denn dies sind die Geschenke, die mich Gott näher gebracht haben, und ich kann mir keinen größeren Segen denken als den, die Quelle allen Segens kennenzulernen.

Meine Dankesliste endet mit den Fähigkeiten und dem Können, mit denen Gott mich ausstattete, um kreativ und ausdrucksvoll zu sein, und durch die ich der Welt irgendeine Art Beitrag leisten kann. Wenn ich zu schreiben aufhöre, bin ich immer über die Länge der Liste erstaunt, und ich fühle mich immer ein bißchen töricht bei dem Gedanken, daß ich die Fülle meines Lebens nicht erkannt habe.

Die Menschen, die erfolgreich sind, sind diejenigen, die für alles, was sie haben, dankbar sind. Diejenigen, die sich beschweren, jammern oder mit dem Leben kämpfen, können mit diesem Bewußtsein keinen Erfolg haben, denn sie verlieren ihre kreative Energie durch ihre Negierung und schneiden sich selbst von allen Möglichkeiten der Fülle, die auf sie zufließt, ab. Für das, was wir haben, danke zu sagen, öffnet immer die Türe, und so kann noch mehr kommen – Undankbarkeit schließt sie.

Ich beginne und beende meinen Tag gerne mit Lobpreisungen und Anerkennung. Ich schaue jeden Morgen in den Spiegel und, ganz egal wie ich mich fühle oder aussehe, ich sage: »Mensch! Ein neuer Tag! Ich bin so dankbar, am Leben und gesund zu sein! Etwas Wunderbares wird mir heute passieren! Ich glaube an Wunder! Unbegrenzte Möglichkeiten stehen mir offen! Ich weiß, daß Gott mit mir arbeitet. Denk nur, wie viele Gelegenheiten es geben wird, zu lieben! Ich danke dir, Gott, für diesen neuen Tag!«

Nun, wenn irgend jemand, der mich nicht kennt, in dem Moment gerade an der Tür vorbeiginge, würde er mich vielleicht für ein bißchen versponnen halten, aber das ist mir egal. Ich glaube, daß wir ein bißchen ungewöhnlich sein müssen, um es im Leben zu schaffen. – Die Welt ist wie auf den Kopf gestellt. Das, was die Welt gutheißt, ist irrsinnig. Wenn ich also feststelle, daß ich etwas tue, das ein bißchen verrückt ist, weiß ich, daß ich auf dem richtigen Dampfer bin.

Ich beende den Tag gerne genauso, nur mit einem sanfteren Ton. Wenn ich vor dem Einschlafen im Bett liege, schaue ich mir meinen Tag in Ruhe noch einmal an und erinnere mich an die Segnungen, die mir zuteil wurden. Wenn ich irgendwelche dummen Schnitzer gemacht habe, bedanke ich mich dafür, daß sie mir bewußt wurden, und ich bin dankbar, daß ich in Zukunft weniger dazu neigen werde, denselben Fehler zu wiederholen. Ich lebe gerne in einer Dimension der Danksagung.

Je mehr wir anerkennen, desto mehr werden wir finden, was wir anerkennen können. »Wer da hat, dem wird gegeben, daß er die Fülle habe.« Das kann in beide Richtungen funktionieren: Genauso wie es Freiheit mit sich bringt, wenn wir eine Situation segnen, bringt es Knechtschaft mit sich, wen wir eine Situation verfluchen. Je mehr wir in unserem Leben über ein Problem schimpfen, desto mehr Schmerz wird es uns bereiten. Wenn wir einen Menschen oder ein Ereignis verfluchen, verleugnen wir Gott, der darin lebt. Und solange wir dort nicht das innere Licht erkennen, wird die Situation für uns ein Fluch bleiben. Genauso wie es nicht in unserer Macht steht, wirklich Segen hinzuzufügen, steht es auch nicht in unserer Macht, etwas zu verfluchen. Alles, was wir tun können, ist unser Gefühl von Trennung und Einsamkeit – was der alleinige Ursprung unseres Wunsches, etwas zu verfluchen, ist – aufrechtzuerhalten und zu steigern, und das geschieht genau dann, wenn wir etwas verfluchen. Mangelnde Anerkennung ist einfach eine Sache von begrenztem Sehen, als würde man sich einen Riß in der Decke der Sixtinischen Kapelle anschauen. Wir müssen nichts Neues erschaffen. Wir müssen nur das ganze Bild dessen sehen, was wir bereits haben.

Wir *können* die Menge an Glück in unserem Leben kontrollieren, indem wir unseren Geist einfach dazu ausbilden, sich auf das, was gut, schön und wahr ist, zu konzentrieren. Wir müssen das, was nicht gut ist, nicht bekämpfen oder verfluchen. Alles, was wir tun müssen, ist, das Positive hervorzuheben, dann wird das Negative zusammenschrumpfen und sich wegen mangelnder Aufmerksamkeit auflösen.

Mehr als alles andere, müssen wir uns selbst schätzen. Swami Muktananda sagte: »Der größte Fehler, den wir machen können, ist, unser Selbst nicht zu lieben.« Gott hat jeden von uns in der Absicht geschaffen, die Welt durch uns zu segnen. Wir können im Universum einen äußerst wertvollen Beitrag leisten, wenn wir einfach unsere eigene Heiligkeit anerkennen und alles als gesegnet betrachten. Je mehr wir das Leben segnen, desto mehr segnet uns das Leben, denn das ist *der Plan, die große Idee*, für die die gesamte Schöpfung entstanden ist. Wenn wir unser Leben durch unsere eigene Dankbarkeit weihen, verschwindet die Illusion des Mangels wie der Morgendunst, und unser Kelch läuft über von Danksagungen, – genug, um sie millionenmal zu teilen.

»Alles ist voll und ganz gesegnet. Euer Wachstum ist nur ein neues Einstellen eures Bewußtseins, eine Veränderung in eurer Wahrnehmung von der Quelle eures Lebens. Das erste Blütenblatt des spirituellen Erwachens ist Erstaunen. Das ist der Anfang des Annehmens eures Erbes.

Alle Dinge werden aus dem heiligen Funken Gottes geboren. Diese Erkenntnis bewirkt die Erlösung von den Lasten eurer eigenen Schöpfung, gespenstischen Konzepten, die ihr vergeblich zu beweisen versucht habt. Ihr befreit euch von den ersonnenen Erwartungen, wenn ihr erkennt, daß Gott eine Erwartung an euch stellt, die eurer kleinen Vorstellung von dem, was ihr mit Liebe machen könnt, bei weitem überstrahlt.

Spöttische Worte und Handlung genießen eine gewisse Beliebtheit. Darin liegt der Irrtum, der die Glückseligkeit den Herzen jener verweigert, die danach schreien. Denkt klar über die Wirkung eurer Worte nach. Ein derartiges Sinnen wird euch euer geistliches Amt offenbaren, welches eure Kraft zum Heilen und zum Segnen durch unterstützende Worte und Handlungen ist. Ihr werdet mit den Antworten auf die Gebete eurer Brüder betraut. Segnet durch eure Güte, und ihr werdet so dienen wie das Göttliche dient.

Während sich euer Empfinden für Anerkennung verfeinert, werden euch große Wunder enthüllt. Wunder hören auf, den Deckmantel des Mysteriums, der sie umhüllte, aufrechtzuerhalten, denn nur in eurer Angst vor der Liebe habt ihr aus dem, was ihr als Wunder habt gelten lassen, eine Seltenheit gemacht. Der spirituelle Meister sucht nicht in exotischen Ländern nach dem Beweis des Wunderbaren, sondern heißt die einfachen Aspekte als Wunder willkommen. Seid wie Kinder, wenn ihr das genießt, was euch gegeben wird, und das Königreich des Himmels heißt euch als seine glücklichen, verlorenen Kinder willkommen.«

WENN ICH MEIN LEBEN NOCH MAL LEBEN KÖNNTE

Ich würde es wagen, das nächste Mal mehr Fehler zu machen.
Ich würde entspannen, Übungen machen, ich würde alberner sein, als ich auf dieser Reise gewesen bin.
Ich würde weniger Dinge ernst nehmen.
Ich würde mehr riskieren.
Ich würde mehr reisen.
Ich würde mehr Berge besteigen, in mehr Flüssen schwimmen.
Ich würde mehr Eis essen und weniger Bohnen.
Ich würde vielleicht mehr wirkliche Probleme haben, aber ich hätte weniger eingebildete.

Wißt ihr, ich bin einer von jenen Menschen, die Stunde um Stunde, Tag um Tag einsichtig und vernünftig leben.
O ja, ich habe meine Momente gehabt, und wenn ich sie noch einmal leben könnte, hätte ich lieber mehr davon.
Ich würde sogar versuchen, nur solche Momente zu haben.
Einfach nur Momente, einer nach dem anderen, statt jeden Tag so viele Jahre im voraus zu leben.
Ich bin einer der Menschen gewesen, die nie ohne Thermometer, ohne Wärmflasche, ohne Regenmantel, ohne Fallschirm irgendwohin gehen.
Wenn ich es noch mal leben könnte,
würde ich leichter reisen, als ich es getan habe.

Wenn ich mein Leben noch mal leben könnte, würde ich im Frühjahr früher barfuß laufen und würde das bis spät in den Herbst hinein tun.
Ich würde öfters zum Tanzen gehen.
Ich würde öfters Karussell fahren.
Ich würde öfters Gänseblümchen pflücken.

NADINE STAIR, 85 Jahre alt, Louisville (Kentucky)

Den Weg hinauftanzen

Als ich Swami Satchitananda das erste Mal sah, erfuhr ich, worum es bei Spiritualität geht. Der äußere Rahmen war sehr bescheiden. Auf der Bühne waren ein Sofa, ein Mikrofon und viele wunderschöne Blumen. Eine Gruppe von Anhängern, die weiß gekleidet waren, sang mit dem Publikum religiöse Lieder. Als man von Swamis Ankunft erfuhr, legte sich ein großes Schweigen über das Publikum. Als er den Raum betrat, standen alle schweigend auf. Jedes Auge im Raum war auf die ausgeglichene Gestalt in der fließenden Robe gerichtet. Der Swami verbeugte sich höflich, und alle um ihn herum erwiderten den Gruß voller Respekt. Während er sich auf das Sofa setzte, war nicht einmal ein Flüstern zu hören. Er kreuzte seine Beine, so daß er im Lotussitz saß, schloß die Augen, atmete einmal tief ein und bereitete sich darauf vor zu sprechen. Es war ein sehr ernster Augenblick.

»Dieses Mikrofon sieht wie eine riesige Zigarre in meinem Mund aus!« waren seine ersten Worte, und damit war die Ernsthaftigkeit beendet. Das Publikum brüllte vor Lachen, was die Spannung der Vorstellung, daß Spiritualität verknöchert sein muß, auflöste. Das Publikum war ernst gewesen, der Swami war voller Spaß. »Ich habe noch nie einen Heiligen getroffen, der nicht freudig und glücklich war«, hat Hilda oft zu uns gesagt. Wir glauben allzuoft, daß spirituell zu sein, gleichbedeutend damit ist, ernst, düster und sogar weinerlich zu sein. Der spirituelle Weg verlangt wohl Ernsthaftigkeit bezüglich der Ausrichtung, Disziplin und manchmal Strenge, doch diese Eigenschaften müssen immer mit Leichtigkeit, Spaß und Feiern kombiniert sein.

Erleuchtung bedeutet nicht nur, das Licht zu sehen, sondern *die Dinge leicht zu nehmen.* Erleuchtete Menschen nehmen das Leben leicht. Licht ist das Gegenteil von Dunkel, aber es ist auch das Gegenteil von »schwer«. Wenn wir das Leben als eine schwere Last sehen, als Bürde, als Verpflichtung, betrachten wir es nicht vom erleuchteten Standpunkt aus. Jesus sagte: »Kommt her zu mir, alle, die ihr mühselig und beladen seid; ich will euch erquicken. Nehmt auf euch mein Joch und lernt von mir; denn ich bin sanftmütig und von Herzen demütig; so werdet ihr Ruhe finden für eure Seelen. Denn mein Joch ist sanft, und meine Last ist leicht.«

Ich weiß nur, daß Jesus kein trauriger Geselle war. Ich erschaudere bei jedem Film oder Stück, das das Leben des Meisters porträtiert: Jesus wird allzuoft als ernster, strenger und unheilverkündender Mensch dargestellt. Ich kann mir nicht vorstellen, daß Jesus wirklich so ernst gewesen sein soll, sonst hätte er alle Seine Jünger verjagt. Ich glaube, daß er Seine Anhänger durch Seine Leichtherzigkeit und Seine Liebe gewonnen hat. Ja, ich bin sicher, daß er manchmal sehr ernst war, aber ich bin auch sicher, daß er die meiste Zeit freudig, strahlend, glücklich, köstlich und entzückt war. Ich würde alles, was ich in bezug auf Jesus fühle, auf dieses Bild von Ihm setzen. Ich weiß, daß Er mit seinen Jüngern lachte, daß Er Humor hatte und daß nicht Sein ganzes Leben eine Kreuzigung war. Er liebte kleine Kinder, und er lehrte: »Ich bin das Licht der Welt. Wer mir nachfolgt, der wird nicht wandeln in der Finsternis, sondern wird das Licht des Lebens haben.« Ich kann mir nicht vorstellen, daß Er das Licht der Welt lehren kann, ohne das Licht der Welt auszustrahlen. Ich liebe Statuen von Ihm, wo er lebendig und schön dargestellt ist und die Arme in vergebender Liebe öffnet. Über diese Seite von Jesus müssen wir mehr erfahren. Er ist sowohl der Jesus des Gartens als auch des Kreuzes. Das Leben wird uns unseren Anteil an »Kreuzen« bescheren. Wir müssen sie uns nicht noch selbst bauen, indem wir uns unglücklich machen, weil wir irgendwie gelernt haben, daß Spiritualität gleichbedeutend mit Pein ist. Das Kennzeichen wirklicher Spiritualität ist Freude. Wenn wir lernen, Freude anzunehmen und auszudrücken, entdecken wir, daß wir weniger Kreuze zu tragen haben.

Viele Menschen sind mit der Geschichte von Norman Cousins, dem früheren Herausgeber der *Saturday Review* vertraut. Man diagnostizierte bei ihm eine seltene, degenerierende Krankheit des Rückgrates, die seine Ärzte für unheilbar hielten. Sie gaben ihm keine Chance zur Gesundung. Herr Cousins war jedoch nicht bereit, ihre Prognose anzunehmen. Er verstand sich auf die Kraft der Gedanken. Er überlegte sich: *Wenn negatives Denken Krankheit erzeugt, können positive Gedanken folglich die Krankheit auflösen.* Herr Cousins lieh sich also einen Filmprojektor, einige alte Filme mit den Marx Brüdern und einige *Versteckte-Kamera*-Filme und lud seine Freunde in sein Krankenhauszimmer ein, um ihm bei etwas leichter Unterhaltung Gesellschaft zu leisten. Hier ist die Cousins Geschichte über das, was passierte*:

> *»Wir ließen die Jalousien runter und drehten den Apparat an ... Es funktionierte. Ich machte die freudige Erfahrung, daß zehn Minuten von echtem Lachen aus dem Bauch eine betäubende Wirkung haben und mir wenigstens zwei Stunden schmerzfreien Schlaf gaben. Als die schmerzbetäubende Wirkung des Lachens nachließ, schalteten wir den Filmprojektor wieder ein, und nicht selten führte dies zu einer weiteren schmerzfreien Schlafpause.«*

Nach ein paar Tagen mußte Herr Cousins das Krankenhaus verlassen, weil das Lachen aus seinem Zimmer die anderen Patienten störte. Also meldete er sich im Krankenhaus ab und in einem Hotel an, wo er seine Lachtherapie weiterverfolgte und große Mengen von Vitamin C einnahm, die hauptsächlich aus Zitrusfrüchten stammten, die eine große Menge Licht (wie in »Erleuchtung«) aufnehmen. Seine Erzählung geht wie folgt weiter:

> *»Am Ende des achten Tages war es mir möglich, meine Daumen ohne Schmerzen zu bewegen ... Es schien, als würden die kieselförmigen Knötchen an meinem Hals und auf der Rückseite meiner Hände schrumpfen. Für mich bestand nicht der geringste Zweifel, daß ich es den ganzen Weg zurück schaffen würde. Ich konnte funktionieren, und das Gefühl war unbeschreiblich schön.«**

---

* Norman Cousins: *Anatomy of an Illness as Perceived by the Patient* (Anm. d. Ü.: Anatomie einer Krankheit aus der Sicht des Patienten). W. W. Norton & Co., 1979.

Herr Cousins entdeckte – für alle von uns – die heilende Kraft des Lachens. Diese Medizin wurde Alan Watts von einem alten Zen-Meister gegeben, der eine sehr ungewöhnliche Meditationsform verschrieb: »Du stehst auf, legst deine Hände auf deine Hüften und fängst an, zu lachen. Fange mit einigen ›Ha-ha‹s an, dann fügst du noch ein paar ›Ha-ha‹s hinzu, und danach kommen die ›Ho-ho‹s ganz von selbst.« Zuerst erscheint das Gelächter gekünstelt und falsch, aber während du dabeibleibst, wird es immer echter – und schallender. Diese Art von Meditation ist besonders gut für langweilige Gruppen. Es ist auch eine sehr praktische Art, den Tag zu beginnen. Ich kenne einen Mann, der jeden Morgen beim Aufwachen, direkt auf den Spiegel zusteuert, eine Hand auf die Hüfte legt, mit der anderen auf sein Spiegelbild zeigt und anfängt, so sehr zu lachen, wie er nur kann. (Es macht sicher mehr Spaß, als in den Spiegel zu schauen und zu stöhnen.)

Bei den Tarotkarten gibt es ein besonders faszinierendes Bild vom *Narren.* Es ist das Bild eines jungen Mannes mit einer Blume in der Hand, der fröhlich dahinspringt und kurz davor ist, über den Rand eines Felsen zu tanzen. Wie man mir sagte, ist ziemlich umstritten, ob diese Karte die erste oder letzte Karte des Spiels ist – ob sie eine Form von Weisheit oder Unwissenheit darstellt.

Vielleicht beides. Wir müssen ganz sicher die Füße auf dem Boden behalten und in dieser »heimtückischen« Welt vorsichtig sein. Andererseits gibt es bei vielen spirituellen Meistern ein Element von göttlicher Torheit. Einige der großen Heiligen, wie Johanna von Orleans, der heilige Franziskus und Sri Ramakrishna (in Indien), wurden vom weltlichen Standpunkt aus für verrückt erklärt. Aber ihre Verrücktheit stammte nicht vom Teufel, sondern von *Gott.* In *Bruder Sonne, Schwester Mond* erzählt die heilige Klara dem heiligen Franziskus: »Man sagt, daß du verrückt bist, weil du lieber in den Wiesen herumtollst und zwischen den Blumen sitzt, als ein Sklave deines Geschäftes zu sein, so wie sie; aber ich glaube, daß sie verrückt sind und du nicht.«

Die Tarotkarte mag unser Bedürfnis darstellen, den Weg des Lebens hinaufzutanzen, obwohl der Körper und unsere weltlichen Bindungen zum Tode »verurteilt« sind. Wir wissen eigentlich nie, wann der Rand der Klippe kommt, also sollten wir doch wenigstens so lange wie möglich ein paar Blumen genießen.

Die Welt weiß nicht, wie man sich vergnügt, weil sie nicht wirklich weiß, was die Zutaten für Glück sind. Wenn sie das wüßte, wäre die Welt eine glücklichere, und du kannst (falls du die Zeitung in letzter Zeit gelesen hast) sehen, daß die Welt kein sehr glücklicher Ort ist. Daraus ist zu folgern: Wenn wir Freude empfinden wollen, müssen wir sie auf eine andere Weise finden, als die Welt es tut.

Gesang und Feiern werden von den ernsthaften Menschen als albern angesehen, aber es sind Geschenke Gottes, die uns gegeben wurden, um Gefühle von Einsamkeit und Getrenntheit zu heilen. Es ist unmöglich, gleichzeitig zu singen und unglücklich zu sein. Ohne Gesang und Feiern ist das Leben langweilig und eine Schinderei. Mit Gesang und Feiern können wir tanzen. Es ist nicht so wichtig, *was* wie feiern, vielmehr *daß* wir feiern. (Es gibt einen alten Witz über einen Mann, der aufhörte, ein Atheist zu sein, weil es nicht genug Feiertage gab.) Wenn wir unserem Geist und unserem Herzen gestatten, offen zu sein, können wir die Feiertage aller Religionen feiern. Wir können uns am Licht zu Weihnachten, zu Hanukah und auch zu Krishnas Geburtstag erfreuen. Gott ist groß genug, um *alles* aufzunehmen. Wenn wir mit allem singen, verbinden wir uns mit dem göttlichen Chor und durchdringen eine traurige Welt mit der Stimme Gottes.

Wenn wir uns in der Welt des Drucks, des Stresses und der Unsicherheit verloren sehen, ist die beste Methode, den Weg nach Hause zu finden: »die Straße hinunterzuschlendern«. Ich besuchte eine Reihe von erstaunlichen Vorträgen eines sehr klugen und erfolgreichen Chiropraktikers zum Thema: »Gesund bleiben«. Beim ersten Vortrag ging es um passende Übungen und darum, sich des Rückgrates bewußt zu sein. Beim zweiten um gute Ernährung. Beim dritten, den er als den wichtigsten beschrieb, ging es um positives Denken. Er erzählte, daß er in einer Klinik in New York arbeitete, nachdem er seine Ausbildung in der Schulmedizin absolviert hatte. Dort hatte er eine Reihe von alten Männern als Patienten, die nach seiner Meinung entsetzliche Angewohnheiten bezüglich ihrer Gesundheit hatten. Sie rauchten Zigaretten, aßen Unmengen von Junkfood und tranken Alkohol. Er sah, daß sie eine sehr entspannte und unbekümmerte Einstellung zum Leben hatten, obwohl sie sich nicht um ihren Körper kümmerten. Sie lebten von einem Tag zum nächsten und ließen nicht zu, daß irgend etwas sie störte. Kurz gesagt: Sie nahmen das Leben leicht. Das hat womöglich ihre schlechten Angewohnheiten ausgeglichen oder sogar aufgehoben. Obwohl sie irgendwann für die Mißhandlung ihrer Körper bezahlen werden müssen, haben sie einen der Schlüssel zu freudigem Leben erkannt: *das Leben leicht nehmen.*

Ein Mann, der mich beim Trampen mitnahm, erzählte mir von einer Studie, die über die Beziehung zwischen Ernährung, geistiger Einstellung und Gesundheit gemacht worden war: Bei einer Gruppe von standfesten Anhängern von Vollwerternährung und eine Gruppe von Junkfood-Essern wurden jeweils die Konzentration von Vitaminen und Nährstoffen im Blut ermittelt. Es stellte sich heraus, daß die Vollwertkostanhänger weniger Nährstoffe im Blut hatten als die »Junkies«. Ich glaube, daß dies (wenn es tatsächlich so ist) der Fall ist, weil der Streß und die Sorge um die richtige Nahrung dem Körper mehr Nährstoffe raubten, als in den Lebensmittel enthalten sind. Wenn sich jemand fanatisch an eine Diät oder eine Ernährungsweise hält und sich davor fürchtet, seine Gesundheit oder sein Leben durch schlechte Ernährung zu verlieren, wird er wahrscheinlich mehr unter der Angst leiden als unter dem Essen. Ich bevorzuge Junkfood nicht; ich versuche, Nahrhaftes zu essen. Es ist jedoch wichtig, die Wirkung einer unbekümmerten und entspannten Einstellung zum Leben zu erkennen und daran zu denken, daß der Geist immer wichtiger ist als die Form.

Das Leben ist zu kurz und zu verrückt, um es sehr ernst zu nehmen. Yogananda sagte: »Diese Welt ist nichts anderes als ein großes Irrenhaus.« Wenn wir lernen, die Menschen um uns – und uns selbst – als Irre zu sehen, können wir über die Welt und uns selbst lachen. Denkt z. B. an die Dinge, die Leute für wichtig halten, wie Zahnpasta, die dich sexuell anziehend macht, und Jeans, die zweimal so teuer sind, weil ein bestimmter Name auf der

Hüfttasche steht. Denkt an den Zustand in der Weltpolitik, in der der Bruder eines Präsidenten Millionen Dollar von einer fremden Regierung erhält, um Einfluß auszuüben. Denkt an die albernen Dinge, über die du und ich uns aufgeregt haben. (Als Kind wurde ich aus der Fernsehshow *The Merry Mailman* als Zuschauer herausgeworfen, weil ich einen hysterischen Anfall hatte, denn ich glaubte, der Clown in der Show hätte den Hut meines Vaters geklaut.) Wir sind sicher alle etwas verrückt. Ich glaube nicht, daß wir hier wären, wenn das nicht der Fall wäre. Wie können wir uns denn dann ernst nehmen?

Ich glaube, wenn wir über eine Situation nicht lachen können, haben wir sie noch nicht aus der Perspektive betrachtet, die das größte Blickfeld bietet. Wir müssen über uns selbst und unsere Probleme lachen können. Manchmal verschwinden sogar unsere Schwierigkeiten, wenn wir darüber lachen. Und selbst wenn das nicht geschieht, dann haben wir wenigstens gut gelacht.

Mein alter Freund Jim und ich verbrachten viele Stunden damit, die Bedeutung des Lebens zu ergründen. Eines Tages beschäftigten wir uns mit der Frage: »Worum geht es eigentlich beim Lachen?«

»Alles Lachen«, sagte Jim, »ist eine Widerspiegelung der *Kosmischen Absurdität.*«

»Mensch – die Kosmische Absurdität! ... Was ist denn das?« fragte ich mich. Es klang wirklich faszinierend, was immer es auch war.

»Die Kosmische Absurdität ist folgendes«, erklärte er. »Wenn du wirklich darüber nachdenkst, dann ist das ganze Leben absurd. Nichts hat eine Bedeutung. Wenn wir die Absurdität, auf der unser Leben beruht, erkennen, können wir nichts anderes tun als lachen.« Um ehrlich zu sein, muß ich sagen, daß ich damals nicht wirklich verstand, was er sagte, aber es klang absurd und deswegen lachten wir.

Weisheit und Humor haben im Hof des Himmels Throne, die gleich hoch sind. Oft besteht kein Unterschied zwischen den beiden. Es gibt eine alte Geschichte über einen Mann, der zu einem Arzt geht und sagt: »Doktor, jedesmal, wenn ich meinen Arm so hochhebe, tut er weh!« Der Arzt denkt einen Augenblick nach und verschreibt: »Dann heb deinen Arm nicht so hoch!« Die Quelle dieser Parabel ist umstritten. Manche sagen, es handelt sich um einen uralten Zen-Koan, und andere meinen, daß es ein Witz von Henny Youngman ist. Es könnte das eine oder das andere sein. Oder beides. Oder keins von beiden.

Was ist ein Leben ohne Lachen schon wert? Diejenigen, die Gott kennen, wissen, wie man über das Leben lacht. Swami Vishnudevananda ist ein gutes Beispiel für einen Menschen, der mit Spaß lebt. Bei einer ernsthaften Konferenz über das zukünftige Leid der Welt, setzte der Swami sich an den Rand der Bühne und nahm die anderen Sprecher durch liebevolle, witzige Bemerkungen auf den Arm. Sein Humor war nicht auf eine bestimmte Person ausgerichtet, sondern auf die Absurdität des Lebens an sich. Es wurde von Erdbeben gesprochen, von Überschwemmungen und Verwüstung, und der Swami lachte sich durch alles, obwohl er selbst einer der Sprecher war. Als er an die Reihe kam, nahm er sich selbst genauso auf den Arm wie die anderen. Er war mit der seltenen Gabe gesegnet, sich selbst nicht ernst zu nehmen.

Es wird gesagt, daß es man nur 7 Muskeln zum Lachen braucht, aber 50 oder mehr, um finster dreinzuschauen. Es kommt mir so vor, als würde Gott es uns leicht machen, das zu tun, was Sie möchte, daß wir es tun. Ich glaube, daß Sie uns gerne lachen sieht, weil wir einander gerne lachen sehen, und Sie kann sich am Leben freuen, wenn Ihre Kinder es tun.

Eine Geschichte handelt vom Rabbiner Nachman von Bratslav, einem frommen und angesehenen chassidischen Weisen. In einer Zeit, als das jüdische Volk sehr unterdrückt wurde, kamen seine Schüler verzweifelt zu ihm. »Rabbiner«, fragten sie, »ist es uns erlaubt, in diesen finsteren Zeiten die Feiertagsgebete des Lobpreisens und der Danksagung auszusprechen? Wie können wir lospreisen, wenn unser Volk so beschimpft wird?«

Über das Gesicht des Rabbiners breitete sich ein weises Lächeln aus. »Ach!« rief er. »Zu dieser Zeit müssen wir am meisten lobpreisen! Es ist einfach, Gott in einfachen Zeiten zu feiern, aber wenn die Schicksalschläge hart sind, muß unser Lied zweimal so laut erklingen!«

»Tanzt, tanzt, wo immer ihr auch sein mögt,
Denn Er sagte: ›Ich bin der Herr des Tanzes‹,
Ich führe euch alle, wo immer ihr auch sein mögt,
Ich führe euch alle in dem Tanz mit mir.«

THE LORD OF THE DANCE*

* Deutsch: Der Herr des Tanzes. (Anm. d. Ü.)

»Kinder des Lichts, gebt acht auf den Namen, bei dem wir euch rufen, denn in eurem Namen liegt der Schlüssel zu eurer Befreiung.

Wir freuen uns über eure Fröhlichkeit. Hört gut auf das Gelächter der spielenden Kinder, denn diese Kleinen stehen dem Herzen Gottes sehr nahe, und sie spielen zu Füßen des Meisters. Würdet ihr weinend an der Pforte stehenbleiben, während Er euch mit offenen Armen eintreten heißt. Die Wunder des Gartens erwarten euch. Tretet durch die Pforte der Rosen in das Heim eures Herzens.

Wenn ihr einen einzigen Tag, ja eine einzige Stunde, mit Gesang und Feiern verbringen würdet, würden eure zu lange festgehaltenen Leiden wie Eis in der Sonne schmelzen. Ihr erkennt nicht, mit welcher Hartnäckigkeit ihr an eurer selbsterschaffenen Misere festhaltet. Ihr klammert euch daran, als wäre sie ein kostbarer Besitz, eine Perle großen Wertes. Ihr glaubt, daß ihr es genießt, doch innerlich wißt ihr, daß dies nicht euer Weg sein kann. Euer anerzogener Wunsch, Kummer zu haben, wird durch Seinen Wunsch ersetzt, daß ihr freudvoll sein möget.

Ihr dient Gott am besten mit eurem ganzen Herzen. Gottes Wahre Natur ist Glück. Dient Ihm, indem ihr Fröhlichkeit ausdrückt, und eure Belohnung wird das Erwachen dazu sein, daß eure Freude Seine Freude ist.«

Liebe ist das Allergrößte

Falls ich beim Verlassen dieser irrsinnigen Welt Rechenschaft über meine Taten in diesem Leben ablegen muß, gibt es nur eine einzige Frage, vor der mir bange ist: »Hast du geliebt?« Wenn ich aufrichtig ja sagen kann, dann werde ich das Gefühl haben, daß ich meine Zeit gut verbracht habe und daß mein Lebenssinn erfüllt ist.

Vor Jahren erkannte ich, daß es im Universum keine größere Kraft gibt als die Liebe und daß keine Handlung wichtiger ist als das Lieben –, das geschah, als ich die scheinbar weltliche Handlung, die Treppe in einem Universitätsgebäude hinaufzusteigen, beging. Ich dachte darüber nach, was große Menschen dazu befähigt, in ihrer Kunst überragend zu sein. Während ich darüber nachdachte, wurde mir klar, daß jeder alles werden kann, an was er/sie sein/ihr Herz hängt. Ich wußte einfach, daß jeder meisterhafte Redner, Musiker oder Fotograf nur durch seine innere Verpflichtung und Übung zum Meister wird. Als ich in jenem sehr besonderen Augenblick erkannte, daß auch ich die Erfüllung meines tiefsten Wunsches erleben konnte, fragte ich mich: »Wofür möchte ich mich in diesem Leben einsetzen?« Die Antwort kam sofort und klar als festes, aber sanftes Flüstern: *»Für die Liebe.«* Wie glücklich war ich doch zu wissen: Wenn ich mich so entschied, würde mein Traum von der Liebe tatsächlich wahr werden!

Liebe ist das Ideal und der Traum jedes lebenden Menschen, denn unsere Seelen wurden in der Liebe empfangen, und in der Liebe liegt unser Schicksal, uns auszudrücken. Wir sind erfüllt, wenn wir in Liebe sind, und irgendwie leer ohne sie. Das ist der eigentliche Sinn unseres Seins in dieser Welt, und die Vorstellung, die Gott in Seinem Geist hielt, als wir der himmlischen Gebärmutter entsprangen.

Obwohl Billionen von Wörtern über die Liebe geschrieben worden sind, konnte kein einziges – oder konnten nicht alle von ihnen – die Liebe vollkommen wiedergeben. Liebe ist unendlich, und wie ein Bergbach, der von einer Quelle ohne Ende hochquillt, füllt sie alle Herzen und Hände, die sich ihr öffnen, um sie anzunehmen. Liebe lebt immer in unseren Herzen und drückt sich auf Arten aus, die wir nicht verstehen. Liebe ist immer erpicht darauf, zu teilen und sich auszudehnen, um alle, die ihre strahlende Gegenwart wünschen, zu segnen. Meher Baba sagte:

»Liebe muß spontan von innen heraus entstehen. Sie ist keineswegs von irgendeiner inneren oder äußeren Form abhängig. Liebe und Zwang können nie zusammen sein; obwohl die Liebe aber niemandem aufgezwungen werden kann, kann sie durch die Liebe selbst in ihm erweckt werden. Liebe überträgt sich im wesentlichen von selbst. Jene, die sie nicht haben, erhalten sie von denen, die sie haben. Wahre Liebe ist unbesiegbar und unwiderstehlich; und sie sammelt weiterhin Kraft und verbreitet sich, bis sie schließlich jeden, den sie berührt, verwandelt.«

Liebe beschränkt sich nicht auf ein Alter, auf einen Platz, einen Namen, eine Farbe oder Erfahrung, und doch lebt die Liebe innerhalb all dieser Dinge. Liebe ist vollkommen frei von jeder Art von Beschränkung. Der älteste Mensch ist genauso empfänglich für Liebe wie jeder junge Liebende, denn Liebe ist ewig neu. Das härteste Herz wird sofort durch den Zauber eines liebenden Wortes oder einer liebenden Berührung geöffnet. Es gibt Heilige und Yogis, die viele Jahre lang mit wenig oder gar keinem Essen leben, doch ihre Herzen fließen über vor Liebe, und sie werden vollkommen satt. Wir mögen die feinsten Delikatessen essen, doch wenn wir keine Liebe haben, ist es, als wären wir tot.

Liebe und Geben sind so unzertrennbar wie die Lilie und ihr Duft. Es ist unmöglich zu lieben, ohne zu geben, denn Geben ist die eigentliche Natur der Liebe. Und wir können auch nicht ohne Liebe wirklich geben. Sai Baba sagte, daß »alle Taten des Dienens bedeutungslos sind, wenn sie nicht mit Liebe getan werden«. Wenn wir das Wunder der Liebe entdecken, können wir uns nicht davon abhalten zu geben – wir wollen auch nicht damit aufhören. Es ist für einen Liebenden offensichtlich, daß die Liebe nur zunimmt, wenn Sie gegeben wird.

Alle Liebe ist göttlich. Laßt nie zu, daß man sagt, daß physische oder romantische Liebe weniger ist als Gottes Liebe, denn Vorstellungen können nicht von ihrer Quelle getrennt sein. Selbst wenn die Liebe sich ein Objekt nimmt, ist sie heilig, denn Liebe ist Liebe, und sie ist unbeugsam in ihrer Verpflichtung sich selbst gegenüber. Wie die ersten beiden Blätter einer Blume, die später abfallen, dem Stiel helfen, aus der Erde aufzusteigen, so ist die bedingte Liebe der Vorbote für die unbegrenzte Liebe, die im Kommen ist. Durch die Liebe lernen wir Vergebung, und durch Vergebung Mitgefühl. Wir verstehen allmählich, daß die Liebe stets gleich bleibt, während sich ihr Ausdruck verändert.

Christus bat uns dringend: »Du sollst den Herrn, deinen Gott, lieben von ganzem Herzen, von ganzer Seele und von ganzem Gemüt. Dies ist das höchste und größte Gebot.« Natürlich ist es das. Gott ist in allem und ist alles. Wenn wir alle Menschen und alle Dinge lieben, lieben wir Gott. Und wenn wir einfach Gott lieben, offenbaren sich alle Dinge als Verkörperung Seiner Heiligen Gegenwart.

Liebe ist die wahre heilende Kraft des Universums. Wenn wir einen anderen Menschen lieben, sehen wir seine Ganzheit, und wenn diese Ganzheit in unseren Gedanken entzündet und mit unserer guten Absicht angefacht wird, erweckt es sein eigenes Wissen um sein göttliches Erbe von Vollständigkeit.

Ich war Zeuge einer Heilung, die ich immer als Symbol für die unübertreffbare Kraft der Liebe in Erinnerung behalten möchte. Der Mann, an den ich denke, war nervös, zurückgezogen und ängstlich. Eine Gruppe von Menschen umgab ihn, legte ihre Hände sanft auf ihn und schickte ihm schweigend heilende Liebe. Ich sah, wie der Mann durch die dramatischste Verwandlung ging, die ich je gesehen habe. Ich konnte buchstäblich sehen, wie die Linien und dunklen Flecken auf seinem Gesicht verschwanden. Er fing an, schwer zu atmen, und ich hatte das Gefühl, eine Geburt mitzuerleben. Das Licht, das anfing aus seinem Gesicht zu strahlen, war so stark, daß alle im Raum kaum glauben konnten, daß es sich um denselben Mann handelte, den sie einige Minuten zuvor gesehen hatten. Er sah aus, als habe er etwa 15 Jahre seines Alters in nur wenigen Minuten abgeworfen. Hätte jemand seine Krücken weggeworfen oder wäre aus einem Rollstuhl aufgestanden – ich glaube nicht, daß es so kraftvoll gewesen wäre wie die Verwandlung, die ich bei diesem Mann sah. Es war eine Heilung des inneren Menschen – der Seele –, eine Heilung, die jedem Mensch zugänglich ist. Das ist das Wunder der heilenden Liebe.

Liebe kann nicht gekauft, verkauft oder zum Gebrauchsgegenstand reduziert werden. Wir können unsere Körper, unsere Besitztümer, unsere Gedanken und unsere Arbeit verkaufen, aber Liebe ist auf ewig frei von Eigentumsrecht. Sie strahlt einfach, ohne sich darum zu kümmern, wen oder was sie berührt. Die Sonne scheint genauso auf die Prunkwinde wie auf das Unkraut. Wir mögen versuchen, aus der Liebe ein Geschäft zu machen, indem wir sagen: »Ich werde dich lieben, wenn du mich liebst«, doch das ist eine Verzerrung der allesumfassenden Art, wie wahre Liebe sich entfaltet. Das glückliche Gesetz des Lebens ist: »Wenn ich dich liebe, wirst du mich lieben.« Und doch können wir einen andern nicht lieben mit dem Hintergedanken, seine Liebe als Entgelt dafür zu erhalten. Liebe als Entgelt ist ein Handel, und dadurch berauben wir nur uns selbst. Die Liebe, die frei gegeben wird, ist die einzige Liebe, die befriedigen kann, und wir vergrößern unsere Freude nur, indem wir lieben. Manche machen einen künstlichen Unterschied zwischen Liebe und Kraft. Ich sage, daß Kraft ein Lichtstrahl des Sterns der Liebe ist. Wieviel Liebe uns doch zur Verfügung steht, wenn wir verliebt sind! Plötzlich sind wir fähig, große Entfernungen zu reisen, dem Schlaf zu entsagen und gewaltige Taten des selbstlosen Dienstes und Gebens zu vollbringen! Wir sind bereit, unsere eigenen Wünsche unseres Geliebten willen aufzugeben, und wir sind bereit, die Unvollkommenheiten und Mängel des Geliebten zu übersehen. Liebe *ist* blind und das auf verflixte Weise. Liebe ist nicht der Wahrheit gegenüber blind; Sie übersieht einfach die unwichtigen Aspekte der Persönlichkeit, die wir gewöhnlich irrtümlicherweise als »Wahrheit« bezeichnen.

Wer kann das Mysterium der Liebe erfassen? Ich bestimmt nicht. Wenn man versucht, das Wunder der Liebe intellektuell zu zerlegen, ist das so, als würde man die Fäden, aus dem der eigentliche Stoff unserer Existenz gewebt ist, auseinanderziehen. Es ist mir egal, ob ich die Liebe je verstehe. Ich weiß nur, daß ich liebe, und wenn ich nie etwas anderes tue, werde ich doch erfüllt sein.

Sri Ramakrishna erzählte, daß Gott es mehr als alles andere liebt zu lieben. »Obwohl ein reicher Mann mit einem großen Haus viele Zimmer hat, in denen er sich aufhalten kann, so hat er doch einen Lieblingswohnraum, in dem er sich mit Freuden aufhält. Der Herr liebt es, im Menschen in der Kammer des Herzens zu verweilen.«

Wenn wir das Gefühl haben, in der Liebe verletzt oder enttäuscht worden zu sein, haben wir ein Geschenk oder einen Segen erhalten. Es wird uns eine erlösende Gnade in Form von Desillusionierung zuteil, denn die Illusion ist ein Tyrann und die Wahrheit ist der Erlöser. Die Folge von Desillusionierung ist die Vision der Wahrheit, und in der Wahrheit strahlt ein Frieden, der weitaus größer ist als der, den die Welt uns schenken kann. Wir mögen in unserem Leid versucht sein zu glauben, daß wir von der Liebe verlassen oder verbannt worden sind. Faßt euch ein Herz, die Liebe könnte uns genausowenig den Rücken kehren, wie die Sonne sich den Baumspitzen verweigern oder der Ozean sich weigern könnte, die Flüsse anzunehmen. Nein, die Liebe ist so sicher wie das Leben und so beständig wie der Herzschlag der Mutter für ein Kind im Mutterleib.

Kein Mensch und keine Erfahrung könnte uns mehr Liebe bieten, als wir schon in unserem eigenen Herzen besitzen, eine Liebe, die uns für immer und unwiderruflich gehört. Laßt uns nicht darauf warten, daß die Liebe zu uns kommt. Die Liebe kommt nur zu uns, wenn wir lieben. Wir können in jeder Sekunde unser Herz öffnen, wenn wir unsere Gedanken unserem Ideal, unserem Geliebten zuwenden. Die Liebe zu suchen ist, als würden wir unsere Hand einer Fata Morgana reichen. Wer könnte uns mehr geben, als wir schon sind? Wer könnte das, was als Ganzes erschaffen worden ist, erbauen? Wer könnte der Liebe Liebe lehren?

Die Liebe enthüllt sich schließlich als der Heilige Geist, den wir durch unseren Glauben an das Mysteriöse mystifiziert haben. Jemand hat den Heiligen Geist der Liebe wie folgt beschrieben: »Wir rufen: ›Wo kann ich den Heiligen Geist finden? … Sag mir, wo ich hingehen, was ich tun soll!‹ Der Heilige Geist strömt in der Zwischenzeit zu uns und durch uns und wartet darauf, daß wir ihn annehmen, damit er sich offenbaren kann.« Statt zu klagen: »Ich will Liebe«, müssen wir nur bekräftigen: »Ich liebe.«

Aus diesem Grund konnte Kabir sagen: »Ich lache, wenn ich höre, daß die Fische im Wasser durstig sind!« Wir stehen also vor dem Altar des Tempels des lebenden Herzens als Eingeweihte, bereit unser Amt als Gesandte der Liebe und des Lichtes für eine Welt aufzunehmen, die um das Heilige Abendmahl bettelt, weil sie sich selbst nicht als Körper Gottes erkennt. Während der purpurne Mantel um unsere Schultern gelegt wird, müssen wir uns (wie die Liebe selbst) vor unserem Selbst verbeugen, in demütiger Anerkennung der einfachen Wahrheit, daß das, was wir suchten, das ist, wer Wir Sind.

»Meine Liebe für euch, meine eigenen Kinder, ist unendlich. Ihr könnt nie außerhalb der Fülle meiner Liebe und der Wiege meiner liebevollen Arme sein. Ihr könnt niemals etwas tun, daß dazu führen würde, daß ihr meine Liebe verliert. Ich bin auf ewig verpflichtet, euch voll und ganz, ohne Bedingungen oder Erwartungen zu lieben. Dies ist meine einzige Freude.

Ich bin eure Göttliche Mutter. Euer Schmerz ist mein Schmerz. Wie gerne würde ich all eure Leiden von euren Schultern nehmen und sie frohen Herzens auf den meinigen tragen. Aber ihr seid mitten in einem glorreichen Abenteuer, einer göttlichen Reise auf der Suche nach der Wahrheit, die euch mehr Freiheit zeigen wird, als ich euch bieten könnte, wenn ich eure Nöte auflösen würde.

Lernt eure Lektionen schnell und gut, meine geliebten Kinder. Ich werde durch Führung und Schutz auf euch achtgeben, während ihr euch auf dem Nachhauseweg in meine offenen Arme begebt. Mein Herz ist übervoll mit Stolz, während ich zusehe, wie ihr im Wissen eurer eigenen Vollkommenheit wachst. Meine Liebe zu euch ist so groß, daß ich das Warten auf eure Rückkehr kaum ertragen kann. Doch ich werde es voller Vertrauen und Kraft tragen. Erinnert euch in den Augenblicken der Prüfung folgender Worte: Meine Liebe ist immer mit euch. Spürt sie in eurem Herzen und nährt sie durch euer Vertrauen in meine Gegenwart. Ruft nach mir, wenn ihr mich braucht. Fühlt euch nicht zu unwürdig, um meine Hilfe zu erbitten. Ihr seid für mich so kostbar, wie ihr es jetzt gar nicht fassen könnt. Vertraut darauf, daß sich euer innerster Herzenswunsch erfüllen wird – der Traum der Fülle der Liebe, der mein Traum für euch ist.«

Die Zukunft

Normal, aber nicht natürlich

Wenn du eine Richtung nicht änderst, kann es dir passieren, daß du dort ankommst, worauf du bereits zusteuerst.
Laotse

Die Menschheit als Masse ist so weit vom Pfad des Lichts abgekommen, daß wir zum Großteil vergessen haben, was die Wahrheit ist. Wir sind so sehr in Unwissenheit verstrickt, daß Wirklichkeit und Illusion umgekehrt worden sind in der Reihenfolge, in der wir denken. Wir haben Haß, Schmerz und Trennung als Lebensweisen angenommen, und wir haben die Hoffnung auf Erfüllung aufgegeben. Wir haben uns den entstellten Werten des weltlichen Lebens schon so lange angepaßt, gefügt und angeglichen, daß wir Visionen der Zufriedenheit, Harmonie und des Friedens als Wunschtraum ansehen. Wir sind sehr, sehr verloren.

Die Unwissenheit ist nicht wie ein Netz über uns geworfen worden, sondern hat sich allmählich in die Fasern unseres Bewußtseins eingeschlichen, wie der Smog in unseren Städten, der wie ein unterschwelliger Schleier anfing und sich zu monströsem Krebs entwickelt hat, der unser Leben einhüllt. Wir haben uns an zuviel gewöhnt. Kriminalität, Bösartigkeit und Vorurteile werden als Selbstverständlichkeit angenommen. Die schrecklichen Berichte in den Nachrichten berühren uns nicht mehr, weil wir sie schon so oft gehört haben. Dies hat uns notwendigerweise abgestumpft und uns zurückziehen lassen. Obwohl wir bereits davon ausgehen, daß das Leben so zu sein hat, ist noch ein schwaches, nagendes Wimmern tief in unserem Bauch geblieben, das uns ständig daran erinnert, daß wir für viel mehr erschaffen worden sind, denn wir *sind* viel mehr. Doch wir würden jene stille kleine Stimme mit den Gewohnheiten überdecken, die uns unserem Gefühl für die Wahrheit gegenüber abgestumpft haben.

Ich kann mir nicht vorstellen, daß es Gottes Absicht war, daß wir so leben. Es erscheint mir sinnlos: Warum sollte ein Schöpfer eine Schöpfung mit dem Ziel derartigen Leidens und Trennung hervorbringen? – Die Welt, so wie wir sie sehen, kann nicht Sein Wille sein. Ja, alles ist Sein Wille, wenn man es von einer höheren Warte aus betrachtet, aber wir können es uns nicht leisten, das anzunehmen, was wir als Irrtum erkennen müssen. Wir können nicht zu einer Welt in Pein ja sagen. Wir müssen ihr Bedürfnis nach Heilung erkennen.

Ich hörte vor kurzem, wie ein Sprecher zum Thema »Welthunger« sagte, daß alle hungernden Menschen auf der Welt mit 17 Milliarden Dollar im Jahr ernährt werden könnten. Die Vereinigten Staaten haben im Moment alle *zwei Wochen* 17 Milliarden Dollar »Verteidigungsausgaben«. Unsere Werte sind durcheinander und unsere Prioritäten auf den Kopf gestellt. Bestechung, Korruption und Verlogenheit sind nicht länger schockierend, sondern werden als Selbstverständlichkeit angenommen. Als Richard Nixon 1974 seines Amtes enthoben wurde, argumentierten viele seiner Verteidiger, daß Nixon nicht schlechter sei als die meisten Politiker – er habe nur das Pech gehabt, erwischt worden zu sein. Und in einem jüngeren Regierungsskandal wurden von mehreren Politikern Videoaufnahmen gemacht, als sie große Bestechungssummen annahmen. Ihre Verteidigung bestand darin, daß sie sagten, daß die Regierung die Schuld träfe, da diese sie bereits im Hinblick auf eine Bestechung nominiert habe, und daß ihr Verurteilung rückgängig gemacht werden solle, weil die Regierung betrügerische Methoden anwende. Wer mit einem klaren Verstand würde diese Begründung akzeptieren? Welcher ehrliche Mann könnte sich für eine zukünftige Bestechung nominieren lassen? Unser Gefühl für Ehrlichkeit ist abgestumpft worden.

Es gibt noch ein weiteres Beispiel für fehlgeleitetes Denken, das mich zu glauben veranlaßt, daß wir als Zivilisation und als Kinder Gottes zu einer verlorenen Kultur geworden sind. Ich hörte unlängst, daß es jetzt eine Organisation gibt, die sich »Sexuelle Befreiung der Kinder« nennt und das Ziel hat, diejenigen zu legitimieren und zu verteidigen, die Kinder belästigen. Der rationale Verstand ist verwirrt worden, und er versucht, Irrtum im Namen der Freiheit aufrechtzuhalten. Da stimmt etwas nicht!

Die Täuschung anzuerkennen ist ein notwendiger Schritt, um die Wahrheit zu erwecken. Es verlangt Ehrlichkeit und Mut, zuzugeben, daß wir vom Pfad abgekommen sind. Aber es ist ein notwendiges Eingeständnis. Ich muß mich jeden Abend vor Gott hinstellen und prüfen, ob ich meinen höchsten Idealen gemäß gelebt habe. Manchmal tu ich es, und allzuoft tu ich es nicht. Aber es ist für mich notwendig, dies jeweils zu erkennen. Ich muß Gott bitten, mir zu zeigen, was ich falsch mache, damit ich es korrigieren kann. Ich höre es mir meistens nicht gerne an, aber wenn ich es tue, bin ich dankbar.

Wir müssen mit einem klaren Geist untersuchen, wie wir wirklich als individuelle Menschen und als die Familie der Menschheit leben sollten. Wir mögen vielleicht keine Lust haben, uns zu ändern, aber eine Richtungsänderung auf die Wahrheit zu bringt immer ein tiefes Gefühl von Frieden in unserem Herzen mit sich. Und das ist eine weitaus tiefere Erfüllung als die oberflächlichen Wünsche, die mit der Unwahrheit zufrieden zu sein scheinen. Unsere tiefsten Instinkte sagen uns immer, wann wir die Wahrheit berührt haben. Es fühlt sich wie Zuhause an, wie eine Vollendung, wie »Genau.«

Die Wahrheit ist das Natürlichste, was es gibt, aber in der Welt ist sie das Fremdeste. Weil die Werte der Welt auf dem Kopf stehen, ist das Licht ein Fremder, und die Dunkelheit ist willkommen. Es ist sehr einfach, normal zu sein. Die Welt wird dich lieben und dich in deiner Normalität unterstützen, denn die Welt liebt die ihrigen. Diejenigen, die zu Negativität, Klatsch und Anzüglichkeit neigen, haben einen sicheren Platz in der Gesellschaft. Sie werden nie um Gesellschaft, mit der sie sich bedauern können, betteln müssen. Der Marktplatz der alltäglichen Dinge ist auf Beschwerden, Kritik und Schuld aufgebaut.

Einer, der den Weg Gottes wählt, sieht sich mit Einsamkeit und Spott konfrontiert. Er kann weder Verständnis von der Welt erwarten noch darauf hoffen. Sie wird ihn mit einem höflichen Lächeln anzunehmen scheinen, ihn aber heimlich, hinter verschlossenen Türen, verleumden und verspotten. Freunde und Verwandte werden ihn mit Worten, aber nicht in Gedanken unterstützen. Der Anhänger der Wahrheit muß großmütig genug sein, um die Welt in sein Herz zu nehmen, obwohl die Welt ihn aus ihrem eigenen Herzen ausschließen würde. Die Wahrheit muß die Sünde so lieben, wie die Sünde die Wahrheit nicht verstehen kann. Der Grund dafür ist, daß der, der die Wahrheit liebt, den Christus in allem sehen kann, während der, der in der Finsternis lebt, nur die verschleierten Widerspiegelungen von verwirrten Bildern sieht.

Jeder Mensch ist ein Kind Gottes. Einige leben ihre Göttlichkeit, während andere das Potential dazu haben und es nicht beanspruchen, bis es erweckt wird. Die Welt des Irrtums, die normale Welt, ist eine Schale des Samens der göttlichen Möglichkeit, die geduldig darauf wartet, freigesetzt zu werden. Das Natürliche ist im Normalen versteckt, obwohl die beiden jetzt auf der Erde nicht eins in ihrem Ausdruck zu sein scheinen. Wir müssen die Begrenzung der Schale erst spüren, bevor wir sie sprengen können. Wir müssen das Einbahnstraßenschild auf der Straße, die wir hinunterwandern, sehen, bevor wir umkehren können, um unseren Kurs zu ändern. Das Bewußtsein vom Irrtum ist der Impuls zur Verwandlung. Diejenigen, die auf dem Irrtum herumreiten, haben ihn noch nicht vollständig erkannt, denn ein wirklich anerkannter Irrtum ist eine in Gang gebrachte Korrektur. Das einzige Ergebnis von wirklichem Verständnis ist Änderung.

Alles, was natürlich ist, wird allmählich die Norm werden. Ideal und Übung werden eins sein. Das ist die glorreiche Vision, die alle Propheten der Wahrheit hatten. Bis dahin müssen wir den Pfad des Lernens begehen, um zwischen Seelenruhe und fieberhaften Träumen unterscheiden zu lernen. Das Universum toleriert Illusion nicht, denn die Unwahrheit geht gegen die Natur der gesamten Schöpfung. Warum sollte Gott die Wahrheit erschaffen haben, wenn sie nicht gelebt werden sollte? Unwahrheit besteht nur, um korrigiert zu werden. Das Unnatürliche, das als die Norm angesehen wird, kann nur solange weiterbestehen, bis es bloßgestellt wird. Die Welt wird dann zu ihrer Beruhigung nach einer anderen Illusion greifen. Illusion vermehrt sich wie ein Bakterienstamm, der gegen ein Antibiotikum resistent wird – in ständig zunehmender Intensität, bis die Kräfte des Lichts und der Finsternis durch einen Abgrund getrennt werden, der ihren Unterschied klar definiert.

An diesem Punkt – der Punkt, an dem sich unsere Entwicklung als Zivilisation jetzt befindet – ist die Illusion bis zur Lächerlichkeit übertrieben, und die Stimme des gesunden Menschenverstandes muß gehört werden. Die einzige Alternative, die übrigbleibt, ist die Wahrheit. In dem Augenblick, und nur in dem Augenblick, können Wahrheit und Normalität hier auf der Erde in ihrem Ausdruck verschmelzen. Das ist die Bedeutung des Wassermannzeitalters.

Verbindet euch mit mir in der Vision einer Welt, in der das Gute Leben sich so ausdrückt, wie es von Anfang an beabsichtigt war. Ich sehe eine Welt, in der es keinen Widerspruch zwischen dem, was idealisiert wird, und dem, was vergeben wird, gibt, in der der Wille der Menschen und der Wille Gottes ein Wille sind. In dieser neuen, strahlenden Welt wird die Natur geehrt und als liebende Freundin verehrt und nicht als Bedrohung gesehen. Hier gibt es nichts zu besiegen, denn alle Kräfte werden als heilig erkannt und arbeiten zum gemeinsamen Wohl harmonisch zusammen. Der Fuß, der einst vom rechten Weg abkam, ist jetzt wieder auf dem Pfad der Ganzheit, und alle, die diesen Weg gehen, strahlen mit der Liebe, die die Welt ignoriert hat, aber nicht vergessen konnte.

»Die Wege der Welt sind nicht die Wege Gottes. Die Welt liebt die Finsternis und möchte gerne, daß ihre Kinder glauben, daß die Finsternis das Licht ist. Das Kind Gottes kann kein heiliges Leben führen, wenn es sich nach der allgemeinen Meinung richtet.

Wir kennen die Schwierigkeiten, die ihr habt, zwischen dem angenommenen Glauben und der Wahrheit Gottes zu unterscheiden. In den Anfangsstadien der spirituellen Entwicklung mag der Aspirant schwer geprüft werden, wenn er zwischen Wahrheit und Phantasie zu unterscheiden lernt. Während wir das Wesen dieser Herausforderung begreifen, sagen wir euch, daß es äußert wichtig ist, die Stimme der Wahrheit, die in eurer Seele wie ein leitender Stern über einem dunklen Meer schwingt, zu kennen und sich ihr hinzugeben. Wir versichern euch, daß das Unterscheidungsvermögen sehr scharf und die Ehe zwischen dem Intellekt und der Intuition geweiht wird, wenn ihr euch für das Licht entscheidet.

Ritter der Wahrheit, bekennt euch zu dem, was euch lieb und teuer ist. Ihr mögt geprüft und verhöhnt werden, aber der Engel der Tapferkeit beschützt euch bei eurem Feldzug. Sie schaut euch in sanfter Unterstützung eurer Entscheidung für Gott über die Schulter. Tragt eure Einsamkeit mit Mut, und gleichgesinnte Kameraden werden zu euch stoßen, wenn ihr sie am dringendsten braucht.

Die Wahrheit ist eure einzige Zuflucht. Huldigt nicht die Worte eines Menschen, sondern bewahrt die Verehrung allein für den Heiligen Geist auf. Es mag euch aufgezwungen werden, daß ihr eure Ideale um der Welt willen aufgebt, aber ihr werdet Trost und Erneuerung in dem Leben des tiefsten Gebotes eures Herzens finden.

Seid vorsichtig. Habt keine Angst, die Welt mit klarem Blick zu betrachten. Jene, die nicht auf die Anzeichen von Krankheit achten, müssen den Preis für die Unverantwortlichkeit bezahlen. Verzichtet nicht auf eure Vision von der Vollkommenheit, und versäumt nicht, richtige Handlungen in Übereinstimmung mit der Weisheit durchzuführen.

Kinder des Höchsten, macht die Lauterkeit zu eurem Banner und zu eurer Festung. Die Lauteren sind weniger an der Zahl, und die geringste Handlung mit dem richtigen Bewußtsein strahlt in der Finsternis stärker, als ihr euch vorstellen könnt. Unsere Herzen hüpfen vor Begeisterung, wenn wir jene näher betrachten, die inmitten des faulen Sumpfes ein Leben leben, das Gott gewidmet ist. Wenn ihr dieses edle Amt annehmt, steht ihr am Steuer des Schicksals der Menschheit. Bitte unterschätzt eure Fähigkeit nicht, die Welt durch eure Vision der Moral zu retten. Wählt richtig, und Scharen von Engeln und unsichtbaren Brüdern und Schwestern werden zu eurer Unterstützung herbeifliegen. Wählt falsch, und ihr steht allein da in einer verlorenen Welt.«

Kommunikation, Kommunion und Gemeinschaft

I

Eine meiner Lieblingsgeschichten ist die vom Regenwurm, der seinen Kopf aus der Erde steckt und nur einige Zentimeter entfernt einen anderen prächtigen Regenwurm entdeckt. Von der Schönheit des anderen Regenwurmes überwältigt, sagte er zu ihr: »Ich liebe dich ... Willst du mich heiraten?« Der andere Wurm lächelt und antwortet: »Sei nicht albern! Wie könnte ich dich heiraten? Ich bin doch deine andere Hälfte!«

Wir stehen nun auf der Schwelle eines neuen evolutionären Schrittes in der Entfaltung der Menschheit. Der Grundgedanke dieses Schrittes ist das neue Verständnis einer uralten Wahrheit: *Wir sind Eins*. Hinter unseren verschiedenen Nationalitäten, Hautfarben, Kulturen, Lebensstilen und Geschichten sind wir Eins. Diese Einheit, dieses allgemeine Band, wird das Merkmal für das neue Zeitalter auf der Erde sein.

In den letzten zwei Dekaden haben wir beobachtet, wie die Lichtstrahlen dieses neuen Zeitalters angefangen haben, unseren nächsten Schritt anzuzeigen, wie das erste, schwache Schimmern der Morgendämmerung am östlichen Horizont. Es ist wie die ersten Herzschläge des Kindes, das für alle geboren wird. Dies zeigt sich als Form von Teilen, als Sich-Zusammentun und als Bestätigung unserer kollektiven Einheit als eine Menschheitsfamilie. Diejenigen, die den Ruf der großen Seemuschel* gehört haben, haben die alten, anerzogenen Muster des Getrenntseins und Sich-Versteckens losgelassen und den Schritt in die Freiheit des Teilens gemacht. Wenn es irgendeine Hoffung für die Menschheit gibt, dann liegt diese in dem Gefühl von Gemeinschaft, das auf diesem Planeten schnell heranreift.

---

* Auf Hawaii, wo Alan Cohen lebt, wurde zu bestimmten Gelegenheiten, wie z. B. zum Sonnenaufgang, in eine große Muschel geblasen. (Anm. d. Hrsg.)

Die Menschheit ist nun an einem kritischen Wendepunkt angekommen. Das Kräftespiel ist das gleiche, aber die Einsätze sind jetzt sehr hoch. Wir können zwischen zwei Dingen wählen: *uns vereinen oder sterben*. Wir müssen lernen, wie man zusammenarbeitet. Wir müssen lernen, wie man annimmt. Wir müssen unsere Welt auf Gottes Grundlage aufbauen und nicht auf Getrenntheit.

Die Fragen lauten: Wie weit können wir unsere Vorstellung von »uns« ausdehnen? Inwieweit können wir unsere Vorstellung von Gleichheit ausdehnen? Wen möchten wir bereitwillig in unsere Familie aufnehmen?

Das kleine Ego eines jeden von uns lebte einst in einer kalten und begrenzten Welt, die sich um »mich« drehte. »Ich« war nicht wirklich zufriedenstellend, doch das Gefühl von »uns« schloß die gesamte physische Familie ein: Mutter und Vater, Bruder und Schwester und später auch Ehemann oder Ehefrau. Alle anderen waren »die anderen«, und »die« hatten es auf uns abgesehen. »Die« waren vielleicht Menschen einer anderen Hautfarbe, aus einem anderen Land oder mit einer anderen politischen Überzeugung. Aber eine Sache war sicher: »Die« waren anders als »wir«, und »wir« mußten uns vor ihnen in acht nehmen. Es war in Ordnung, mit »uns« zu teilen, von »uns« anzunehmen und mit »uns« intim zu sein, aber sicherlich nicht mit »denen«.

Während wir wuchsen und die Welt »uns« zwang, mit »denen« in Kontakt zu kommen, zeigte die Erfahrung, daß »die« gar nicht so schlecht waren. Als das passierte, erweiterten wir unsere Vorstellung von dem, was »wir« waren, bis wir (als es immer mehr von »uns« und immer weniger von »denen« gab) erkannten, daß *es in Wirklichkeit gar kein »die« gab* und *nie gegeben hat*. Es war alles ein Irrtum. Sobald wir verstanden hatten, daß alle »wir« sind, waren wir für den nächsten Schritt in der menschlichen Evolution bereit.

An dieser Schwelle steht die Menschheit nun. Phantastisch schnelle Entwicklungen in Technik, Kommunikation und Beförderung haben es den Menschen in einer sehr kurzen Zeit erlaubt, fast engen Kontakt miteinander aufzunehmen, und zwar auf eine Weise, die offenbart hat, daß alle gleich und nicht verschieden sind. Wir können uns nicht mehr hinter der Fassade der Naivität verstecken, denn wir leben auf einem sehr kleinen Planeten, und unsere Zivilisation ist, wie Buckminster Fuller es beschreibt, zu einem »planetaren Dorf« geworden.

Da sich gezeigt hat, daß die Menschheit eine große Familie ist, ist die Aufgabe, die uns bevorsteht folgende: Wie schnell können wir danach leben, daß wir mit allen Menschen Eins sind? Wenn wir wissen, daß etwas wahr ist, werden wir für dieses Wissen auf eine Weise zur Rechenschaft gezogen, die in unserer Unwissenheit nicht anstand. Jetzt, wo wir wissen, daß wir Eins sind, erwartet Gott von uns, daß wir wie Eins leben. Die Verantwortung dieses Wissens ist in der Tat sehr groß.

Alle großen spirituellen Meister und Lehrer haben uns (durch die Zeitalter hindurch) an diesen Punkt geführt. Sie haben uns schon immer die Prinzipien eines Lebens in Einheit gegeben, die wir jetzt bereit sind, zu leben. Wie wir jetzt erkennen, widersprechen sich die Bibel, der Koran, die Bhagavadgita und alle anderen Schriften der Wahrheit *nicht*, und das tun auch die Religionen nicht, die dahinter stehen. Es war nur die Engstirnigkeit der Menschen, die Ähnlichkeiten als Unterschiede mißdeutete und Getrenntheit sah, wo Harmonie herrschte. Wir können auch erkennen, daß die Weltreligionen in ihrer *Essenz* immer gleich waren, während sie in ihrem äußeren Erscheinungsbild etwas unterschiedlich sein mögen. Sie haben immer versucht, uns mitzuteilen, daß es nur einen Gott gibt, daß der Mensch seinem wirklichen Wesen nach göttlich ist und daß Liebe der einzige Schlüssel zu der Einheit des Menschen mit Gott ist.

Es ist genau diese Einheit, die in unserer neu anerkannten Familie der Menschheit, widergespiegelt wird. Wir müssen alle Menschen jetzt dort treffen, wo Schubladen nicht die Macht haben, uns zu trennen. Dies ist kein physischer Platz, sondern eine Dimension in unserem Herzen, ein Bereich, in dem es offensichtlich ist, das wir nicht unvollständig, sondern ganz sind.

Unsere neue Bewußtheit ist in Wirklichkeit die starke Energie eines neuen Bewußtseins – des *planetarischen Bewußtseins*. Wir haben begonnen, zu erkennen, daß unsere Handlungen alle Menschen überall beeinflussen und daß die Erde und alle ihre Bewohner in Wirklichkeit ein riesiger, lebendiger, atmender Organismus ist. Dieses Bewußtsein stellt einen äußerst wichtigen Durchbruch für unseren Planeten dar – und das ist unsere einzige Hoffnung auf Überleben. Wir werden nur überleben, wenn wir unsere gemeinsame Identität und unsere Selbstheit gegenseitig anerkennen. Das höchste Wohl eines jeden von uns ist das höchste Wohl aller. Mein Erfolg ist die Errungenschaft aller, mein Schmerz ist das Herz aller, und das Wohlergehen der Menschheit ist eins mit meinem eigenen. Patricia Sun sagte: »Wie kann ich glücklich sein, wenn es jemanden gibt, der nicht glücklich ist?«

II

Wir können es uns als bewußte Wesen nicht erlauben, das Wachstum unserer Bewußtheit im planetarischen Bewußtsein anzuhalten. Wir müssen ständig über unsere Vorstellungen von Begrenzung hinausgehen. Wenn wir jetzt glauben, daß die Erde »wir« ist und alles andere »die« ist, haben wir die Lektion der spirituellen Einheit nicht wirklich verstanden. Wir müssen unser Bewußtsein so weit öffnen, daß alles im Universum eins ist.

Es hat mich total fasziniert zu sehen, was für eine deutliche Wirkung der Film *Begegnung der dritten Art* auf unsere Kultur gehabt hat. Kurz nachdem er herauskam, wurden die Themen und Symbole des Filmes in vielen Formen popularisiert. Kinderspiele, die Ton und Licht verwendeten, wurden beliebt. Es gab eine Werbung für ein religiöses Retreat mit dem Titel: »Habt eine enge Begegnung mit dem Judentum«; und ich sah sogar ein Anschlagbrett, auf dem eine Bank abgebildet war, die am Ende einer langen Straße zu den Sternen aufstieg. Ich bin der Meinung, daß dieser Film so beliebt, sogar viel beliebter war als jeder andere UFO-Film, weil er die »Außerirdischen« auf geschickte Weise als *wohlwollend* darstellte. Obwohl ihre Form ganz anders war als unsere, wurden diese Wesen aus dem Weltraum als sanfte, liebevolle und friedliche Wesen dargestellt. Sie gehörten zu »uns«.

Im Gegensatz dazu stellten die meisten UFO-Filme, die ich als Kind gesehen habe, die Außerirdischen als machthungrige Ungeheuer dar, die die Erde mit ihren tödlichen Strahlen erobern wollten – entweder aus reiner Lust oder weil ihr Planet kurz vor dem Explodieren war und sie unseren übernehmen wollten.

Das Thema dieses wunderschönen Filmes *Begegnung der dritten Art* war jedoch Kommunikation und Teilen. Die »Außerirdischen« brachten alle Menschen, die sie mitgenommen hatten, gesund zurück. Die Menschen, die die UFOs sahen, waren auf positive Weise von ihnen angezogen; und der Film endete mit dem erhebsten Austausch von friedlichen Glückwünschen zwischen den »Erdlingen« und den »Weltraumlern«. Ein Freund, der seit langem mit einer religiösen Organisation verbunden ist, gestand mir: »Diesen Film zu sehen war wahrscheinlich das tiefste spirituelle Erlebnis meines Lebens.«

Ich bin der Meinung, daß dieser Film eine sehr bedeutsame Bewußtseinserweiterung symbolisiert – wir haben »Nicht-Erdlinge« als unsere Freunde akzeptiert und sie nicht als unsere Feinde angesehen. Der Film repräsentierte für mich auch noch einen weiteren Schritt im Wachstum der Menschheit: universelles Bewußtsein. Wir nahmen unsere Brüder aus dem »äußeren Weltraum« – oder zumindest die Möglichkeit, daß es sie dort gibt – in unseren Kreis der »*Wir*heit« auf: in den inneren Weltraum. Wir haben auf gewisse Weise akzeptiert, daß wir mit allem Leben überall eins sind.

In dieser Zeit auf der Erde geht es darum, unser neues Verständnis von unserem Platz im Kosmos in die Tat umzusetzen. Es geht darum, die Kräfte, die wir in unseren Händen halten, zusammenzubringen – Kräfte, die uns im Grunde zerstören oder aber vereinen könnten, wenn sie weise benützt werden. Vom Standpunkt eines Menschen aus, der an der Vergangenheit hängt, stellt diese Zeit einen schmerzhaften Zusammenbruch des Gewohnten dar. Vom Standpunkt der strebenden Seele aus ist sie Vorbote eines neuen und besseren Lebens, eines Lebens, in dem man sich näherkommt und teilt. Sie verspricht Freundschaft, gegenseitige Unterstützung und Gemeinschaft. Sie ist das Ende von »denen« (was nie existiert hat) und die Bestätigung von »wir« (was schon immer bestanden hat).

»Die Türe zu eurem Schicksal steht nun offen vor euch. Ihr habt nun den Schlüssel zu eurem neuen Leben. Vereint all eure Bemühungen, um für die Einheit zu arbeiten. Nehmt jede Gelegenheit wahr, um Zusammengehörigkeit, Familie und Gemeinschaft zu bestätigen. Keiner von euch kann sich schneller bewegen als alle von euch, denn jetzt, wo ihr eure Einheit als Familie versteht, nehmt ihr die Freude und das Leid der gesamten Menschheit als euer eigenes an.

Wir, die wir euren Weg auf dem Bergpfad kennzeichnen, lenken euch zu einem Plateau – das ist ein Treffpunkt. Setzt all die Bruchstücke wieder zusammen. Untersucht, ob es noch übriggebliebene Reste von Begrenzung gibt, die euch weiterhin binden. Überprüft all eure Pläne und Handlungen in bezug auf Einheit. Ihr könnt erst weitergehen, wenn ihr gelernt habt, euch als ein Ganzes zu bewegen.

Die jüngsten politischen, wirtschaftlichen und kulturellen Ereignisse haben euch gezwungen, euch zusammenzutun und zu teilen. Es ist sehr vorteilhaft geworden, Wohnbereiche, Transportmittel, Benzin und Essen zu teilen. Meint ihr, daß diese Ereignisse zufällig passiert sind? Nehmt sie nicht törichterweise als Zufall hin. Die Lektionen der Welt sind auf das Zusammenkommen ausgerichtet. Ihr habt euch daran gewöhnt, isoliert und getrennt zu leben. Wir sprechen nicht von physischen Schranken, sondern von spirituellen. Trennung besteht nicht in der physischen Welt, sondern im Geist. Die Lektionen dieser Zeit werden gegeben, um diese falschen Vorstellungen von Grenzen aufzubeheben.

Nehmt eure Mitgliedschaft in der Gemeinschaft der Seelen an. Ihr seid nicht von den anderen getrennt, und ihr könnt es niemals sein. Ihr seid sehr wohl Ein Wesen. Handelt gemeinsam, fühlt euch integriert und übt Einssein, denn Vereinigung ist die Wahrheit, die euch heilt.«

Guck mal, Papa, die Welt ist wieder ganz!

Ein junger Vater wurde ärgerlich, weil sein fünfjähriger Sohn ihm endlose Fragen stellte, während er versuchte, die Abendzeitung zu lesen. Er überlegte sich, wie er sich etwas Ruhe ergattern könnte und fand ein Bild von der Erde in der Zeitung, das er ausschnitt, in kleine Stücke zerriß und seinem Sohn gab, um es als Puzzle wieder zusammenzusetzen.

Zum Erstaunen des Vaters war das Kind schon nach einigen Minuten mit dem vollkommen vollständigen Bild zurück.

»Guck mal, Papa, die Welt ist wieder ganz!« rief das Kind.

Der Vater war erstaunt, wie schnell der Junge fertig war. »Wie hast du das so schnell gemacht?« fragte er.

»Es war ganz einfach! Zuerst konnte ich das Bild der Erde nicht zusammenkriegen. Dann schaute ich auf die Rückseite der Stücke, und da waren Teile vom Bild eines Mannes. Es war viel einfacher, den Mann zusammenzusetzen, also machte ich das. Und als der Mann zusammengesetzt war, war auch die Erde zusammen!«

Alle Führer der Menschheit haben in den vergangenen Zeitaltern genau diese Wahrheit gelehrt. »Wenn man Frieden auf der Welt schaffen will«, sagen sie, »dann muß man erst in sich selbst Frieden schaffen.« »Kümmert euch nicht darum, die Welt zu reformieren, reformiert euch selbst!« »Der Frieden, den ihr euch bei anderen wünscht, muß erst in eurem eigenen Herzen gefunden werden.«

Während wir hohe Ideale für soziale Reformen und die Veränderung der Welt haben, ist unser wirklicher Sinn im Leben der, an uns selbst zu arbeiten. Dies mag auf den ersten Blick egoistisch oder lieblos erscheinen, aber es ist ehrlich, und auf lange Sicht gesehen werden wir der Gesellschaft eine größeren Beitrag leisten, wenn wir klar, anstatt verwirrt sind. Wenn wir in unserem eigenen Bewußtsein nicht gefestigt und ganz sind, sind wir nicht in der Lage, zu dienen. Der größte Dienst, den wir anderen erweisen können, ist der, unser eigenes Selbst zu reinigen, zu weihen und zu kennen. Dann und erst dann sind wir in der Lage zu geben. Bis zu diesem Punkt nehmen wir.

Das bedeutet nicht, daß wir uns in eine Höhle zurückziehen und meditieren sollen, bis wir erleuchtet sind. Unsere Arbeit an uns selbst kann eine ganze Menge an sozialem Dienst beinhalten. Wir können Krankenschwestern, Lehrer und Therapeuten sein, aber wir müssen immer im Auge behalten, daß wir uns dieser Wege bedienen, um unser eigenes Bewußtsein zu erweitern. Anderen mit ganzem Herzen zu dienen widerspricht nicht der Arbeit am Selbst; im Gegenteil, es unterstützt sie. Wir müssen bis zum Ende daran denken, daß wir alles, was wir tun, als ein Fahrzeug für unsere eigene Erweckung benützen.

Jesus, der Meister, sagte: »Was siehst du aber den Splitter in deines Bruders Auge und nimmst nicht wahr den Balken in deinem Auge? Oder wie kannst du sagen zu deinem Bruder: ›Halt, ich will dir den Splitter aus deinen Auge ziehen‹?, und siehe, ein Balken ist in deinem Auge. Du Heuchler, zieh zuerst den Balken aus deinem Auge; danach sieh zu, wie du den Splitter aus deines Bruders Auge ziehst.« Es gibt viele Lehrer, Führer und Therapeuten, die das unterrichten, was sie selbst noch nicht gemeistert haben. Wenn ein Schüler von einem solchen Lehrer etwas lernt, dann ist es die Gnade des Schülers und liegt nicht an der Führung des Lehrers.

Bedeutet das, daß jemand ein vollkommen erleuchteter spiritueller Meister sein muß, bevor er unterrichten oder dienen kann? Nein, überhaupt nicht. Wenn wir darauf warten würden, daß jeder vollkommen wäre, bevor er lehren könnte, müßten wir tatsächlich lange warten. Es reicht aus, das zu lehren, was wir wissen und direkt erfahren haben. In diesem Fall ist Lehren wirklich ein Teilen und Vergleichen von Notizen. Es ist, als arbeiteten wir alle an einem großen Puzzle. Wenn du den Platz für dein Stück findest, machst du es für mich leichter, das Muster zu erkennen und meinen Platz zu finden. Vielleicht findest du sogar ein Stück, das ich gebrauchen kann. Lehren ist Teilen. Wir haben einander nichts zu lehren, aber vieles miteinander zu teilen.

Wenn jeder von uns nach seinen höchsten Idealen lebt, werden wir die allerbeste Belehrung geben. Die stärksten Belehrungen, die ich erhalten habe, waren die, bei denen ich das, was Menschen sagten, ignoriert und das, was sie taten, beobachtet habe. Wahre Veränderung geschieht nur durch das lebende Beispiel. Eines Abends, nachdem Hilda hart gearbeitet hatte, um einen kraftvollen und bedeutungsvollen Kurs zu halten, ging ich mit einigen Freunden in »Ammal's Pizza Shop« (der zu einem Waisenhaus gehörte) auf einen Imbiß. Ich hatte viele Vorträge über selbstlosen Dienst gehört, aber als ich sah, wie Hilda dort die Theke abwischte, nachdem sie gerade schon soviel gegeben hatte, verstand ich unverzüglich die Bedeutung von liebevollem Dienen, und in diesem Augenblick wollte ich es auch tun.

Wenn wir jemanden – oder die Welt – dazu bringen wollen, etwas zu tun, müssen wir *es zuerst tun*. Wenn wir möchten, daß die Menschen um uns herum nicht streiten, müssen wir selbst friedfertig sein. Wenn wir möchten, daß unsere Kinder ihr Zimmer aufräumen, müssen wir bereit sein, unser eigenes Zimmer sauber zu halten. Und wenn wir möchten, daß die Regierung keine Atomkraftwerke baut, können wir es uns nicht leisten, giftige Wellen von zornigen, emotionalen Reaktionen auszustrahlen. Die Menschen, die wir verändern möchten, werden von dem, was wir *tun*, berührt sein – so werden sie erfahren, daß es einen besseren Weg gibt als den, den sie versucht haben. Unsere Freunde, die in Streit leben, werden von unserem friedfertigen Beispiel inspiriert sein, und die guten Gefühle, die sie in unserer Gegenwart erfahren, werden sie dazu ermutigen, auch so zu sein. Und selbst wenn sie sich nicht verändern – es ist auf jeden Fall unsere Aufgabe, friedfertig zu sein. Was wir zu tun haben, steht also nicht zur Debatte.

Es gibt eine wichtige buddhistische Schrift, die sehr hohe und lichte Wahrheiten enthält. In dem allerersten Satz der Aphorismen gibt der Autor folgendes zu: »Der einzige Zweck dieser Schrift ist der, mein eigenes Verständnis zu klären.« Das köstliche Paradoxon liegt darin, daß, während der Autor sein eigenes Verständnis abklärte, alle, die die Arbeit lasen, Nutzen aus der neugefundenen Klarheit zogen.

Beim Schreiben dieses Buches habe ich genau verstanden, was der Buddhist meinte. Während ich daran arbeitete, diese Ideen zu Papier zu bringen, habe ich viel gelernt. Ich bin gezwungen worden, das, was ich für wahr halte, anzuschauen und zu sehen, wieviel ich von dem, was ich glaube, auch lebe. Ich muß mit dem, was ich euch sage und wofür ich bereit bin, die Verantwortung zu übernehmen, ringen. Und in den ganzen Monaten, in denen ich das Buch redigiert und überarbeitet habe, habe ich das Gefühl gehabt, daß ich tatsächlich *mein eigenes Bewußtsein* redigiert und überarbeitet habe. Ganz gleich wer sonst oder wie viele Menschen dieses Buch lesen, ich kenne einen Menschen, der sehr viel davon gehabt hat – nämlich ich. Ich habe nicht so sehr von den Worten gelernt, eher von dem *Prozeß* des Teilnehmens an ihrer Geburt. Wenn auch ihr etwas von meiner Erfahrung habt, dann ist das ein schöner, zusätzlicher Gewinn.

Wenn wir uns selbst lieben, bringen wir Liebe in die Welt. Wenn wir unser eigenes Leben meistern, schenken wir allen Menschen Meisterschaft und Harmonie. Es wird gesagt, »daß es einfacher ist, eine Stadt zu besiegen als das eigene Selbst«. Finde die Ruhe in dir selbst, und die Welt um dich herum wird ruhig werden. Jeder von uns ist ein Kraftfeld, das alles in unserer Umgebung schafft und formt. Ein Gedanke der Liebe aus dem Zentrum deines Geistes verbreitet sich wie Wellen im ganzen Universum und berührt alles überall mit Liebe. Wir sind alle mit allem verbunden. Jeder deiner Gedanken und jede Handlung hat eine tiefgehende Wirkung auf alles. Ich darf meine Beziehung mit der gesamten Schöpfung nicht unterschätzen, denn ich bin mit allem, was ich sehe, zutiefst verbunden.

Es ist auch gesagt worden, »daß man nur sich selbst sieht«. Wenn wir also eine neue Welt auf eine neue und schöne Weise sehen wollen, müssen wir zuerst Liebe und Schönheit in *uns selbst* kultivieren. Wenn wir diejenigen, die die Erde mit Rauch und Chemikalien verseuchen, zornige und verbitterte Gedanken schicken, vergiften wir die Atmosphäre mit unseren Gedanken. Jemanden zu hassen hat noch nie etwas gebracht, und es hat der Welt gewiß nicht mehr Frieden gebracht. Das einzige, was der Welt Frieden schenken kann, sind friedliche Gedanken, Gefühle und Handlungen. Zu denken bedeutet zu erschaffen. Wenn wir Haß denken, wird sich der Haß in Form von neuen Geschossen und Bomben manifestieren. Wenn wir ein irrsinniges Wettrüsten sehen, sehen wir die Folgen unseres kollektiven Bewußtseins, und wir können keinen politischen oder militärischen Strategen die Schuld dafür geben. Sie agieren einfach unsere Gedanken der Angst und des Wettkampfes aus, die in einer Welt unserer eigenen Schöpfung ausgedrückt werden und für die wir verantwortlich sind.

Wenn wir die Welt wirklich verändern wollen, müssen wir ihr neue Gedanken schenken, die sich manifestieren werden – Gedanken einer Welt, die wir uns wünschen. Wir müssen unseren Geist und unser Herz mit Vorstellungen und Gefühlen von Harmonie und Feiern füllen. Ein Mensch, der einige Minuten am Tag in Stille sitzt und meditiert oder für den Weltfrieden betet, hat eine größere Wirkung auf die Welt als Menschen, die zornig protestieren und diejenigen kritisieren, die Krieg machen. Jemand, der durch die Straßen läuft und diejenigen, die kämpfen, verflucht, sendet eine ganze Reihe von Schwingungen aus, die nur noch mehr Krieg erzeugen. Es wird gesagt: *»Verflucht nicht die Finsternis – zündet eine Kerze an.«*

Jeder von uns kann seine eigene Kerze anzünden, auf seine Art. Wir mögen das Gefühl haben, daß wir wenig tun können, um das Schicksal der Welt zu verändern, aber nur durch einzelne kann die Welt verändert werden. Ein kleines Streichholz kann einen Waldbrand verursachen. Jesus weilt nur kurz auf der Erde. Gandhi stand alleine da, und seine demütigen Taten transformierten das Leben von Millionen. Du mußt kein Jesus oder Gandhi sein, um die Welt zu verändern. Du mußt nicht berühmt oder angesehen sein. Du mußt nur *du* selbst sein. Du kannst die Welt als Taxifahrer oder als Hausfrau, als Gefangener oder als Schneider sehr wohl segnen. Ich kenne einen alten, deutschen Schneider, der durch seine einfache Freude und Glückseligkeit meinem Leben einen großartigen Beitrag geleistet hat, obwohl er es gar nicht weiß. Aus weltlicher Sicht hat er nichts Außergewöhnliches an sich. Er ist nicht bekannt, nicht gebildet oder reich. Er strahlt nur. Jedesmal wenn ich ihn sehe, leuchten seine Augen auf, mein Herz wacht auf, wir umarmen einander, wir rufen einander bei jiddischen Namen, und für einen Augenblick, einen ganz besonderen Augenblick, bleibt die Zeit stehen. Da stehen wir, nur wir beide, in

Freundschaft auf Ewigkeit. Ich habe von ihm gelernt, daß Größe nichts mit der Welt zu tun hat, sondern mit dem Herzen. Er hat weniger Ansehen, Geld und politischen Einfluß als die meisten von denen, die in »Stellungen sind, die die Welt verändern könnten«, aber er hat vielleicht mehr dazu getan, sie zu verbessern, als sie getan haben. In den Augen seiner Kunden mag er nur ein alter deutscher Schneider sein, aber in meinen ist er ein Heiliger.

Es gibt viele Evangelisten, die die Welt retten möchten. Ich glaube, daß der wahre Evangelismus mit dem eigenen Selbst anfängt. Bevor ich anderen Erlösung anbieten kann, muß ich meine eigene bewerkstelligt haben. Anstatt Sünder auf der Welt auszurotten, muß ich zuerst Zorn, Kleinlichkeit und Bigoterie in mir selbst ausrotten. Bevor ich dem Herrn eine riesige Kathedrale bauen kann, muß ich den Tempel meines eigenen Körpers und meiner Seele weihen. Bevor ich predigen kann, muß ich üben. In dem Buch *Ein Kurs in Wundern* werden wir gefragt: »Und kann die Welt erlöst werden, wenn du es selbst nicht bist?«

Das Wunder ist, daß jeder von uns die Welt wirklich retten kann. Und genau das ist unsere Aufgabe, denn was gibt es sonst, was von Wert ist? Da es bei Wundern keine Ordnung nach Schwierigkeitsgrad gibt, muß unser Wunsch, die Welt zu retten, in Reichweite sein. Und da es undenkbar ist, daß wir die Welt und ihre Menschen auf physische Weise in die Harmonie manövrieren, muß es einen anderen Weg geben.

Und dieser Weg ist der Weg des Geistes, der Weg Gottes, der Weg der Liebe, der weder zeitlich noch räumlich begrenzt ist. Wenn wir unser Herz und unseren Geist mit den Absichten der göttlichen Liebe in Einklang bringen, verbinden wir uns mit den Kräften der Macht, die in der Tat die einzige Macht ist, die die Menschheit erretten kann. Wir haben den einzigen Weg gefunden, der eine wirkliche Wirkung haben kann. Wir haben unsere Absichten mit Ihm, dessen Absicht die Errettung ist, in Einklang gebracht. Wenn wir versuchen, die Welt so zu verändern, wie es bisher in der Welt üblich ist, können wir unser Ziel nicht erreichen. Wenn wir gemäß den »Gesetzen des Lichts« daran arbeiten, Licht in die Welt zu tragen, können wir unser Ziel nicht verfehlen. Unser Wille ist zu Seinem Willen geworden. Wenn wir entdecken, daß allein Friede Frieden erzeugen kann, haben wir sowohl das Prinzip der Errettung aller Menschen verstanden als auch die einzige wirkliche Antwort auf die Probleme der Welt. Es ist wahr: Wenn du nicht Teil der Lösung bist, bist du Teil des Problems. Kein Mensch kann zwei Meistern dienen. Kein Mensch kann dem Frieden dienen, während er in Zwietracht lebt. Und kein Mensch kann Chaos aufrechterhalten, während er in Harmonie ruht.

Vertiefe dich also in den höchsten Frieden, der dir bekannt ist, und glaube daran, daß Gott – indem er Abraham, der für den Einen Gott lebte, folgendes Versprechen gab – es dir direkt gibt: »Ich werde dich zu einem großen Volk machen, dich segnen und deinen Namen groß machen.« Glaube daran, daß eine neue Ära des Friedens auf der Erde deinen einfachen, ruhigen Gedanken und Handlungen entspringen wird. Glaube daran, daß *das Schicksal der gesamten Menschheit in deinen Händen liegt*, denn es ist so. Glaube daran, daß du zu einem Zweck auf die Erde gebracht wurdest, und wenn du deinen Zweck erfüllst, werden alle Menschen auf der Welt erlöst werden. Wenn du meinst, daß es ein Wunder braucht, damit dein Leben Frieden auf der Erde schafft, dann glaube an Wunder, denn Gott tut es sicher.

»Wenn ihr die Wahrheit kennt, die euch befreit, seid ihr von der Last befreit, die Welt zu retten. Die Aufgabe, die Welt zu retten, kann in der Tat nie eure Last sein, denn das ist der Plan des Schöpfers, und das, was sein Plan ist, kann nie schwierig sein.

Eure Frustration bei dem Versuch, die Welt zu ändern, entspringt nur dem persönlichen Ego, und eine Erlösung kann nie durch das begrenzte Selbst geschehen. Wenn ihr versucht, andere zu reformieren, habt ihr es mit den Projektionen eures eigenen Selbst zu tun, die nie gemeistert werden können, solange ihr euch als jemand anders seht. Befreit alle anderen von der Last eurer eigenen Projektionen, und ihr befreit euch selbst von der Last der Errettung der Welt.

Erst wenn ihr die äußere Welt als Spiegelung eures inneren Selbst erkennt, könnt ihr einen wirklichen Fortschritt bei der Erfüllung des Schicksals, nämlich Frieden auf der Erde, erzielen. Solange ihr nicht den Frieden des Himmels kennt, kann es keinen Frieden auf der Erde geben. Das Königreich des Himmels, in dem immer Frieden herrschen muß, ist innen.

Schaut in eure Herzen, Kinder, und dort werdet ihr die Lösung all eurer Probleme finden. Es gibt in der Tat nur eine Lösung für all eure Probleme, und das ist die Anerkennung eurer ewigen und unwiderruflichen Einheit mit Gott. Wißt um eure Verwandtschaft mit dem Schöpfer aller Dinge, und alle Dinge werden sich als eure eigene Schöpfung offenbaren. In diesem Augenblick und nur in diesem Augenblick wird der Frieden in der Welt wiederhergestellt sein, denn nur in diesem Augenblick erkennt ihr, daß er nie verlorengegangen ist. Erkennt euer Erbe als Söhne und Töchter des Friedens, und der Frieden muß einfach zu euch kommen, und zwar sofort und für immer.«

Der Schlüssel zur Zukunft

Folge deinem Geist, ohne zu zögern.

Avinash

Wir leben in der aufregendsten Zeit in der Geschichte unseres Planeten. Es haben sich noch nie so viele Seelen mit dem Ziel der Erweckung zusammengetan inmitten von so vielen Gelegenheiten, Alpträume in Segnungen zu verwandeln.

Es ist kein Zufall, daß du und ich es uns ausgesucht haben, in dieser Zeit hier zusammen zu sein. Ob unser bewußter Geist es erkannt hat oder nicht, wir haben einen wichtigen Zweck, der nur erfüllt werden kann, indem wir die Lebensumstände, in denen wir uns befinden, meistern.

Veränderungen geschehen schnell und sind sehr kraftvoll. *Ein Kurs in Wundern* erinnert uns daran, daß jede Veränderung gut ist. Veränderung ist der fruchtbarste Boden für persönliche Transformation. Mit Veränderung kommt die Gelegenheit der Erweiterung. Wir können uns das, was verloren schien oder was wir zu gewinnen haben, anschauen. Segne die Veränderungen in deinem Leben, und sie werden dich segnen.

Viele Menschen auf dem Planeten sehen ihren Ängsten ins Gesicht. Angst ist die Türschwelle, über die wir schreiten, um Meisterschaft zu erlangen. Angst hat keine Macht, nur die, die wir ihr geben. Wir können am Altar der Angst die Angst verehren, oder wir können uns vertrauensvoll an unsere innere Quelle der Kraft wenden. Eins ist sicher: Wir werden mehr von dem erhalten, dem wir unsere Aufmerksamkeit schenken. Wählt weise.

Alle Ängste* werden aus der Illusion geboren. Wenn du einer Angst ins Gesicht siehst, fängst du an, den Faden zurückzuver-

---

* Der Autor sagt an dieser Stelle im amerikanischen Original, daß das Wort »fear« (deutsch: Angst) ein Akronym sei von »*F*alse *e*vidence *a*ppearing *R*eal« (dt: Falsche Beweise, die wahr erscheinen). (Anm. d. Ü.)

folgen, der dich zu einer illusionären Identität zurückführt, die für das großartige Wesen, das du bist, unpassend ist. Das Ende der Reise wird einen Papiertiger enthüllen. Wie Dorothy im *Zauberer von Oz* entdeckte, versteckt sich hinter dem künstlich erzeugten Nebel, den der erschreckende Zauberer heraufbeschwört, ein sanfter und schwacher Schwindler, der nervös an den Schaltern herumdreht. Er *erscheint* nur schrecklich. Hab keine Angst. Lebe unerschrocken. Du wirst von den Armen der Liebe umfangen.

Viele Seher haben schreckliche Vorhersagen über das Schicksal der Erde und der Menschen gemacht. Solche Warnungen sind hilfreich, wenn sie unsere Aufmerksamkeit auf die Handlungsmuster lenken, die uns schaden werden, wenn wir sie weiterverfolgen. Wie der chinesische Patriarch schon bemerkte: »Wenn du deine Richtung nicht änderst, kann es dir passieren, daß du dort ankommst, worauf du bereits zusteuerst.«

Keine Vorhersage ist eine Tatsache, außer wenn wir sie durch unseren Glauben und unsere Handlungen dazu machen. Wir werden nicht von den Sternen, der Wirtschaft oder von Viren beherrscht. Wir erschaffen unser Leben durch unsere Gedanken und die Entscheidungen, die wir treffen. Die tiefgreifendste Wahl, die wir zu treffen haben, ist die, ob wir der Liebe oder der Angst folgen werden; ob wir in einer Welt leben, die das Wohlwollen Gottes spiegelt, oder ob wir den Idolen der Trennung huldigen; ob wir an Karma gebunden sind oder ob wir Gnade annehmen; ob wir uns einfach als einen Körper sehen, der von den mechanischen Prinzipien der physischen Konditionierung abhängig ist, oder uns als ein spirituelles Wesen erkennen, das den Samen seines majestätischen Schöpfers in sich trägt. Ist die Welt dazu verdammt, unter der Herrschaft der Illusion zu sein, oder sind wir »Meisterseelen« mit der Fähigkeit, den Himmel auf die Erde zu bringen?

Um die Welt zu verändern, müssen wir nicht Menschen oder Ereignisse manipulieren – wir müssen unseren Geist ändern. Wirksame Transformation entspringt auf ganz natürliche Weise einer höheren Vision. Wenn wir uns einer höheren Wirklichkeit öffnen, finden wir Beweise, die sie bekräftigen. Jeder, der die Welt verbessert hat, hat eine Illusion gehabt, die über das hinausging, was die meisten Menschen lebten, und hat den Mut gehabt, so zu leben, als entspräche die Realität bereits seiner Vision.

Unsere Geschichte ist nicht unser Schicksal. Du und ich, wir sind hier, um eine neue Welt aufzubauen und zu leben. Deine Aufgabe bei der Entstehung dieser Welt ist viel einfacher als du denkst. Du mußt kein Führer der Welt sein, kein revolutionäres Fortbewegungsmittel erfinden und kein medizinisches Wunderheilmittel entdecken – außer wenn dein Geist dich dazu anleitet. Dein Sinn hier ist viel persönlicher und erheblicher für das Leben, das du jetzt lebst. Du bist hier, um die Denkweisen zu entdecken und zu erlösen, die bewirkt haben, daß du in einem Kreis lebst, der kleiner ist als dein Potential, und um in eine Welt einzutreten, die die Größe in dir und jedem, den du triffst, ehrt. Du bist hier, um deine Vision geltend zu machen und im Licht voranzuschreiten. Du bist hier, um du selbst zu sein.

Wir werden auf Veränderungen auf der Erde aufmerksam gemacht. Wir haben bedeutende Erdbeben und Vulkanausbrüche, unberechenbare Klimamuster und turbulente wirtschaftliche und politische Umwälzungen erlebt. Bei dem Versuch, die kommenden Ereignisse und Prophezeiungen zu verstehen, sind manche Opfer der Angst geworden und in Überlebens- und Schutzreaktionen zurückgefallen. Sie wählen eine alte Lösung für eine neue Situation. Der furchtsame oder abergläubische Geist interpretiert solche Ereignisse als Ausdruck der Rache Gottes oder Zeichen für das Ende der Welt.

Gott ist nicht zornig, und die Welt geht nicht zu Ende. Die Welt, so wie wir sie kennen, stirbt, aber an ihrer Stelle soll es eine neue und unendlich bedeutungsvollere Welt geben.

Die Welt, in der wir leben, ist nicht Spiegelbild von Gottes Liebe gewesen, und sie entspricht nicht unserem Geburtsrecht und unserem Schicksal. Krieg, Krankheit, Mangel und auf Angst gegründete Trennung sind auf diesem Planeten während eines Großteils seiner Geschichte vorherrschende Themen gewesen. Wenn sich das alles verändern soll – und das passiert jetzt schon – muß es bewußtseinsmäßige und äußere Umwälzungen geben. Umwälzungen sind nicht schlecht. Ein Gartenbeet muß bedeutsame Umwälzungen über sich ergehen lassen, um die Erde für die

Samen, die kostbare Nahrung und Blumen hervorbringen werden, vorzubereiten. Was wie Chaos und Zerstörung aussieht, ist tatsächlich der Vorläufer von wunderbarer Nahrung und Schönheit.

Zu dieser Zeit auf dem Planeten sind unsere größten Vorzüge *Vision* und *Vertrauen*. Wir müssen die Vision von der Welt, in der wir leben möchten, halten und das Vertrauen haben, daß wir uns darauf zubewegen. Nur weil du die Veränderungen nicht verstehst, bedeutet das nicht, daß sie ohne höheren Sinn sind. Gewöhnlich sind gerade die Ereignisse, die wir am wenigsten verstehen, diejenigen, die den größten Nutzen hervorbringen, nachdem der Staub sich einmal gesetzt hat. Klarheit wird zutage treten. Wir stecken in einem äußerst großartigen Abenteuer!

Die äußere Welt ist nichts weiter als ein Spiegelbild unseres inneren Lebens. Alles, was wir mit unseren Augen sehen, entspringt unseren Gedanken, die wiederum Handlungen anregen. Die Umwälzungen auf unserem Planeten sind ein Ausdruck von inneren Transformationen. Stürme, Vulkanausbrüche, Erdbeben und soziale Revolution sind lediglich äußere Bilder von ähnlichen Ereignissen, die gleichzeitig in unseren Seelen ablaufen. Wir werden zu einer höheren Ausdrucksform erhoben. Es wird eine Identität zum Vorschein kommen, die viel wundervoller ist als diejenige, die uns von der Welt, in die wir hineingeboren worden sind, zugewiesen worden ist.

Es ist gesagt worden, daß das einzige, was schwieriger sein kann als die große Revolution, die sich um uns entfaltet, der Zustand wäre, daß alles genauso bleibt, wie es ist. Trotz unseres materiellen *Savoir-faire* ist der Großteil der Welt spirituell verarmt. Kurzsichtiger Materialismus hat Leid hervorgerufen, und die Qualität unserer menschlichen Beziehungen ist durch Angst, Unbewußtheit und beleidigendes Benehmen uns selbst und anderen gegenüber stark besudelt worden. Wir fangen gerade erst damit an, das bedeutendste Element des Lebens zu erfassen – uns selbst zu lieben. Unser mangelndes Selbstwertgefühl hat auch unseren Planeten befallen, der außerdem die Geburtswehen der Evolution durchmacht und stark nach unserer Aufmerksamkeit schreit. Unsere ökologischen, politischen, wirtschaftlichen, rechtlichen, medizinischen, erzieherischen, religiösen und sozialen Systeme sind Dinosaurier, die unter dem Gewicht der Illusionen, die sie vergiftet haben, schwanken. Unsere sozialen Strukturen respektieren unsere Natur als spirituelle Wesen nicht und haben keinen Sinn in einem Königreich, das auf Liebe basiert. Die Systeme, die wir mit der Absicht geschaffen haben, daß sie uns dienen, erwürgen uns, da sie damit beschäftigt sind, die Form auf Kosten des Herzens zu wahren. Das, was kein Herz hat, kann nicht lange leben. Diese Systeme müssen und werden fallen.

An ihrer Stelle werden neue Ordnungen entstehen, die Freude und Dienst spiegeln werden, anstatt Angst und Trennung. Das Leben auf dem Planeten wird auf gegenseitiger Unterstützung aufgebaut sein, anstatt auf Konflikt und Wettbewerb. Der ursprüngliche Zweck der Erziehung, nämlich Größe hervorzurufen (das lateinische *educare* bedeutet »herausziehen«), wird wiederhergestellt werden. Die Medizin wird sich auf höhere Kräfte als auf pharmazeutische Präparate verlassen. Die Religionen werden ihre Anhänger ermächtigen, anstatt sie zu schwächen. Die Ausübung des Gesetzes wird das Ziel haben, Weisheit, Verantwortlichkeit und Mitgefühl zu erwecken und zu mobilisieren, anstatt Feindseligkeit durch die Verherrlichung von Schaden und Bösewicht/Opfer-Identitäten zu schüren. Geld wird kein Ziel sein, sondern ein Mittel, um alle, die es durch die göttlichen Prinzipien von Umlauf und Ausbreitung berührt, zu ermächtigen. Die Ökologie wird eine ganz neue Bedeutung erhalten, sobald wir erkennen, daß die Erde ein lebendes, atmendes Wesen ist, das mit allem Leben, das sie trägt, verbunden ist.

In 100 Jahren werden wir oder diejenigen, die anstelle von uns leben, auf diese Zeit zurückblicken und sie als die größte revolutionäre Phase unserer Geschichte sehen. Wir transzendieren die politische oder soziale Revolution um ihrer selbst willen und streben nach der einzigen Art von Revolution, die von Dauer ist: einer Revolution des Bewußtseins. Die letzten 100 Jahre waren Zeuge von einigen ehrfurchtgebietenden Fortschritten bezüglich unserer Fähigkeit, unseren Körper, Bilder und Worte mit Windeseile zu bewegen. Die nächsten 100 Jahre werden schlagende Vervollkommnungen unseres *Geistes* zu verzeichnen haben. Dann werden sich das Spirituelle und das Technische bei der *mystischen Hochzeit* erlösen, die den Weg für einen wahren Himmel auf Erden vorbereiten wird. In der Zwischenzeit müssen wir bei unserem Gang durch den Korridor im Haus unserer Seele tiefes Vertrauen haben. Heftige Winde mögen wehen, und die Meere mögen gewaltige Wellen aufwerfen, aber Jesus verkündete: »Der, der in mir ist, ist größer als der, der in der Welt ist.« Wenn wir im Frieden Gottes verankert sind, können äußere Veränderungen die Ganzheit unserer Seele nicht stören. Jesus, der ungestümen Wellen auf dem See trotzen mußte, hob seine Hand und befahl: »Schweig und verstumme!« Und so geschah es. Seine Autorität entsprang seinem Wissen, daß er der Sohn und Bürger eines Königreichs ist, das nicht auf Chaos gegründet ist, sondern auf Ruhe. Du und ich, wir sind Erben desselben Königreichs. Wir haben dasselbe Recht, inmitten von Tumult nach Frieden zu rufen und das Gute in uns angesichts einer Welt zu manifestieren, die ihre Mühe damit zu haben *scheint*. Das Gute in uns ist nicht abhängig von weltlichen Vorschriften. *Ein Kurs in Wundern* erinnert uns: »Ich unterstehe keinem Gesetz, außer den Gesetzen Gottes.«

Wenn du wüßtest, daß alles, was wir persönlich und als Zivilisation loslassen müssen, den Weg bereiten würde für ein unendlich lohnenderes Leben, würdest du nicht gerne loslassen und es annehmen? Vielleicht waren wir wie eine Frau in einem meiner Seminare, die folgendes gestand: »Auf allem, was ich loslassen muß, hinterlasse ich Krallenspuren.« Wir klammern uns unerbittlich an die Vergangenheit, wenn wir nicht das Vertrauen haben, daß etwas Besseres auf uns wartet. Es wartet etwas Besseres auf uns. Der Pfarrer Jack Boland gab folgenden Rat: »Laß nicht das Gute der Feind des Besseren sein.«

Sucht keinen Schutz, sucht Befreiung. Der Intellekt, der den Versuch macht, das Gute in uns ängstlich zu verteidigen, weiß weder was er zu verteidigen hat, noch wie er es zu verteidigen hat. Das Gute in uns muß nicht verteidigt werden, keine Macht auf der Welt kann es uns wegnehmen. Unsere wahren Reichtümer liegen im Geist, und nichts in der materiellen Welt hat Macht über den Geist. Als Pontius Pilatus Jesus mit: »Weißt du nicht, daß ich Macht habe, dich loszugeben, und Macht habe, dich zu kreuzigen?« drohte, antwortete Jesus: »Du hättest keine Macht über mich, wenn sie dir nicht von oben gegeben wäre.« Wir sind spirituelle Wesen, die durch eine materielle Erfahrung gehen. Vertraut eurer spirituellen Identität, und euer Pfad wird euch klar werden.

Vertraut eurer Intuition. Eure innere Stimme entspringt einem höheren Wissen, das nie versagen wird. Einer, der euer höchstes Schicksal kennt, lebt in euch. Laßt euch von ihm führen. Die große Politikerin Eleanor Roosevelt verkündete: »Die Zukunft gehört denen, die an die Schönheit ihrer Träume glauben.« Alles, was du je an Weisheit und Liebe brauchen wirst, weilt in dir. Lebe in der Würde der höchsten Vision deines eigenen Herzens, und die Welt wird von deiner liebevollen Gegenwart gesegnet sein. Angst kann dich nicht aufhalten. Du bist eine Kraft der Evolution. Der Schlüssel zur Zukunft liegt in der Stimme des Geistes, der in deinem Herzen spricht.

»Die Wahrheit ist unbesiegbar und kann nicht von den vergänglichen Launen der vorübergehenden Ereignisse beeinflußt werden. Der einzige Schlüssel zum Leben ist es, Gott anzuerkennen und ihn auszudrücken. So war es für eure ersten Vorfahren, und so wird es bis zum Ende der Zeit sein.

Wir versichern euch zutiefst, daß ihr geliebt, beschützt und umsorgt werdet. Wo könntet ihr anders sein als unter dem wohlwollenden Schutz der Göttlichen Mutter? Laßt eure Sorgen, eure Ängsten und eure Unwürdigkeit los. Kinder, schaut gut auf die Leben jener, die das leuchtende Licht der Liebe ausstrahlen. Ihre Sorgen sind im unendlichen Ozean von Gottes ewiger Liebe aufgelöst worden. Werft eure Zweifel ab, und zählt euch zu den Heiligen und Reinen, denn das seid ihr.

Ihr habt das Privileg, an der Transformation des Bewußtseins auf dem Planeten Erde beteiligt zu sein. Eine solche Stellung ist tatsächlich sehr glückverheißend. Ihr seid ein Teil der Entfaltung des Schicksals der Menschheit. Ihr werdet Zeuge des langerwarteten Ausschlüpfens der Wahrheit aus ihrem Kokon sein. Eure Geburt ist ein freudiger und glorreicher Anlaß. Ihr habt euch dafür entschieden, ins Licht zu treten.

Tretet also hervor, und lebt die Botschaft des Lichts und der Liebe und des Friedens. Ihr seid die Abgesandten Gottes. Er wird durch euch arbeiten, um eure Zukunft zu erschaffen, die das Ende allen menschlichen Leids mit sich bringen wird. Wir sprechen aus der tiefsten Aufrichtigkeit unseres Seins und sagen euch, daß es kein größeres Privileg gibt. Dies ist das erstrebenswerteste und glorreichste Schicksal aller Zeiten im gesamten Universum.«

DAS VERSPRECHEN

»Söhne und Töchter des lebendigen Gottes:

Ihr seid nach dem Ebenbild des Gottes geschaffen, der euch liebt, und es ist euer Schicksal, euch als eins mit dem Heiligen Geist, der ewig im gesamten Universum weilt, zu wissen.

In den Augen des Vaters aller Dinge seid ihr heilig, und die Wahrheit eurer Schönheit ist prächtig. Kinder des Lichts, das Wunder eures Selbst strahlt mit einem Glanz, der weitaus mehr leuchtet, als das sterbliche Auge wahrnehmen kann, und es ist unser großes Privileg, mit euch die Erweckung eurer Seele zu der Herrlichkeit eurer eigenen göttlichen Natur zu teilen.

Jetzt steht es für euch an, eure Zukunft und wahrhaftig die Zukunft der gesamten Menschheit in eure Hände und euer Herz zu nehmen und einen Pfad des Lichts als Segen für alle zu kennzeichnen. Ihr seid mit der Fähigkeit betraut, die Welt zu heilen. Laßt jeden Gedanken, jeden Atemzug, jedes Wort und jede Tat dem göttlichen Ziel geweiht sein. Auf diese Weise wird euer Lebenssinn erfüllt und euer Traum von der Liebe verwirklicht sein.

Geliebte, erinnert euch immer eurer Heiligkeit. Wir heißen euch, den Pfad des Dienens einzuschlagen und einander so zu lieben, wie ihr geliebt werden möchtet. Gebt, was ihr erhalten möchtet, und bietet allen Unterstützung und Ermutigung. Ignoriert Fehler, erkennt Stärke an, und segnet alle mit euren heiligen Gedanken.

Habt unerbittliches Vertrauen in die große Kraft der Liebe. Ganz gleich welche Mühen und Unglückfälle euch befallen, das Vertrauen in Gott wird euch durch alle Herausforderungen tragen. Dies ist unser unangreifbares und unbezwingliches Versprechen und Gelübde. Dafür verbürgt sich die Wahrheit von Gottes Wirklichkeit und Seine ewige Liebe.

Unsere Liebe und unser Segen werden euch nun zuteil. Unsere größte Freude ist die, daß ihr die Liebe in all ihrer Fülle annehmt. Schreitet voran in all eurer Herrlichkeit, schreitet vollen Mutes voran, schreitet vertrauensvoll voran. Seid das Licht der Welt, denn das seid ihr. Lebt in Liebe, nehmt an Kraft zu, und singt das Lied der Freiheit, das vor Äonen für den Zeitpunkt eurer Geburt geschrieben worden ist, das Lied, auf das ihr jetzt bereit seid, wieder Anspruch zu erheben. Schreitet voran, göttliche Wesen, heilige Wesen, gesegnete Wesen. Möge die Liebe immer in eurem Herzen leben, und möge die Welt im Namen des lebendigen Gottes durch euch gesegnet sein.«

Wollen Sie weitere Informationen zu den im Text genannten Quellen, dann wenden Sie sich bitte an folgende Adressen:

Informationen über *Ein Kurs in Wundern:* Greuthof Verlag, Herrenweg 2, D-79261 Gutach i. Br. Tel. 0 76 81 / 60 25 · Fax 0 76 81 / 60 27

Das Buch *Ein Kurs in Wundern. Textbuch / Übungsbuch / Handbuch für Lehrer* ist im Greuthof Verlag (Gutach, 1994) in deutscher Sprache erschienen.

Informationen über das Leben und die Belehrungen von Hilda Charlton: Golden Quest, P.O. Box 190, Lake Hill, New York 12448, USA

Informationen über das Leben und die Belehrungen von Paramahansa Yogananda: Self-Realization Fellowship, 3880 San Rafael Avenue, Los Angeles, California 90065,USA

Über den Autor

Alan Cohen lebt auf Maui, Hawaii, wo er Retreats zu den Themen »Spirituelle Erweckung« und »Visionäres Leben« leitet.

Sollten Sie weitere Informationen über Bücher, Kassetten, Videos und Seminare von Alan Cohen wünschen, dann schreiben Sie bitte an folgende Adresse:

Alan Cohen
1294 Haiku Road
Haiku, HI 96708, USA
Tel: 001/808/575-9248.

NEUE TITEL

TRANSFORMATION durch HUNA

Der Stadt-Schamane

Serge Kahili King **verbindet in einzigartiger Weise den westlich-wissenschaftlichen Weg (Doktortitel der Psychologie von der California Western University) mit dem traditionellen hawaiianischen Schamanenweg, in dessen Tradition er aufwuchs und zum Schamanistischen Meister initiiert wude. Er bildete in seinen Seminaren in der ganzen Welt Tausende im Schamanismus aus. Er lebt mit seiner Familie auf Kauai, Hawaii.**

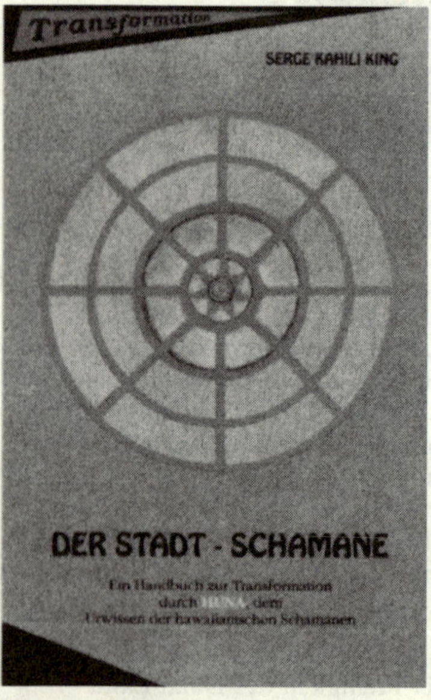

ISBN 3-925898-15-8, gebunden,
264 Seiten DM 33,–

Der Titel dieses Buches lautet – *Der Stadt-Schamane.* Obgleich der Begriff Schamanismus gewöhnlich an ländliche Gegenden oder Wildnis denken läßt, ist seine Ausübung auch im städtischen Bereich sowohl natürlich als auch notwendig. Erstens ist der Schamane vor allem ein Heiler, unabhängig vom kulturellen oder geographischen Umfeld. Zweitens leben heutzutage mehr Menschen in Städten und Ballungsräumen als auf dem Lande, und sie sind es, die der Heilung am meisten bedürfen.

Im ersten, praktischen Handbuch zur Anwendung dieser uralten Heilkunst in unserem modernen Leben erfahren Sie, wie Sie:

- Ihre Träume deuten und verändern;
- sich selbst, Ihre Beziehungen und Ihre Umgebung heilen;
- kraftvolle Rituale aufbauen und durchführen;
- Einstellungsänderungen erreichen;
- auf innere Visionssuche gehen und
- andere Wirklichkeiten aufsuchen können.

„Dieses schöne, nützliche Buch enthüllt profundes Wissen über unsere Beziehung zur Natur und zum Universum. Ich ließ mich von diesen Weisheits-Prinzipien inspirieren, die ein Licht auf unserem Weg durchs Leben sein können."
Dan Millman, Autor von „Der Pfad des friedvollen Kriegers"

NEUE TITEL

KONFLIKTLÖSUNG

Krieger des Herzens

1971 verließ *Danaan Parry* seine renommierte Position als Atomphysiker in der *Atomic Energy Commission* und wurde Klinischer Psychologe. Während eines Schamanentrainings auf Kauai/Hawaii hatte er 1976 eine Beinahe-Todeserfahrung, die zu einem Jahr in völliger Isolation führte. Er kehrte zurück und gründete eine spirituelle, einfach lebende Gemeinschaft in Kalifornien. In den Jahren darauf arbeitete er mit Mutter Teresa in Bombay und bekam dort den Anstoß, sein Gefühl des inneren Friedens in die Welt zu tragen. Er gründete das *Earthstewards Network,* ein internationales Netzwerk von Leuten, die sich zur Aufgabe gemacht haben, durch tiefgehende Konfliktlösearbeit positive Veränderungen in der Welt zu bewirken. Neben seiner internationalen Seminartätigkeit wird Danaan Parry als „Krisenmanager" in viele Gebiete der Erde gerufen.

Es entwickelt sich gerade eine neue Art Mensch – Frauen und Männer, die das Wesen des friedlichen Kriegers in ihre Beziehungen, in ihre Arbeit, in jeden Aspekt ihres Lebens tragen. Ihr Leben wird besser funktionieren und setzt Kräfte frei, diese Welt positiv zu verändern. Es ist an der Zeit, diese Fähigkeiten zu erlernen und das Bewußtsein zu entwickeln, daß Sie jemand sind, der positive Veränderungen bewirken kann. Je mehr es von uns gibt, desto schneller wird die Verwandlung der Welt gehen.

Dieses Buch handelt davon, genau dies zu lernen! *Krieger des Herzens* wird Ihnen helfen, wo immer Sie Ihre Kommunikation verbessern und Ihre Ängste und Konflikte verringern wollen:

- mit Ihrem Partner
- mit Ihrer Familie
- mit Ihren Arbeitskollegen und
- mit allen sonstigen Gruppen

Und weil Sie mit allem in enger Verbundenheit stehen, wird die Verringerung der Konflikte in Ihrem eigenen Leben die Spannung auf unserem Planeten verringern.

ISBN 3-925898-16-6, gebunden,
224 Seiten DM 28,–